Reichert · Unvergängliche lateinische Spruchweisheit

Umschlag: Bronzenes Reiterstandbild Marc Aurels (161–180 n. Chr.) auf dem Kapitol.
Das einzige erhaltene antike Reiterstandbild ist zum Symbol Roms geworden, Vorbild aller Reiterstandbilder der Renaissance.
In einem Zusammenspiel von Anmut und Majestät wendet sich der Philosophen-Kaiser an das Volk.

Sämtliche Fotos des Buches einschließlich des Einbandes:
SIEGFRIED SCHMIDLI, Biel / Schweiz
außer S. 254 Franziskus und Benedikt (Archiv St. Ottilien)

Unvergängliche lateinische Spruchweisheit

Urban und human

VON HEINRICH G. REICHERT

EOS VERLAG ERZABTEI ST. OTTILIEN

Die Deutsche Bibliothek - CIP-Einheitsaufnahme

Reichert, Heinrich G.:
Unvergängliche lateinische Spruchweisheit : urban
und human / von Heinrich G. Reichert. - 8., neu-
gestaltete Aufl. - St. Ottilien : EOS-Verl., 1997
  ISBN 3-88096-479-3

© EOS Verlag Erzabtei St. Ottilien
Nachdruck der 4. Aufl., jedoch mit Titeländerung, des
Marion von Schröder Verlags GmbH, Hamburg 1956
Schrift: Garamond Antiqua-Linotype
Satz: Presse-Druck und Verlags-GmbH, Augsburg
Gesamtherstellung: EOS Druck

Für Luise Reichert
geb. Geisler

Das griechische Symposion, wie es Plato
schildert, gab den Vorwand, in heiterer Gesellschaft letzte
Dinge zu erörtern und geistige Entscheidungsschlachten zu schlagen.
Römische *Gastmähler* pflegten vornehmlich das *Zusammenleben,*
nannten sich deshalb Convivium und widmeten sich
der Urbanitas. Diese bewußte Urbanität hielt die Mitte
zwischen dem Gewöhnlichen und dem Geheimnis, zwischen
seichtem Gespräch und dem Sich-Verlieren.

Bilder jeweils nach den angegebenen Seiten:

S. 17 – Säulen von den Kolonnaden des Bernini, Petersplatz

S. 34 – Kuppel der Peterskirche mit einer Säule des Baldachins von Bernini
– Romulus und Remus von einem Altar in Ostia, Relief

S. 94 – Der siebenarmige Leuchter aus Jerusalem als Beutestück, Titusbogen
– Vespasian, Kapitolinische Museen, Stanza dei Imperatori

S. 106 – Tellusrelief der Ara Pacis, des dem Frieden gewidmeten Opferaltars von Augustus (9 v. Chr.)
– Pasquino

S. 154 – Kolosseum, obere Stockwerke der Außenseite
– Drei Grazien, Freskenzyklus »Amor und Psyche« in der Villa Farnesina, von Raffael, Peruzzi u. a. um 1517 gestaltet. Amor zeigt den Grazien seine Geliebte.

S. 176 – Wehrgang der Aurelianischen Mauer bei der Porta Appia (S. Sebastiano)
– Apoll von Belvedere, Vatikan, Cortile del Belvedere, nach einem griechischen Original des Leochares (4. Jh. v. Chr.)

S. 202 – Raub der Proserpina von Bernini, Galleria Borghese
– Mädchen von Anzio, Museo Nazionale Romano (delle Terme)

S. 254 – Franziskus, Subiaco, Sacro Speco, Ausschnitt
– Benedikt von Nursia, Ausschnitt aus einer in Montecasino entstandenen Miniatur des 11. Jh. (Cod. Vat. lat. 1202)

S. 290 – Adam, Detail der Gewölbemalerei der Sixtinischen Kapelle von Michelangelo (1508–1512)
– Fontana delle Tartarughe, Piazza Mattei

S. 300 – Cäsar, Vatikanische Museen, Sala dei Busti
– Mädchen mit Taube, Kapitolinische Museen, antoninische Kopie nach einem Original des 2. Jhs. v. Chr.

S. 330 – Herkules mit der Schlange, Kapitolinische Museen
– Apoll von Veji, Gott des Lichtes, der Dichtung und Musik, Villa Giulia, 9. Jh. v. Chr.

INHALT

Vorwort   13

ROM

Vom Glanze Roms
INGENS ORBIS IN URBE FUIT – *Die ganze Welt liegt in dieser Stadt*   19
ROMA QUADRATA, ROMA AUREA – *Kleines, goldenes Rom*   21
ROMA AETERNA – *Ewiges Rom*   23
ROMA CHRISTIANA – *Christliches Rom*   27

Vom Werden Roms
TANTAE MOLIS ERAT ROMANAM CONDERE GENTEM – *So vieler Mühsal bedurfte die Gründung des römischen Volkes*   35

Von der Sendung Roms
PARCERE SUBIECTIS ET DEBELLARE SUPERBOS – *Schonen die Unterworfenen* und niederkämpfen die Stolzen   37

Von der Urkirche Roms
DOMINE, QUO VADIS – *Herr, wohin gehst du?*   39

RÖMISCHES RECHT

Vom römischen Bürgerstolz
CIVIS ROMANUS SUM – *Ich bin ein römischer Bürger*   41
SUUM CUIQUE – *Jedem das Seine*   42
SALUS PUBLICA SUPREMA LEX – *Das öffentliche Wohl ist das oberste Gesetz*   48
AUDIATUR ET ALTERA PARS – *Auch der andere werde gehört*   58

Von den Grenzen des Rechtes
SUMMUM IUS, SUMMA INIURIA – *Das höchste Recht ist höchste Ungerechtigkeit*   60

RÖMISCHE GESTALTEN

M. T. Cicero
PECTUS EST QUOD FACIT DISERTOS – *Das Herz ist's, das beredt macht*   64

C. J. Caesar
NAM CAESARI MULTOS MARIOS INESSE – *In Caesar steckt mehr als nur ein Marius*   72

Auguren und Seher
MIRARI, QUOD NON RIDERET HARUSPEX – *Verwunderlich: der Haruspex lacht nicht*   80

8

Königsmantel und Dornenkrone
AUT REGEM AUT FATUUM NASCI OPORTERE – *König oder Narr ist man*
von Geburt   83

Die Juden bei Horaz
CREDAT IUDAEUS APELLA – *Das mag der Jude Apella glauben*   86

Arria, die stoische Frau
NON DOLET, PAETE – *Es tut nicht weh, Paetus*   87

Alte Naturforscher: C. Plinius Secundus
MULTUM, NON MULTA – *Vieles, nicht vielerlei*   89

Tertullian, der Eiferer
FACIUNT FAVOS ET VESPAE – *Auch die Wespen machen Waben*   92

MÄCHTE

Von der Natur
OMNIUM RERUM PRINCIPIA PARVA SUNT – *Der Ursprung aller Dinge ist*
klein   95
GUTTA CAVAT LAPIDEM – *Steter Tropfen höhlt den Stein*   96
SECUNDA NATURA – *Die zweite Natur*   100
PHILOSOPHIA NATURALIS – *Naturphilosophie*   102
SUPRANATURALE – *Das Übernatürliche*   105

Von der Zeit
TEMPUS EDAX RERUM – *Die Zeit zernagt die Dinge*   107

Von der Gottähnlichkeit des Menschen
ERITIS SICUT DEUS SCIENTES BONUM ET MALUM – *Ihr werdet sein wie*
Gott und wissen, was gut und böse ist   114

Von der Brotbitte
PANEM NOSTRUM QUOTIDIANUM DA NOBIS HODIE – *Unser täglich Brot*
gib uns heute   119

Von der Liebe
OMNIA VINCIT AMOR – *Alles unterliegt der Liebe*   124
AMA ET FAC QUOD VIS – *Liebe und tu, was du willst*   127
SI VIS AMARI, AMA – *Willst du geliebt werden, liebe*   131

Von der Freundschaft
IDEM VELLE ATQUE IDEM NOLLE – *Dasselbe wollen, dasselbe nicht wollen*   135

Vom Gelde
NERVUS RERUM – *Triebkraft der Dinge*   141

Von Gut und Böse

VIDEO MELIORA PROBOQUE / DETERIORA SEQUOR – *Ich sehe das Bess're, erkenn es / Hange dem Schlechteren an*   149

Von der Art der Frauen

GENUS MUTABILE MULIERUM – *Das wandelbare Geschlecht der Frauen*   155
UBI TU GAIUS, IBI EGO GAIA – *Wo du bist, Gaius, bin ich Gaia*   157
NEC TECUM POSSUM VIVERE NEC SINE TE – *Nicht kann ich mit dir, nicht ohne dich leben*   158
MULIER TACEAT IN ECCLESIA – *Das Weib schweige in der Kirche*   163

Vom Frieden

PAX EST TRANQUILLITAS ORDINIS – *Der Friede ist die Ruhe der Ordnung*   169

IDEEN

Geschichtsschreibung

ARDUUM RES GESTAS SCRIBERE – *Mühselig ist's, geschichtliche Taten darzustellen*   177

Von der Dichtung

VOLAT AVIS SINE META – *Es fliegt der Vogel ohne Ziel*   182

Philosophie

FELIX QUI POTUIT RERUM COGNOSCERE CAUSAS – *Selig, wem es gelang, die Gesetze der Welt zu erkennen*   192

Forschung

VITAM IMPENDERE VERO – *Sein Leben der Wahrheit weihen*   197

Lebensführung

CARPE DIEM – *Nutze den Tag*   201

Grenzen des Wissens

IGNORAMUS ET IGNORABIMUS – *Wir wissen es nicht und werden es nicht wissen*   203

Wissen und Humanität

LEGERE ENIM ET NON INTELLEGERE NEGLEGERE EST – *Lesen und nicht verstehen ist halbes Müßiggehen*   204
MAXIMA DEBETUR PUERO REVERENTA – *Man schuldet dem Knaben die größte Ehrfurcht*   204
TIMEO LECTOREM UNIUS LIBRI – *Ich fürchte den Leser e i n e s Buches*   209
CUM ESSEM PARVULUS – *Als ich noch Knabe war*   211
PLAGOSUS ORBILIUS – *Der schlagfertige Orbilius*   213
STILUM VERTAS – *Wende den Griffel*   215
GAUDEO DISCERE – *Ich freue mich, zu lernen*   218
SAPERE AUDE – *Wage es, weise zu sein!*   223
SAPIENTIA FELICITAS – *Weisheit ist Glück*   225

10

Von der Heilkunde

MEDICUS CURAT, NATURA SANAT – *Der Arzt hilft, die Natur heilt* — 229
MORBUS SACER – *Heilige Krankheit* — 232
DE VIVO RESECANDUM – *Bis auf das Lebendige schneiden* — 232
NON VIVERE, VALERE VITA – *Nicht leben, gesund sein ist das Leben* — 237
MEDICE, CURA TE IPSUM – *Arzt, heile dich selbst* — 240

Von der Unsterblichkeit

NON OMNIS MORIAR – *Ich werde nicht ganz sterben* — 242

Der letzte Römer

NIHIL EX NIHILO – *Aus Nichts wird Nichts* — 252

Weltentsagung

OPPIDA FRANCISCUS, MONTES BENEDICTUS AMABAT, BERNARDUS VALLES,
CELEBRES IGNATIUS URBES – *Die Städte liebte Franziskus, Benedictus
die Berge, Bernhard bevorzugte Täler, Ignatius wichtige Plätze* — 254
PATER PROFUNDUS – *Der tiefe Vater* — 257
ME ESSE UNUM NOVELLUM PAZZUM – *Narr und Tor soll ich sein* — 262
OMNIA AD MAIOREM DEI GLORIAM – *Alles zur größeren Ehre Gottes* — 264

Kirche und Staat

DILEXI IUSTITIAM ET ODIVI INIQUITATEM – *Ich habe die Gerechtigkeit
geliebt und das Unrecht gehaßt* — 269

Glauben und Wissen

CREDO UT INTELLEGAM – *Ich glaube, damit ich erkenne* — 271

Revolutionär des Himmels (Kopernikus)

NON PAREM PAULO GRATIAM REQUIRO – *Nicht gleiche Gnade wie für
Paulus* — 273

Revolutionär des Glaubens (Martin Luther)

IUSTUS ENIM FIDE VIVIT – *Der Gerechte lebt nämlich durch den Glauben* — 275

Revolutionär des Denkens (Descartes)

COGITO, ERGO SUM – *Ich denke, also bin ich* — 280

Der große Pantheist (Spinoza)

SED OMNIA PRAECLARA TAM DIFFICILIA QUAM RARA SUNT – *Alles Erhabene aber ist ebenso schwierig wie selten* — 283

Die beste Welt (Leibniz)

ET SI FATA VOLUNT, BINA VENENA IUVANT – *Wenn das Schicksal es will,
bringt auch ein doppeltes Gift Nutzen* — 286

Die Sünde in der Welt

O FELIX ADAE CULPA – *O glückliche Schuld Adams* — 290

Devisen und Mottos
POSCIMUR – *Man verlangt uns* 291

Wahlsprüche der Kaiser
OPES REGUM CORDA SUBDITORUM – *Die Schätze der Könige sind die Herzen der Untertanen* 295

ALLTAG

Gezählt, gewogen
LUSTRUM – *Das Lustrum* 301

Das rechte Maß
EST MODUS IN REBUS, SUNT CERTI DENIQUE FINES – *Maß ist allem bestimmt und eigene scharfe Begrenzung* 303

Vom Hundertsten ins Tausendste
AB OVO – IN MEDIAS RES – *Vom Ei – mitten in den Stoff* 307

Der Volksmund
ATQUE IDEM IUNGAT VULPES ET MULGEAT HIRCOS – *Mit Füchsen pflügen, Böcke melken* 309

Aus der Werkstatt des Malers
NULLA DIES SINE LINEA – *Kein Tag ohne Linie* 311

Rettendes Leid
CUI DOLET, MEMINIT – *Wer litt, vergißt nicht* 313

Die Rache der Dinge
EQUUS SEIANUS – *Sejanisches Pferd* 314

Geistige Garköche
CRAMBE REPETITA – *Aufgewärmter Kohl* 316

Kaiserliche Worte
FESTINA LENTE – *Eile mit Weile* 317

Reifen lassen
NONUM PREMATUR IN ANNUM – *Neun Jahre hält er es unsichtbar* 319

Für die Freiheit
IN TYRANNOS – *Gegen die Tyrannen* 321

Königliche Art
HIC SUNT LEONES – *Hier gibt's Löwen* 325

Gleißende Gefahr
AURI SACRA FAMES – *Der verfluchte Hunger nach Gold* 330

Lachen, Lächeln
RISUM TENEATIS, AMICI – *Würdet ihr nicht lachen, Freunde?*   331

Die Vollendung
MORITUR ET RIDET – *Lachend sterben*   334

Innere Ehre
CUI HONOREM, HONOREM – *Ehre, wem Ehre gebührt*   336

Beißende Lehre
DIFFICILE EST SATIRAM NON SCRIBERE – *Es ist schwierig, da nicht Satiriker
zu werden*   340

Ein Begriff wandelt sich
ET IN ARCADIA EGO – *Auch ich war in Arkadien*   343

Heilige und Dichter
NON COERCERI MAXIMO – *Nicht begrenzt werden vom Größten*   346
SUNT LACRIMAE RERUM – *Die Dinge haben ihre Tränen*   348

Personenverzeichnis mit Lebensdaten   350

Alphabetisches Verzeichnis der lateinischen Sentenzen   352

Alphabetisches Verzeichnis der deutschen Übersetzungen   363

VORWORT

Dieses Buch beabsichtigt nichts Philologisches. Es vermittelt dem Leser Sprichwörter, geflügelte Worte, Sentenzen und Kernsätze im weitesten Sinne. Nicht darum ging es, nur solche Weisheiten vorzutragen, die allgemeine Gedanken auf das Besondere anwenden und in und aus dem Munde des Volkes leben. Noch lag es im Sinne des Verfassers, nur Worte anzuführen, die schon und bloß bei den Römern im Schwange waren, sondern es wurde auch vieles, was das christliche Mittelalter, die Renaissance und die Neuzeit bis zur Gegenwart geprägt haben, einbezogen. Der Verfasser sah sich bei der Philologie um, er schätzt sie, aber sie ist weder seines Amtes noch seine Sache. Außer einer Zeittafel verzichtet darum das Buch auf jeden gelehrten Apparat.

Das Buch entstand in jenen Tagen, als im Vaterlande alles zusammenzubrechen begann und die Sehnsucht erwachte, sich in einer edleren und bleibenden Welt seelisch anzusiedeln, in der Humanität. Ursprünglich war gedacht, sinngemäß zusammenhängende lateinische Sprichwörter darzustellen, aber unter der Hand wuchsen Themen und Plan. Es zeigte sich bald, daß warme und lebendige Lebensweisheit aus solchen Worten gewonnen werden konnte, sittigende Kraft und gedankenträchtige Belehrung, gedeckt durch die Autorität ihrer Verfasser und durch die Zustimmung der Jahrhunderte (Sentenzen), geschliffen nach Lautung und Wortwahl, die sich unverrückbar bis auf uns und für die Späteren behaupten. *Mancherlei Weisheit der Alten vermag ich dir zu erzählen* POSSUM MULTA TIBI VETERUM PRAECEPTA REFERRE (Vergil, georg. 1, 176). Und so stellte das Buch schließlich *solche Sprüche* zusammen, die Erasmus von Rotterdam in seinem gelehrten Werk ›Adagiorum Chiliades quinque‹ (fünftausend Spruchweisheiten) eben ›adagia‹ genannt hatte. *Wörter, geeignet zum Handeln* ADAGIO AD AGENDUM APTA (Paul.-Fest. 12).

Von selbst fügten sich die zueinander gehörenden Gedanken zu einer inneren Ordnung. Fast zwangsläufig ergab solche fortlaufende Betrachtungsweise gelegentlich eine Art kleiner Geschichte des Humanismus. So die ›Stimmen der Weisen‹ (Quintilian) zusammenzustellen, geschah gewiß willkürlich. Man hätte die Kernsätze auch anders ordnen, in anderen Zusammenhängen betrachten können. Schließlich ließ sich über die Themen nur so viel sagen, wie die herangezogenen Sentenzen es erlaubten. Sie steckten das Feld ab. So kamen Glossen und kurze Artikel zustande. Die Anlage des Werkes ermöglichte, auch die alten christlichen Autoritäten heranzuziehen. Sie waren es, welche jene Ideen weitergaben, aus denen wir heute noch leben und die neben der lateinischen und griechischen Antike unser Dasein bestimmen. Von Christus ging ein unendlich größerer und umfassenderer Einfluß aus als etwa von Platon oder Cicero. Seine Lehre überwand so sehr alle antiken Heilslehren und alle sittlichen Systeme, daß diese neben ihr fast verschwunden sind oder nur als abgewandelte Lehre Jesu erscheinen, so die Philosophien des Sokrates und des Seneca.

Das musikalische Griechisch war einmal die Verkehrssprache des Mittelmeerraumes (Κοινή), im Morgenlande gesprochen, in Italien, Afrika, Süd-Gallien von den Gebildeten verstanden. Das karge Latein aber ist die Amtssprache der römisch-katholischen Kirche bis auf den heutigen Tag geblieben. Selbst im Radio spricht der Papst lateinisch. Die frohe Botschaft des Evangeliums wurde erst die literarisch verbreitete, die ›Vulgata‹, nachdem der hl. Hieronymus, der erste Abendländer, welcher lateinisch, griechisch und hebräisch sprach (homo trilinguis), sie ins Lateinische übertragen hatte. Zudem verdanken wir gerade den Kirchenschriftstellern und ihrer Belesenheit in den klassischen Autoren viele Spruchweisheiten.

Aber wohl vor allem entsprang das Buch der Freude an der lateinischen Sprache selbst. In der Zeit, als es geschrieben wurde, erging es der deutschen Muttersprache nicht gut. Große, weitschweifig-propagandistisch mißbrauchte Wörter durchtönten den Äther. Es tat wohl, eine Sprache zu lesen, die knapp, entschieden, nicht vieldeutig, nicht umdeutbar, klar und schlicht die Dinge zu sagen verstand und, soweit es überhaupt einer Sprache möglich ist, Gedanken in Worten restlos auszudrücken vermag. Der griechische Vers fließt wie Musik, blüht, keimt mit Ober- und Untertönen. Die lateinische Sprache ist dicht und gedrungen. Sie schreitet einher, seitdem sie in die zwölf bronzenen Tafeln der Gesetze eingegraben wurde (451 v. Chr.), klar geformt, kraftvoll und geschlossen wie die römischen Kohorten, konservativ wie das römische Volk. *Denn die Sprache der Menschen ist ihrem Leben gleich.* Auf dieses griechische Sprichwort beruft sich Seneca in einem herrlichen Brief über die lateinische Muttersprache. TALIS HOMINIBUS FUIT ORATIO QUALIS VITA (Seneca, ep. 114, 1). Diese Sprache sprach ein Volk, das seinen Kindern anstatt Märchen Gesetze als Lesebuch vorsetzte, das erst spät Dichtungen niederschrieb, ja das nicht einmal ein eigenes Wort für *Dichter* schaffen konnte, sondern sich eines als Fremdwort aus dem Griechischen entlehnte: POETA. Die lateinische Sprache hat keinen Raum für das Unaussprechliche, Schwebende und Ahnungsvolle. Sie spricht alles direkt aus, weil ein Volk sie formte, das mehr Scharfsinn als Tiefsinn besaß. Weil es so knapp sich darbietet, darum ist manches aus dem Lateinischen so schwer zu übersetzen. Wie soll man etwa das berühmte ARMA VIRUMQUE CANO, mit dem Vergils Aeneis anhebt, fassen? *Die Waffen(taten) und den Helden besing ich.* Aus fünf der gewöhnlichsten Wörter gestaltet Vergil ›zu unverlierbarem Klang, zu unvergeßlicher Gestalt‹ (Th. Haecker) den Vers: INFANDUM, REGINA, IUBES RENOVARE DOLOREM *Du heißest mich, Königin, den unsäglichen Schmerz erneuern.* Wie schwer haben sich Mommsen und Chamberlain getan, als sie aus dem Corpus iuris den Satz sinntreffend übersetzen wollten, daß das römische Volk den Kaisern SUUM IMPERIUM ET POTESTATEM übertragen hat. *Machtfülle und alle seine Rechte* übersetzte Chamberlain. Und umgekehrt, wie hat Seneca gestöhnt, als er das griechische Wort ἀπάθεια (Unempfindlichkeit, Gelassenheit) ins knappe Lateinisch zwingen wollte (Seneca, ep. 9, 1).

Diese Sprache lebt aus dem Tätigkeitswort (Verbum), aus Kraft also, Aktivität, Handeln. Darum denkt sie schneller und ist kürzer als andere Sprachen. Gibt es Knapperes, Dramatischeres und Triumphaleres als die gegenstandslosen Verben, mit denen Augustinus seine Bekehrung schildert: INDE AD MATREM INGREDIMUR, INDICAMUS: GAUDET. NARRAMUS, QUEMADMODUM GESTUM SIT: EXULTAT ... (conf. 8). *Von da gehen wir zur Mutter hinein, berichten. Freude erfüllt sie. Wir erzählen, wie [die Sache] geführt worden sei: sie jauchzt ...* Das ganze klingt wie eine Inschrift. Aus der geschliffenen Klarheit dieser Sprache entwickelte Martial das Epigramm zur Weltmeisterschaft. Lessing, Schiller, Goethe lernten an ihm und sahen hier das Muster für die schlagfertigste Kurzform der Satire. Diese Sprache, nicht mehr dem abschleifenden Zugriff des Alltags ausgesetzt, bleibt eindeutig. Heute noch ist sie die Sprache der Wissenschaft: der Arzt, der Apotheker, der Zoologe, Botaniker, Biologe, der Physiker und Chemiker und Mathematiker drücken sich bei ihren Definitionen mit begrenzten und geordneten Begriffen in ihr international verständlich aus, ebenso wie der Jurist, der Philosoph, der Linguist. Der kluge und zähe Kaiser Leopold II. machte in dem vielsprachigen Habsburgerreich das Lateinische wieder zur Amtssprache. Vollends die Theologie, bestrebt, ihre Dogmen unverfälscht, unmißverständlich und unerweichbar weiterzugeben, gebraucht das knappe Latein. Und dennoch vermochte es diese unpoetische Sprache, gewaltige Sätze zu türmen und im architektonischen Aufbau von Perioden sprachliche und rhetorische Meister-

schaft zu erreichen. Direkt weiter lebt sie in ihren großen Tochter-
sprachen, dem Italienischen, Französischen, Spanischen, im Portugiesischen, Rumänischen und in den Relikten in den Alpen.

Das Übersetzen aus dem Lateinischen und mehr noch in das Lateinische, das unablässige Ringen um den treffendsten Ausdruck
gab, als das Latein bei uns noch gründlicher betrieben wurde als
heute, jene geistige Wendigkeit, Gründlichkeit und Zucht, von welcher der deutsche Geist immer noch zehrt. Das gleiche gilt von anderen Völkern. Wir haben in unseren Ausführungen über englische
Schulen darauf aufmerksam gemacht. Immer noch soll die Rede
eines gebildeten Engländers zu etwa 60 % mit Zitaten lateinischer
Herkunft geschmückt sein. Latein, Mathematik, Rechtswissenschaft
und Schach sind die vier Schleifsteine des menschlichen Geistes.

Schließlich: Die lateinische Sprache wußte vortrefflich das Leben
anzupacken, Vorgänge und Personen lebendig darzustellen; sie ist
die gegebene Sprache also für die Geschichtsschreiber, die Staatsmänner und Feldherren. Es sei im Vorübergehen bemerkt, daß Caesar, über den selbst manches Sprichwort ging, in seinen Schriften
kein einziges Zitat verwendet hat. Es ging ihm eben nur um die
nackten Tatsachen ohne jeden Schmuck. Der Denker und Geschichts-
philosoph Augustinus, dessen Muttersprache das Numidische war,
ist nie mit dem Griechischen fertig geworden, aber die männliche
Schönheit des Lateinischen liebte er von Herzen. Ja, als er einen
Psalm in Knittelversen gegen die Donatisten dichtete, schuf er
wahrscheinlich das älteste lateinische Volkslied. Diese Sprache ist
von unvergleichlicher Prägnanz. Bis heute blieb sie die Sprache der
Inschriften, der Widmungen, der Mottos und der Devisen.

Latein und der Geist, der es prägte, bildeten an jenem Humanismus, der trotz des Hochstandes der mittelalterlichen kirchlichen
Kultur die Renaissance, jene wunderbare Blüte der echten Sehnsucht
nach Kraft, Freiheit und Würde des Menschen, hervorrief, welche,
besser als alles bisher Versuchte, die Entfaltung der Persönlichkeit
begründete, ein Ideal, dem wir um so glühender anhängen, je drohender die Gefahr der Vermassung und der Gesichtslosigkeit heraufzieht.

Die Zahl der Kernsprüche, die Weisheit und Erkenntnis, Erfahrung und Forderung enthalten, ist unübersehbar. Sie sprengen jeden
Versuch, sie etwa in einem solchen Buche erschöpfend darzustellen.
Schon der römische Freigelassene Publilius Syrus hatte im ersten
vorchristlichen Jahrhundert 700 Sentenzen und Sprichwörter zu-
sammengebracht, die zu seiner Zeit umgingen, darunter jenes bekannte Wort *Doppelt gibt, wer schnell gibt* BIS DAT, QUI CITO DAT.

Aber Erasmus hat bereits deren 5000 gesammelt und erklärt. Es galt also sich zu bescheiden. Sammelwerke können beliebig fortgesetzt werden. Es hieß auswählen, etwa nach dem Wahlspruch des großen Mathematikers Gauß: PAUCA, SED MATURA *Weniges, aber Reifes.* Einmal mußte auch Schluß gemacht werden. Nach dem alten Worte *Hände weg vom Schreiben* MANUM DE TABULA. Auch in jüngerer Zeit reizte es immer wieder, den Schatz auszumünzen. Die Weite dieser Bücher spannt sich von dem eng abgegrenzten, wissenschaftlich zuverlässigen Werke von A. Otto ›Die Sprichwörter und sprichwörtlichen Redensarten der Römer‹ bis zu dem dreibändigen Werke A. Vannucci's ›Proverbi latini illustrati‹ Milano 1880/83.

Dieses letzte Werk scheint das nämliche beabsichtigt zu haben wie der Verfasser: antiken Gedanken moderne Betrachtungen anzuschließen. Gerade darum wurde es nicht eingesehen. Die Selbständigkeit der Arbeit sollte nicht beeinflußt oder gefährdet werden. Selbst auf die Gefahr hin, daß ein Sprichwort, das der gelehrte Hieronymus anwendet, in Kauf genommen werden mußte. PESSIMUM MAGISTRUM MEMETIPSUM HABEO (de vir. illustr. praef.). *Ich bin mein eigener, wenn auch ein sehr schlechter Meister.*

Im Grunde wollte das Buch nichts anderes als Freude am schöngeschliffenen Ausspruch wecken und damit den Geschmack bilden helfen. Von selbst erzieht es dabei zum Nachdenken, zur Wahrheit, zum Edlen, zum Schönen und damit zum Göttlichen. Wie es Quintilian von solchen Sentenzen erwartet. *Sie helfen der Wohlgebildetheit* ADIUVANT URBANITATEM (6, 3, 96). Am schönsten wäre es, wenn recht viele Senecas Worte beherzigen möchten: ›Gib also die Hoffnung auf, die großen Meister im Auszug kosten zu können. Du mußt sie ganz schauen, dich ganz mit ihnen beschäftigen‹ (ep. 33, 5). Auch das wäre schon Lohn genug, wenn das Angeschlagene geistig fortgesetzt würde. HABENT SUA FATA LIBELLI. Das Wort ist hier in seinem ursprünglichen Sinne gemeint, wie es der Grammatiker Terentianus Maurus im zweiten nachchristlichen Jahrhundert verstanden wissen wollte. *Die Büchlein haben ihre Schicksale, je nachdem wie sie der Leser versteht* und was er aus ihnen für sich zu machen weiß, weshalb ausdrücklich voransteht: PRO CAPTU LECTORIS.

Nach Kräften wurde versucht, jeden Kernsatz in seiner Herkunft nachzuweisen. Manchmal aber trotzte ein Satz bis jetzt allem solchen Bemühen. Ein freundlicher Hinweis eines kundigeren Lesers könnte viel helfen. Das Buch empfiehlt sich dem Leser mit dem Wunsche des Lucrez *Gib, daß ich nicht in den Wind spreche* NE VENTIS VERBA PROFUNDAM (Lucrez 4, 930).

H. G. Reichert

ROM

Vom Glanze Roms

INGENS ORBIS IN URBE FUIT
Die ganze Welt liegt in dieser Stadt

Bei seinem Triumphzug rief der SERVUS PUBLICUS, der *Staatssklave,*
dem römischen Feldherrn, hinter ihm auf dem Kampfwagen stehend, immer wieder zu: ›Gedenke, daß du ein Mensch bist!‹ Ins
Große weltgeschichtlicher Besinnung rückt der Anruf menschlicher
Selbstschau, wenn in der St. Peterskirche in Rom der erste Kardinaldiakon einem Erwählten die dreifache Krone des Papsttums auf-
setzt. Dreimal wird eine Flocke Werg verbrannt, und dreimal fällt
in den Pomp der Krönung das Wort der Einkehr: SIC TRANSIT GLO-
RIA MUNDI. Kaum irgendwo klingt dieses *so vergeht der Glanz der
Welt* überzeugender und sinnenfälliger als auf dem geschichtlichen
Boden Roms.

Nicht weit von der Kuppel St. Peters wuchtet der runde Unter-
bau des Grabmals Hadrians, später die Engelsburg geheißen. Wie
oft haben hier die Päpste sich verteidigt und die Stätte der Ruhe
einiger Kaiser zum Schauplatz letzter Kämpfe gemacht. Unter anderen schlafen hier: der Spanier Hadrian, der in aller Welt großartige Bauten schuf und die Griechen liebte, Marcus Aurelius, der
zwischen Feldzügen und Staatsgeschäften die entsagenden Selbstbetrachtungen ›An sich‹ schrieb, und als letzter Caracalla, der in
sechs Jahren Rom mit Scheußlichkeiten füllte und der Nachwelt die
meisten Porträtbüsten hinterließ. Unfern rollt der Tiber vorbei, an
dessen Mündung einst der ›fromme Aeneas‹ landete, um das spätere
Rom zu ermöglichen. Er ist kein Fluß schlechthin. In grauer Zeit
verlief hier die Grenze zwischen Orient und Occident, zwischen den
märchenreichen, dunklen Etruskern, die den Tod als Gnade und
Fest feierten, und den Nachkommen des Aeneas und Romulus, die
fest- und weltfroh lieber das Leben bejahten. Weiter draußen grüßt

der Palatin, wo die Paläste der DIVI, der ›göttlichen Herren‹ der Welt, in großartigen Trümmern liegen. Zu seinen Füßen liegt das Forum, einst das Herz der Welt, nun Europas geschichtsgeladenes Ruinenfeld.

Hier aber, unter der Kuppel Michelangelos und über dem Grabe St. Peters, begibt sich bei jeder Papstkrönung etwas, das über den Bereich seiner kirchlichen und religiösen Tragweite hinausgreift: die Geschichte Roms wird lebendig, sie ist noch nicht vorüber.

Noch demokratischer, als es je die römische Republik erlaubte, wurde hier ein Mensch ohne Ansehen der Herkunft und des Standes zur Höhe einer Macht erhoben, die über Gewissen und Herzen und früher über Länder und Heere gebot. So bestimmt es das kirchliche Recht: Wählbar ist jeder rechtgläubige männliche Katholik. Sonstige Erfordernisse sind bewußt beiseite gesetzt, damit stets der Tüchtigste gewählt werden könne. Nicht einmal Priester zu sein, ist vorgeschrieben.

Von der Loggia der Peterskirche verkündigte wenige Tage, nachdem die Papstwahl beendet war, der älteste Kardinaldiakon: HABEMUS PAPAM *Wir haben einen Papst*. Nun wird er in einem Reiche herrschen, in dem die Sprache Roms wie nirgends mehr auf der Welt gebraucht und gepflegt wird und das heute noch in seinem Recht im wesentlichen nach den Prinzipien des ius Romanum verfährt. Zwar wird sich künftig der mit so erhabener Würde Bekleidete als SERVUS SERVORUM DEI unterzeichnen, *Knecht der Knechte Gottes*, aber er wird sich auch PONTIFEX MAXIMUS *Oberster Brückenbauer* nennen. So wurde einst der Oberpriester Roms genannt, weil er einem Kollegium vorstand, dem ursprünglich oblag, den Pons Sublicius wieder aufzubauen, wenn er im Kriegsfalle abgebrochen worden war. Die Kardinäle, die den Papst erwählt haben und bei denen sich wie in einem *Angelpunkte* CARDO die weltweiten Geschäfte der Kirche treffen, heißen in immer noch heimlichem Stolze auf die unvergängliche Größe Roms ›senatori della Chiesa‹. Sofort nach der Wahl tritt der neue Papst auf die Loggia über dem Hauptportal der Peterskirche und erteilt URBI ET ORBI den Segen, jener *Stadt und dem Erdkreis*, die schon Ovid zusammen genannt hat: *denn die ganze Welt lag in dieser Stadt* INGENS ORBIS IN URBE FUIT (ars amat. 1, 174).

Wiederum steigt das Bild des alten Rom und des Imperiums vor die Augen der Seele. Der Glanz der Welt vergeht, aber über den Ruinen Roms liegt etwas, das nicht untergegangen ist: die Idee des *ewigen Rom*, der ROMA AETERNA. Auch als die militärische Kraft und die politische Wirksamkeit Roms verblaßt und seine Weltmacht untergegangen war, schwand – merkwürdige Fügung der Geschichte – der Gedanke der Roma aeterna nicht unter den Menschen. Er wurde bis in die deutsche Kaiseridee und die Formen des französischen Kaisertums lebendig, er bildete eine der obersten Ideen des abendländischen Denkens. Wie kam das?

ROMA QUADRATA, ROMA AUREA
Kleines, goldenes Rom

Der äußere Aufstieg Roms ist in jedem Belang beispiellos. Die Sage erzählt, Romulus, der Nachfahre des Aeneas, habe einst einen Pflug genommen und eine Furche gezogen mit vier rechten Winkeln, um darauf eine Siedlung zu gründen. Der Ort, wo dies geschah, zeichnete sich durch nichts als sieben Hügel aus; er war weder gesund noch reich. Aber er wurde harten Menschen zur Heimat, die verzweifelt entschlossen waren, den unabhängigen Besitz ihrer Scholle nur mit dem Leben aufzugeben. So klein war der Anfang: die ROMA QUADRATA. Aus diesem Dorf harter, wirklichkeitsnaher, zusammengewürfelter Siedler stieg die spätere Siebenhügelstadt zu einem Reich empor, wie es im Abendlande nur noch England bilden konnte. Das äußere Bild glich sich dem Glanz und der Größe des Imperiums an, die alte Ziegelstadt wandelte sich in eine Metropole weißschimmernder Marmorpaläste, die Herrin der Völker umkleidete sich mit unerhörter Pracht des privaten Besitzes und der öffentlichen Zur-Schau-Stellung: *das goldene Rom* ROMA AUREA (Prudentius, c. Symm. 2, 1114).

Vollends das Forum, wo einst die Fäden der hohen Politik zusammenliefen, ist eine Stätte, wie sie die übrige Alte Welt nicht besaß. An weltumwälzender Bedeutung reicht selbst die Akropolis von Athen nicht an es heran. Hier, wo zu des Romulus Zeiten noch ein Sumpf brütete, ist die römische Geschichte in bedeutende Bauwerke aus Stein umgewandelt. Monumente wurden Geschichtsbücher, das Nacheinander der Ereignisse zu einem Nebeneinander des Augenscheins, hier schaut uns das klare Gesicht des Römertums am hinreißendsten entgegen.

Selbst als die Kaiser ihre Residenz am Bosporus aufschlugen und geographisch richtiger Neu-Rom (Konstantinopel) in die Mitte des Reiches rückten, überstrahlte der Glanz des alten Rom die Macht von Byzanz.

356 n. Chr. besuchte Kaiser Konstantius die entthronte Roma. Er kam, um zu zeigen, was an Pracht der Osten aufzuweisen hatte, ›auf goldenem Wagen, der glänzte vom Gefunkel bunter, edler Steine‹.

Der tüchtige Ammianus Marcellinus hat den überwältigenden Aufzug mit sichtbarem Stolz und nachzitternder Erregung beschrieben. Man liest aus seinem farbigen Bericht unschwer heraus, wie fremdartig bereits das Zeremoniell des Kaiserhofes wirkte. Der Herrscher zeigte jene denkmalhaft feierliche Bewegungslosigkeit, welche in den Mosaiken von Byzanz so befremdend und so bannend wirkt. ›Er wandte sein Gesicht weder rechts noch links, wie ein künstlicher Mensch.‹

Und doch! Alle angenommene Majestät fiel ab, als Konstantius ›zum Trajansforum kam, einem Bau ohnegleichen unter dem weiten Himmel, wie ich meine, einem Wunderwerk auch im Sinne der Götter, da war er sprachlos vor Erschütterung, als er seinen Geist an den riesenhaften Gefügen hingehen ließ, die man nicht mit Worten zu schildern vermag und die Menschen nicht ein zweites Mal so zu bauen versuchen können‹. Beispiellos wie sein Glanz wirkt auch der Zerfall des alten Rom. Oft wird ja *das Erhabene bejammernswert, wenn es verdorben wird* CORRUPTIO OPTIMI PESSIMA. Nicht bloß die Kriege der Völkerwanderung haben das Angesicht der Roma aurea zerstört. Christlicher Übereifer hat ebenfalls viele heidnische Kunstwerke, Tempel und Götterbilder vernichtet. Zudem entvölkerte sich Rom im Wirrwarr der politischen Händel und verarmte. Auch daher leitet es sich ab, daß so vieles zerfiel. Armut ist ein schlechter Boden für Kunst und Ehrfurcht. In den Zeiten, wo es das nackte Leben galt, benutzte man zerfallende Bauten als Steinbrüche für Neubauten. Aber was noch ganz war, ist wohl kaum angetastet worden. Selbst als der Barberinipapst Urban VIII. aus den Bronzeträgern der Vorhalle des Pantheon Kanonen gießen ließ, griff er den Gesamtbau nicht an. Nicht der Kaiser Konstans II., der 1000 Jahre vorher die vergoldeten Bronzeziegel dieses erhabenen Monuments römischer Kuppelbaukunst und unerhörter Geschlossenheit raubte, ging in den Tadel des geflügelten Wortes ein, sondern der Papst aus dem Geschlechte der Barberini: *Was die Barbaren nicht getan haben, taten die Barberini*, sagte es mit der Unbekümmertheit der Sentenz, die um eines Wortspiels willen die Genauigkeit drangibt. QUOD NON FECERUNT BARBARI, FECERUNT BARBERINI. Dieses zerfallende Rom sahen die Pilger, die nach der ›Himmelsburg‹ kamen, wie die rombesessenen Könige und Pilger des frühen englischen Christentums oder die Wallfahrer, die in den Jubiläumsjahren die LIMINA APOSTOLORUM *die Wohnstätten der Apostel* besuchten, um dort Ablaß ihrer Sünden zu gewinnen. Auf dem Kapitol weideten die Ziegen, und man nannte das Forum ›Kuhfeld‹. So sahen Rom auch Rabelais, Montaigne, Goethe. Der Staub der Jahrhunderte hatte, von etwa 800 an, langsam das Forum zugeweht.

Als Byron auf dem zerfallenen Forum stand, überkam ihn die tiefe Wehmut des sic transit gloria mundi. Eine einsame Säule, die man später als die des Kaisers Fokas erkannte, schien ihm die ganze Trauer der Geschichte, aber auch die unzerstörbare Größe Roms zu bergen.

Thou nameless column with the buried base!
What are the laurels of the Caesar's brow?
Crown me with ivy from his dwelling-place.

Du namenlose Säule, tief im Sand,
Was will der Lorbeer auf des Caesars Stirne?
Krön mich mit Efeu, der sein Dach umspannt!

ROMA AETERNA
Ewiges Rom

Immer wieder zogen die Trümmer Roms die Geister und die Herzen an sich. 382 n. Chr. hatte der noch knabenjunge christliche Kaiser Gratian auf den Titel des Pontifex Maximus verzichtet und damit die letzte heidnische Würde der Augusti abgelegt. Aus dem Hause der Kurie, in dem ein Jahrtausend lang die Geschicke der Welt bestimmt worden waren, verbannte er die Statue der Siegesgöttin, der Victoria, er löschte das Feuer der Vestalinnen und schloß den Tempel der Vesta. Aber auch solche Abkehr konnte nicht die heimliche Kraft der Roma aeterna tilgen und den Glauben an sie aus der Welt schaffen. In diesem Begriff verdichtet sich alles, was jemals über die Urbs gedacht, geträumt, philosophiert oder in Visionen gedichtet wurde. Hier flossen in eine Vorstellung zusammen: Platons Ideale von Ethik und Politik, Ciceros Forderungen an die beste Staatsverfassung, die geschichtsdeutenden Gesichte Vergils, biblische Bilder von Babylon und Jerusalem, christliche Spekulationen über das Ende der Geschichte, der naive Glaube der Christen und der Glanz des Papsttums. Dieser inneren Schau Roms lohnt es nachzugehen.

Der Grieche Polybios schaltete in seinem pragmatischen Geschichtsdenken den Zufall als Ursache der Zusammenhänge aus. ›Ein kluger Entschluß besiegt tausend Arme.‹ Das Ziel der Geschichte schien ihm: ein Weltreich, das alle guten Verfassungen, alle Fortschritte der Menschen, alle Völker Europas, Asiens und Afrikas in sich einige. Rom dünkte ihm zur Führung dieses Reiches berufen.

Es hatte einen besonderen inneren Auftrag in der Welt zu erfüllen. Mit solchen Gedanken aber war der Keim zu jeder folgenden Verklärung Roms gelegt.

Cicero baute nur weiter, wozu der Grieche den Grund gelegt hatte. Rom ist nicht die Schöpfung menschlicher Weisheit, sondern Fügung der Geschichte. Es vereinigt die möglichen Formen der Staatsverfassung in sich. Monarchie, Aristokratie und Demokratie verschmolzen sich in ihm. Gerechtigkeit wurde sein Erbgut. In der Weite seines Reiches, der geordneten Vielfalt der Teile bildet das römische Reich den Kosmos nach und ist Abbild der ewigen Ordnung Gottes. Die Rom-Idee strahlt bereits in einem übersinnlichen Glanz.

Die bitteren Erfahrungen der Bürgerkriege vermochten diesen Stolz auf das innere Rom nicht auszulöschen. Auch am Landgut Vergils bei Mantua brandeten die Stürme der blutigen Auseinandersetzungen der römischen Bürgerkriege vorüber. Aber der Mann, der da Bienen beschrieb, Baum und Strauch liebte, die Sterne schaute und sich Gedanken machte, wie die Äcker am besten zu bestellen seien, wanderte nun geistig in bessere Gefilde. Er klammerte sich an die Idee, daß das Bauerntum Italiens heimlich die guten Kräfte des saturnischen Zeitalters bewahrt habe. Er hielt wie in einer Erleuchtung daran fest, daß das goldene Zeitalter und eine Wende der Zeit wiederkommen werde – durch einen Gottmenschen in Rom. Die urbs war eben keine Stadt wie andere.

VERUM HAEC TANTUM ALIAS INTER CAPUT EXTULIT URBES,
QUANTA LENTA SOLENT INTER VIBURNA CUPRESSI

(ecl. 1, 24 f.)

Sie, die unter den Städten so hoch ihr Haupt hat erhoben
Wie unter schwächlichem Schneeballgesträuch die hohen

Cypressen.

Was Vergil in der Folge vor Augen sah, schien nur seinen Glauben zu beleben. Die Zeitwende lag für ihn bei Actium. Hier wurde der Orient und sein verderblicher Einfluß endgültig zurückgeschlagen. Die alten Römertugenden, Friede, Ordnung, Recht und Frömmigkeit, erhoben wieder ihr Haupt.

Der Mann, der die Seeschlacht bei Actium gewann, Augustus, war für Vergil der Gottmensch, den er erhofft und verkündet hatte. Augustus und sein Rom waren nicht eine Laune günstigen Geschickkes. Er und seine Taten erfüllten einen göttlichen Auftrag, lange vorgedacht im Plane Jupiters. Und so machte der Dichter sich daran, die erlebte Gegenwart innerlich an die Urzeit von Rom zu knüpfen. Er blätterte das Sagenbuch und die Geschichtsdokumente auf und

spürte der heimlichen Bestimmung Roms nach. Er schrieb in der
›Aeneis‹ das Werk seines Lebens, seines tiefsten Glaubens, die Geschichte vom ›frommen Aeneas‹, der den Anruf des Schicksals verstand und in letzter Frömmigkeit geschichtschaffende Kraft bestätigte. Die Aeneis wurde das Buch vom Anfang und Ziel der römischen Geschichte, von Roms Fügung und Aufgabe, seinen Möglichkeiten und seinen Grenzen. Genau in der Mitte des Werkes steht
lapidar die weltgeschichtliche Aufgabe der Römer

PARCERE SUBIECTIS ET DEBELLARE SUPERBOS
Zu schonen die Unterworfenen und niederzukämpfen die Stolzen.
Rom, nicht Aeneas, ist der Held des Gedichtes. Das Rom des
Augustus ist das wahre Rom. Ihm hat Jupiter ewigen Bestand ver-
heißen. Keine Macht der Erde und des Himmels wird daran etwas
ändern können.

Dann im grauen Fell der säugenden Wölfin wird freudig
Romulus weiterführen den Stamm und mavortische Mauern
Gründen und ›Römer‹ das Volk nach eigenem Namen benennen.
Ihre Herrschaft begrenze ich weder räumlich noch zeitlich;
Endlos setz ich ihr Reich
HIS EGO NEC METAS RERUM NEC TEMPORA PONO,
IMPERIUM SINE FINE DEDI.

Ja selbst die eifernde Juno,
Die aus Furcht nun Länder und Meer und den Himmel ermüdet,
Wird eines Besseren sich besinnen und mit mir den Römern
Gnädig gesinnt sein, den Herren der Welt und dem Volk
in der Toga.
(Aen. 1, 275 ff.)

Imperium sine fine dedi! Diese stolzen Verse sind selbst durch die
christliche Basilika von Hippo geklungen, und kein Geringerer als
Augustinus zitierte sie. Die Idee der Roma aeterna war ausgesprochen. Sie schwand hinfort nicht mehr aus dem Bewußtsein der Römer und schließlich der Welt.

Mit aller Kraft klammerte sich der bessere Teil Roms, der Adel
und die geistige Welt, an diese hohe Anschauung. Je mehr die äußere
Macht der urbs sich sichtbar dem Ende näherte, um so gläubiger
hielt man des Dichters Verheißung hoch. Alles Leid, jede Niederlage
vermehrte nur den Glauben, jeder Erfolg die Liebe zu Rom. Als in
den 80er Jahren des 4. Jahrhunderts der Kampf um den Altar der
Victoria entbrannte, loderte die Idee Vergils glühend auf. In dem
leidenschaftlich geführten Streitgespräch um Rom machte sich der
heidnische Geistesadel zum Anwalt der Roma aeterna. Die berühmte Relatio (Bericht) des Stadtpräfekten von Rom, Symmachus,

führte die Roma selbst sprechend ein, ihre Sache zu führen. ›Ich will nach meinem Brauche leben; denn ich bin frei. Dieser Dienst an den Göttern hat den Erdkreis unter meinen Besitz gebracht. Diese heiligen Handlungen haben Hannibal von den Mauern, vom Kapitol die Senonen zurückgeworfen.‹

Die Sache Roms fiel zusammen mit dem Kampf um die Götter.

Die Bittschrift fand mit dem Gewicht ihrer Gedanken, der Schönheit ihrer Sprache und wegen des Ansehens der Kräfte, die hinter ihr standen, weiten Widerhall. Sie sprach aus, was in vielen und nicht den schlechtesten Köpfen und Herzen brannte, obwohl das Christentum immer mehr Boden gewonnen hatte und sich eben anschickte, auch in den Bezirken der Wissenschaft die Führung zu übernehmen.

Vergils Idee lebte.

Sie durchglühte auch die letzte heidnisch-römische Dichtung. Neben dem Schriftsteller Symmachus tritt der Dichter Claudian auf den Plan. Er pries in der Farbenpracht, der Gedankentiefe und der anschaulichen Klarheit seiner Verse Roms und Italiens Verteidiger, den romanisierten Vandalen Flavius Stilicho. ›Ganz nahe den Göttern, Konsul, sorgst du für diese große Stadt.‹ Nochmals erstand in diesem Schwanengesang des Weltreichs das erhabene Bild der Roma Vergils.

›Mit sieben Hügeln tut sie es den sieben Zonen des Himmels gleich, sie, *Mutter der Waffen und Gesetze, die über alle ihre Befehlsgewalt ausbreitet und die Wiege des jungen Rechts geschenkt hat*

ARMORUM LEGUMQUE PARENS QUAE FUNDIT IN OMNES
IMPERIUM PRIMIQUE DEDIT CUNABULA IURIS.

Sie ist es, die, in engen Grenzen entsprungen, sich geweitet hat zu beiden Polen und, von kleinem Wohnsitz ausgegangen, mit ihren Armen weit wie die Sonne um sich gegriffen hat.

Und es wird nie Grenze und Ende der römischen Macht sein
NEC TERMINUS UNQUAM ROMANAE DICIONIS ERIT.‹

(de consulatu Stilich. lib. 3, 130 ff.)

ROMA CHRISTIANA
Christliches Rom

Aber in diese hochgemute Idee der Roma aeterna (Tibull, eleg. 2, 5, 23) waren im Laufe von vier Jahrhunderten auch andere Gedanken eingedrungen. Sie vermochten sich mit der Vergilschen Vision zu verschmelzen, dem ›ewigen Rom‹ eine neue Ansicht abzugewinnen. Gerade in dieser Gestalt übte sie nachhaltigeren Zauber aus und begann eine Wirksamkeit, die bis heute anhält.

Etwa 80 Jahre nach Vergils Tod trat in die Welt eine andere Ansicht über Rom. Sie setzte sich zunächst hart und feindlich neben die der Künstler, Dichter und Politiker der augusteischen Zeit. Noch war der Kreis, aus dem die neue Vorstellung kam, zahlenmäßig klein, sein geistiges und soziales Ansehen ohne Gewicht. Aber die Gemeinde trug in sich einen Glauben, der Berge versetzen konnte, und sie hörte im ersten Petrusbrief des Neuen Testamentes ein stolzes Wort, geeignet, ein neues Selbstbewußtsein zu schaffen. VOS AUTEM GENUS ELECTUM, REGALE SACERDOTIUM, GENS SANCTA, POPULUS ACQUISITIONIS (1. Petr. 2, 9) *Ihr aber seid ein auserwähltes Geschlecht, ein königliches Priestertum, ein heiliges Volk, ein Volk der Erwerbung.* Noch schleppten viele der Angeredeten als Taglöhner Getreidesäcke oder löschten in griechischen Häfen die Ladung der Schiffe. Sie verstanden noch nicht die ganze Tragweite ihrer neuen Berufung. Aber sie wußten, was gemeint war, als sie im selben Briefe lasen: *Es grüßt euch die miterwählte Gemeinde in Babylon* SALUTAT VOS ECCLESIA, QUAE EST IN BABYLONE COLLECTA (1. Petr. 5, 13). Denn das christliche Altertum sah in diesem Babylon nichts anderes als Rom. Vorstellungen der Juden geisterten in diesem als Schimpf gedachten Wort. Seitdem Nebukadnezar die Juden an die Flüsse Babylons verschleppt hatte, konnte sich das jüdische Volksbewußtsein nicht genugtun, wortreich die Metropole am Euphrat als die verkörperte Macht des Bösen zu brandmarken. Jerusalem aber, die heimische Stadt, umgab der Glanz der Gotterwähltheit noch in einem ausschließlicheren Sinn, als sie Vergil für Rom in Anspruch nahm. Noch heute gilt selbst uns Babel als Sinnbild des Bösen. Bestätigte nicht das düstere Urteil des wortkargen Tacitus den Ruf Roms als Brutstätte der Laster?

In Rom fließen alle Sünden und Laster zusammen, um verherrlicht zu werden ROMAM CUNCTA UNDIQUE ATROCIA AUT PUDENDA CONFLUUNT CELEBRANTURQUE (annal. 15, 44).

Aber auch mildere Gedanken als dieses allzu radikale Urteil stellten sich bald ein. Schon die Bibel hatte den Frieden des Augustus

und das Erscheinen des Herrn in einem Atem genannt, damals als
der Erdkreis aufgeschrieben werden sollte und Josef und Maria zum
Census (zur Registrierung) nach Bethlehem zogen. Zudem lehrte das
Evangelium als selbstverständlich, daß ohne den Willen des himmlischen Vaters kein Haar vom Kopfe des Menschen falle: Diese Vorsehung für den Einzelnen, eine nur den erlauchtesten griechischen
Denkern vollziehbare Idee, war dem christlichen gemeinen Mann
geläufig. So lag der Gedanke nicht fern, daß alles auf Erden nach
vorbedachtem göttlichem Plane sich abwickle und überall in der Geschichte Gottes Absichten sich durchsetzten. Die Theologen spürten
im einzelnen nach, in welchen Ereignissen sich das Erscheinen des
Logos angekündigt oder vorbereitet habe. So erschien ihnen die
Tatsache, daß beim Auftreten Jesu die Welt geeint, in Augustus be-
friedet war und in der *Koine* ein allen verständliches Griechisch
redete, ein deutlicher Beweis für das Wirken Gottes unter den Heiden.

Unter solchem Blickwinkel bekam Rom seine bestimmte Stelle im
Heilsplane. Das Babylon-Bild bestand zwar noch, aber die urbs
rückte immer mehr in den Mittelpunkt des jüngsten Christentums.
Ja, als Titus das irdische Jerusalem zerstört hatte und damit auch
äußerlich die Christenheit vom Judentum gelöst wurde, übertrug
sich das Bild der Gottesstadt langsam auf die Hauptstadt der Welt.
Denn im Laufe der dogmatischen Entwicklung bildete sich immer
deutlicher der Primat der Bischöfe von Rom heraus, die sich die
Nachfolger des Oberhauptes der Apostel, des Petrus, nannten.

Was die kirchliche Praxis übte und die kirchliche Lehre festhielt,
schien durch die vor Augen liegende siegreiche Kraft der Kirche er-
härtet. Richtige Gottesurteile zeugten für das Christentum. Euse-
bius (vita Const. 1, 28) erzählt, Kaiser Konstantin sei um deswillen
Christ geworden, weil ihm der Himmel beigestanden habe. Vor der
Schlacht an der Milvischen Brücke (312 n. Chr.) sei ihm das Bild des
Kreuzes erschienen und daneben die Inschrift: *In diesem Zeichen
wirst du siegen* IN HOC SIGNO VINCES. Nicht lange danach trugen bereits die römischen Feldzeichen das Christogramm ☧ . Das Christentum war aus dem Dunkel der Katakomben und der Heimlich-
keit seines Kultus ans Helle und in den Genuß der Religionsfreiheit
gekommen.

Ein halbes Jahrhundert nach dem Mailänder Edikt, das dem
Christentum die Wege ebnete, beseitigte ein römischer Kaiser wieder das Christogramm. Der feingebildete Julian, voll bewundern-
der Liebe für die griechische Kultur, versuchte, eine vergeistigte Göt-
terreligion an seine Stelle zu setzen und die verhaßte Religion des

Galiläers durch vertieften Kult, durch Liebestätigkeit und eine heidnische Hierarchie schachmatt zu setzen. Vom Christentum sagte er, indem er das bekannte Wort Caesars veni, vidi, vici nachbildete: LEGI, INTELLEXI, CONDEMNAVI (Sozomenos, hist. eccles. 5, 18) *Ich las, begriff, verdammte.* Aber das Ziel, dem er nachstrebte, erwies sich vor der Macht des Christentums als phantastisches Unternehmen. Julian scheiterte.

Die Legende bemächtigte sich des frühen Todes des Kaisers und der Niederlage des Heidentums. Sie sah im Tode des zweiunddreißigjährigen Kaisers einen Wink des Himmels. TANDEM VICISTI, GALILAEE *Endlich hast du gesiegt, Galiläer,* sollen seine letzten Worte gewesen sein. Die Christen jubelten. Aber es gab, namentlich im Westen, noch viele Bekenner der alten Götter; besonders die römische Aristokratie setzte sich stark für die hergebrachten religiösen Gebräuche und Kulte ein. So konnte es zum Religionskrieg kommen. Das Heidentum griff zu den Waffen. Der Praefectus praetorio Nicomachus Flavianus führte die Empörer, um das gescheiterte Werk Julians fortzusetzen. In der Schlacht am Frigidus, 394, standen hinter seinen Truppen goldene Jupiterbilder. Aber der unglückliche Ausgang der Schlacht erschien den Zeitgenossen wie ein Gottesurteil. Der Gott der Christen hatte eindeutig über Jupiter gesiegt.

Während dieser geistigen und blutigen Kämpfe erstarkte immer unbestrittener das Ansehen des christlichen Rom. Es galt als das Haupt der Christenheit. Bezeichnenderweise bildete sich gegen die kirchliche Lehre, daß Petrus erster Bischof von Rom gewesen, dort gestorben und begraben sei, nie eine Gegentradition. Man zeigte die Orte, wo er nacheinander begraben war.

In Glaubensstreitigkeiten wandte man sich nach Rom, um dort Entscheidungen zu erhalten. So waren im Streite um die Gnade die Beschlüsse zweier Konzilien an den römischen Bischof gesandt worden (416). Rom antwortete zustimmend. Der große Augustinus verzeichnete die Tatsache mit den abschließenden Worten: CAUSA FINITA EST, UTINAM ALIQUANDO FINIATUR ERROR (sermo 131, 10) *Die Angelegenheit ist entschieden, möge nun der Irrtum einmal enden.* Was der größte Theologe des Altertums als Wunsch aussprach, wurde jedoch in der Sentenz zu einer Forderung. Die gebräuchliche Form: ROMA LOCUTA, CAUSA FINITA *Rom hat gesprochen, die Sache ist beendet* geht über den ursprünglichen Sinn hinaus und zielt dahin, den Primat des römischen Bischofs zu bekräftigen.

Aus der Vormacht Roms erfloß der Vergilschen Roma aeterna, die auch christliche Köpfe beherrschte und entflammte, eine neue Kraft. Rom war die Stadt nicht mehr der divi, sondern der Apostelfürsten. Glaubensinbrünstig angesichts des sich vollendenden Sieges des Christentums, dichtete der römische Würdenträger und Bischof von Mailand, Ambrosius, seine Hymnen. Er machte sich nicht viel aus philosophischen und theologischen Feinheiten, er leistete sein Bestes als Erklärer und Sittenlehrer. Er diente Kaisern und dem Staate, aber über allen stand vor ihm, dem ehemaligen Provinz-statthalter, Christus. Die neue Glaubensinbrunst machte plötzlich aus dem stillen, amusischen Mann einen glühenden Hymniker. Der Brauch, in der Kirche Hymnen zu singen, war in der abendländi-schen Kirche so gut wie neu. Augustinus bezeugt, wie diese Lobes-gesänge ans Herz griffen. ›Wie oft habe ich geweint, wenn ich diese Lieder und Hymnen hörte, die so süß in deiner Kirche widerhall-ten.‹ Der Glanz und die Pracht der Liturgie übertraf die Riten aller Kulte, der Kybele, der Isis, des Mithras. Ambrosius, der lautere Mann, von solcher Überzeugungskraft und Beredsamkeit, daß er selbst Augustinus in Bann schlug, bewunderte Rom, wie nur ein Rö-mer es konnte. Aber er schaute es unter dem neuen Gesichtspunkte: Die Stadt des Weltimperiums war der Sitz des siegreichen Welt-reiches Christi, sie war Lehrsitz der Welt durch Petrus und Paulus. ELECTA GENTIUM CAPUT SEDES MAGISTRI GENTIUM *Erwähltes Haupt der Völker, Sitz des Lehrers der Völker,* so erscheint ihm die urbs. Diesem Rom muß sich die Welt, auch der Kaiser, beugen.

Dieses providentielle Rom fand zwei Jahrzehnte später auch sei-nen Vergil. Wiederum war es ein Staatsmann, der eine Art christ-licher Aeneis schuf. Der Spanier Aurelius Prudentius aus Saragossa kannte und liebte die Klassiker des alten Rom, er glühte wie nur ein Praetextatus und Symmachus für die Roma aeterna. Was Vergil für das Rom des Augustus schuf, das dichtete der fromme und ge-lehrte Christ für das Rom, dessen geistigen Sieg er erlebte. Was für den Mantuaner Aktium war, das bedeutete für den Spanier die Nie-derlage des Symmachus und der Sieg am Frigidus. Noch einmal überschaute ein begabter Dichter die römische Geschichte, diesmal auf Christus hin. Wie Anchises (im VI. Gesang) einst dem Aeneas das imperium voraussagte, so weissagte bei Prudentius der ster-bende Märtyrer Laurentius, den sich *das himmlische Rom* ROMA COELESTIS zum ›ewigen Konsul‹ erwählt hatte:

DISCEDE, ADULTER IUPITER
Weich, Ehebrecher Jupiter
RELINQUE ROMAM LIBERAM
Verlaß das freie Rom
PLEBEMQUE IAM CHRISTI FUGE
Flieh das Volk nun Christi!   (Peristephanon 2, 465 ff.)

Vollends seine zwei umfangreichen Lehrgedichte gegen Symmachus, deren erstes Paulus und das zweite Petrus zugeeignet waren, dienten dem Nachweis, daß die römische Geschichte von Anfang an gelenkt wurde, um Rom zum Ausgangspunkt und zur Mitte des Christentums langsam heranreifen zu lassen. Die christliche Roma aeterna war ein besonderes Kleinod Gottes und stand sichtbar unter seinem Schutz.

Mitten in so stolze Visionen und erhabene Überzeugungen vom Ende des alten und vom Bestand eines neuen Roms, in eine Zeit, die an Gottesurteile glaubte und Schlachtenglück als Willen Gottes ansah, fiel zerschmetternd und erschütternd eine unerhörte Tatsache. Erstmalig, seit 800 Jahren, wurde Rom erstürmt. Die Westgoten unter Alarich eroberten 410 die Roma aeterna und plünderten sie.

Schien die christliche urbs Jerusalem nicht unüberwindbar, stand sie nicht unter Gottes persönlichem Schutz, war sie nicht fester gegründet als Vergils imperium sine fine? Die Heiden sahen das Gottesurteil und frohlockten, der naive Glaube der Christen war ins Herz getroffen, die Hymnen des Ambrosius und des Prudentius wollten vor solcher Glaubensprobe verstummen.

Es ging um die Grundlagen. Kein Geringerer als Augustinus trat auf den Plan, die Roma aeterna und den Fall Roms, den Glauben und die Erfahrung in Harmonie zu bringen und die Gemüter zu beruhigen. Der erschütternde Anlaß schenkte der Welt eines ihrer berühmtesten Werke, Augustinus' ›de civitate Dei‹, ›Vom Gottesstaat‹. Außer Platons Werk hat kein Buch des Altertums so nachhaltig auf das Denken des Abendlandes eingewirkt wie dieses Alterswerk des Bischofs von Hippo. Er schuf die neue Auffassung von Rom, überhaupt die christliche Geschichtsphilosophie. Diese großartige Synthese alles Weltgeschehens erklärt den Menschen nicht aus dem Menschen allein; der letzte Antrieb der Geschichte ist der Kampf der Guten mit den Bösen. Das Reich Gottes ist geistig, es obliegt den Menschen als Aufgabe, ihm haben sie nachzustreben, es ist ein geschichtliches und menschliches Ideal. ›Doch hart im Raume stoßen sich die Sachen.‹ Das irdische römische Reich war und auch die urbs christiana ist noch weit davon entfernt, die Civitas Dei darzustellen, soviel natürliche Tugend sich auch in beiden fand. Bald näher, bald ferner dem Gottesreich, wanderte die Menschheit durch die Geschichte, ohne jemals die ganze Civitas Dei zu sein. Denn der Staat der Guten ist nicht gleichbedeutend mit der Kirche, wenn er auch oft mit ihr verschmilzt, und der Staat der Bösen deckt sich nicht mit dem imperium, so oft er auch mit ihm zusammenfallen mag.

Einmal wird der Gottesstaat verwirklicht, aber dann hört die Ir-

dischkeit auf, dann gibt es keine Möglichkeit mehr, vom Ideal abzu-
fallen, dann gibt es das Endgültige, nicht mehr das Bedingte. Die
Civitas Dei deckt sich dann genau mit der COELESTIS URBS IERUSA-
LEM *der Himmelsstadt Jerusalem,* mit dem Ende der Dinge und der
Vollendung der Zeiten:

Schau, wie so zahlreich
Ist die Vereinigung der weißen Kleider.
Schau unsere Stadt, wie groß sie sich in der Runde weitet.

(Dante, Par. 30, 128 ff.)

Aeneas und Prudentius, Claudian und Ambrosius, Babylon und
Jerusalem waren mit diesem radikalen Dualismus des Augustinus berichtigt. Keiner von allen sah Rom ganz, aber von allem fanden sie
etwas: Rom war ein Ideal, ein Glaube, eine Aufgabe, das wirkliche
Rom stand zwischen den beiden Reichen des Bösen und des Guten,
zwischen Babylon und Jerusalem, zwischen der Civitas Dei und der
CIVITAS TERRENA *dem gottfernen Weltenreich,* zwischen der virtus
der Römer und der caritas der Christen.

Dieses verbesserte Bild der Roma aeterna blieb der Glaube der
kommenden Jahrhunderte. Es ließ Platz für jedes Gefühl, für die
erhabenen Visionen Dantes, selbst für die Glaubenskämpfe des Mittelalters. Nicht zufällig las Karl der Große besonders gern die Civitas Dei. Rom war nie zu vergöttern, aber auch nie zu verdammen:
denn die Roma aeterna war etwas Übersinnliches, eine Idee.

Dante nahm in großartiger Weise die Gedanken der christlichen
und heidnischen Römer wieder auf. Noch immer umstrahlte Vergil
ein mythischer Schimmer, der Verkünder des Heilands gewesen zu
sein. So erkor der größte Dichter Italiens den fast religiös verehrten
römischen Epiker zum Meister und Führer durch die Visionen seiner
Divina Comedia. Vergils Glauben und die Gedanken des Prudentius und Augustinus verschmolzen in einem begeisterten Begriff
Roms. Aber hört man genauer hin, so liegt der Oberton doch bei des
Ambrosius MAGISTRA GENTIUM, *Lehrerin der Völker.*

Da er (Aeneas) der hehren Roma und dem Reiche
Im höchsten Himmel war erwählt zum Vater,
Welche und welches, daß ich die Wahrheit sage,
Bestimmt waren zu der heil'gen Stätte,
Allwo der Erbe sitzt des größern Petrus,
Auf dieser Reise, die du von ihm rühmst,
Vernahm er Dinge, welche seines Sieges
Und der Tiara Ursach so geworden.

(Inferno 2, 20 ff.)

Noch kühner als Prudentius, der den heiligen Laurentius einen himmlischen Konsul zu nennen gewagt hatte, verbindet Dante Rom mit dem Himmel.

Und bist dann ewiglich mit mir ein Bürger
In jenem Rom, wo Christus ist ein Römer.

Dabei verschloß Dante keineswegs die Augen vor den Gebrechen des wirklichen Rom. Der Abstand zwischen der Idee und dem Augenschein war zu groß. Der Dichter hatte bittere Worte und Verdammnis für Päpste und Bischöfe, die dem Berufe nach der Civitas Dei und nach Leben und Wirken der città dolente, der Stadt des Schmerzes, angehörten. Rom stellte in der Geschichte seine Anhänger oft vor größere Glaubensproben als der Fall Roms die Christen um Augustinus.

Wie die Idee Dantes, so vererbte sich auch sein Freimut auf die kommenden Jahrhunderte. Kritik, Verbitterung, Haß flüchteten sich gern in die ätzende Form der Sentenz. Bittere Worte waren im Schwange. Besonders die Habsucht der Kirche geißelte der Volksmund. Mit deutlicher Anspielung auf den Quatrinus, eine römische Münze, sagte man in Rom: DEUS UBIQUE TRINUS, HIC AUTEM QUATRINUS *Überall ist Gott dreifaltig, hier aber vierfaltig.* Goethe haderte im Tasso: ›. . . denn Rom will alles nehmen, geben nichts, man bringe denn was hin, und glücklich, wenn man da noch was erhält.‹ Der Dichter nimmt damit einen Vers auf, der zu Rabelais' Zeiten umging:

ACCIPE, SUME, CAPE SUNT VERBA
    PLACENTIA PAPAE.
ROMA MANUS RODIT, QUAS RODERE
    NON VALET, ODIT.
DANTES CUSTODIT, NON DANTES
    SPERNIT ET ODIT

Nehmen, greifen, fassen, krallen
Pflegt dem Papste zu gefallen.
Rom die Hände liebt zu zwacken,
Die's nicht zwacken kann, zu placken.
Streicht dem Geber sanft die Backen,
Schlägt dem Weigrer in den Nacken.

›Ursach' warum?‹ läßt Rabelais zu dieser Anklage seinen Gänszaum fragen. Er antwortet sich selbst mit dem sprichwörtlichen Gemeinplatz: *Das Ei heute ist besser als die Henne morgen* AD PRAESENS OVA CRAS PULLIS SUNT MELIORA (Gargantua 3, 42).

Im zweiten Gesang des Inferno gibt Dante dem Petrus den Ehrennamen ›der Größere‹. Das wahrte den Abstand zwischen ihm und seinen oft unwürdigen Nachfolgern. Er, Petrus, trug noch keine

Tiara und hatte noch keinen Hofstaat, auch noch nicht die beiden Schwerter. Er kannte noch nicht die Machtansprüche jenes Bonifacius VIII., der die umstrittene Bulle Unam sanctam den Theologen zur crux (Kreuz) und der selbstbewußten Macht der Fürsten zur ständigen Herausforderung erlassen hat. Dante wies dem harten Mann seinen Platz in der Hölle an. Viele seiner Nachfolger taten ihr Bestes, die Idee der Roma christiana zu verdunkeln. Manches grenzte an Gotteslästerung. Eine nach der Wahl Alexanders VI. gesetzte Inschrift verstieg sich zum Größenwahn: ›Unter Caesar war Rom groß, nun ist es übergroß: der sechste Alexander regiert; *jener war Mensch, dieser ist Gott.*‹ ILLE VIR, ISTE DEUS. Eine andere Inschrift berichtigte die empörende Anmaßung und warnte, immer sei unter einem ›Sechsten‹ Rom zerstört worden:

SEXTUS TARQUINIUS, SEXTUS NERO, SEXTUS ET ISTE;
SEMPER SUB SEXTO PERDITA ROMA FUIT
Ein Sechster Tarquinius, ein Sechster Nero,
ein Sechster auch hier der;
Immer wurde Rom unter dem Sechsten zerstört.

Aber die Roma christiana ging so wenig unter wie der Gedanke der Roma aeterna.

Mitten in der Verderbnis des Papsttums wölbte Michelangelo über dem Grabe St. Peters die gewaltigste Kuppel der Welt, die sich dem Wunderwerk des heidnischen Pantheons verschwisterte. Steht man innen an der Kuppel auf der Galerie, so erscheinen die Menschen unten winzig, unbedeutend unter diesem Himmel von Macht und Klarheit. In fast zwei Meter hoher Mosaikinschrift trägt der Fries der Kuppel die Worte, um derentwillen die Kirche so groß und so festlich gebaut wurde: TU ES PETRUS ET SUPER HANC PETRAM AEDIFICABO ECCLESIAM MEAM ET TIBI DABO CLAVES REGNI COELORUM (Math. 16, 18) *Du bist Petrus, und auf diesen Felsen will ich meine Kirche bauen, und dir will ich die Schlüssel des Himmelreiches geben.*

Die katholische Theologie sieht in diesen Worten die Stiftungsurkunde des Papsttums. Kein Reich der Erde hat eindrucksvoller seine Stiftungsurkunde auszudrücken gewußt. Am Hochaltar winden sich in der rücksichtslosen Konsequenz des Barocks die Bronzeträger Berninis. Sie sind aus Metall gegossen, das Urban VIII. der Decke der Pantheon-Vorhalle entnahm. Ist dies nicht ein Symbol, Peterskirche und Pantheon? – Beides zugleich ist Rom. Um beide weht der gleiche Atem der Ewigkeit – der Roma aeterna.

Vom Werden Roms

TANTAE MOLIS ERAT ROMANAM CONDERE GENTEM
So vieler Mühsal bedurfte die Gründung des römischen Volkes

In der hellenistischen Zeit begannen erstmalig Römer, die Geschichte ihrer Stadt zu schreiben. Der Stolz auf den beispiellosen Aufstieg Roms forderte, daß es gleich anderen Reichen lange und ruhmreiche Anfänge hatte. So weit als möglich nach vorne mußte sein Beginn verlegt werden, irgendwie war es mit den Ereignissen der zivilisierten Welt zu verbinden. Was hieß das anderes, als mit Griechenland und seinen ältesten Anfängen, mit dem Trojanischen Krieg verknüpft zu sein? Rom mußte irgendwie seinen Platz in dem gewaltigsten Epos des Abendlandes haben, in Homers Ilias.

Das ist der psychologische Grund des Mythos vom Anfang Roms.

Es genügte ihm nicht, daß einst die Ramner der Siedlung den Namen gaben, die später als Rom rasch vergessen machte, daß Bauern und Abenteurer an ihrer Wiege gestanden hatten. Der Mythos erblickte in Aeneas und Romulus würdigere Ahnen. Der Troer war ein Held, sein Nachfahre Romulus, der erste König, wurde zum Halbgott verklärt, seine Mutter sollte eine geweihte Tempeljungfrau, sein Vater der Kriegsgott gewesen sein. Selbstredend mußte wie alles Große auch Rom schwer und leidvoll in die Geschichte treten. So legte der Römer nicht nur den Glanz überirdischer Abstammung auf seine Ahnenreihe, sondern auch den Glorienschein des Leides um die Gründung der Stadt. Zwar war es vom Geschicke bestimmt, daß Aeneas in Latium eine Stadt gründen sollte. Aber Juno pflegte ihren Haß auf die Troer. Sie vergaß nie, daß des Paris Spruch einst ihre Schönheit geschmäht hatte. Sie haßte Aeneas und das ferne Geschlecht, das troischem Blute entsprießen sollte. Sie hintertrieb des Aeneas Bestimmung, sie legte Last um Last auf ihn, machte ihn zum zweiten Odysseus. Drum

> warf über die Weite des Meeres
> Sie die Troer, soviele den Danaern und des Achilles
> Härte entflohen, und hielt sie fern von Latium. Viele
> Jahre durchirrten, verfolgt vom Schicksal, sie alle Gewässer,
> *So vieler Mühsal bedurfte die Gründung des römischen Volkes*
> TANTAE MOLIS ERAT ROMANAM CONDERE GENTEM.

Hier erzählt Vergil (Aen. 1, 30 ff.), was Volk und Generale und Staatsmänner der Spätzeit gerne glaubten.

Als Konstantin daranging, mit der Vergangenheit Roms zu brechen und den Bruch augenfällig zu machen, aber doch dem Hellenismus gerecht zu werden, plante er, die neue Metropole des Ostens in der Ebene Ilions erstehen zu lassen. Das sollte den Griechen schmeicheln und den Römern, die nicht abließen, sich immer noch als Nachkommen der Troer zu fühlen, teuere Erinnerungen erwecken.

Aber so gradlinig und einsträngig, wie es der Lokalpatriotismus sich einredete, war die Gründung Roms doch nicht verlaufen. Vergil selbst hat diesen Gedanken in seinem Gedichtwerk Georgica ausgeführt. Einst sei Italien das Land Saturns gewesen. In diesem paradiesischen Zeitalter bestimmte der Bauer des Landes Art. Aus bäuerlichen Kräften habe Rom sich erhoben; seine Hoheit und Würde, der kernige, gesunde Sinn, die Schlagkraft seiner Bewohner wurzelten im Bauerntum, hier seien seine großen Männer beheimatet. Hundert Jahre vor Vergil hatte schon Cato Censorius die eingängige Abstammung vom Troerprinzen berichtigt. Rom habe nicht *einen* Ursprung, es leite sich aus vielen Wurzeln her. Manche Stadt Italiens blicke auf ein höheres Alter als die urbs; Sitten und Lebensformen habe sie von den Sabinern. Rom sei zusammengewachsen aus vielen Kräften, die Italien geschenkt habe. In Roms staunenswerten Leistungen steckten auch die Beiträge des übrigen Landes. Folgerichtig nannte der Wahrheitsfanatiker deshalb seine römische Geschichte ›Origines‹, die ›Ursprünge‹.

Hier liegt die alte Weisheit verborgen: Rom ist nicht an einem Tage erbaut worden. – Das Wort Vergils von den Ursprüngen Roms stellt sich gerne ein, wenn man die Schwergeburt eines politischen Gebildes oder einer geistigen Tat veranschaulichen will. Mitten in den Wirren der Französischen Revolution fiel Herder das Wort Vergils vom Anfange Roms ein. Damals stellte er an die Spitze des vierten Teils seiner ›Ideen zur Philosophie der Geschichte der Menschheit‹ das Schicksalswort auch der deutschen Geschichte: *Mit solcher Mühe war es verbunden, das Deutsche Reich zu gründen* TANTAE MOLIS ERAT, GERMANAS CONDERE GENTES.

Von der Sendung Roms

PARCERE SUBIECTIS ET DEBELLARE SUPERBOS
Schonen die Unterworfenen und niederkämpfen die Stolzen

Mit dem Tatsachensinn des Griechen hatte schon Polybios die politische Einigung der Erde als Ergebnis der römischen Herrschaft angesehen. Hundert Jahre später erblickt Vergil in der politischen Wirksamkeit die Grundkraft und Sendung der Römer. In den stolzen und doch auch einsichtigen Worten der Aeneis (6, 847 ff.), genau in der Mitte des Werkes, stellt er der Kunst der ›anderen‹, der Griechen, die meisterlich die Plastik, die Rede und die Wissenschaften beherrschten, die nüchtern-großartige Staatsbegabung seines Volkes als die eigentliche Kraft Roms gegenüber:

> Andere formen das Erz zu höherer Wahrheit und Anmut,
> Bilden in glänzendem Marmor lebendige, menschliche Züge,
> Führen beredter das Wort, verzeichnen die Bahnen des Himmels,
> Sagen nach Tag und Stunde voraus den Aufgang der Sterne,
> Römer, du sei bedacht, die Völker herrschend zu lenken,
> Dieses ist deine Kunst: Gesittung und Friede zu mehren,
> *Unterworfne zu schonen, Aufsässige aber zu beugen.*

Die Verse haben nicht ausschließenden Sinn. Auch die Römer schufen Kunstwerke, welche die Jahrhunderte überdauerten. Aber die Worte sind ein Kompendium römischer Politik, die Linien der Staatskunst treten klar hervor: Militär, Verwaltung, Rechtsprechung, friedliche Durchdringung, starke Hand. Das DIVIDE ET IMPERA *Teile und herrsche* klingt als Unterton durch. Man weiß nicht genau, von wem dieses Wort stammt. Bei den Klassikern läßt es sich nicht nachweisen. Nach J. Vogt ›Vom Reichsgedanken der Römer‹ entstand die Maxime ›aus der Werkstatt der neuzeitlichen Staatsraison‹, nicht vor Ludwig XI. von Frankreich (1461–1483) oder dem Renaissance-Italien kurz vor 1500. Sie gilt nach der Ansicht dieses Historikers nur bedingt für die römische Politik. Aber sie trifft doch irgendwie den Nagel auf den Kopf. Kein besiegter Staat durfte ganz zugrunde gehen, aber keiner durfte sich ganz auf eigene Füße stellen. Deshalb hatte der besiegte Feind wenigstens die gleiche, oft eine bessere Stellung bei den römischen Staatsmännern als der treue Bundesgenosse. Der Geschlagene wurde zwar aufgerichtet, aber wer selber sich emporhob, wurde erniedrigt. So machte Flaminius Griechenland wehrlos. Bei den Isthmischen Spielen erklärte er alle Griechenstaaten für autonom und alle Bündnisse für nichtig. Die Griechen merkten so wenig die Absicht der Maßregel, daß sie den Vernichter ihrer Freiheit als Befreier begrüßten. Selbst die Götter der Besiegten nahmen an der weitsichtigen Durchdringung und klugen Respektierung teil. Auch das Pantheon in Rom, die gewaltigste bauliche Leistung der römischen Antike, ist ein steinernes Divide et impera.

Der Grundsatz ist später Arbeitsregel der habsburgischen Politik geworden. Mit geradezu brutaler Deutlichkeit hat sie der reaktionäre Kaiser Franz I. einmal so veranschaulicht: ›Ich kann die italienischen Truppen nach Ungarn und die ungarischen nach Italien schicken, aus ihrer gegenseitigen Antipathie entsteht die gesetzliche Ordnung, und ihr Haß gegeneinander verstärkt den allgemeinen Frieden.‹

Unser Parcere subiectis hat einmal auch in der preußischen Geschichte Aufsehen gemacht. Als am 3. August 1815 die Preußen im eroberten Paris den Geburtstag Friedrich Wilhelms III. feierten, stand der Vers auf dem Quartier des Königs zu lesen.

Von der Urkirche Roms

An der Via Appia liegt ein altes Kirchlein, unweit des Sebastiani-
schen Tores. Um das kleine Heiligtum rankt sich eine Legende, die
in der schlichten Größe des Vorfalls besonders eindrucksvoll ist. Sie
steckt zudem voll psychologischen Geschicks, denn sie knüpft an die
biblische Tatsache an, daß Petrus, der ›Felsenmann‹, keineswegs immer unbeugsam war. So erweckt die Legende leicht die Bereitschaft,
ihr zu glauben. Petrus, der schon vor dreißig Jahren den Herrn dreimal verleugnet hatte, war wieder einmal schwach geworden, gedachte sich vor Nero in Sicherheit zu bringen und floh gerade aus
Rom. Er ließ Amt und Pflicht im Stich, weil der große Poseur auf
dem Kaiserthron, Nero, begonnen hatte, aus Christen brennende
Fackeln zu machen und die Lücken der Gladiatoren mit Christi Be-
kennern auszufüllen. Petrus war auf der Flucht nicht weit gekommen. Dort, wo heute das Kirchlein steht, noch im Weichbilde der
urbs gelegen, begegnete ihm der Herr, der doch schon über ein Men-
schenalter gestorben war. Bestürzt fragte ihn Petrus: DOMINE, QUO
VADIS? *Herr, wohin gehst du?* Und der Herr sprach zu ihm in milder, aber unerbittlicher Deutlichkeit: VENIO ROMAM ITERUM CRUCI-
FIGI *Ich komme nach Rom, um mich zum zweiten Mal kreuzigen zu
lassen.* Petrus verstand; er schämte sich, kehrte um, blieb auf dem
Posten, bis auch ihn die Ehre traf, für den Herrn mit dem Leben zu
bekennen. Mit dem Kopf nach unten wurde er gekreuzigt, damit er
noch im Tode den Abstand wahre von dem Meister, der aufrecht-
stehend an das Kreuz genagelt worden war.

Unmerklich zielt der Kern der Legende weit hinaus über die
fromme Illustration und den begreiflichen Hunger nach Außerge-
wöhnlichem. Er setzt unaufdringlich und als selbstverständlich eine
Fundamentallehre des Katholizismus voraus: Petrus hat in Rom gelebt, gewirkt und ist dort gestorben. Und so kündet das Quo-vadis-
Kirchlein auf seine Art, was die über die Stadt zur Via Appia her
grüßende Kuppel Michelangelos urbi et orbi zu künden hat: die
urbs ist auch die Stadt Sankt Peters.

Nicht weit vom Kirchlein beginnen die Probleme, welche die
Quo-vadis-Legende so selbstverständlich löst und so einleuchtend

beantwortet. Es wird noch heute jenes Stück gelben Marmors gezeigt, in dem sich der Fuß des Herrn abdrückte, als er vor Petrus in der Via Appia stand – übrigens eine rührende Anschauung, die sich auch in anderen Legenden findet. Aber dieser Abdruck wird nicht im Quo-vadis-Kirchlein aufbewahrt, sondern in der Kirche des Heiligen Sebastian. Sie erhebt sich über den Katakomben dieses Heiligen, der um 290 hier bestattet und einer der Lieblingsheiligen der Renaissance-Künstler wurde, weil sie unter frommem Vorwand die Schönheit eines jugendlichen Leibes feiern konnten.

Hier ruhten auch nach der Überlieferung eine Zeitlang die Leiber der Apostel Petrus und Paulus. Was von Mund zu Mund weitergegeben wurde, wird durch steinerne Zeugen merkwürdig gestützt. In die Wände der Katakomben haben Christen der Urkirche, ungelenk, aber rührend fromm, Bitten eingeritzt, die fast alle dasselbe Anliegen vortragen: SANCTE PETRE ET PAULE INTERCEDITE PRO ME *Heiliger Petrus und Paulus, bittet für mich.* Diese schlichten Anrufe wiederholen sich so häufig, daß hier eine ursprüngliche Petrusverehrung nicht von der Hand zu weisen ist. Die etwa 200 Anrufungen zeigen die um 300 n. Chr. gebräuchlichen Schriftzüge. Die Wissenschaft nimmt diese Inschriften sehr ernst, und die Tradition, daß Petrus in Rom starb und die urbs sein Grab hütet, wurde zu einem guten Teil aus den Inschriften von St. Sebastian hergeleitet. Legende und Geschichte treffen am Quo-vadis-Kirchlein zusammen.

RÖMISCHES RECHT

Vom römischen Bürgerstolz

CIVIS ROMANUS SUM
Ich bin ein römischer Bürger

Als man ihn aber mit Riemen anband, sprach Paulus zu dem Unterhauptmann, der dabeistand: ›Ist's auch recht bei euch, einen römischen Menschen ohne Urteil und Recht zu geißeln?‹ Da das der
Unterhauptmann hörte, ging er zu dem Oberhauptmann und verkündigte ihm und sprach: ›Was willst du machen? Dieser Mensch ist
römisch.‹ Da kam zu ihm der Oberhauptmann und sprach zu ihm:
›Sage mir, bist du römisch?‹ Er aber sprach: ›Ja.‹ Und der Hauptmann antwortete: ›Ich habe dies Bürgerrecht mit großer Summe zu-
wege gebracht.‹ Paulus aber sprach: ›Ich aber bin auch römisch geboren.‹ Da traten alsobald von ihm ab, die ihn befragen sollten.
Und der Oberhauptmann fürchtete sich, da er vernahm, daß er römisch war, und er ihn gebunden hatte (Apostelgesch. 22, 25 ff.).
CIVIS ROMANUS SUM. Mit diesem stolzen Hinweis setzte der Römer nicht etwa andere Völker herab, wie ursprünglich die Griechen
beabsichtigten, wenn sie ›barbaroi‹ sagten. Das hochgemute Wort
atmet das Rechtsgefühl der Sicherheit, das Bewußtsein, auch im Aus-
land nicht fremder Gerichtsbarkeit zu unterstehen. Die obige far-
bige Episode aus der Apostelgeschichte zeugt dafür, wie stark sich
die Rechtssicherheit in der römischen Welt durchgesetzt hatte, aber
auch, welchen Wert man darauf legte, in den Besitz des schützenden
Vorrechtes zu kommen.

Gebieterisch wie eine heilige Macht richtet sich hinter dem Civis
die Majestät des römischen Volkes auf. Das Ansehen und Recht dieses Volkes zu verletzen, galt als *Majestätsbeleidigung* CRIMEN LAE-
SAE MAIESTATIS. Erst seit Tiberius rückte an die Stelle des Volkes die
geheiligte Person des Kaisers.

Nicht in seinen siegreichen Kriegen und in der gewaltigen Größe des Reiches, sondern in seinem Recht wirkt das nüchterne Volk der Römer am majestätischsten. Seine Macht versank, das von ihm gebildete Recht bestand weiter.

SUUM CUIQUE
Jedem das Seine

Die Römer waren das geborene Rechtsvolk, das Gefühl für die iustitia wurde ihr Erbteil unter den Völkern; das Schicksal bestimmte sie zur größten Recht schaffenden Macht des Abendlandes. *Jedem das Seine zu geben, immer und beharrlich,* das lag ihnen im Blute IUSTITIA EST CONSTANS ET PERPETUA VOLUNTAS IUS SUUM CUIQUE TRIBUENDI (Ulpianus). Praktischer Sinn, schmiegsames Einfühlen in die Tatsachen, nüchternes, logisches Denken und Liebe zur Ordnung schufen aus der Grundbegabung vorbildliches Rechtsverhalten. Dieser Vorzug ersetzte die schicksalsmäßigen geistigen und künstlerischen Mängel dieses Volkes. Instinktmäßig bauten die Römer ihren Staat und als die andere Seite desselben Grundtriebes ihr Recht; denn es ist die ›List der Idee‹ (Hegel), daß sie menschliche Gaben, Leidenschaften und Wünsche einsetzt, um ihre eigenen Ziele zu erreichen oder zu fördern.

Wurde die lateinische Sprache so genau, weil sie von Anfang an darum rang, das abstrakte Staats- und Rechtsdenken so knapp, anschaulich, unzweideutig und später auch so kunstvoll in klare Worte zu fassen? Oder wurde das Rechtsprechen der Römer so klar, weil sie so erdhaft zu denken und so zutreffend zu sprechen vermochten? LEGEM ENIM BREVEM ESSE OPORTET, QUO FACILIUS AB IMPERITIS TENEATUR. VELUT EMISSA DIVINITUS VOX SIT: IUBEAT, NON DISPUTET (Posidonius bei Seneca, ep. 94, 38) *Knapp soll das Gesetz sein, damit es auch der gemeine Mann behält; es sei wie eine Stimme von oben: ein Befehl, keine Abhandlung!* Die Sprache römischer Gesetze duldet kein Wort zuviel, keines zuwenig, jedes steht am richtigen Platz. Vollends die Juristen der klassischen Rechtswissenschaft erwiesen sich als Sprachschöpfer von hohem Rang. Sie befleißigten sich eines makellosen Lateins, das, soweit dies überhaupt eine Sprache vermag, jeden Doppelsinn ausschloß. So machte ja auch Hofrat Böhme in Leipzig dem jungen Goethe das ius schmackhaft, als der Student ihm vortrug, der Vater dringe auf das Studium der Rechte, aber sein Herz stehe auf der Seite der schönen Wissenschaften. Wenn er sich dem Studium der Alten nähern wolle, so könne ›solches viel besser auf dem Wege der Jurisprudenz geschehen‹, und ›er brachte mir so manchen eleganten Juristen, Eberhard Otto und Heineccius ins Gedächtnis‹.

Ursprünglich vermieden die Römer, das Recht schriftlich zu fixieren. Was in den festgesetzten Beziehungen von einem zum anderen *von altersher Brauch war* MOS MAIORUM, hüteten die Priester, lehrte in den vornehmen Familien der Vater den Sohn, lernte das Volk aus den öffentlichen Verfahren der Gerichte. Ein römischer Bauer um 500 v. Chr. wußte besser im Rechte Bescheid als ein Durchschnittseuropäer von heute. Diese ›Sitte der Vorfahren‹ regelte das öffentliche Leben und die rechtliche Praxis und bestimmte die Art, wie die Staatsgeschäfte geführt wurden. Ein gesunder Instinkt scheute davor zurück, die lebend fließenden Fälle des Rechts in juristischen Dogmen erstarren zu lassen. Selbst als dreihundert Jahre nach der Gründung der Stadt erstmalig Gesetze niedergeschrieben wurden, ging es weniger um den Wortlaut als um den Geist. Damals gruben die Römer wenige grundlegende Rechtssätze in zwölf bronzene Tafeln ein. Sie blieben die Urverfassung des römischen Rechts, und die kommenden Jahrhunderte hatten sie nur zu erläutern und dem wechselnden Leben anzugleichen. Die Tafeln wurden öffentlich ausgestellt. Dieses erste, nur noch in Bruchstücken bekannte Schriftwerk des Volkes ist die Magna Charta des Römertums.

Eigene Beamte, die Praetoren (praeitor – Herzog), meisterten im Geiste der zwölf Tafeln den einzelnen Rechtsfall. Sie walteten jeweils nur ein Jahr ihres Amtes. Während dieser knappen Zeit vertraten sie souverän das rechtschaffende und rechtsprechende Volk. Deshalb stand es ihnen zu, in seinem Namen und durch ihren freien Entschluß Recht zu schöpfen. Aber schon der nächste Nachfolger durfte das so geschaffene Recht ändern oder ergänzen. So blieb es im Fluß. Das Andenken an dieses sogenannte praetorische Recht, diese vollkommenste Schöpfung der römischen Republik, lebt bis heute im Sprichwort. Großzügigkeit umschwebt den Begriff: *Um Kleinigkeiten kümmert sich der Praetor nicht* MINIMA NON CURAT PRAETOR. Der Gedanke der juristischen Geringfügigkeit ist römischen Ursprungs, keine moderne Erfindung. Gedanken, innere Akte, Wünsche entziehen sich der Gerichtsbarkeit. Sie unterstehen dem Forum des Gewissens. Gedanken sind zollfrei. *Über das Innere urteilt der Praetor nicht* DE INTERNIS NON IUDICAT PRAETOR. Nur die äußere Tat unterliegt dem Gesetz. Lapidar verkündete das spätere Corpus iuris: *Die Strafe ist die Vergeltung der Verbrechen* POENA EST NOXAE VINDICTA (digesta 50, 16, 131). *Wegen bloßer Gedanken wird niemand bestraft* COGITATIONIS POENAM NEMO PATITUR (digesta 48, 19, 18). Aus dem praetorischen Recht, aus Gewohnheitsrecht und dem Zwölftafelgesetz wuchs der kraftvolle Baum der römischen Rechtsprechung und schlug seine Wurzeln in den Boden des Reichs und der Völker. Römisches Rechtsgefühl entwickelte sich zu einem nüchternen Rechtssinn; *denn immer wachte das ewige Auge der Gerechtigkeit* QUIA VIGILAVIT IUSTITIAE OCULUS SEMPITERNUS (Ammianus Marcellinus 28, 6, 25).

Am kräftigen Latein der zwölf Tafeln lernte die Jugend lesen. Gesetze, nicht Märchen, waren ihr erstes Lesebuch. Da auch erfahrene Männer öffentlich Rechtsbescheide erteilten, wurde die Kenntnis der Gesetze recht eigentlich der Stoff des nationalen Wissens. Junge Patrizier vertraten oft die Interessen ihrer Klienten, übten sich dabei in der Redekunst, verdienten sich die ersten Sporen und warben sich so die Anhänger für die spätere Ämterlaufbahn. Politiker traten in den Staatsprozessen als Rechtswahrer auf, gaben ihnen damit das Gewicht öffentlicher Sensationen und ergötzten das Volk mit dem rednerischen Prunk ihrer Ausführungen. Als Cicero 57 v. Chr. aus der Verbannung zurückkehrte, fand er sein Haus niedergerissen und an seiner Stelle einen Tempel errichtet. Damals hielt er seine Rede DE DOMO SUA AD PONTIFICES *(für sein Haus an die Pontifices)*. Er erreichte, daß ihm sein Grundbesitz zurückerstattet wurde. Bis heute spricht jeder, der seine eigene Sache vertritt, PRO DOMO, namentlich, wenn er das persönliche Interesse mehr als die rechtlichen Belange spürbar hervorkehrt. Als die sterbende Republik gegen Caesar ihre letzten Kräfte sammelte, begehrte die Armee als Feldherrn Marcus Cato. Offenbar hatte sie recht. Cato war der einzige Mann, der für das schwere Amt die erforderliche Hingebung, Enegie und Autorität besaß. Indes die Entscheidung fiel schließlich auf Scipio, und Cato selbst war es, der sie im wesentlichen bestimmte. Es geschah dies nicht, weil er jener Aufgabe sich nicht gewachsen fühlte oder weil seine Eitelkeit bei dem Ausschlagen mehr ihre Rechnung fand als bei dem Annehmen; noch weniger, weil er Scipio liebte oder achtete, sondern einzig und allein, weil sein verbissener Rechtsformalismus lieber die Republik von Rechts wegen zugrunde gehen lassen wollte, als sie auf irreguläre Weise zu retten.

Einen so breiten Raum nahm die Rechtsprechung im Leben der Römer ein, daß sie ihre Wocheneinteilung darauf aufbauten. Die drei Worte DO, DICO, ADDICO umgrenzten die Gerichtsbarkeit des Praetors. Er bediente sich des Wortes DO *ich gebe,* wenn er die Klage dem Richter übergab, wenn er Rechte oder Exzeptionen zuwies. DICO *ich sage* gebrauchte er, um das Urteil auszusprechen, ADDICO *ich spreche zu* sagte er, wenn er Eigentum ab- oder zuerkannte. Die Tage, an denen er sie aussprechen (fari) durfte, mithin die Gerichtstage, hießen ›dies fasti‹. Die gerichtsfreien Tage, an denen sie nicht zu hören waren, nannte der Römer ›nefasti‹.

ILLE NEFASTUS ERIT, PER QUEM TRIA VERBA SILENTUR.

FASTUS ERIT, PEP QUEM LEGE LICEBIT AGI   (Ovid, fasti 1,47 f.)

Sind drei Worte versagt, dann ist's ein verbotener Sprechtag;
Sprechtag, wann nach dem Recht wird zu verhandeln erlaubt.

Der römische Kalender entwickelte sich aus diesen Anfängen. Als Ovid seinen originellen Festkalender dichtete, in dem er die Ursprünge und Feier der Feste besang, nannte er ihn fasti.

Die Römer handhaben in ihren besten Zeiten das Recht mehr als Technik denn als Wissenschaft. Aber wie die lebendigen Lehren des Evangeliums im Denken griechischer Spekulation sich zu Dogmen verfestigten, so wuchs sich der biegsame Gebrauch der rechtlichen Sätze allmählich mehr und mehr zum Denken in festen, allgemeinen Formeln aus. Die Rechtstechnik ging in Rechtswissenschaft über. Hundert Jahre v. Chr. schrieb Mucius Scaevola ein Werk über das bürgerliche Recht, das als erste Systematik angesprochen werden muß. Bald bildeten sich juristische Lehrmeinungen, Rechtsschulen standen einander gegenüber, von 120 bis 230 n. Chr. erlebte die urbs eine Klassik der Rechtswissenschaft, die IURIS PERITIA und EXPERIENTIA *die praktische Erfahrung* wandelte sich zur IURIS PRUDENTIA ET SCIENTIA *wissenschaftliches System*. Gaius, Papinianus, Ulpianus und Paulus entwickelten die Technik des juristischen Denkens und Urteilens bis zur Virtuosität und bildeten aus allgemein gültigen Begriffen und festen Normen ein scharfsinniges, feingegliedertes System des Rechts. Aemilius Papinianus, der etwa 60 Bücher über Rechtsfragen verfaßt hat und als der berühmteste Rechtslehrer der Römer in die Geschichte einging, steht in der Entwicklung des ius an einem bedeutsamen Punkte. Sterbend hatte ihm Kaiser Severus seine beiden Söhne Caracalla und Geta empfohlen. Kaum war Caracalla mit Hilfe der Soldaten auf den Thron der Caesaren gelangt, als er auch schon Geta ermorden ließ. Papinian aber starb, wie man berichtet, als Opfer seines rechtlichen Sinnes. Caracalla trug ihm auf, den Brudermord vor Senat und Volk zu beschönigen. Als der Gelehrte sich weigerte, ließ der Kaiser ihn hinrichten. Es war jener Caracalla, der nicht nur wegen seines Wahnes und seiner Scheußlichkeiten einen traurigen Namen hinterließ. Er war es, der allen Freigeborenen des Imperiums das Bürgerrecht geschenkt hat. Genau 1000 Jahre lang war es das Ehrenrecht der Römer und einiger Bevorzugten gewesen – dieses civis Romanus sum. Gerade, als die Rechtswissenschaft mit Papinian ihre Höhe erklommen, wurde das auszeichnendste Privileg des Volkes ausgehöhlt, das es mit virtus, Opfersinn und Verantwortlichkeit sich verdient hatte. Die Soldatenkaiser haben Rom zur Weltkaserne gemacht. Caracallas Anordnung bewirkte, daß es praktisch überhaupt keine Bürger mehr gab, weil alle gleich, das heißt, absolut rechtlos geworden waren.

Es ist hier nicht der Ort, den verwickelten Fragen der Rechtsphilosophie nachzugehen. Der gelehrte Streit, ob sich das römische IUS GENTIUM *das Recht der Völker* mit dem Naturrecht deckt, ›mit dem Rechte, das mit uns geboren ist‹, beruhe hier auf sich. Lediglich um die Klarheit juristischen Lateins zu kosten, sei in einem entscheidenden Punkte Gaius das Wort eingeräumt. Ihm verdankt die Wissenschaft die monumentale Einteilung des römischen Rechtes (inst. 1, 1): OMNES POPULI, QUI LEGIBUS ET MORIBUS REGUNTUR, PARTIM SUO PROPRIO, PARTIM COMMUNI OMNIUM HOMINUM IURE UTUNTUR: NAM QUOD QUISQUE POPULUS IPSE SIBI IUS CONSTITUIT, ID IPSIUS PROPRIUM EST, VOCATURQUE IUS CIVILE QUASI IUS PROPRIUM CIVITATIS; QUOD VERO NATURALIS RATIO INTER OMNES HOMINES CONSTITUIT, ID APUD OMNES POPULOS PERAEQUE CUSTODITUR, VOCATURQUE IUS GENTIUM, QUASI QUO IURE OMNES UTUNTUR. POPULUS ITAQUE ROMANUS PARTIM SUO PROPRIO, PARTIM COMMUNI OMNIUM HOMINUM IURE UTITUR.

Alle Völker, die durch Gesetze und Gebräuche regiert werden, gebrauchen teils ihr eigenes Recht, teils das gemeinsame Recht aller Völker: denn was ein jedes Volk selbst für sich als Recht aufgestellt hat, ist ganz sein eigenes und wird bürgerliches Recht genannt als das ureigene Recht des Staates; was aber die natürliche Vernunft unter allen Menschen aufgestellt hat, das wird bei allen Völkern auf völlig gleiche Weise beobachtet und wird Recht der Völker genannt, als ein Recht, das alle gebrauchen. Das römische Volk gebraucht daher teils sein eigenes Recht, teils das gemeinsame Recht aller Völker.

Die Definition des Gaius zeigt den Weg des römischen Rechts von den begrenzten Bindungen der Bürger der urbs zur kosmopolitischen Ausweitung des Reichsrechtes. Die verschiedenen Quellen des römischen Rechts flossen im 6. nachchristlichen Jahrhundert zu jenem gewaltigen Werk zusammen, das als Corpus iuris das nachhaltigste Vermächtnis des Römertums an die Nachwelt darstellt. Nichts hat neben der Kunst der Griechen und der Religion des Christentums spürbarer und tatkräftiger das Abendland befruchtet als dieses Gesetzbuch des oströmischen Kaisers Justinian. Schon rein technisch betrachtet verdient es unsere Bewunderung. Noch gab es ja keine andere Möglichkeit, Bücher herzustellen und zu vervielfältigen, als sie in Schreibstuben zu diktieren und niederzuschreiben.

Heute umfaßt das umfangreiche Werk über 2000 gedruckte Seiten. Man versuche sich vorzustellen, wie viele Buchrollen dabei geschrieben werden mußten, um das corpus aufzunehmen, und welchen Raum die Rollen beanspruchten, um sie aufzubewahren. Man versteht den Respekt der Nachwelt vor solch einem Riesenwerk.

Dieser Kanon, geheiligt durch die Überlieferung, an Größe, Reife, Geschlossenheit und Scharfsinn ebenbürtig der Würde des Imperiums, lieferte den Grundstoff für die kommenden Rechtssysteme, zum mindesten aber wurde alles zukünftige juristische Denken in dieser Hochschule großgezogen. Je formalistischer der Rechtsbetrieb in der Folge verlief, um so mehr büßte das römische Recht an Achtung und Brauchbarkeit ein. Man exerzierte gedachte Fälle am feststehenden Gerüst der Regeln, man löste gedankliche Verzwicktheiten mit kniffligen Unterscheidungen, man überspitzte Begriffe in abstrakte Kühnheiten. Die Gedankenakrobatik artete schließlich in üble Formen der Kasuistik aus. An solche erdachte Übungsprozesse erinnert noch unser N. N. Dahinter steckt kein abgekürztes NOMEN NESCIO *den Namen weiß ich nicht,* wie man oft meint, sondern ein Wortspiel für Schüler. Mit Anklang an OLLA *den Geldtopf* nannte die Lehrtechnik den Kläger, der um sein Recht kämpft und den Prozeß führt (agere), Aulus Agerius, den Beklagten aber, der *zu zahlen sich weigerte* (NUMERARE NEGAT), NUMERIUS NEGIDIUS, NN. Seit der Reichskammergerichtsordnung von 1495 hat sich in der deutschen Rechtsprechung ›des Reichs gemeines Recht‹, das heißt das römische Recht, das Otto III., Heinrich II., Barbarossa und Friedrich II. schon zu Rate gezogen und angewandt hatten, endgültig durchgesetzt. Die aufblühende Wirtschaft verlangte von den 240 deutschen ›Staaten‹, an Stelle der seitherigen ›redlichen, ehrbaren und leidlichen Ordnungen, Statuten und Gewohnheiten‹, eine hochentwickelte Ordnung.

Das römische Recht in der Gestalt des Corpus iuris ist ebenso gepriesen und benutzt wie bekämpft und abgelehnt worden. Nicht bloß um seiner formalistischen Schönheitsfehler willen widerstrebte es dem Ideal einer lebendigen, volksnahen Rechtspflege. Auch seine ideellen Ausgangspunkte erregten Argwohn und Widerspruch. Da es von der Persönlichkeit, vom Individuum, ausgeht und dessen Selbstherrlichkeit wahrt, so kam es besonders Rechtsanschauungen quer, die vom Begriffe der Gemeinschaft aus das Recht herleiteten.

Aber über dem Streit steht doch das Urteil der Geschichte. Noch immer ist ein deutsches Recht mehr eine Aufgabe der Zukunft als eine Tatsache der Vergangenheit. Und auch dieses bleibt bestehen: Ein kleines Volk brachte als erstes unter den Indogermanen früh

und dauernd einen Staat zustande und schuf instinktsicher und maßgebend ein vorbildliches Recht freier Bürger. Und es hielt an seiner
Schöpfung fest, auch als seine letzten Herrscher sich Herren nannten
und die cives zu Untertanen herabgedrückt hatten (subiecti).

SALUS PUBLICA SUPREMA LEX
Das öffentliche Wohl ist das oberste Gesetz

Wie nachhaltig das römische Recht in das Bewußtsein getreten ist,
erweisen das Sprichwort des Volkes und die Fachsprache der Gelehrten. Fundamentale Sätze ebenso wie feines Rechtsempfinden
und plastische Form der Rechtstechnik schlugen sich dort nieder.

Als Peter der Große daranging, die russische Zivilisation nach der
Art des westlichen Europa zu gestalten und das Fenster nach Westen, St. Petersburg, gegründet hatte, verteidigte der weltaufge-
schlossene Leibniz die befremdlichen Pläne des Zaren mit einem
Grundsatz des römischen Rechts. ›Es heißt gewöhnlich, daß der Zar
dem ganzen Europa furchtbar und gleichsam ein Türke des Nordens
sein werde. Aber kann man ihn hindern, seine Untertanen zu zivili-
sieren, sie gebildet und kriegerisch zu machen? – QUI SUO IURE UTI-
TUR, NEMINI FACIT INIURIAM *Wer sein Recht anwendet, tut niemand
Unrecht.* Was mich anbetrifft, der ich das Beste des menschlichen Geschlechts im Auge habe, so bin ich sehr froh, daß ein so großes Reich
den Weg der Ordnung und der Vernunft betritt, und ich sehe in
dem Zaren eine Person, welche Gott zu hohen Dingen bestimmt
hat.‹

Dieses qui suo iure überzeugt wie die in sich einsichtigen Grundprinzipien der Philosophie.

Wer Recht ausüben und genießen will, muß eine Person sein und
über seine geistigen Kräfte frei verfügen können. Der Wille zum
Recht entscheidet. *Wer sich seiner Ansprüche freiwillig begibt, erleidet kein Unrecht* VOLENTI NON FIT INIURIA.

Nirgends verleugnet das ius Romanum die hohe Achtung vor der
Persönlichkeit. Nur ein Volk, das groß von sich selber dachte, wahrte
so wie es das Recht des Einzelnen. Und nur ein so organisches Gebilde wie der anfängliche römische Staat hatte den rechtlichen Instinkt, daß eine Kette nur so stark ist wie ihr schwächstes Glied. So
wog der rechtliche Sinn die Kraft des Einzelnen, begrenzte die Reich-
weite des Gesetzes, verwarf den Totalitätsanspruch. *Niemand ist
verpflichtet, mehr zu leisten, als er kann* ULTRA POSSE NEMO TENE-
TUR.

Das ius Romanum bemühte sich, das Innere plastisch nach außen zu kehren und an die Oberfläche zu bringen. So genügte ihm z. B. die bloße Vermutung nicht, daß ein Recht verletzt sei. Ein Anspruch mußte greifbar und sichtbar dargestellt werden, aber auch ein Vergehen offensichtlich gemacht werden. *Niemand wird als Übeltäter vermutet, es sei denn, es wird bewiesen* NEMO PRAESUMITUR MALUS NISI PROBETUR.

In den Bezirken des Seelischen, wo der Schutz vorhandenen Rechts versagte, trat an seine Stelle die Pietät, die zartere Schwester der Gerechtigkeit, und füllte die Lücken. Sie begründete z. B. das Recht der Verstorbenen auf ihren guten Namen. Aus dem Takte des Herzens wurde es gefordert, nicht aus der Erzwingbarkeit. Schon Cheilon, einer der sieben Weisen Griechenlands, stellte die Pflicht auf, nur gut über die Toten zu reden. *Mit Verstorbenen streiten nur Fratzen* CUM MORTUIS NON NISI LARVAS LUCTARI (Plinius, nat. hist. praef. 31). Sie können sich nicht verteidigen. Drum, aus dem Anstand eines recht denkenden Menschen, *soll man von Toten nur gut reden* DE MORTUIS NIL NISI BENE. Feinstes Rechtsgefühl, umgeschmolzen in Pietät, spricht aus dieser Forderung ebenso, wie sie das Wahrheitsgewissen achtet; denn es wird keineswegs verlangt, Gutes, sondern nur gut nachzureden.

Gemäß seiner Tugendauffassung verlegte Aristoteles die Gerechtigkeit in die Mitte zwischen Vorteil und Nachteil. Schon Hesiod begründete das Recht aus Überlegungen der Nützlichkeit. Denn für die Menschen hat dieses Gesetz Kronion gegeben:

Fische, vierfüßiges Wild und auch die geflügelten Vögel
Mögen einander verzehren, dieweil sie vom Rechte nichts wissen:
Aber den Menschen gab er das Recht, das höchste der Güter.

(Hesiod, erga 276)

Die Denker der Griechen philosophierten über die Gesetze, das Recht und den Brauch, das Volk beanspruchte die Gerichte aus Händelsucht. Nur dort, bei dem prozeßlustigen, leichtsinnigen Völklein, stritt man um des Esels Schatten, ob, wer den Esel vermietet habe, auch den Schatten dreingegeben habe (de prospectu et umbra asini natum est frequens proverbium. Apuleius, metamorph. 9, 42). In diesem uralten attischen Witz verhöhnte das Volk sich selber. Die Römer vertändelten keine Zeit mit Theorien. Sie handhaben das Recht. Bevor sie sich unterfingen, die Zwölftafelgesetze zu formen, sandten sie Gelehrte nach Griechenland, um dort Rechtsbegriffe zu studieren. Es war die Zeit, als Aischylos und Sophokles blühten und ihre unsterblichen Dramen schufen. Recht finden lag den Römern mehr am Herzen als schöne Künste zu lernen oder musisch befruch-

tet zu werden. Sie machten Ernst mit dem suum cuique und wurden
dabei Meister der Praxis, des feinen Abwägens, des Eingehens auf
das Gegebene, des individuellen Urteils. Der Satz des Griechen Protagoras: *Der Mensch ist das Maß aller Dinge* OMNIUM RERUM HOMO
MENSURA EST trug in sich den Keim zum blanken Subjektivismus
und Relativismus. Die Römer dagegen hielten das Recht für un-
wandelbar und absolut, es erlag keinen Philosophemen und erlaubte
keine Scheidung in Recht der Starken und der Schwachen wie bei
manchen Denkern Griechenlands. Aber sie dachten zu wirklichkeits-
nahe, um nicht auch das Individuelle im Recht zu spüren.

Wenn zwei dasselbe tun, ist es nicht dasselbe DUO CUM FACIUNT
IDEM, NON EST IDEM (nach Terenz, Andria 823). Hier wird das suum
cuique logisch zu Ende gedacht. Die spätere scholastische Theologie
hat die subjektive Färbung artgleicher Willensakte aus den Umständen abgeleitet. Man faßte solche Zufälligkeiten in jenen Merkvers
zusammen, mit dem wir auch unsere Schulaufsätze zu bauen gelehrt
wurden:
QUIS, QUID, UBI, QUIBUS AUXILIIS, CUR, QUOMODO, QUANDO
Wer, was, wo, wodurch, warum, wie, wann.
Das römische Recht wurde gelebt und geübt, lange bevor es ge-
schrieben wurde. Als man das mühsam und organisch Gewachsene
schließlich nach 1000 Jahren im Corpus iuris sammelte, war es in
vielen Bestimmungen bereits ein einbalsamierter Leichnam. Viele
Klagen über das ius Romanum gelten mehr dieser späten Fassung
als seiner Art.
Ich weiß, wie es um diese Lehre steht.
Es erben sich Gesetz und Rechte
Wie eine ew'ge Krankheit fort;
Sie schleppen von Geschlecht sich zum Geschlechte
Und rücken sacht von Ort zu Ort.
So höhnt Mephisto im ›Faust‹.
Und doch! Auf tausend Umwegen wirkt der praktische Sinn des
ius Romanum auf unser Leben und die Handhabung unseres Rech-
tes ein. Daß wir z. B. so selbstverständlich zwischen Kriminalfällen
und Zivilsachen zu unterscheiden wissen, verdanken wir der römi-
schen Rechtspraxis. Sie hob gewisse Vergehen als Kapitalverbrechen
aus den anderen heraus. Alles, was den Bestand des Staates und das
Leben seiner Bürger bedrohte, fiel unter sie: Mord, Giftmord und
Meuchelmord, ebenso wie Erpressung, Amtserschleichung, Unter-
schlagung öffentlicher Gelder, Betrug und Gewalt und die Verlet-
zung der Staatshoheit. Selbst auf die Bußdisziplin der christlichen
Urkirche färbte der Geist dieses Rechtes ab. Die Confessio (Sünden-

bekenntnis) und die Lossprechung vollzogen sich als Rechtsprozeß. Mord, Ehebruch und Abfall vom Glauben (die drei *Kapitalsünden* PECCATA AD MORTEM) mußten öffentlich bekannt werden. Auch sie gefährdeten Gefüge und Ehre der Gemeinschaft. Wer sie begangen hatte, beichtete vor der Gemeinde und wurde durch Urteil des Bischofs aus der Kirche ausgeschlossen. Für den römischen Staat und die Kirche wog der nach Cicero gebildete Satz vom *öffentlichen Wohl* wie ein lebenswichtiges Dogma: *es ist das oberste Gesetz* SALUS PUBLICA SUPREMA LEX (de leg. 3, 3, 8). Einen Staatsanwalt kannte das römische Recht nicht, Vergehen wurden nicht von Staats wegen verfolgt. Der Bürger mußte Anklage erheben. Wo kein Kläger, ist auch kein Richter, und *was nicht in den Akten steht, befindet sich auch nicht auf der Welt* QUOD NON EST IN ACTIS, NON EST IN MUNDO, so lautet noch heute ein verwandter Gedanke. Dem Rechtsinteresse und dem Rechtssinn der Bürger entsprach es, daß die Gerichtsverhandlung öffentlich auf dem Markte geführt wurde. War ein Angeklagter dreimal geladen und ohne schwerwiegenden Grund nicht erschienen, so wurde verhandelt und gegen den Widerspenstigen (IN CONTUMACIAM *wegen Nichterscheinens)* das Urteil gesprochen. Er hatte das Recht verscherzt, Berufung einzulegen.

Die Klugheit und Erfahrung der Jahrhunderte, angeborener Rechtssinn schufen Handhaben für die Rechtsfindung, die auch weiter brauchbar waren und in den knappen Formen kerniger Sätze Axiome der Juristen und Wegweiser selbst im sittlichen Bereich des Gewissens geworden sind. Immer wo ein Tatbestand erscheint, wo gefragt werden muß, ob ein Gesetz sich auf den vorliegenden Fall erstreckt, lösen diese Rechtsregeln auch heute noch die Bedenken und setzen ein Urteil, das gilt. So ordnet der Satz *im Zweifel verdient der Besitzer den Vorzug* IN DUBIO MELIOR EST CONDITIO POSSIDENTIS *strittige Eigentumsfragen. Im Zweifel,* so bestimmte ein anderes Axiom, *entscheide man sich für dasjenige, was die Vermutung für sich hat, oder man halte sich an das, was für gewöhnlich vorzukommen pflegt* IN DUBIO STANDUM EST PRO EO, PRO QUO STAT PRAESUMTIO – IN DUBIO IUDICANDUM EST EX COMMUNITER CONTINGENTIBUS. Und noch allgemeiner und weitherziger fordert der Geist des römischen Rechts kluge und milde Nachsicht. *Im Zweifelsfalle muß zugunsten des Angeklagten entschieden werden* IN DUBIO PRO REO oder *das Mildere* angenommen werden IN DUBIO MITIUS. All dieses atmet hohen Geist und entspricht dem humanen Satz der Pandekten: *In einer zweifelhaften Sache der gütigeren Ausdeutung folgen, ist so gerecht wie sicher* IN RE DUBIA BENIGNIOREM INTERPRETATIONEM SEQUI, NON MINUS IUSTIUS EST QUAM TUTIUS EST (digesta 50, 17, 192).

Alle Philosophen und Juristen haben den Satz anerkannt: *ein Gesetz verpflichtet nicht, wenn es nicht sicher an die Gesamtheit kundgemacht ist* LEX NON PROMULGATA NON OBLIGAT. Zwangsläufig folgt aus diesem Axiom der berühmte, in der Geschichte aber so oft mißachtete Satz: *wo kein Gesetz, ist auch keine Strafe* SINE LEGE NULLA POENA. Wörtlich heißt der wichtige Grundsatz im Corpus iuris: POENA NON IRROGATUR, NISI QUAE QUAQUE LEGE VEL QUO ALIO IURE SPECIALITER HUIC DELICTO IMPOSITA EST (digesta 50, 16, 131) *Eine Strafe wird nicht verhängt, außer wenn sie im Gesetz oder in irgendeiner anderen Rechtsvorschrift für diese Straftat besonders angedroht ist.*

Die römischen Richter stimmten auf Täfelchen ab. Sie benutzten dabei Buchstaben. A bedeutete *Freispruch* (ABSOLVO), mit C (CONDEMNO) *verurteilten* sie. War einem Richter nicht klar, wie er entscheiden sollte, so enthielt er sich mit einem NL der Stimme. Dieses NON LIQUET *es ist nicht klar* taucht auch heute noch auf, wenn man bei Unklarheit einer Sachlage sich nicht festzulegen vermag.

Vergehen ahndete das römische Recht meistens mit Geldstrafen. Wenn ein Verbrecher zum Tode verurteilt wurde, vermied man oft, die Strafe zu vollstrecken. Man gab ihm die Gelegenheit, freiwillig die Verbannung zu wählen. Besonders politischen Verbrechern öffnete man gerne diesen Ausweg.

Man erachtete es als Buße genug, die geliebte Heimat meiden und ohne private und politische Rechte, ohne Schutz der Heimat das Brot der Fremde essen zu müssen. BARBARUS HIC EGO SUM, QUIA NON INTELLIGOR ULLI (tristia 5, 10, 37) klagte Ovid aus dem Pontus. *Ein Barbar bin ich hier, weil mich niemand verstehen kann.* Selbst den stoischen Seneca zerrieb die jahrelange Verbannung auf Korsika. EXULABIS. NON PATRIA INTERDICITUR, SED LOCUS. IN QUAMCUMQUE TERRAM VENIO, IN MEAM VENIO, NULLA TERRA EXILIUM EST, SED ALTERA PATRIA EST (de remed. fortuit. 8, 1) *Du wirst verbannt. Da wird nur mein Aufenthalt, nicht aber mein Vaterland verwehrt. Ich finde es in jedem Land. Es gibt keine Verbannung, nur eine zweite Heimat.* Aber Heimweh zermürbt mehr, als Philosophie tröstet. Auch Seneca beugte den männlichen Stolz durch eine Schmeichelschrift, durch die er sich dem Kaiser in Erinnerung brachte.

Ein Treppenwitz der Geschichte fügte es, daß der tigerhaft grausame Sulla, der kaltblütig Tausende seiner politischen Gegner abschlachten ließ, die Todesstrafe gesetzlich abschaffte. Dabei hatte gerade er jedem Recht zum Hohn erstmalig die schauerlichen Proscriptionen verhängt, den Geächteten jedes Rechtsmittel entzogen und ohne Rechtsverfahren die Mißliebigen umgebracht. Unermeßliche

Reichtümer hatten seine Parteigänger zusammengeraubt, alle Bande
frommer Scheu wurden zerrissen. Und doch verdankt Rom und die
Nachwelt dem Rechtsbrecher die reinliche Trennung von Kriminal-
und Zivilsachen, die bis heute maßgebend blieb. Mommsen reiht den
großen Mörder als Rechtsreformer neben die alten Dezemvirn ein.
So merkwürdig gehen die Dinge in dieser Welt.

War ein rechtskräftiges Urteil gesprochen, eine Sache demnach
abgetan, so durfte sie nicht wieder aufgegriffen oder gar ein *zweites
Mal* bestraft werden. NE BIS IN IDEM. Ursprünglich besagte auch das
alte lateinische Sprichwort ACTUM NE AGAS (Terenz, Phormio 419)
Abgetanes betreibe nicht wieder diese Schutzwehr vor Rache und
Willkür. Im Laufe der Zeit schliff sich der rechtliche Beigeschmack
ab. Aus dem Rechtssprichwort wurde die allgemeine Forderung:
Drisch kein leeres Stroh.

Träger der Rechtsgewalt war nach römischer Auffassung das
Volk. Die erwählten Rechtsbeamten vertraten in einer Rechtsfiktion
seine Stelle. Aber das Reich wuchs und wuchs, der Völker, die ihm
einverleibt waren, wurden mehr und mehr, die Idee des populus
Romanus verblaßte im Verhältnis zur zahlenmäßigen Ausweitung
der Bürger. Die Kaiser rückten immer mehr an die Stelle und in das
Recht des Volkes. Schließlich stand dem Kaiser das Recht zu, jeden
Kriminalprozeß durch seinen Spruch zu entscheiden oder ein gefäll-
tes Urteil abzuändern. Die neue Gewalt prägte sich um so nachhaltiger in das Rechtsbewußtsein ein, weil sie durchaus als persönliche
Gnade auftrat und der Bürger seine Sache persönlich vor dem Kaiser verfechten mußte. Das verbreitetste Buch der Welt, die Bibel,
verkündet noch heute diesen Wandel des Rechts. »Paulus sprach vor
dem Statthalter Festus ›Ich stehe vor des Kaisers Gericht, da soll ich
mich richten lassen ... Ich berufe mich auf den Kaiser.‹ Da besprach
sich Festus mit dem Rat und antwortete: ›*Auf den Kaiser hast du
dich berufen, zum Kaiser sollst du ziehen*‹« CAESAREM APPELLASTI,
AD CAESAREM IBIS (Apostelgeschichte 25, 12).

Auch die Zivilgerichtsbarkeit endete schließlich in einer Staatsbe-
hörde, die vom Kaiser berufen war, geriet in Abhängigkeit von
oben und artete in Kabinettsjustiz aus. In dieser Form entsprach sie
nicht ihrer ursprünglichen Idee und widerspricht dem deutschen und
modernen Empfinden. Aber auch im Gebiete des zivilen Rechts
leben römische Vorbilder und Begriffe in der Praxis und im Sprichwort weiter. Es war eine Großtat römischen Rechtsdenkens, als es
z. B. zwischen Eigentum und Besitz zu unterscheiden verstand. Zuweilen besitzt jemand eine Sache, die nicht sein Eigentum ist, etwa
ein Dieb. Aber man kann auch das Eigentumsrecht an einer Sache

erwerben, noch bevor man in den Besitz derselben gelangt ist. *Immer schreit die Sache nach ihrem Herrn* RES CLAMAT AD DOMINUM. Wem aber von zwei Dingen, die physisch und unzertrennbar miteinander verbunden sind, die Hauptsache gehört, der wird Eigentümer des Ganzen. *Die Nebensache folgt der Hauptsache* ACCESSORIUM SEQUITUR PRINCIPALE.

Wenn der Praetor öffentlich eine Sache versteigerte oder verkaufte, fand der Akt *bei einer Lanze* AD HASTAM statt. Sie galt als Symbol des zu übertragenden Eigentums. Der Brauch muß uralt gewesen sein, denn die Lanze wurde schon früh als Waffe durch das pilum, *den Wurfspieß,* verdrängt. Noch heute kennt die Rechtssprache den Begriff Subhastation.

Die Griechen dachten bei der Rechtsbildung nur an den Staat. Der Größte ihrer Denker, Platon, verstieg sich dazu, in gewissen Fällen die Rechte der Familie aufzuheben. So ungesund gebärdete sich der Gedanke der POLIS, des *Stadtstaates.* Der römische Drang nach Ordnung regelte von Anfang an die Familie, er schuf in der PATRIA POTESTAS *der väterlichen Gewalt* einen keimfähigen Rechtsbegriff und in Heim und Familie ein Ideal, für das zu opfern und zu kämpfen sich lohnte. Das altrömische Familienleben glänzt von Adel und Heiligkeit. Kinder, die sich gegen ihre Eltern vergingen, traf die Ächtung der Götter und Menschen. *Vatermord* hielt man für unmöglich, erzählt Plutarch. Es dauerte ein halbes Jahrtausend, bis die Geschichte das erste PARRICIDIUM verzeichnen konnte. Weil unsere kleine Erde und auch das große Rom wie ein großes Gasthaus waren, in dem der Hausvater nur eine kurze Zeit weilte und bald den Nachdrängenden Platz machen mußte, so erdachte der Sinn für Ordnung einen geregelten Weg, auf dem rechtlich das Eigentum vom Toten auf den Überlebenden weiterging: das Erbrecht. Der Athener Solon wußte so wenig mit dem Erbrecht anzufangen, daß er die Willkür der Gerichte entscheiden ließ, wie die Verlassenschaft auf die Hinterbliebenen zu verteilen sei. Unsentimental, phantasielos, unbeschwert von Theoremen überließ es der Römer der Nachwelt, Privateigentum und Erbrecht denkend zu begründen. Ihm ging es um die Tatsachen, um die Ordnung und das Leben. Mochten spätere Zeiten sich den Kopf über alle Probleme zerbrechen, die an sich die verwickelten Grundlagen dieses Rechtes knüpften. Der große Leibniz z. B. begründete das Testierrecht aus der Unsterblichkeit der Seele! *Denn weil die Toten in Wirklichkeit noch leben, deshalb bleiben sie die Eigentümer* SED QUIA MORTUI ADHUC RE VERA VIVUNT, IDEO MANENT DOMINI RERUM (Method. nova iurisprud. 2, § 20). Die Nachwelt nahm das römische Erbrecht ebenso selbstverständlich hin wie das Recht der Verträge, die mit tausendfach verschlungenen Ketten die Menschen gegenseitig an Rechte und Pflichten binden. Noch heute teilt die Wissenschaft die Verträge nach römischen Kategorien ein. Wer hat noch nichts von DO-UT-DES-Politik gehört? *Ich gebe, daß du gibst* ist eine der vier Arten, in welche die unbenannten Verträge zerfielen. Seinen Göttern gegenüber z. B. stand der Römer auf diesem Standpunkt. Die Religion war für ihn eine Art Rechtsvertrag, der zwischen Menschen und Göttern stillschweigend galt.

Man feierte die Feste der Götter, sprach zur passenden oder gehörigen Zeit gewisse Formeln, erfüllte die vorgeschriebenen Riten. Dafür gewährten die Himmlischen, wenn sie den Pakt hielten, jene Güter, zu denen sie in einer Art Bindung verpflichtet waren. Selbst die christlichen Schriftsteller kamen von dieser Auffassung nicht los. So versprach Lactantius, der christliche Cicero, wenige Jahre vor dem Edikt Konstantins (313 n. Chr.), das goldene Zeitalter werde wiederkommen, wenn das römische Reich das Christentum annehme.

Das bekannte *Eine Hand wäscht die andere* MANUS MANUM LAVAT aber entstammt nicht der juristischen Welt. Es stellt die Erfahrung des Alltages fest, daß unter Menschen jeder Dienst einen Gegendienst nach sich zu ziehen pflegt. In diesem Sinne bringen schon seine beiden lateinischen Fundorte (Seneca, apoc. 9, 6 und Petronius 45) den Ausdruck als ein gebräuchliches Sprichwort.

Das Staatsdenken der Römer häufte die zusammengeballte Kraft und die Rechte des Volkes auf eine Person, einerlei, ob sie Praetoren, Konsuln hießen oder Diktatoren waren. In kritischen Lagen begab sich der Senat seiner Rechte und übertrug durch *weitgehendsten Beschluß* SENATUS CONSULTUM ULTIMUM den Konsuln totalitäre Gewalt. *Die Konsuln mögen zusehen, daß der Staat keinen Schaden nimmt* VIDEANT CONSULES, NE QUID RES PUBLICA DETRIMENTI CAPIAT. Dieses Ermächtigungsgesetz und seine abgekürzte Formel VIDEANT CONSULES warnt heute noch im Sprichwort vor drohender Gefahr. Einen ähnlichen Gedanken drückt auch das vielgebrauchte PERICULUM IN MORA *Gefahr im Verzuge* aus. Es findet sich nicht im Corpus iuris, und Büchmann führt den Ausdruck an als eine Formel der Kammergerichts-Ordnung von 1555 T. II, tit. 23. Dort bezeichnet er einen Rechtsgrund für ein summarisch beschleunigtes Verfahren, wenn das Verschleppen einer Sache den Tatbestand trüben oder die Rechtsfindung entscheidend stören konnte. Nur wenige denken heute noch an den ursprünglichen Sinn der Worte, wenn sie mit der Sentenz zu beschleunigter Tat auffordern oder eine Gefahr als unmittelbar bevorstehend bezeichnen wollen.

Ganz ins Gemütliche hat ein anderer Rechtsbegriff seinen Weg genommen: TRES FACIUNT COLLEGIUM *Drei bilden ein Kolleg.* Man sieht bei diesem Satz förmlich Tabakswolken aufsteigen, hört Spielkarten auf den Tisch schmettern und Pfropfen knallen. Oder man vernimmt schnatternden Klatsch.

Wenn Grete, Sibylle, Camilla sich sehen,
Wie sie sich in Schwatzen und Klatschen ergehen.

Der alte Taubmann, ein humanistischer Professor zu Wittenberg (1565–1613), schuf die lautmalende Vorlage des Scherzes:

QUANDO CONVENIUNT MARGRETA, SIBYLLA, CAMILLA,
GARRIRE INCIPIUNT ET AB HOC ET AB HAC ET AB ILLA.

Aber die Sentenz bezog sich ursprünglich auf einen rechtlichen Vorgang. Neratius Priscus meint, *daß drei ein Kollegium ausmachen und so ist es auch zu halten* TRES FACERE EXISTIMAT COLLEGIUM ET HOC MAGIS SEQUENDUM EST (digesta 50, 16, 85). Es geht um die eine Art juristischer Person. Mindestens drei Personen müssen vorhanden sein, um einen Verein zu bilden.

In große geschichtliche Erinnerungen aber führt das anscheinend so private QUI TACET, CONSENTIRE VIDETUR *Wer schweigt, scheint zuzustimmen.* Das kanonische Recht ist sein Fundort. Dort wird unser Wort als Grundsatz des unerbittlichen Papstes Bonifaz VIII. aufbewahrt (6. Buch der Dekretalen. Buch 5, Tit. 12. Rep. 43). Auch die Päpste hatten die kirchlichen Rechtsquellen gesammelt. Im 14. Jahrhundert war die Arbeit abgeschlossen. Damit trat neben die gewaltige Leistung des Imperiums das nicht unbedeutendere Rechtsbuch der Ecclesia. Zu den Summen der Theologen und der großartigen Zusammenschau der Welt, wie sie Dante in der Comedia schuf, gesellte sich die Gesetzsammlung der Weltkirche. Das ius canonicum folgte seiner Herkunft gemäß dem Geist des römischen Rechts, aber es vermied manches Formalistische und war nach christlich-mittelalterlichen Ideen umgeändert. Das kanonische Recht ist eine Frucht römischen und germanischen Geistes, zusammengeschmolzen im Christentum. Wer in früheren Zeiten das Recht studieren wollte, mußte sich auch im Corpus iuris canonici umtun und konnte IURIS UTRIUSQUE DOCTOR *beider Rechte Doktor* werden.

Man muß einmal in Goethes ›Dichtung und Wahrheit‹ nachlesen, wie verdrießlich ihm dieses Studium geworden ist, selbst in Straßburg, wo ›alles dem Verhältnis gegen Frankreich gemäß eigentlich auf das Praktische gerichtet und nach dem Sinn der Franzosen eingeleitet war, welche gern bei dem Gegebenen verharren‹. Der geniale Goethe hat es nicht zum Doctor iuris gebracht. Seine Dissertation wurde nicht angenommen. So reichte er eine Anzahl von

Thesen ein, die er öffentlich verteidigen wollte. Die erste war ein
Grundsatz des römischen Rechts: IUS NATURAE EST QUOD NATURA
OMNIA ANIMALIA DOCUIT *Naturrecht ist das, was die Natur Mensch
und Tier lehrte*, ein überspitzter Satz übrigens, den laut Cicero (de
republica 3, 8) erstmalig Pythagoras gelehrt zu haben scheint.
Goethe, der höflichkeitshalber Doktor genannt wurde, hat sich nur
den Titel eines Lizentiaten erworben. Er war Magister wie sein
Faust.

Die Kämpfe des Mittelalters hallen aus den stillen Blättern des
kanonischen Rechts. Die Ideen und Mächte, die das westliche Abendland gestalteten, verwandelten sich in Sätze, Formeln und Paragra-
phen. Und so erhebt sich auch drohend und finster, umstritten, gehaßt und noch nach dem Tode zerfleischt, die Gestalt des achten
Bonifacius, dessen Leidenschaft das Studium des Rechts und dessen
Schicksal der Kampf um die Vormacht des Papsttums war. Der
prinzipienscharfe Gregor VII. hatte als erster sich auf das Bibelwort
›Siehe, hier sind zwei Schwerter‹ berufen. Aus dem Sinn der Stelle,
erklärte er, gehe hervor, daß die Kirche auch weltliche Machtansprüche habe. Bonifacius überspitzte den an sich schon gefährlichen Gedanken. Er verkündete die Lehre von den zwei Schwer-
tern, deren eines, das geistliche, in den Händen der Kirche war, deren zweites aber, den weltlichen Fürsten anvertraut, für die Kirche
zu führen war. Er übersteigerte die Ansprüche der ecclesia militans
so, wie es vor ihm kein Großkönig, kein Imperator und kein Diktator in seinem Bereich zu tun wagte: PORRO SUBESSE ROMANO PONTI-
FICI OMNI HUMANAE CREATURAE DECLARAMUS, DICIMUS, DEFINIMUS,
ET PRONUNTIAMUS OMNINO ESSE DE NECESSITATE SALUTIS (Schlußsatz
der Bulle Unam sanctam) *Wir erklären, sagen, bestimmen und verkünden: es gehört zur Notwendigkeit des Heiles, daß alle Menschen
dem römischen Papst unterstehen.*

Hört man genauer hin, so vernimmt man aus dem qui tacet, consentire videtur des gleichen Papstes eine ähnliche unzugängliche
Härte. Das Wort läßt nicht mit sich fackeln, und es schneidet weiteres Befragen und Verhandeln ab.

AUDIATUR ET ALTERA PARS
Auch der andere werde gehört

Nur dem Anschein nach entstammen dem römischen Recht zwei gängige Redensarten. Das Wortspiel *Wer sich entschuldigt, beschuldigt sich* wurde Gemeingut vieler Sprachen. Es wird merkwürdigerweise nur zweimal überliefert, und zwar von den Kirchenlehrern, die am meisten mit der Weisheit des Volkes ihren gelehrten Schriften Salz und Farbe zu geben versuchten, Augustinus und Hieronymus. DUM EXCUSARE CREDIS, ACCUSAS (Hier. ep. 4 ad virg. in exil. miss.). Es stellt sich dar als eine allgemein gültige Erfahrungstatsache des täglichen Lebens. So überzeugend es klingt, sosehr es nach Rechtsgrundsatz schmeckt, so selbstverständlich es im Rechtsverfahren gehandhabt wird, auch das AUDIATUR ET ALTERA PARS *auch der andere Teil soll gehört werden* findet sich nicht im ius Romanum. Literarisch läßt es sich bei Seneca nachweisen, der sinngemäß in seiner Medea 2, 2, 199 sich so vernehmen ließ: *Wer etwas beschließt, ohne daß er die andere Partei gehört hat, handelt nicht billig, selbst wenn er Billiges beschlossen hat.*

QUI STATUIT ALIQUID PARTE INAUDITA ALTERA,
AEQUUM LICET STATUERIT, HAUD AEQUUS FUIT.

Das Rechtsgefühl der Römer verleugnet auch der Dichter nicht. Suum cuique, selbst dem Recht.

Das audiatur et altera pars stand, wie Pauli (1522) in seinem ›Schimpf und Ernst‹ mitteilt, ›nit umbsunst auf allen richtshüssern‹. Es wurde sogar zum kaiserlichen Wahlspruch erhöht. Er wird Lothar von Supplinburg zugeeignet und stand als solcher unter Bendemanns Bild im Kaisersaal des Frankfurter Römers. Der Kaiser hat sich redlich bemüht, jedem zu geben, was sein war, und hat dabei seinen Rechten nichts vergeben. So sagen die einen und belegen mit des Herrschers Taten das kaiserliche Motto. Und doch, es gab – im Mittelalter – ein Bild, das die Rechtlichkeit des Kaisers bezweifelte. Als er im Lateran zum Kaiser gekrönt wurde, gab er dem Papste Innocenz II. die Mathildischen Güter zurück, die Heinrich V. an sich gebracht hatte. Nur den Nießbrauch wahrte er sich – bis zu seinem Tode und gegen jährlichen Zins. Der Vorgang mißfiel in Deutschland. Die Erbitterung wuchs, als Innocenz in zwei Zimmern des Lateran die Krönung Lothars malen ließ. Er buchte den Vorgang als Sieg und löste die brennende Frage nach dem Vorrang der Rechte und Würden mit dem herausfordernden Verse:

REX STETIT ANTE FORES, IURANS PRIUS URBIS HONORES:
POST HOMO FIT PAPAE, SUMIT QUO DANTE CORONAM

*Der König stand vorm Tor, nachdem er zuvor die Ehre der Stadt
beschworen; dann wird er des Papstes Vasall und empfängt von
ihm die Krone.*

Friedrich Barbarossa hat aufs entschiedenste von Papst Hadrian IV.
gefordert, daß das Bild beseitigt werde. Angesichts des lateranen-
sischen Bildes schwanken Lothars Bild und Lob in der deutschen Geschichte. Jede Seite müsse gehört werden, hatte der Kaiser sich als
Wahlspruch vorgesetzt. Das Urteil der Historiker willfahrte ihm:
suum cuique.

Von den Grenzen des Rechtes

SUMMUM IUS, SUMMA INIURIA

Das höchste Recht ist höchste Ungerechtigkeit

Keine Gemeinschaft, auch nicht die kleinste, vermag ohne Ordnung und Gesetze zu leben. Wenn auf hoher See Matrosen meutern, so hat Platon einmal bemerkt, ist das erste, daß sie an Stelle der über Bord Geworfenen einen neuen Kapitän und einen Steuermann wählen, die zu bestimmen und das Schiff zu führen haben.

Was von jeder Gemeinschaft gilt, trifft am gültigsten auf jenes Gebilde zu, das wir Staat nennen. Gesetze und Gerechtigkeit und Recht halten ihn zusammen. Die Gerechtigkeit, die jedem zuteilt, was ihm gebührt, legt das Fundament seines Bestandes. IUSTITIA EST FUNDAMENTUM REGNORUM (Wahlspruch des Kaisers Franz I. von Österreich). Ihre Funktion besteht darin, über das Rechte zu entscheiden. Die Gerechtigkeit ist ohne Macht ohnmächtig. Aber Macht und Recht vertragen sich erfahrungsgemäß nicht gut. Man bricht gerne Recht, sowohl das der Nachbarstaaten als das der Untertanen. ›Die bewaffnete Ungerechtigkeit ist am ärgsten‹ (Aristoteles, politika I, 2, 1253 a). Sie ist die Todsünde wider den Staat. Wenn das Herrenrecht der Stärkeren aufgestellt wird, wenn die Logik des Erfolges den Ausschlag staatlichen Denkens gibt, dann tritt ein, was bereits Augustinus bemerkte und ihm von der Geschichte immer wieder bestätigt wurde. ›Wenn man die Gerechtigkeit beseitigt, *was sind dann die Staaten anderes als große Räuberbanden?*‹ REGNA NISI MAGNA LATROCINIA. ›Denn die Räuberbanden selbst, *was sind sie anderes als kleine Reiche?*‹ NISI PARVA REGNA (de civitate Dei 4, 4). Dabei bleibt es nur ein schwacher Trost, wenn Seneca als Sprichwort weitergibt: *Reiche der Ungerechtigkeit währen nicht ewig* INIQUA NUMQUAM REGNA PERPETUO MANENT (Med. 196). Aber selbst im idealen Falle, wenn der Staat sich ernst um die Gerechtigkeit bemüht, wird er versagen. *Denn vom wahren Recht und der reinen Gerechtigkeit* VERI IURIS GERMANAEQUE IUSTITAE haben wir keine festen und deutlichen Bilder, *wir haben nur Schatten und Abbilder davon* UMBRA ET IMAGINIBUS UTIMUR (Cicero, de off. 3, 17).

Der letzte Sinn jeden Rechtes, jeden Gesetzes und jeden richterlichen Urteils zielt auf das Rechte, das, was jedem wahr und wahrhaftig zusteht. Das geschriebene oder gesprochene Recht müht sich ab, mit allgemeinen begrifflichen Formeln und Formen, Sätzen und Entscheidungen das Rechte festzusetzen oder zu finden. Aber auch das Rechtsverhalten des Menschen ist Leben, alles Leben ist letztlich individuell, einmalig, irrational. Es gibt kein Leben an sich. Niemals trifft die allgemeine Formel den besonderen Fall restlos. Das Recht sieht jedesmal anders aus, bei jedem Menschen. Hier klafft der Riß zwischen formalem Recht und lebendiger, individueller Gerechtigkeit. Das Mißverhältnis zwischen formalem und wirklichem Recht kann sich zuspitzen und gelegentlich die Problematik des paragraphierten Rechtes bis zur Augenfälligkeit erweisen. Es kommt vor, daß etwas nach Gesetz oder Urteil als Recht erscheint, im Gerichte des Lebens aber und auf der Waage der praktischen Vernunft Unrecht ist. Das Recht ist dann nicht mehr das Rechte. Zu viel Recht ist Unrecht. Die Geschichte hat viele Beispiele dafür.

Michael Kohlhaas, der Roßkamm, dessen Rechtsgefühl einer Goldwaage glich, wird zum Rechtsbrecher, weil das Recht seine Leidenschaft war. Da ihm Unrecht geschah, die Dickfütterung seiner Rappen nämlich verweigert wurde, ertrotzt er in rasendem Rechtseigensinn seinen Anspruch. Von seinem wirklichen Recht wie besessen, bringt er einen Staat fast zum Wanken und sucht Recht durch größeres und neues Unrecht.

Bei den Römern, deren Stärke die Verwaltung war und bei denen das Recht im ganzen formal verlief, war die Möglichkeit eines formgerechten Rechtes und eines wirklichen Unrechtes leicht gegeben. Deutsches Rechtsempfinden betrachtete von jeher das ius Romanum argwöhnisch. Der Lustspielschreiber, von dem heute noch die meisten geflügelten Worte zitiert werden, Terenz, bezeichnet als bereits altes Wort: IUS SUMMUM SAEPE SUMMA EST MALITIA *Das höchste Recht ist oft die höchste Bosheit* (Heaut. 795). Ja, sogar in Versform sagte man die leidige Wahrheit: SUMMUM IUS, SUMMA CRUX (Columella 1, 7, 2), wobei zu bedenken ist, daß crux im Volksmunde ›crus‹ ausgesprochen wurde, *das höchste Recht ist das größte Kreuz.*

Die Weisheit des Volkes hat in vielen Abwandlungen die Kluft zwischen Recht und Rechtem im Sprichwort gegeißelt. Macchiavellistische Rechtstheorien, die Lehre, daß Recht nur sei, was man durchzusetzen die Kraft habe, wird gerichtet im Sprichwort: Das Recht des Stärkeren ist das höchste Unrecht.

Die wahre Gerechtigkeit ist nichts anderes als die Nächstenliebe des Weisen, der jedem zuteilt, was ihm gehört, bis aufs letzte Körnchen seines Anspruches. So besagte es eine Inschrift im Danziger Rathause:

IUSTITIA EXIGUIS EXAMINAT OMNIA GRANIS,
SOLA POTENS HOMINUM CONCILIARE GENUS
Alles prüft bis aufs Korn der Gerechtigkeit sorgliche Waage,
Sie nur schlichtet den Streit haderndem Menschengeschlecht.
Das Latein, das knapp das Verzweigte und elegant das Tiefe
auszudrücken vermag, trifft auch hier wieder den Nagel auf den
Kopf.

ETSI ENIM SUUS CUIQUE MODUS EST (Cicero, orat. 22, 73) *einem*
jeden ist sein eigenes Maß, sagt Cicero im geflügelten Wort. Das
SUUM CUIQUE *jedem das Seine* ist die knappste Form der Gerechtigkeit. Es enthält die Sinndeutung des Rechten, wie sie von Platon
bis Kant gelehrt worden ist. Oft zitiert ist die lichtvolle Deutung
der wirklichen Gerechtigkeit, die der Kirchenvater Ambrosius gegeben hat. Er war selbst Jurist, bevor ihn, obwohl er noch ungetauft
war, um seiner Gerechtigkeit willen der Volkswille aus dem richterlichen Forum auf die bischöfliche Kathedra zu Mailand erhob. Er
ist auch als Bischof der Rechtsfanatiker geblieben und hat in bei-
spielhaftem Mut im Jahre 390 den Kaiser Theodosius zur öffentlichen Kirchenbuße für das Blutbad gezwungen, das er bei Thessa-
lonich angerichtet hatte. Daß der Bischof dem Kaiser den Eintritt
in eine Kirche gewehrt habe, erweist sich nach letzten Forschungen
als Legende. Man meint förmlich, diesen adeligen Römer und gewaltigen Redner zu hören, wenn er die eherne Wucht und latei-
nisch-klare Umgrenzung des Rechtes vorträgt: *sie teilt jedem zu,*
was ihm gehört, sie macht nicht Anspruch auf das, was andern
gehört, sie vernachlässigt den eigenen Nutzen, damit sie die allge-
meine Gleichheit wahre (IUSTITIA) SUUM CUIQUE TRIBUIT, ALIENUM
NON VINDICAT, UTILITATEM PROPRIAM NEGLEGIT UT COMMUNEM
AEQUITATEM CUSTODIAT (de off. 1, 24).

Aus dem ganz harmlos gedachten Wort des Cicero SUUM CUIQUE
PULCHRUM *Jedem gefällt das Seine* (Tusc. 5, 22, 63) erwuchs vielleicht das suum cuique des Schwarzen Adlerordens. Ein preußischer
König, Friedrich Wilhelm II., hat in seinem Wahlspruch den Kern
getroffen, was gemeint ist: SERVANTISSIMUS AEQUI nannte er sich.
Vor allem des Billigen Diener. Das Billige ist umfassender und genauer als das Recht. Diese Art des Rechten wollte auch der 1808
gestiftete österreichische Leopoldorden. Sein INTEGRITATI ET MERITO
der Rechtschaffenheit und dem Verdienst enthält in zwei Worten
alles: das Auf und Ab des Rechten, seine Abstimmung auf das Persönliche, das Ansehen des ganzen Falles.

Es klingt wie eine radikale Absage an die formale Rechtsausle-
gung und -findung und wie ein fanatisches Bekenntnis zur wahren

und darum so schweren Gerechtigkeit, was Kaiser Ferdinand I. als Leitsatz seines Tuns aufstellte: FIAT IUSTITIA, PEREAT MUNDUS *der Gerechtigkeit ihren Lauf, und sollte auch die Welt darüber zugrunde gehen.*

Übrigens auch die Urfassung des berüchtigten, oft mißbrauchten und doch so edlen Satzes: ›Gemeinnutz geht vor Eigennutz‹ stammt von Cicero (de fin. 3, 64). Aber in seine klassische Form brachte es Thomas von Aquin, dessen deutschblütige Familie zu den treuesten Gefolgsleuten des Großen Friedrich gehörte: *Gemeinwohl ist besser als das Wohl des Einzelnen.* BONUM COMMUNE EST MELIUS QUAM BONUM UNIUS (Summa theologica II., II. qu. 47).

RÖMISCHE GESTALTEN

M. T. Cicero

PECTUS EST QUOD FACIT DISERTOS
Das Herz ist's, das beredt macht

Auf dem Forum Romanum standen sich seit der Kaiserzeit zwei Rednerbühnen gegenüber. Die alte erstreckte sich über die ganze Breite des Platzes, die neue war an der Stelle, wo der große Caesar verbrannt worden war, errichtet. Sein Großneffe und Nachfolger Octavian hatte dort einen Tempel zu Ehren des divus erbaut. Dabei wurde die Brüstung zwischen Stufen und Tempeleingang so gestaltet, daß sie die Plattform der neuen Rednertribüne abgab. Beide Bühnen waren mit eigenartigen Kriegstrophäen geehrt: die alte mit den Schnäbeln volskischer und punischer Kriegsschiffe, die bei Antium und Mylae erbeutet worden waren. Diese Schlachten waren Ruhmestaten der alten Republik. Die neue zeigte Schiffsschnäbel (rostra) aus der Schlacht bei Aktium, die das Kaiserreich heraufgeführt hatte. Nichts verdeutlicht besser, wie hoch die Römer die Beredsamkeit einschätzten, als Schmuck und Glanz der beiden Rostren.

Von Augustus an sprachen auf der neuen Tribüne gelegentlich die Kaiser. Auf der alten hatte noch Caesar zum Volke geredet. Hier feierte Roms glänzendster Rhetor – Marcus Tullius Cicero – seine Triumphe.

Als dieser beredtste Anwalt der römischen Republik ermordet worden war, wurde noch einmal in einer schaurigen Weise unterstrichen, wie mächtig sein Mund gewesen war. Seine Todfeindin Fulvia, die Gattin des Marcus Antonius, zog auf einem Bankett aus dem abgeschlagenen Kopfe Ciceros die Zunge und durchbohrte sie zweimal mit einer Nadel. Des Toten rechte Hand aber und der Kopf wurden zwischen die Schiffsschnäbel von Antium und Mylae genagelt, an die rostra, wo Cicero die fürstliche Dirne Fulvia so erbarmungslos bloßgestellt hatte.

Da hing nun die Hand Ciceros, die so viel geschrieben, und der Mund, der so wacker für Recht und Freiheit gestritten hatte. Ein edler Kopf fürwahr, mit breiter runder Stirne, ein Rundschädel, mit vollen Lippen, scharfen Augen, kräftigem Kinn, wie ihn die Porträtbüste des Vatikans zeigt. Die Glieder waren erstarrt, von denen der Meister der Rede einmal gesagt hatte: EST ACTIO QUASI CORPORIS QUAEDAM ELOQUENTIA (orat. 17, 55) *Der Vortrag ist die Beredsamkeit des Körpers.*

Man ist Cicero nicht immer gerecht geworden. Mommsen z. B. dachte nicht hoch von ihm. Er nannte ihn einen politischen Achselträger, feige, geschmeidig wie ein Ohrläppchen, einen Advokaten, der für alles Gründe oder doch Worte zu finden wußte. Vielen erschien Roms größter Redner als eitel, geschwätzig, charakterlos. Aber man hat sich wieder gewöhnt, Cicero vorurteilsfreier zu sehen, so wie es Jean Racine bereits tat, als er 1692 seinem Sohn Jean Baptiste schrieb: ›Es ziemt Ihrem Alter gar nicht und überhaupt niemanden, ihm jenen häßlichen Namen: Feigling zu geben. Erinnern Sie sich Ihr ganzes Leben hindurch an jene Stelle bei Quintilian, der selbst eine große Persönlichkeit war: ILLE SE PROFECISSE SCIAT, CUI CICERO VALDE PLACEBIT *Wer an Cicero Gefallen findet, möge wissen, daß er einen Gewinn davongetragen hat* (institutio oratoria 10, 1, 112). So hätten Sie besser getan, von ihm einfach zu sagen, er wäre nicht so tapfer und unerschrocken wie Cato.‹

Gewicht und Nachwirken des Redners, Philosophen, Schriftstellers und Briefschreibers Cicero sind groß.

Cicero ist eine jener ganz wenigen Gestalten der römischen Antike, deren Leben und Werk lückenlos vor unseren Augen liegt. In Osiander-Schwabs Sammlung römischer Prosaiker füllen seine Schriften 79 Bändchen. Die Deutschen Sweynheim und Pannartz gaben 1467 in der ersten Druckerei Roms die Briefe Ciceros heraus. Die Lettern, die sie beim Satz verwandten, Schriftgrade von 4,511 mm, heißen noch heute in der Buchdruckersprache ›Cicero‹.

Cicero stammte aus bürgerlichen Verhältnissen. Als er nach Rom kam, konnte er sich nur durch seinen Geist in die Höhe schaffen und nur durch seinen Ehrgeiz in die vorderste Reihe drängen. Er galt lange in der exklusiven römischen Gesellschaft als eine Art Snob (snob = SINE NOBILITATE = *ohne Herkunft)* oder, wie er sich selbst nannte, *als Neuling* HOMO NOVUS (Attic. 8, 14), ein untadeliger Mann, dessen Vorfahren aber keine Staatsämter bekleidet hatten. Aber er schaffte es. Für jedes der römischen Ämter war ein bestimmtes Lebensalter vorgeschrieben, in dem man es frühestens verwalten konnte. Es galt als besondere Ehre, wenn ein Mann jede Stufe der

beamteten Laufbahn SUO ANNO (= im frühest zulässigen Jahr) erreichte. Auch dieses glückte Cicero. Schon als junger Mann hatte
er sich einen Namen gemacht, als er klug und doch kräftig gegen
die Restauration Sullas stritt. Als Redner haben ihn die Zeitgenossen und die Nachwelt neben Demosthenes gestellt. DE DEMOSTHENE
AC CICERONE DICTUM EST: ILLI NIHIL POSSE DEMI, HUIC NIHIL POSSE
ADDI (Erasmus, Adagia) *Von Demosthenes und Cicero ging die
Rede, jenem könne nichts weggenommen, diesem nichts hinzugefügt
werden.* Sie galten als schlechthin vollendet.

Die Beredsamkeit lag dem lebhaften Temperament der Römer
besonders, zumal ein großer Teil ihres Tages sich auf der Straße
abspielte. Im Bildungsgang der Römer behauptete die Rhetorik
einen ersten Platz. Die Geschichte Roms weist viele bedeutende
Redner auf.

Aber sie sind überdeckt worden vom Ruhm Ciceros, und ihre
Reden sind bis auf knappe Bruchstücke verschollen.

Der römische Orator war vor allem Staatsredner. Die Reden
Ciceros spiegeln die Zeit der sterbenden Republik. Sie haben die
kunstmäßige Redeprosa der Römer am meisten ausgebildet. Sie sind
nicht so gehalten worden, wie sie uns vorliegen. Hatten sie vor
Volk, Senat oder Gericht ihre praktische Aufgabe erfüllt, so über-
arbeitete sie der Stilist Cicero und veröffentlichte sie als Kunstwerk. Er verstand meisterhaft die Kunst, Nebensätze zu bilden, sie
richtig zu gestalten, sie logisch und sprachorganisch ins Wachstum
einer Periode kunstvoll, weitverzweigt, vielgliederig einzufügen.
Die Sätze steigern sich, verfolgen unablässig das ins Auge gefaßte
Ziel. Ihr wundervolles Verhältnisspiel steigt auf wie herrliche Was-
serkünste, die mit goldenen Kugeln spielen.

Cicero war Republikaner, Anwalt der Republik, politischer
Idealist, Verfechter der alten Rechte und des Ansehens des Senates,
Parteigänger des Pompeius, Gegner Caesars und des Marcus Antonius, aber schließlich Anhänger Octavians. Der Dictator Caesar
vergalt dem Orator die alte Gegnerschaft nicht. Er verehrte seinen
Geist und achtete die Gründe, weshalb er auf der Gegenseite stand.
Cicero hat Caesars Werk respektiert und später gefördert, er ist
für den Erben des großen Mannes wacker eingestanden. Seine haß-
erfüllten Reden gegen Octavians Gegner Marcus Antonius hat er
Philippicae orationes genannt. Er wollte damit an jene Geschichte
machenden Reden erinnern, die vor dreihundert Jahren Demosthenes gegen den Totengräber der griechischen Freiheit, Philipp von
Mazedonien, geschleudert hatte. Heute noch nennen wir eine kräf-
tige Strafrede eine Philippica. Er hatte dem zwiegesichtigen Mar-

cus Antonius mutig sein HANNIBAL AD PORTAS (Philipp. 1, 5, 11) *Hannibal vor den Toren* entgegengeschmettert und dem Volke nachgewiesen, daß der Staat in äußerster Gefahr schwebe. Auch das bohrende CUI BONO? *Wem nützt es?* findet sich in einer Philippica (2, 14). Lucius Cassius hatte es geprägt und gefordert, daß bei Kriminalfällen auch untersucht würde, wem die Untat, z. B. ein Mord, vorteilhaft gewesen sein könnte. Als resignierendes ›Wozu?‹ ist es in unseren Zitatenschatz eingegangen.

Cicero hat seinen Freimut gegen Marcus Antonius mit dem Tode gebüßt. Zwar, dem jungen Octavian hatte er gegen Marcus Antonius zur gefestigten Macht verholfen. Aber nachdem Caesars Großneffe und Caesars Freund und Reitergeneral sich schließlich im zweiten Triumvirat geeinigt hatten, da setzten sie auch Ciceros Namen auf die gemeinsam ausgearbeitete Totenliste. Als die Henker auf ihn zuschritten, entblößte er den Hals, daß sie besser ihr Handwerk verrichteten. So liegt über des Redners Tod der Glanz stoischer Größe. Man kann die letzten Abschnitte der untergehenden Republik an Hand der Ciceronianischen Reden gut verfolgen. Aus diesen noch erhaltenen fünfzig Dokumenten ragen hervor die gegen Verres, für das Imperium des Pompeius, für Roscius Amerinus, für Murena, für Archias, für Milo. In dieser letzten Rede (Milo 4, 10) steht auch die bittere Erkenntnis, daß Gewalt vor Recht geht und *im Kriege die Gesetze schweigen.* Dieses SILENT (ENIM) LEGES INTER ARMA war durch die Bürgerkriege blutig bestätigt worden. Die kriegsbedingte Gesetzlosigkeit war schon lange sprichwörtlich geworden. Gegen zwei der Rechtsbrecher, Gaius Verres und Lucius Sergius Catilina, hatte Cicero die Gewalt seiner Reden ins Feld geführt. Auf dem Höhepunkt seiner politischen Laufbahn unterdrückte er als Konsul die Verschwörung des verlotterten Abenteurers Catilina. Er ließ einige Catilinarier hinrichten. Cicero wartete selbst vor der Tür des Gefängnisses, bis die Verbrecher erdrosselt waren. Dann rief er mit seiner wohlbekannten Stimme der harrenden Volksmenge zu: *Sie sind tot* VIXERUNT. Er hat für seine gesetzwidrige Eigenmacht ein Jahr Verbannung als Strafe hinnehmen müssen. QUOUSQUE TANDEM ›*wie lange noch,* Catilina, willst du unsere Geduld mißbrauchen?‹ hatte er die erste catilinarische Rede begonnen (vgl. auch Liv. 6, 18). Das Wort hat den politischen Umstürzler im Gedächtnis weiter leben lassen, wie das christliche Credo den Rechtsbrecher Pontius Pilatus. Ein wüstes Bild der Zeit entrollen die catilinarischen Reden. Immer wieder wurde in späteren Zeiten die Klage wiederholt, mit der Cicero die damaligen römischen Verhältnisse bedachte: O TEMPORA, O MORES (Cat. 1, 1, 2)

O Zeiten, o Sitten! Übrigens ist die erste catilinarische Rede die erste datierbare stenographierte Nachschrift einer römischen Rede. Am 8. November 63 v. Chr. nahm sie M. Tull. Tiro, der Freigelassene und Freund Ciceros, in Kurzschrift auf.

Mögen die Worte auch eilen, die Hand ist dennoch geschwinder:
Ehe die Zung' ihr Werk, hat es die Rechte getan
NONDUM LINGUA SUUM, DEXTRA PEREGIT OPUS.

(Martial, epigr. 14, 208)

Die Beredsamkeit erfreute sich bei den Alten einer größeren Beliebtheit als bei uns. Sie wurde als Kunst betrieben. In den höheren Schulen wurde sie als Unterrichtsfach gelehrt und schon den jüngeren Jahrgängen beigebracht; denn ein gutes Gedächtnis und geläufiger Ausdruck befähigten dazu, später in der Welt vorwärtszukommen. Der junge Augustinus feierte schon als Zwölfjähriger Triumphe der Beredsamkeit vor Mitschülern und Altersgenossen. Er, der bewußter Afrikaner war und die numidische Sprache liebte, bekennt, daß er einen Barbarismus in der lateinischen Rede mehr gefürchtet habe als eine Sünde und von Neid verzehrt worden sei, wenn seine Mitschüler nicht die gleichen Fehler machten (conf. 1, 17, 19). Der Einfluß der Beredsamkeit war bei der Erregbarkeit der Südländer oft durchschlagend. Sie wirkte bestimmend ein auf Volk, Gericht und Heer. Die Reden wurden regelmäßig veröffentlicht, als Flugblätter verbreitet. Sie flogen durch Italien und verbündeten sich mit den beißenden und eleganten Epigrammen, wie sie namentlich Catull meisterhaft dichtete. ›Es ist in den Catullischen Gedichten und den sonstigen Trümmern der Literatur dieser Zeit etwas von jener Genialität des persönlich-politischen Hasses, von jener in rasender Lust oder ernster Verzweiflung überschäumenden republikanischen Agonie, wie sie in mächtigerer Weise hervortreten in Aristophanes und Demosthenes‹ (Mommsen).

Weil die Rede das Für und Wider der Gründe erwog und Zustimmung und Anhängerschaft suchte, so blühte sie in den bewegten Zeiten, wo es sich zu entscheiden galt, wo Kandidaturen begründet wurden und die Gegner aus dem Felde zu schlagen waren. Drum schenkten z. B. die Parteikämpfe um die Agrarreform den Römern Gaius Sempronius Gracchus, den Cicero als den größten Redner pries. Als die geistigen Auseinandersetzungen zwischen den alten Idealen der Republik und den neu aufkommenden Kräften des Kaisertums die Römer blutig und geistig aufwühlten, wurde die Redekunst in Cicero aufs höchste vollendet. Aus allen seinen Reden glüht jenes O DULCE NOMEN LIBERTATIS (Verr. 5, 63, 163) *O süßer*

Name Freiheit. Für das Gesetz als den Hort und die Möglichke
der Freiheit hat er gestritten, er hat gegen die Verfallserscheinunge
die ganze Kraft seines Einflusses und seiner Reden zu Felde geführt.
LEGIBUS IDCIRCO OMNES SERVIMUS UT LIBERI ESSE POSSIMUS (pro
Cluentio 53, 146) *Den Gesetzen dienen wir um deswillen alle, damit wir frei sein können.* Die von Ideenkämpfen nicht so zerrissene
Kaiserzeit bedurfte nicht mehr der Redekunst in dem Maße wie die
Sache der Republik. Die Rhetorik ist denn auch langsam abgestor-
ben. Aber auch in der Kaiserzeit noch blieb die neue Rostra die
Stelle, wo die Ereignisse der Welt sich spiegelten, gedeutet und in
den Zusammenhang des Reiches eingegliedert wurden, wo zwischen
Herrscher und Masse vermittelt wurde und von wo Roms Stimme
in die Welt hinausdrang.

In ihrer höchsten Vollendung ist auch die Beredsamkeit eine
Gnade. Der große Redner wird geboren. PECTUS (EST ENIM QUOD)
DISERTOS FACIT ET VIS MENTIS (Quintilian 10, 7, 15) *Das Herz
macht beredt und die Kraft des Geistes.* Das Herz dünkte dem Römer der Sitz des Denkens. Man kann die Gesetze der Rhetorik lernen, ihre Handgriffe und Vorteile sich nutzen, man kann ein Redner werden, aber nur der Begnadete erreicht die Spitze. Der Mann,
der ein glänzendes Buch über die Beredsamkeit geschrieben hat,
Marcus Fabius Quintilianus, belegt dies durch sein eigenes Beispiel.
Er beherrschte wie keiner das Wissen um die Beredsamkeit, er ana-
lysierte die Kunst und die maßgebende Stellung Ciceros, er schrieb
ein Latein, daß später die Humanisten stritten, ob ihm oder Cicero
die Palme zu reichen sei, aber ein Redner ist er nicht geworden.
Denn ›die am tiefsten die Lehre der Beredsamkeit ergründen, gleichen denen, die Krebse essen und dabei um das bißchen Fleisch soviel Schalen und Kruspeln machen‹ (Ariston, homoiomata).

Zur Begabung kommt die Arbeit. Cicero kannte die Mittel und
das Handwerksmäßige seiner Kunst. In drei Schriften sprach er sich
darüber aus (de oratore, Brutus, orator). Hier zeigte er die Ideale
und die Geschichte der Rhetoren. ›Redner ist für mich einer, der
angemessen klingende Worte und überzeugungskräftige Sätze bei
gerichtlichen und politischen Verhandlungen anzubringen sucht‹
(de orat. 1, 25). *An der Rede erkennt man den Mann* QUALIS AUTEM
HOMO IPSE ESSET, TALEM ESSE EIUS ORATIONEM (Tusc. 5, 16, 47). Wie
alle großen Redner lernte er aus der Sprache des Volkes und seiner
Weisheit. Das Sprichwort fand in ihm einen beredten Anwalt und
trefflichen Verwalter. Cicero schöpfte aus dem Vollen. Sein Wissen
reichte weit. Er war kein tiefer Denker und auch kein selbständiger
Philosoph, aber er war ein geistig regsamer und interessierter Mann,

der sich die Breite eines schönen Wissens angeeignet hatte. Er durch-
musterte klug und fein seine Lesefrüchte und bekannte sie warm
und hell. Er lehnte Epikur ab, schloß sich mit Vorbehalten der Stoa
an und war ein maßvoller Skeptiker. Im Herzen stellte er das griechische Ideal des Wissens ohne Zweck, die Philosophie und die Schönheit des Geistes höher als seine angeborene und meisterliche Kunst,
mit betörenden Worten obzusiegen und mit Perioden Ruhm zu erja-
gen. In seiner verlorengegangenen Schrift ›Hortensius‹ hat er sich ausdrücklich zur Weisheit gegen die Beredsamkeit bekannt. Das unsterbliche Wort des Augustinus *Unruhig ist unser Herz, bis es ruhet in
dir* INQUIETUM COR NOSTRUM, DONEC REQUIESCAT IN TE (conf.
1, 1) geht in seiner Wurzel auf Cicero und seinen ›Hortensius‹ zurück.

Wahr ist für Cicero, was den Sinnen augenscheinlich ist und was
überall im Bewußtsein der Menschen für sittlich-religiös gilt und
angeboren ist, also Erfahrung und Anlage. *Unserem Inneren ist
nämlich der Same der Tugenden eingeboren* SUNT ENIM INGENIIS
NOSTRIS SEMINA INNATA VIRTUTUM (Tusc. 3, 1, 2). *Sie (die Natur)
pflanzte ohne jede weitere Unterweisung dem Menschen die un-
scheinbare Kenntnis der größten Dinge ein* INGENUIT SINE DOCTRINA
NOTITIAS PARVAS RERUM MAXIMARUM (de finibus bonorum et malorum 5, 21, 59). Cicero gab damit nur weiter, was bereits Aristoteles für ein Kriterium der Wahrheit ausgegeben hatte. ›Was alle
Menschen, wie von einem Instinkt getrieben, für wahr halten, das
ist eine Wahrheit der Natur‹ (rhet. 1, 13). Die realistische Philosophie des Christentums nahm den willkommenen Gedanken auf.
Er hat seine klassische Form etwa bei Thomas von Aquin gefunden:
Was alle gemeinsam aussprechen, dieses kann unmöglich falsch sein
QUOD ENIM AB OMNIBUS COMMUNITER DICITUR, IMPOSSIBILE EST
TOTALITER FALSUM (contra gentiles II, 34). Aus dieser These und
der Bemerkung Ciceros: ›Kein Volk ist so roh und wild, daß es
nicht den Glauben an einen Gott hätte, wenn es schon sein Wesen
nicht kennt‹ (de leg. 1, 24) hat die christliche Philosophie einen
ihrer volkstümlichsten Gottesbeweise abgeleitet. Durch die *allgemeine Übereinstimmung* CONSENSUS GENTIUM sind Cicero neben
dem Göttlichen auch das Sittengesetz, das Rechtsbewußtsein, das
Freiheitsbewußtsein und die Unsterblichkeit gesicherte Erkenntnisse. Cicero schrieb über ›die beste Staatsform‹, sein Buch ›über
die Pflichten‹ birgt Weisheiten wie ein Bergwerk. Das sittliche Bewußtsein, die Verantwortlichkeit, das vernunftmäßige, rechtschaf-
fene Handeln, nicht der Erfolg werden zur Richtschnur der menschlichen Existenz erhoben. Friedrich der Große, der sich selbst als
Stoiker betrachtete und darum vorlebte, daß es nicht notwendig

sei zu leben, wohl aber seine Pflicht zu tun, dachte allen Ernstes daran, Ciceros Buch über die Pflichten an allen preußischen Schulen als Lehrbuch der Moral einzuführen. Aus Ciceros Schrift ›de finibus bonorum et malorum‹ (5, 25, 74) ist das Wort *die Gewohnheit wird zur zweiten Natur* in aller Munde. CONSUETUDO QUASI ALTERA NATURA. Im ›Laelius oder über die Freundschaft‹ (21, 79) findet sich die Sentenz OMNIA PRAECLARA RARA SUNT *Alles Vortreffliche ist selten.* Spinoza beschloß mit diesem Satz seine Ethik. Im uralten, schönen Tusculum entstanden die ›Gespräche über die menschliche Glückseligkeit‹. Noch heute bedeutet Ciceros Landsitz, das Tusculanum, den Inbegriff einer gepflegten Stätte stiller wissenschaftlicher Arbeit. Hier verbrachte er sein OTIUM CUM DIGNITATE (de oratore, Anfang) *seine Muße mit Würde.* Cicero ist mit der lesbaren und anmutigen Form seiner Schriften der philosophische Lehrer des römischen Volkes geworden. Seine Schriften wirken noch heute nach als Fundgrube und als Beispiel. *Nicht zu wissen, was vor deiner Geburt geschehen ist, heißt immer ein Kind bleiben* NESCIRE QUID ANTE QUAM NATUS SIS ACCIDERIT, ID EST SEMPER ESSE PUERUM (orat. 34, 120).

Ciceros Schriften, aber mehr noch seine Briefe, machen ihn zu einer der bestgekannten Gestalten Roms. Er hatte sich den Homervers (Ilias 6, 208) ›Immer der erste zu sein und überlegen den anderen‹ zum Wahlspruch erwählt. Wie dieses Selbstbekenntnis, so lassen auch die Briefe tief in seine Seele blicken. Hier gibt er sich ohne rednerische Pose, ohne Schminke, hier wird er ganz Mensch, mitten unter den Menschen und besonders mit dem Freunde Atticus. *Das Papier wird nämlich nicht rot* EPISTULA ENIM NON ERUBESCIT (ad famil. 5, 12, 1). Die Briefe schielen nicht nach einem Auditorium. Sie geben Kunde von der hochentwickelten Briefschreibekunst Roms, wie sie auch der Philosoph Seneca und der Apostel Paulus beherrschten. Die vier umfangreichen Bände – bezeichnenderweise treu durch 15 Jahrhunderte tradiert – begleiten die politischen Verhältnisse der Zeit, sind ein farbiger Abglanz der kulturellen Zustände. So erblicken wir durch sie nicht nur einen der bedeutendsten Menschen auf der Grenzscheide zwischen Republik und Kaiserreich, sie bilden auch ein Stück wertvollster und eigenartigster Geschichtsliteratur und Kulturwissenschaft.

Während Marcus Antonius triumphierend über den Wein und die Rosen des Banketts das abgeschlagene Haupt des Feindes emporhob und Fulvia mit einer Nadel ihre sadistische Rache kühlte, begruben die Freunde den Rumpf des größten Redners Roms rasch und unauffällig an der Stelle, wo er ermordet war, bei Formiae. Inmitten der Reben ragt noch heute sein hohes Grabmal.

C. J. Caesar

NAM CAESARI MULTOS MARIOS INESSE
In Caesar steckt mehr als nur ein Marius

Der gewaltige und bezaubernde Caesar schlug nicht nur zu seinen Lebzeiten die Menschen in den Bann. Er hat auch der Nachwelt immer Bewunderung abgezwungen. Sein Eigenname – seltenes Ereignis in der Geschichte – ist Standesname geworden. Seit sich Octavian nach seinem Großonkel mütterlicherseits nannte (44 v. Chr.), ist Caesar immer bis heute Titel geblieben, bald als Kaiser, bald als Caesar, bald als Zar. Unter dem Kopf des römischen Caesar ließ Cesare Borgia seinen ehrgeizigen Plan, Alleinherrscher Italiens zu werden, mit den Worten anbringen: AUT CAESAR AUT NIHIL *Entweder Caesar oder nichts.*

Sueton berichtet bewundernd (Caes. 85): ›Später errichtete man eine fast 20 Fuß hohe Säule aus numidischem Marmor mit der Inschrift: *Dem Vater des Vaterlandes* PARENTI PATRIAE. Lange Zeit noch pflegten die Römer bei ihr zu opfern, Gelübde zu tun und bestimmte Streitsachen durch einen Eid bei Caesars Namen zu schlichten.‹

Auch das lateinische geflügelte Wort hat um den einzigen und ersten Imperator einen Ehrenmantel gelegt. In der knappen Form römischen Scharfsinnes hat es entscheidende Ereignisse aus Caesars politischer Laufbahn festgehalten.

Der Anfang dieses staunenswerten Aufstiegs ist in die dramatischen Worte gebannt: IACTA EST ALEA *der Würfel ist gefallen.* Der Senat, eingeschüchtert durch Pompeius, hatte Caesar befohlen, das jenseitige und diesseitige Gallien, die er als Prokonsul verwaltete, abzugeben und das Heer zu entlassen, sonst werde er als Hochverräter angesehen. Gleichzeitig sprachen die Senatoren ihr ›Das Vaterland ist in Gefahr‹ aus und riefen die Bürgerschaft unter die Waffen. Caesar, mächtig, ehrgeizig, seines Anhanges gewiß, stand in der Sternminute seines Lebens. Er hatte bislang 29 Jahre die Sache der nicht mehr haltbaren Aristokratie Roms und der wehrlosen Republik gestützt. Nun ward er vor die Entscheidung gestellt, entweder die eigene bessere Einsicht aufzugeben oder unbedankt und unter Zwang abzutreten. Er entschied sich für den Kampf. Herzenskundig, geistvoll und glaubensstark begeisterte er in Cremona Offiziere

und Soldaten der 13. Legion für seine Sache. Nun marschierte er
(10. Jan. 49 v. Chr.). Als erster überschritt er das schmale Flüßchen
Rubicon, das die natürliche Grenze zwischen Italien und der Pro-
vinz Gallien bildete und für Caesar die dünne moralische Schnur
war zwischen Gesetzlichkeit und Revolution. ›Der Würfel ist gefallen‹ (Sueton, Caes. 32), rief er aus, in drei knappe Worte drängend,
was kommen mußte und konnte: Kampf, Blut, Bürgerkrieg, Niederlage – oder Sieg und unerhörte, schwindelnde Möglichkeiten. Nun
stand er, nach neunjähriger Abwesenheit, zum erstenmal wieder
auf vaterländischem Boden. Schicksal, nimm deinen Lauf! – Mit
5000 Mann, von denen er in jahrelangen Kämpfen beinahe jeden
persönlich kennenlernte, zog er gegen Pompeius, Rom, die legitime
Regierung, die Aristokratie und alle, die etwas zu verlieren hatten.
Bald hatte sich seine kämpfende Truppe verzehnfacht.

Caesar beherrschte, wie Plutarch berichtet (Pomp. 60), das griechische Idiom. ›Der Würfel soll fallen‹, war ein gebräuchliches grie-
chisches Sprichwort. So entspricht es mehr der Herkunft aus dem
Griechischen und auch der bevorstehenden, noch nicht gefallenen
Entscheidung, die Caesarworte so zu lesen: *Die Würfel sollen fallen*
ALEA IACTA ESTO, wie es bereits Erasmus von Rotterdam vermutet
hatte. Heute noch lebt der entscheidende Schritt Caesars im Sprich-
wort. Wo immer ein folgenschweres Schicksal von einem knappen
Entschluß seinen Lauf nehmen kann, gilt: CAESAR AD RUBICONEM
Caesar am Rubicon.

Nur noch fünfeinhalb Jahre blieben Caesar beschieden vom
Sprung über die Entscheidung bis zu jenem Augenblick, als auf dem
Forum aus der Flamme seines Scheiterhaufens das römische Kaiser-
reich aufging. In Bewunderung und Reue plünderte damals das
Volk Tempel und Hallen, um mit Stühlen und Bänken die Ehren-
flamme für den toten Caesar zu nähren. Die Männer opferten Män-
tel und Togen, um den Scheiterhaufen am Brennen zu halten – als
Sinnbild ihrer glühenden Bereitschaft, das Werk des Imperators zu
Ende zu führen.

Der einzige Mann war in einem Lustrum von Erfolg zu Erfolg
geschritten, an der Spitze des Staates bis in die ›Zahl der Götter‹
(Sueton, Caes. 88). Vier Jahre davon mußte er durch den Blut-
wahnsinn eines Bürgerkrieges waten, wie er seit Marius und Sulla
das Reich immer wieder entblutete und erschöpfte.

Er erreichte sein Ziel, emporgetragen vom Glück. Die Römer
wußten um die geheimnisvolle Kraft des Geschickes. Die griechische
Tyche, die Schickung, war ihnen ein geschichtlich und im Alltag er-
wiesener Begriff. Sie kannten die Bereitschaft des Glückes, die zu

fördern und geheimnisvoll zu lenken, die würdig sind und entschlossen zu wagen. Das Volk übersetzte diese Erfahrung in mannigfachen Wendungen in die Sprache des Alltags. Im FORTES FORTUNA ADIUVAT *Dem Tapferen hilft das Glück* fand es seine Prägung (Terenz, Phormio 203). Caesar war der *Liebling der Fortuna* FORTUNAE FILIUS (Horaz, sat. 2, 6, 49). Sie goß ihr Füllhorn über ihn aus. Er hatte Geist, war schön, besaß die Gunst und genoß die Liebe der Frauen, er war leichtlebig, man erzählte sich mit neugierigem Gruseln seine erotischen Abenteuer. Zeitweise galt er als der verschuldetste Mann Roms. Er war unermeßlich reich, er nannte Freunde sein eigen. Er war so leidenschaftlich wie genial, denn niemals wird Großes ohne Leidenschaft. Er war ein Schriftsteller, der ein unsterbliches Werk über den Gallischen Krieg schrieb, ein General, der klug, siegverwöhnt war und menschlich dabei, ein Staatsmann, der konsequent eine Idee bis zum Ende dachte und in die Tat verwandelte. Er vergalt Siege nicht mit Rache. Er eroberte nicht bloß Länder, sondern auch Herzen. Er schwamm in Liebe und vergalt sie. Sein Testament enthüllt seine große Seele. Das Volk war sein Erbe. Die Welt bestaunte ihn. Selbst der Tod respektierte seine Tapferkeit und machte einen Bogen um ihn. MORS IPSA REFUGIT SAEPE VIRUM *Der Tod selbst fürchtete oftmals diesen Mann.* Lucanus hat das Wort von Marius geprägt. Dem umbrischen Sklaven, der den gewaltigen Feldherrn im Kerker töten sollte, entfiel der Mordstahl (Lucanus, Pharsalia 2, 75). Oft war Caesar in Todesgefahr, am meisten bei seinem abenteuerlichen Zug nach Ägypten, damals, als er sich nur schwimmend vor dem sicheren Tod retten konnte und seinen Feldherrnmantel mit den Zähnen nachschleppte, ›damit er nicht als Siegeszeichen in die Hände der Feinde fiele‹ (Sueton, Caes. 64). Der Vers des Lucanus bewahrheitete sich auch in Caesars endgültigem Sieg, der Schlacht bei Thapsus (46 v. Chr.), drei Jahre nach dem Schicksalsspruch am Rubicon. Nun erst war der Würfel gefallen. Scipios und Jubas Legionen waren zum letzten Waffengang für die Republik angetreten. Die Glücksgöttin selber griff für Caesar ein. Während er noch zuwartete, gab sie einem Soldaten ein, ins Horn zu stoßen, und ohne des Feldherrn Befehl stürzten sich die Legionäre auf die unvorbereiteten und ungünstig aufgestellten Feinde. Caesar nutzte die Eigenmächtigkeit des Heeres. Er schwang sich zu Pferd vor die Spitze der Soldaten und warf sich, sein Leben wagend, in die Schlacht. Die Elefanten des Gegners – es war das letzte Mal, daß sie in einem Kampf verwendet wurden – wandten sich zur Flucht. Das Heer der Republik wurde in unvorstellbarer Weise vernichtet. Die Sache der Republik war endgültig zusammengehauen. Caesar verzeichnete kaum Verluste. Unter den so wunderbar Geretteten war auch Caesar. Der Tod hatte vor Bewunderung und Respekt vergessen, ihn niederzumähen.

Bald darauf stieß sich der reinste Sachwalter der sterbenden Republik und Caesars hochwertigster Gegner, Cato Uticensis, das Schwert in die Brust. Er hatte mit edlem Herzen und kurzsichtiger Verbissenheit für die verlorene Sache gekämpft. Das Wort VICTRIX CAUSA DIIS PLACUIT, SED VICTA CATONI *Die siegreiche Sache gefiel den Göttern, die besiegte dem Cato* setzte Lucanus (Pharsalia 1, 128) auf den Leichenstein der Republik.

Was der Tod in günstiger Gelegenheit zu tun nicht gewagt hatte, vollbrachte zwei Jahre nach der Schlacht bei Thapsus der Mensch. Caesar hatte seine Siege zum Wohle des Reiches genutzt. Italien und sein Caesar herrschten unbestritten in drei Weltteilen. ›Fünf und ein halbes Jahr, nicht halb so lange wie Alexander, schaltete Caesar als König in Rom; zwischen sieben großen Feldzügen, die ihm nicht mehr als zusammen fünfzehn Monate in der Hauptstadt seines Reiches zu verweilen erlaubten, ordnete er die Geschicke der Welt für die Gegenwart und die Zukunft, von der Feststellung der Grenzlinie zwischen Zivilisation und Barbarei an bis hinab zur Beseitigung der Regenpfützen auf den Gassen der Hauptstadt, und behielt dabei noch Zeit und Heiterkeit genug, um den Preisstücken im Theater aufmerksam zu folgen und dem Sieger den Kranz mit improvisierten Versen zu erteilen‹ (Mommsen).

Caesar war 56 Jahre alt geworden. Die letzte Station seines Lebens war erreicht. Sie ist eine menschliche Tragödie geworden. Caesar starb, nicht niedergestoßen von einer Garde, durch die alte Kaiser wie Bäume abgehauen und neue Kaiser gepflanzt wurden. Er fiel von Männern, denen die Liebe zur Republik den Dolch führte. Brutus war darunter. ›Und Brutus war ein ehrenwerter Mann‹, wirklich und nicht in jenem Hohn, wie es Shakespeare den Marcus Antonius vortragen läßt. Caesars letzte Worte sind in undurchdringliches Geheimnis gehüllt. ›Das ist Gewalt‹, soll er gesagt haben, als er am 15. März 44 (Idus) morgens um 11 Uhr im Senat am Standbild des Pompeius den ersten Stich in die Kehle erhielt (Sueton, Caes 82). Dieses *Das ist Gewalt* ging schon vor Plautus als geflügeltes Wort: VIS HAEC QUIDEM HERCLE EST.

So wäre der große Mann mit einem geflügelten Worte von der Bühne der Welt abgetreten, wie er die große Geschichte mit seinem *Die Würfel sind gefallen* betreten hatte.

Dreiundzwanzig Stiche zerfetzten ihn, einer der ersten, ein Lungenstich, war bereits tödlich. Caesars brechender Blick fiel auf Marcus Junius Brutus. Zärtliche Stunden hatten ihn an des Mörders Mutter gefesselt. Brutus war er in Liebe und Freundschaft zugetan. Entsetzt, voll liebendem Erstaunen und stoischer Würde, rief er aus: ET TU BRUTE? *Auch du, Brutus?* Es war sein letztes Wort auf Erden. Klage und Einsicht, letztes Verständnis ist in diesen rührend vorwurfsvollen Worten enthalten. Aber Sueton (Caes. 82), der diese Worte in der griechischen Originalfassung ›Kind, auch du?‹ aufbewahrt hat, verbürgt sich nicht für ihre Wahrheit. Sie seien eine unsichere Überlieferung. ›Nur bei dem ersten Stoße ließ er einen Seufzer, aber kein Wort vernehmen‹, schreibt er, obwohl er kurz vorher berichtet hat, Caesar habe gerufen ›Das ist ja Gewalt!‹.

Caesars oft zitiertes Wort: VENI, VIDI, VICI *Ich kam, sah, siegte* darf wie ein Abgesang über dieses Leben gesetzt werden. Das ist keine Willkür. Der Imperator hat es einmal selbst als Gesamturteil gebraucht. ›Beim pontischen Triumph ließ er unter den im Festzug zur Schau getragenen Gegenständen eine Inschrift von drei Worten veni, vidi, vici vor sich hertragen. Sie bezog sich nicht wie die übrigen auf seine Kriegstaten, vielmehr auf die schnelle Beendigung des ganzen Krieges‹ (Sueton, Caes. 37). Am fünften Tage nach seiner Ankunft auf dem Kriegsschauplatz in Pontus hatte Caesar in einer einzigen Schlacht innerhalb vier Stunden Pharnaces, den Sohn des Mithridates, besiegt. Im Telegrammstil veni, vidi, vici berichtete er seinem Freunde Amantius den überraschend schnellen Erfolg. ›Im Lateinischen haben die Ausdrücke gleiche Endsilben und enthalten so eine ergreifende Kürze‹ (Plutarch, Caes. 50). Sie kennzeichnen den militärischen Schriftsteller Caesar, wie er uns in seinen Werken, besonders im ›Gallischen Krieg‹, entgegentritt. Er schreibt die Sprache des Tuwortes. Alles Überflüssige hat keinen Platz. Das Wort selbst wird ohne Schmuck lebendig und aktiv. So schreibt ein Militär, der so genial wie das Schwert auch die Feder regiert. Caesars Sätze sind schlicht, konkret und anmutig; aller Redeschmuck ist wie ein hüllendes Kleid abgestreift. Der große Mann rang um die Lauterkeit der Sprache. Er hat ein Buch geschrieben, das von der Sprachrichtigkeit handelte (de analogia). Es ist verlorengegangen, aber ein Satz daraus ist erhalten geblieben. Auch er kennzeichnet den Mann: ›Neue und ungebräuchliche Worte meide wie eine Klippe.‹ Vergil hat das Buch gelesen.

Was sonst noch an Redensarten über Caesar geht, fußt auf Anekdoten und untermalt Charakter und Wesensbild des Imperators.

Durch kein Mittel konnte Caesar vom Diktator Sulla gezwungen werden, sich von seiner Frau scheiden zu lassen. Er verließ heimlich Rom, um den Nachstellungen des allmächtigen und grausamen Mannes zu entgehen. ›Es ist hinreichend bekannt, daß Sulla, der die Bitten befreundeter und angesehener Männer längere Zeit energisch abgeschlagen hatte, ihren ununterbrochenen Vorstellungen endlich nachgab und – sei es durch göttliche Eingebung oder in richtiger Würdigung von Caesars Charakter – in die Worte ausbrach: *So sollt ihr denn recht behalten und euren Willen haben* AC SIBI HABERENT, aber ihr müßt auch gleichzeitig wissen, daß der Mann, dessen Rettung ihr so dringend wünscht, einst die von uns gemeinsam verteidigte Adelspartei vernichten wird. *Denn in Caesar steckt mehr als nur ein Marius.*‹ NAM CAESARI MULTOS MARIOS INESSE (Sueton, Caes. 1). So hält denn auch unser unwilliges *meinetwegen* HABEAT SIBI eine kaum gekannte Erinnerung an den jugendlichen Caesar fest.

Der Kernsatz einer anderen Anekdote, die Plutarch griechisch erzählt hat, bewundert des späteren Imperators tollkühnes Selbstvertrauen. Im Deutschen wurde der hochgemute Ausspruch: ›Fahr zu, du trägst den Caesar und sein Glück‹ geflügeltes Wort. So sagte Caesar dem Fährmann, als dieser zögerte, den Feldherrn in einem kleinen Schiffe über die stürmische Adria nach Brundisium zu schaffen. Dabei nahm er den Mantel vom Gesichte weg, um sich ihm zu erkennen zu geben und durch seinen Anblick Mut zu machen. ›So sehr war Caesar überzeugt, daß das Glück ihn auf seinen Fahrten, Reisen, Feldzügen und Schlachten begleite. Das Glück war es, welches Stille dem Meere gebot, den Winter in Sommer verwandelte und dem Langsamsten Schnelligkeit, dem Verzagtesten Mut verlieh und, was noch unglaublicher ist, dem Pompeius die Flucht und dem Ptolemäus die Ermordung des Gastfreundes auferlegte, damit Pompeius falle, ohne daß Caesar befleckt werde‹ (Plutarch, Über das Glück der Römer 6).

An seinen politischen Grundtrieb, den Ehrgeiz, rühren zwei weitere bekannte Aussprüche des Imperators, die ebenfalls Plutarch überliefert hat. ›Es heißt, daß er beim Übergange über die Alpen an einem kleinen und erbärmlichen, barbarischen Orte, welcher nur sehr wenig Einwohner zählte, vorüberkam und seine Freunde unter Gelächter und Scherz fragten, ob es wohl auch hier Streben nach Ämtern und ein Ringen um den ersten Platz und Neid der Großen untereinander gebe? Caesar habe darauf in vollem Ernst zu ihnen gesagt: ‚Ich für meine Person würde es vorziehen, bei diesen der Erste als in Rom der Zweite zu sein.‘ Ebenso sei er ein andermal in Hispanien, da er eines der Bücher über Alexandros gelesen, lange Zeit in sich gekehrt gewesen, dann sogar in Tränen ausgebrochen; und als seine Freunde verwundert nach der Ursache fragten, soll er gesagt haben: ‚Scheint es euch nicht der Trauer wert, wenn Alexan-

dros in solchem Alter schon so viele Reiche beherrschte, ich dagegen
noch nichts Großes verrichtet habe?'‹ (Plutarch, Caes. 11).

Als Caesar Konsul war, drückte er seinen Mitkonsul Bibulus so
an die Wand, daß er alle Staatsgeschäfte allein und nach eigenem
Ermessen erledigte. Witzbolde unterschrieben daher ihre Protokolle
mit *Unter dem Konsulat des Julius und Caesar* IULIO ET CAESARE
CONSULIBUS. Das Volk aber sang den Spottvers:

NON BIBULO QUICQUAM NUPER SED CAESARE FACTUM EST:

NAM BIBULO FIERI CONSULE NIL MEMINI

Nicht unter Bibulus war's, jüngst geschah unter Caesar die Sache;
Denn unter Bibulus nichts, was ich wüßte, geschah.

(Sueton, Caes. 20)

ONUS EST HONOS *Würden sind Bürden* zitiert als politisches Sprichwort Varro (de lingua latina 5, 73). Aber Ehre kann auch Schicksal
werden. Plutarchs Anekdoten sprachen aus, daß nach römischer
Meinung die schöpferischen Leistungen und aufbauenden Taten,
aber auch die verruchten Zerstörungen und Verirrungen aus dem
Ehrgeiz entspringen. Caesar hat mit Rat und Tat Catilina und seine
politischen Umtriebe gefördert. Sallust hat den Ehrgeiz als an sich
weder gut noch böse bezeichnet. Er kann, natürlicher Drang des
Menschen, eine Himmelskraft werden, wenn der Geschichtstäter sich
selbst begrenzt am höheren Wohle des Ganzen. Der Ehrgeiz kann
niederreißen, sobald er zur Ehrsucht wird, in Machtsucht sich wandelt und in Habsucht endet. Dann fängt das Glück zu rasen an,
wenn die Grenzen, die Rücksicht und der Sinn fehlen. Sueton bringt
Caesars tragisches Ende ausdrücklich mit seiner Überheblichkeit in
ursächlichen Zusammenhang (Sueton, Caes. 76–79).

Als Caesar starb, sollen Himmelszeichen an der allgemeinen
Trauer teilgenommen haben. ›Und jene große, dämonische Macht,
welche ihm während seines Lebens zur Seite gestanden hatte, diente
ihm auch nach seinem Tode als Rächerin seines Mordes‹, erzählt
Plutarch. Sein Geist sei nachts Brutus erschienen und habe ihm ge-
droht: *Bei Philippi wirst du mich wiedersehen* PHILIPPIS ITERUM ME
VIDEBIS (Appianus, bell. civ. 4, 34).

Das Wort, bei Ph'lippi wiederholt, habe den belastetsten seiner
Mörder in den Tod getrieben. In Shakespeares Fassung *Bei Philippi*
sehen wir uns wieder ist die Anekdote lebendig geblieben. Wo immer die Hoffnung besteht, erlittenes Unrecht wieder vergelten zu
können, da hofft man heute noch auf ein Philippi.

›Das war ein Caesar, wann kommt seinesgleichen?‹ (Shakespeare)
Als er auf der Rostra des Forums für seine Tante Julia einst die
Leichenrede hielt, sprach Caesar die stolzen, kühnen Worte: ›Meine

Tante Julia stammt mütterlicherseits von Königen, von Vaters Seite
ist sie mit den unsterblichen Göttern selbst verwandt. Denn die
Marcii Reges, deren Namen ihre Mutter führte, leiten ihr Geschlecht
von Ancus Marcius her, aber von Venus die Julier. Zu ihnen gehört
unsere Familie. In unserm Geschlecht ist also die erhabene Majestät
der Könige, die unter den Menschen die größte Macht besitzen, geeint mit der Heiligkeit der Götter, denen selbst die Könige unter-
tan sind‹ (Sueton, Caes. 6).

Caesar ist ungekrönter König von Rom geworden. Er hat sich als
König gefühlt. Zwar hat er den bei den Römern verhaßten Titel rex
abgelehnt. Auch das griechische Diadem, das seit Alexander in der
hellenistischen Welt als Zeichen der Königswürde galt, hat er nicht
getragen. Aber als er – erstmalig in der Geschichte Roms – schon zu
Lebzeiten sein Bildnis auf Münzen prägte, ließ er sich bewußt und
ohne viel Aufhebens davon zu machen, mit dem alten etruskischen
Königskranz, der corona aurea, abbilden. Erst in allerjüngster Zeit
haben die Forscher den Unterschied bemerkt, der zwischen Caesars
Goldkrone und dem Lorbeer-Diadem besteht, das 20 Jahre nach
Caesar sein Erbe Augustus und nach ihm alle folgenden Kaiser trugen. Die alte Streitfrage, ob Caesar das Königtum erstrebte, scheint
gelöst: auch er ist dem Rausch der Macht erlegen. ›Es ist schimpflich,
eine volle Börse zu leeren – es ist frech, eine Million zu verun-
treuen –, aber es ist namenlos groß, eine Krone zu stehlen! Die
Schande nimmt ab mit der wachsenden Sünde‹ (Schiller, Fiesko,
3. Akt, 2. Sz.). Ein ähnliches Wort Caesars ging in die Geschichte
ein. Er soll es beständig im Munde geführt haben, wie Cicero berichtet (de off. 3, 82). Es stammt aus den Phoenizierinnen des Euripides:

Soll Recht gebrochen werden, sei's ein Königsthron,
Um das man's bricht! Im übrigen sei's heilig dir.
NAM SI VIOLANDUM EST IUS, REGNANDI GRATIA
VIOLANDUM EST: ALIIS REBUS PIETATEM COLAS.

Auguren und Seher

MIRARI, QUOD NON RIDERET HARUSPEX
Verwunderlich: der Haruspex lacht nicht

Die Zukunft zu wissen hat uns das Schicksal gnädig versagt. Und doch reizte es von jeher den Menschen, Mittel und Wege zu ersinnen, um das Dunkel der Zukunft zu erhellen. Mit unzulänglichen Mitteln wollen sie bis heute Wissen und Willen der überirdischen Mächte zwingen. Die Manipulationen gleichen sich durch die Jahrhunderte wie ein Ei dem andern, und es macht keinen Unterschied zwischen der Leber der Opfertiere, aus denen römische HARUSPICES *Opferschauer* Vorzeichen ablasen, oder dem Kaffeesatz, aus dem eine moderne Wahrsagerin die Zukunft rührt.

Die heiligen Seher Teiresias und Kalchas sahen nach dem Himmel und erkundeten aus dem Fluge der Vögel, was die Götter oder das Schicksal vorhatten. Sie beobachteten, welche Vögel unter dem Himmel dahinruderten, woher sie kamen und wohin sie flogen, und legten danach den Willen der Götter aus. Römische Auguren entwickelten die Lehren der alten *Vogelschau* AVISPICIA/AUSPICIA zu einer staatlich anerkannten, benutzten und bezahlten Kunst. Sie vermochten selbst aus dem Geschrei und der Art des Fressens der Vögel zu weissagen.

Aus dem Gekröse der Tiere die Zukunft zu bestimmen, war Homer noch unbekannt. Aber die dunklen Etrusker waren Meister darin, in der Art und Lage der Eingeweide das Ungewisse zu finden. Gelehrig gingen die nüchternen Römer bei ihnen in die Schule. Römische Haruspices machten ein Geschäft daraus, dem Senat zu deuten, was die Götter vorhatten, und aus natürlich Gegebenem und unerwartet Eintretendem, den Vorzeichen, die Warnung oder den Wunsch des Schicksals auszulegen – QUID PORTENDAT PRODIGIUM *was das Wahrzeichen verkündet*. Man mußte da verzwickte Dinge wissen, Linien deuten können, und der Himmel war in sechzehn Felder eingeteilt, damit festgelegt werden konnte, aus welchem Götterhause etwa die zukunftsträchtigen Blitze geschleudert worden waren.

Solche Mantik war von jeher der Punkt, wo die Geister sich schieden. Hier stritten am heftigsten und entscheidend Volksglaube und aufgeklärte Wissenschaft miteinander, hier holten heidnische und christliche Aufklärer einleuchtende Erfahrungsbeweise, wenn sie den Götterglauben treffen wollten. Auch im Altertum spürten edle Köpfe, daß es besser sei, überhaupt keine Vorstellung von Gott zu haben als eine unwürdige. Und die Aufgeklärten hielten sich schon immer mehr oder minder offen an des Euripides Satz: ›Richtig berechnen ist die beste Seherkunst.‹

Das Wissen der Auguren und die blutige Kunst der Haruspices entging nicht dem kopfschüttelnden Argwohn. Der nüchterne Cato rührte selbst an die innere Ehrlichkeit und den *guten Glauben* BONA FIDES der Weissager. Waren sie nicht am Ende abgefeimte Betrüger, die aus der Leichtgläubigkeit anderer Geld, Ansehen und Beruf bezogen? Cicero hat sich ein Wort zu eigen gemacht, das schon bei Cato als gebräuchlich vorausgesetzt und überliefert wird: *Es scheint verwunderlich, daß nicht ein Haruspex lacht, wenn er den anderen sieht* VETUS AUTEM ILLUD CATONIS ADMODUM SCITUM EST, QUI MIRARI SE AIEBAT, QUOD NON RIDERET HARUSPEX, HARUSPICEM CUM VIDISSET (Cicero, de div. 2, 24, 51). Man hat später die Eingeweidepropheten und die Vogelschauer in eins genommen und statt der schwer auszusprechenden Haruspices die Auguren gesetzt.

Es konnte den Auguren nicht schwerfallen, augenzwinkernd und in stillem Einverständnis über ihre Gläubigen zu lachen. Angewidert durch die Torheit der Menge, vergeistigte Seneca die Religion und forderte, innere Tempel zu bauen. *Keine Tempel aus zusammengeschleppten Steinen soll man der Gottheit auftürmen, sondern jeder weihe ihr sein Herz zum Heiligtum* NON TEMPLA ILLI CONGESTIS IN ALTITUDINEM SAXIS EXSTRUENDA SUNT: IN SUO CUIQUE CONSECRANDUS EST PECTORE (Seneca, fr. 123). Empört hatte er ein Buch über den Aberglauben verfaßt. Es ist leider verlorengegangen. Aber eine Stelle daraus hat Augustinus aufbewahrt, weil sie ihm besonders vernichtend schien. Sie wiegt um so schwerer, da sie den Aberglauben gebildeter Römer ins grelle Licht rückt. Denn selbst der römische Götterhimmel zerfiel, der inneren Struktur des Volkes entsprechend, in zwei Zuständigkeiten. Die aristokratischen Patrizier vermochten den altlatinischen Göttern Jupiter Optimus Maximus, Juno und Minerva eine Art Nationalcharakter zu verschaffen. Auf dem Kapitol bauten sie dieser Götterdreiheit einen Tempel. Gegen den beherrschenden Kult dieser Götter setzten bereits im 5. Jahrhundert die Plebejer ihre Bevorzugten durch: Ceres, Libera und Liber. Ihrer Dreiheit erbauten sie auf dem Aventin das Heiligtum.

Wie lächerlich es nun auf dem Kapitol zuging, hat farbenprächtig, aber auch voll Ingrimm Seneca beobachtet. Es wird sich in nichts von der Art unterschieden haben, wie auf dem Aventin die Götter verehrt wurden. ›Ich kam auf das Kapitol. Man muß sich schämen über die Tollheit, die sich da öffentlich zeigt und wozu sich eine sinnlose Schwärmerei verpflichtet hält. Einer legt da dem Gott das Hauptbuch vor, ein anderer meldet dem Jupiter, wieviel Uhr es ist; einer steht als Liktor oder Platzmacher herum; wieder einer ist des Gottes Einsalber und tut mit einer zwecklosen Armbewegung so, als salbte er ihn wirklich ein. Auch an Personen, die der Juno und Minerva das Haar machen, fehlt es nicht; aber sie stehen von den Götterbildern, ja sogar vom Tempel selbst weit ab und bewegen nur so die Finger, als frisierten sie die Götter. Andere halten den Spiegel dazu. Dann kommen andere, welche die Götter zu einer Bürgschaftsleistung einladen, ihnen ihre Anklageschrift bringen und ihren Fall vortragen. Auch einen Schauspieldirektor von guter Schule, aber schon alt und verlebt, sah ich da, der täglich auf dem Kapitol sein Rollenfach mimte, als könnten die Götter an ihm, den kein Mensch mehr sich ansehen mochte, noch Vergnügen haben. Und so sind da alle Sorten von Künstlern und Kunststückmachern vertreten, die ihre Zeit damit vergeuden, die unsterblichen Götter zu ehren. Alle diese Leute tun nun gewiß, was überflüssig ist, allein sie entehren doch nicht sich selber; aber auch die Weiber, die meinen, sie könnten mit Jupiter in Liebesverkehr treten, hocken auf dem Kapitol, und nicht einmal der Anblick Junos schreckt sie ab, die ja doch, wenn die Dichter recht haben, sehr leicht in Zorn gerät‹ (Seneca bei Augustinus, de civitate Dei 6, 10).

Nein, es war nicht verwunderlich, wenn die Auguren lachten. Heute noch, wo immer augenzwinkernd die Eingeweihten über Nichtwissen, Aberglauben oder Verblendung der andern hämisch den Mund verziehen und in selbstgenießerischer Überlegenheit schmunzeln – da lächeln die Auguren.

Königsmantel und Dornenkrone

AUT REGEM AUT FATUUM NASCI OPORTERE
König oder Narr ist man von Geburt

Ein altes Wort besagt: VESTIS VIRUM REDDIT *Kleider machen Leute* (Quintilian, institutio oratoria 8, 5).

Ein spätes christliches Sprichwort wollte wissen: MILITEM AUT MO-NACHUM FACIT DESPERATIO *Mönch oder Soldat wird man aus Verzweiflung*. Ein solcher Gedanke wäre den Römern nicht beigefallen. Es fällt auf, daß in der Literatur kaum einmal Spott über Priester oder Soldaten ausgeschüttet wird. Christus zum Beispiel ist von keinem römischen Epigrammatiker oder Satiriker verhöhnt worden.

Dagegen hat man den König und den Narren in einem Atemzug genannt. *Man muß entweder ein König oder ein Narr von Geburt aus sein* AUT REGEM AUT FATUUM NASCI OPORTERE (Seneca, apoc. 1). Könige standen von alters her in schlechtem Kurs bei den Römern. Für Könige und Narren, so meinte das Volksempfinden, gibt es kein Gesetz. Sie setzen sich von Natur aus über alles weg. Sallust hatte schlankweg die Willkür als Wesenszug des Königtums gebrandmarkt. *Das heiße ich König sein, straflos zu tun, was beliebt* IMPUNE QUAELIBET FACERE, ID EST REGEM ESSE (Jug. 31, 26).

König oder Narr! Man denke an die welthistorische Illustration zu unserem Worte: an jene schauerliche Groteske, als römische Soldaten den Mimus der Krönung vor dem Richthaus des Pilatus an Jesus von Nazareth vornahmen. Der da von sich sagte, sein Reich sei nicht von dieser Welt, stand unter der Anklage, das Königtum über die Juden sich angemaßt zu haben. Bevor er deswegen gekreuzigt wurde, spielten die römischen Soldaten, die Könige von Mazedonien und Numidien nach Rom zum Triumphzug geschleppt hatten, noch Narren mit dem ›König der Juden‹, drückten ihm die Dornenkrone ins Haupt, hingen ihm einen Fetzen um und bogen vor dem Rohrstock, der sein Szepter sein sollte, die Knie. Auf ihre rohe Art wollten sie deutlich machen, daß man entweder nur Narr oder König sein könne. Senecas Wort erklärt am besten die bejammernswerte Szene des ECCE HOMO. Römische Soldaten erfüllten im Spott eine entscheidende Aufgabe der Weltgeschichte. Sie krönten unbewußt den zukünftigen König vieler Herzen und der Jahrhunderte. Da sich die Römer im Spott über den Judenkönig nicht genugtun

konnten, so höhnten sie selbst noch den toten Christus und mit ihm
die Juden. Über das Haupt des sterbenden Ecce-Homo hängten sie
in der römischen und griechischen Weltsprache und der hebräischen
Schriftsprache Jerusalems die Tafel, die den Gekreuzigten für immer
brandmarken sollte: Jesus Nazarenus Rex Judaeorum. Aber auch
hier wandelte sich der beabsichtigte Hohn zu immerwährender Ehre.
Immer wieder ist dieses INRI nachgezeichnet worden und wiederholt worden; aber mit dem frommen Pinsel und der christlichen
Ehrfurcht der kommenden Jahrhunderte.

Auch Horaz hat offenbar den Königen allerhand zugetraut: ›Das
wahnsinnige Beginnen der Könige büßen die Völker.‹ QUIDQUID
DELIRANT REGES, PLECTUNTUR ACHIVI (ep. 1, 2, 14). Horaz meinte
den verderblichen Zwist zwischen Agamemnon und Achill, als sie
vor Troja lagen.

Das kaiserliche Diadem war nicht vorbelastet wie die Königskrone. Der Glanz Caesars und des ersten Kaisers Augustus und der
augusteischen Friedenszeit woben um es. Aber manche DIVI trieben
es schlimmer als die Könige Sallusts. Und dann machte unser Spruch
auch vor dem Kaiser nicht halt.

So kam die eigenartige Alternative ›König oder Narr‹ Seneca wie
gerufen, als er sich seinen Groll und seine Verachtung für Kaiser
Claudius vom Herzen schrieb. Das Charakterbild des weltscheuen
Herrschers schwankt bis heute, obwohl Birt in ›Römische Charak-
terköpfe‹ eine Ehrenrettung des Kaisers versucht hat. Was die kaiserliche Familie und viele über den Fürsten dachten, das entlud sich
bei Seneca, als Agrippina eigenmächtig den soeben Ermordeten zum
Gott erhob. Des Philosophen grobe, aber siegreiche Satire auf den
kaiserlichen Tölpel, die unter dem Namen *Verkürbissung* APOCOLO-
CYNTOSIS geht, wies nach, daß an Claudius nichts Göttliches zu finden sei. Seine Regierung sei eine fortgesetzte Fastnacht gewesen, *er
habe weder Kopf noch Herz gezeigt* NEC COR NEC CAPUT HABET, *die
Götter hätten ihn im Zorne geschaffen* DIS IRATIS NATUS. Unter Augustus und Tiberius schloß man ihn von allen öffentlichen Ämtern
aus, weil er körperlich und geistig zurückgeblieben war. Als aber
Caligula ermordet war, zogen die Praetorianer Claudius aus seinem Versteck hervor und hoben ihn auf den Thron. Das war nach
Seneca ein Mißgriff des Schicksals. Wer als Narr geboren wurde,
soll es bleiben.

Merkwürdig, wie nahe das Urteil der Zeitgenossen, Selbstkritik
und Geschichte manchen der ersten römischen Kaiser an den Wahn
gerückt haben. Vom Wahrsinn zum Wahnsinn ist bei den Großen
immer nur ein kleiner Schritt. Hat nicht auch der große Augustus

sein Leben und Tun als ein Theater ausgegeben? Aus dem *Possen-spiel des Lebens* MIMUS VITAE trat er ab, ernüchtert, voller Hohn. ›Wenn das Stück gut war, klatschet Beifall‹, waren seine letzten Worte auf Erden. Auch den Kaiser Vitellius machte man zum Narren. Er hatte vergessen, daß die Willkür römischer Soldaten und die Imponderabilien menschlicher Gunst das Diadem vergaben. Darum ließen sie ihn als Narren sterben. Truppen des Vespasian zogen den unglücklichen, in Lumpen gehüllten Kaiser aus seinem Versteck hervor und spielten wie Raubtiere mit ihm, bevor sie ihn verdarben. Sie rissen ihm die Kleider vom Leibe, banden ihm wie einem Verbrecher die Hände auf den Rücken, schleppten ihn Roms Prozessionsstraße, die via sacra, hinauf, wo er noch vor kurzem urbi und orbi das Recht sprach, spotteten sein, zupften ihn am Barte, stachen ihn mit Dolchen ins Kinn und schleiften ihn ins Gefängnis, wo er elend niedergehauen wurde. Weil er sich anmaßte, ein Kaiser zu sein, mußte er wie ein Narr enden.

Von allen Herrschern war Vespasian der einzige, der ein besserer Mensch wurde, als er vorher war SOLUS IMPERANTIUM VESPASIANUS MUTATUS EST IN MELIUS lobt der kritische Tacitus den neunten Kaiser, Vespasian (hist. 1, 50), derselbe Geschichtsschreiber, der über Galba den vernichtenden Spott ausgegossen hat: *Alle meinten, er wäre ein fähiger Herrscher geworden, wenn er nicht wirklich regiert hätte* OMNIUM CONSENSU CAPAX IMPERII, NISI IMPERASSET (hist. 1, 41). Aber gerade Vespasian, der den Scherz liebte und die Kraft fand, über sich zu lächeln, wußte Bescheid. Kein Zweifel, daß auch er das Leben als eine Komödie und den Kaiserkult als eine Verirrung ansah. So erzählt Sueton das Ende des tüchtigen Herrschers: Beim ersten Anfall seiner tödlichen Krankheit rief er aus: *O weh, ich glaube, ich werde ein Gott* UT PUTO DEUS FIO (Vespas. 23).

Und gar erst der heillose Nero! Man empfand es als eine empörende Neuerung, als die Cynthia des Properz die Emanzipation der Frauen so zuspitzte, daß sie öffentlich musizierte, sang und tanzte. Daß aber ein Kaiser als Mime auftrat, verhöhnte auf eine kaum vorstellbare Weise jegliches Herkommen. Über den Dichter, Sänger und Wagenlenker Nero herrschte Grauen wie über seine Bluttaten. Er benahm sich noch in den Vorbereitungen zum Tode und in seinen letzten Worten wie ein Mime. *Welch ein Virtuose geht mit mir dahin* QUALIS ARTIFEX PEREO. Sueton hat mit geflissentlicher Treue für immer aufbewahrt, wie dieser Kaiser sich selbst bedauernd aus dem Leben schied (Nero 49). Nero war beides, Narr und Kaiser, Claudius vermochte nur ein Narr zu sein.

Die Juden bei Horaz

CREDAT IUDAEUS APELLA
Das mag der Jude Apella glauben

Mancher aufgeklärte Römer der Kaiserzeit, so sehr ihn die Vielheit der Kulte anwiderte, sah im Wunder des Glaubens liebstes Kind. Der Spötter und Rationalist Horaz, der nur annimmt, was er sieht und erklären kann, macht sich in seiner derben, wirklichkeitsgeladenen Schilderung ›Reise nach Brundisium‹ (sat. 1, 5, 100) über den Wunderglauben der Zeit lustig. Er sieht offenbar bei den Juden ein Äußerstes an Bereitschaft, die bessere Einsicht zu opfern und gegen den Augenschein zu glauben. Horaz war gegen Ende der Reise in sein Heimatland Apulien gekommen und hatte Gnatia besucht, das den Nymphen geweiht war. Hier nun

gab's Scherz und Gelächter:
Denn es verdampf' ohn' Glut auf der heiligen Schwelle
der Weihrauch,
Wollte man uns einreden. Das glaube der Jude
Apella, nicht ich, der ich gelernt, daß sorglos leben
Die Götter, und nicht, wenn die Natur was Seltsames schaffet,
des Himmels
Grämliche Mächt' es senden herab vom olympischen Throne.

Übrigens teilten nicht alle Römer solchen Spott Horazens über die Juden und ihre fremdartigen Meinungen und Gebräuche. Nachdenklichen erschien der jüdische Monotheismus als eine Art philosophischer Religion, um die man Bescheid wissen mußte, wenn man über die geistigen Fragen der Zeit mitsprechen wollte. Seit Caesars Zeiten waren die Juden in Rom sehr begünstigt und hatten freie Ausübung ihres Kultus.

Arria, die stoische Frau

NON DOLET, PAETE
Es tut nicht weh, Paetus

Hellas, eben bezwungen, bezwang den trotzigen Sieger,
Kunst in das Bauerngefild', nach Latium, tragend:
                                        hinweg schwand
Jetzo der struppige Vers, der saturnische; widrigem Unrat
Folgete reiner Schmuck.   (Horaz, ep. 2, 1, 156)
Von Griechenland kam auch die stoische Philosophie nach Rom.
Ihre ursprüngliche Forderung der Gefühllosigkeit, die sogar das
Mitleid als Schwäche verwarf, wandelte sich im Laufe der Zeit und
unter der Hand in die menschlichere der Gemütsruhe. Die Stoiker
verlangten, daß der Mensch sich über alle Schicksalsschläge erhebe.
Die Lebenstechnik der Stoa gab von vornherein preis, was vom
Schicksal zerstört werden konnte: Besitz, Ansehen, Gesundheit, Le-
ben. Dem Stoiker genügt es, ›er‹ zu sein. Alles andere mochte ver-
lorengehen. So stand er jenseits des Schicksals. *Was morgen sein
wird, meide vorzuspähen* QUID SIT FUTURUM CRAS, FUGE QUAERERE,
dichtete Horaz (carm. 1, 9) für Thaliarchus. Und den schönen Rat:
AEQUAM MEMENTO REBUS IN ARDUIS SERVARE MENTEM (carm. 2, 3)
Erhalte sorgsam, waltet die böse Zeit, dein Herz in Gleichmut, ver-
geudete er an den charakterlosen Dellius, den Messala Corvinus den
›Kunstreiter in den Bürgerkriegen‹ nannte, weil er wie kaum einer
seine politische Haltung je nach der Lage wechselte. Die Entscheidung, ob man sich in ein schweres, unabwendbares Geschick ergebe
und dadurch seine sittliche Kraft erweise oder ob man ihm aus-
weiche, indem man in den Freitod flüchte, überließen die Stoiker
der Selbstbestimmung des einzelnen. Solch innere Selbstsicherheit
kam dem mannhaften Charakter der Römer stark entgegen. Sie be-
fähigte sie, Gewaltherrschern Trotz zu bieten oder gelegentlich
durch eigenen Entschluß unbeugsam aus dem Leben zu scheiden. Der
adelige Tod des jüngeren Cato nach dem Siege Caesars bei Thapsus
(46 v. Chr.) galt als ruhmreiches Vorbild. Immer wenn große Kul-
turen zerfallen, meldet sich als Trost der Stoizismus.
   Die antike Gebärde des Ruhms, verbunden mit stoischer Größe,
leuchtet heroisch auch in den starken Worten einer Frau auf. Arria
forderte ihren Gatten Caecina Paetus auf, die Ehre höher als das

Leben zu achten und lieber einen freien Tod zu sterben als sich in die Hände der gedungenen Schergen des Kaisers Claudius auszuliefern.

Als Arria, die Keusche, das Schwert hinreichte dem Paetus,
Welches sie selber zuvor sich in den Busen gesenkt,
Sprach sie: Die Wunde, die ich mir gesetzt, vertraue mir, schmerzt nicht,
Aber die du dir wirst setzen, mein Paetus, die schmerzt.

(Martial, epigr. 1, 13)

Alte Naturforscher:
C. Plinius Secundus

Was Griechen und Römer in der Natur beobachtet hatten, trug der ältere Plinius in seiner *naturalis historia* zusammen. Die 37 Bücher des fleißigen Werkes sprengen aber den Rahmen des Titels, erweitern sich auch ins Naturphilosophische und beziehen selbst die Kunstgeschichte in den. Kreis der Darstellung ein. Die wörtliche Übersetzung von ›naturalis historia‹ wirkte sich insofern sinnstörend aus, als bis in unsere Tage das Fach ›Naturkunde‹ sich ›Naturgeschichte‹ nannte und diesen Fehler gedankenlos weiterschleppte. Noch vor hundert Jahren genoß das Werk des Plinius ein solches Ansehen, daß man es in den Schulen als Standardwerk dem naturwissenschaftlichen Unterricht zugrunde legte.

Der schwerfällige und oft dunkle Stil des Gelehrten, seine Studierlampenweisheit, eignete sich nicht recht, aus eigenem geflügelte Worte zu prägen. Von Plinius selbst sind daher kaum Sprichwörter in unseren Zitatenschatz gelangt. Dabei hat der belesene Mann gerne die Sprichwörter und Sentenzen der Römer herangezogen. Er bewitzelte Ausgefallenes und Seltenes als ›Hühnermilch‹ (praef. 24), wie wir ja auch von einem Glückskinde scherzen, ihm kalbe der Ochs und legten die Hähne Eier. Er wußte wie Hiob und Seneca, Euripides und Goethe um den kämpferischen Sinn des Lebens: ›denn ich bin ein Mensch, und das heißt ein Kämpfer sein‹. Plinius drückte das militärisch aus: *Das Leben ist ein ständiges Postenstehen* PROFECTO ENIM VITA VIGILIA EST (praef. 18). In seinem Berufe als Seeoffizier fand er die alte Beobachtung bestätigt, daß bei drohender Gefahr *die Ratten das sinkende Schiff verlassen* RUINIS IMMINENTIBUS MUSCULI PERMIGRANT (nat. hist. 8, 103).

Plinius entging nicht der so begreiflichen Versuchung der Naturwissenschaftler, nur gelten zu lassen, was sich sichtbar und meßbar darstellt. So leugnete er die Unsterblichkeit der Seele. ›Die menschliche Eitelkeit pflanzt sich auch in die Zukunft fort und lügt sogar für die Zeit nach dem Tode Leben vor, indem sie bald eine Unsterblichkeit der Seele, bald eine Umgestaltung und bald ein Leben in der Unterwelt annimmt, die Manen verehrt und aus dem, der sogar aufgehört hat, ein Mensch zu sein, einen Gott macht, als ob das Atmen der Menschen in irgendeiner Weise von dem der Tiere unterschieden wäre, oder als wenn sich nicht viele andere, länger lebende Dinge fänden, denen doch niemand eine ähnliche Unsterblichkeit vorausbestimmt‹ (nat. hist. 7, 188).

In den 56 Jahren seines Lebens bewältigte Plinius eine ungeheure Arbeit. Er verlor keine Zeit. Wenn er sich vorlesen ließ, gab er dem dabeisitzenden Stenographen an, was niederzuschreiben sei. Aus den Exzerpten stellte er Zettelkataloge zusammen und aus ihnen schöpfte er, wenn er schrieb. Bücher schätzte er hoch: *Kein Buch ist so schlecht, daß es nicht irgendwie nützen kann* NULLUS EST LIBER TAM MALUS, UT NON ALIQUA PARTE PROSIT (Plin. min., ep. 3, 5), pflegte er, wie sein Neffe, der jüngere Plinius, berichtet, zu sagen. Die Lust am Lesen bändigte er durch die Klugheit, er richtete sie aus auf Nutzen und Frucht. Sein Eifer färbte auf den Neffen ab, der vom Onkel die Kunst zu lesen erbte. *Vieles, nicht vielerlei ist zu lesen* MULTUM, NON MULTA wurde ein Wahlspruch des jungen Plinius AIUNT ENIM MULTUM LEGENDUM ESSE, NON MULTA (ep. 7, 9, 15). Im Dienste der Wissenschaft gab der ältere Plinius auch sein Leben hin. Bei dem verhängnisvollen Ausbruch des Vesuv (79 n. Chr.), der Pompeii, Herculaneum und Stabiae unter seinem Aschenregen begrub, kam er ums Leben, als er unerschrocken und wißbegierig die Katastrophe beobachtete.

Das wichtigste naturwissenschaftliche Werk der Römer schuf Seneca mit seinen sieben Büchern der ›Naturbetrachtungen‹ (naturales quaestiones). Da die Bücher des Aristoteles erst verhältnismäßig spät in das abendländische Bewußtsein kamen, so blieben Senecas und Plinius' Erkenntnisse lange Zeit die einzige alte Quelle für die Naturkunde und liefen den wertvolleren Werken des Aristoteles und seines vielseitigen Schülers Theophrast vorerst den Rang ab. Der Stoiker Seneca trat mit großer Ehrfurcht der Natur gegenüber. Die Vorgänge am Himmel und auf Erden beobachtete er mit liebendem Staunen. Er trug zusammen, was vor ihm geforscht, ihm zugetragen und von ihm selbst gefunden wurde, aber er wußte, des Wissens Ende ist nicht abzusehen. ›Die Welt müßte ein recht kleines Ding sein, wenn nicht alle Welt darin zu forschen hätte. Die Natur offenbart ihre Wunder nicht alle miteinander. Wir halten uns für Eingeweihte – und weilen noch in ihrem Vorhofe‹ (nat. quaest. 7, 31). ›Die Zeit wird kommen, wo unsere Nachkommen sich wundern, daß wir so offenbare Dinge nicht gewußt haben‹ (nat. quaest. 7, 25). Aber Seneca bleibt auch als Naturforscher der Ethiker, Lebensphilosoph. Das Wissen um die Natur soll den Menschen mehr läutern und bessern als belehren. Im sechsten Buch berichtet er vom Erdbeben, das 64 n. Chr. den Golf von Neapel und besonders stark Pompeii heimsuchte. Er nimmt die Katastrophe zum Anlaß für eine moralische Besinnung. ›Wenn die Erde ihre Eigentümlichkeit verloren hat, das Stehen – wo soll dann unsere Angst ein Ziel sehen?‹ (6, 1). Ein echter Naturforscher ›wird sorglos des blitzenden Himmels schauerlichen Anblick sehen ... Sorglos wird er auf den gähnenden Boden und die geborstenen Fugen hinschauen. Mögen jene Reiche der Unterwelt sich auftun: er wird ohne Zagen über jenem Abgrund stehen und vielleicht sogar hinabspringen, wo er hinabstürzen müßte‹ (6, 32).

Des Horaz Ode über Roms Bestimmung fällt uns ein, das hohe Lied vom *rechtlichen Mann, der fest am Entschluß hält* IUSTUM ET TENACEM PROPOSITI VIRUM, den auch die Zuckungen der Welt nicht wanken machen.

SI FRACTUS ILLABATUR ORBIS

IMPAVIDUM FERIENT RUINAE   (carm. 3, 3, 7)

Und wenn der Weltbau krachend einstürzt,
Treffen die Trümmer noch einen Helden.

Tertullian, der Eiferer

FACIUNT FAVOS ET VESPAE
Auch die Wespen machen Waben

Auch die Römer kannten den Bienenfleiß. Er war sprichwörtlich. *Die Bienen müssen wir nachahmen* APES DEBEMUS IMITARI (Seneca, ep. 84, 2). Der Hybla, ein Berg in Sizilien, der von Thymian duftete, war wegen seines vortrefflichen Honigs so bekannt wie der Hymettos bei den Griechen.

Soviel Hybla Bienen ernährt und Hasen der Athos,
Soviel Pallas' Baum (Ölbaum) bläuliche Beeren erzeugt,
Soviel Muscheln der Strand: soviel hat Qualen die Liebe.
(Ovid, ars amat. 2, 517 ff.)

Dies singt der begabteste Dichter der Römer, Ovid. QUOT APES PASCUNTUR IN HYBLA *soviel Bienen Hybla ernährt* taucht immer wieder auf in allen möglichen Wendungen. Es gab Briefe, ›süßer als Waben (Honig) von Hybla‹.

Der Honig schien dem Römer ein Äußerstes an Süßigkeit. Im Sprichwort MEL ET FEL *Honig und Galle* sah er Lust und Bitternis des menschlichen Lebens zusammengedrängt. Manchmal nahm er auch die kunstvolle Wabe der schon von Cato Censorius so liebevoll gerühmten Bienen stellvertretend für den Honig. Dann sagte er, *man kostet Waben nach der Bitternis* FAVOS POST FELLA GUSTAVIT (Tertullian, de coron. 14), und meinte jemand, dem nach Fährnissen etwas Glückliches zustieß. *Aber auch die Wespen machen Waben* FACIUNT FAVOS ET VESPAE (Tert., adv. Marc. 4, 5). Das ist in abträglichem Sinne gesagt. Die Wespenwabe ist keine Bienenwabe. Wohl, auch die aus Zellulose gebauten Brutstätten der Wespen erregen unsere Bewunderung. Sie haben einmal geschichtlich dazu gedient, den Menschen zu lehren, wie man Papier mache. Sonst zog er keinen Nutzen aus ihnen. Das Wachs dagegen, das die kleinen Immen in einem wundervollen Prozesse zum Bau ihrer Waben gewinnen, dient dem Menschen. Es leuchtete ihm als Kerze, auf Wachstafeln schrieb er die Notizen des Tages. Aus Wachs durften vornehme Römer von ihren Toten Masken anfertigen lassen. Sie setzten sie zu Hause in hölzerne Tempelchen. Bei Leichenbegängnissen wurden sie von Personen getragen, die den Verstorbenen äußerlich glichen. Welch ein Schauspiel, wenn beim Leichenzug etwa eines Scipio die

Ahnen vergangener Zeiten mitgingen. Die vielgerühmte römische Porträtkunst geht in einer ihrer Wurzeln auf diese Wachsmasken zurück. Und gar erst der Honig! Wespen räubern, leben nur einen Sommer, sammeln keine Vorräte, vor allem keinen Honig. Mit dem Honig der Bienen aber süßten die Römer noch weiter, als man in der Kaiserzeit bereits einigen Zucker aus Indien einführte. Noch im Mittelalter verbesserte man mit Honig den Geschmack des Weines. Immer ward die Biene bewundert, besungen. Die Griechen knüpften an den Bienenstaat politische Erörterungen. Vergil kündete in dem 4. Gesang der Georgica poetisch ihr Lob. Die Wespe wird als lästig empfunden. Ihre Wabe aber verspricht mehr als sie hält. Als ein Ding, das mehr scheint, als es ist, ging sie in das Sprichwort ein. Wo immer Leeres und Untaugliches sich brüstet und eine Scheinfassade etwas vortäuscht, gilt das Sprichwort von den Wespenwaben. Es wurde uns übrigens nur an einer einzigen Stelle überliefert. Der Fundort wimmelt von scharfen Stichen und erregtem Eifer, als sei in ein Wespennest gestochen. Der streitbare Kirchenlehrer Tertullian bekämpfte mit diesem Sprichwort Marcion und seine Lehre. Marcion, der reiche Schiffsherr aus Sinope am Pontischen Meer, Sohn eines Bischofs, hat mit seiner Lehre der Urkirche viel zu schaffen gemacht. Er folgte nicht dem üblichen Gnostizismus, sondern gründete ein System positiv auf die Bibel. Aber er verwarf das ganze Alte Testament, weil sein Gott ein jüdischer Nationalgott der Strenge und Gerechtigkeit sei. Absolut modern schenkte er seine ganze Liebe dem Neuen Testament, dessen Gott ihm der ›Vater aller Erbarmung und Gott alles Trostes‹ ist. Er hat sich in Jesus geoffenbart und fordert nur Glauben, damit man selig werde. Marcion anerkannte nur das Lukasevangelium und zehn paulinische Briefe. Er verbot den Genuß des Fleisches und gestattete nur Ehelosen und Geschiedenen die Taufe. Gerade damit erregte er starkes Aufsehen. Denn er war einst vom eigenen Vater, der als Bischof amtierte, aus der Heimatkirche ausgeschlossen worden, da er eine Jungfrau verführt hatte. Marcions Lehre fand großen Anklang. Er gründete eine richtige Gegenkirche, nach Umfang und Einfluß die bedeutendste der Urkirche. Sie hielt sich bis ins 6. Jahrhundert. Der streitbare Tertullian, selbst nicht immer im Einklang mit der dogmatischen Kirchenlehre, trat gegen ihn auf den Plan. In fünf Büchern schrieb er gegen den Widerpart, scharf, geistvoll, antithetisch. ›Nichts ist so barbarisch und so traurig am Pontus, als daß dort Marcion geboren wurde‹. Der Schein trüge. Marcions Kirche müsse eher ›apostatisch als apostolisch‹ genannt werden; denn sie sei weder ehrwürdig durch Alter noch rechtmäßig durch ihren Gründer.

Es handle sich nur um eine Scheinkirche. ›Die Wespen machen Waben, Kirchen machen auch die Marcioniten‹ – das war der Trumpf des Streiters.

Dieses Wort gibt einen Geschmack vom kraftvollen Stil Tertullians, seiner schlagwortartigen Redeweise. Den großgesehenen Gedanken, daß es immer gefährlich ist, Märtyrer zu schaffen, kleidete er in die bekannten Worte *das Blut der Märtyrer ward der Same für neue Christen* SANGUIS MARTYRUM SEMEN CHRISTIANORUM (Apol. 50). Entsprechend der praktischen Absicht ihrer Schriften fanden die Kirchenschriftsteller mehr als die Dichter und Philosophen den Anschluß an die Volkssprache. Gerne zogen sie das Sprichwort an. Tertullian blieb auch hierbei wie in seiner ganzen Geistigkeit originell. Manches abgelegene und seltene Wort des Volksmundes verdanken wir ihm. Auch das Schriftlatein bereicherte er: Er schuf Abstracta, die der nüchterne Sinn der Römer nicht zu bilden veranlaßt war, er übertrug, sprachlich bahnbrechend, die theologischen Spekulationen des Griechen in seine Muttersprache. So wirkte er sprachschöpferisch. Dem kühnen Gedanken, daß *die Seele von Haus aus christlich sei* ANIMA NATURALITER CHRISTIANA (Apol. 17), widmete er eine eigene Schrift.

Nicht Platon, nicht Aristoteles empfand das Mittelalter als die anima naturaliter christiana, sondern Vergil wegen seiner vierten Ekloge, die man als messianisch deutete, und wegen seiner eschatologischen, brennenden Sehnsucht.

MÄCHTE

Von der Natur

OMNIUM RERUM PRINCIPIA PARVA SUNT
Der Ursprung aller Dinge ist klein

Also sprach der leuchtende Bote und riß aus der Erde
Jenes Kraut und reichte es mir und wies mir sein Wesen (physis).
Schwarz war's an der Wurzel, wie Milch erglänzte die Blüte,
Moly nennen's die Götter; es auszugraben vermögen
Sterbliche Menschen nur schwer, doch alles können die Götter.
(Odyssee 10, 303)

Der Begriff Natur (physis) ist geboren. Erstmalig in der Literatur
begegnet er uns, noch wie ein zager Versuch, nicht ahnen lassend,
was alles sich in ihm birgt. Wie eine Pflanze aussieht, wie sie wirkt,
das steckt in dem keimschwangeren Wort, aber bald auch das Wachsen gemeinhin.

Alle diese Bedeutungen schlummern auch in der Tiefe der lateinischen natura, das sich von nasci (geboren werden) ableitet. Es
meint die Dinge der Welt, Sterne, Pflanzen, Tier und Mensch. Alles,
was wird, ist Natur, – alle wirklichen Dinge der Welt umfaßt der
Begriff, die Gesamtheit des Daseins und mitten darin – den Menschen. Auch was dem Werdenden als Anspruch zukommt, seine
Kraft, sein Wesen, seine Macht, das Innere des Dinges, bot sich unter
dem Begriff Natur dar. Als die jonischen Denker sich anschickten,
tiefer in das Innere der Natur einzudringen, da nannten sie sich
›Physiker‹. Denn so verläuft nach Goethe alles Philosophieren: aus
dem Anschauen zum Betrachten, aus dem Betrachten zum Sinnen
und aus dem Sinnen zum Verknüpfen.

GUTTA CAVAT LAPIDEM
Steter Tropfen höhlt den Stein

Mit hellen Augen sahen Bauer und Seemann und vor allem der Dichter die Welt. Homer malte mit Worten Ding und Landschaft ab. Cato Censorius verfaßte bereits ein Lehrbuch über Landwirtschaft, und er schrieb darin das herrliche Wort: ›Ein Bauer ist ein braver Mann, der sich darauf versteht, das Land zu bebauen, dessen Eisenwerkzeuge blank sind.‹ Noch in der Vorstellung des Mittelalters galt der Kaiser als der höchste Bauer. Pius Agricola ›frommer Bauer‹ nennt Karl den Großen die Messe seines Festes am 28. Januar. Sein Land war ein Reich der Freien, er war Quell der Gerechtigkeit und Wahrer der Treue zwischen freien und gleichen Menschen. Ovid bezog den aufrechten Gang des Menschen und den gestirnten Himmel aufeinander wie Mittel und Zweck:

OS HOMINI SUBLIME DEDIT, CAELUMQUE TUERI
IUSSIT ET ERECTOS AD SIDERA TOLLERE VOLTUS.

(Ovid, met. 1, 83 f.)

*Herrlich schuf er dem Menschen das Antlitz und ließ ihn das Auge
Aufwärts heben, zu schauen den Himmel und seine Gestirne.*

Solchem gefühlsmäßig-unmittelbaren Erleben der Natur, der Empfänglichkeit für ihre Schönheit und Erhabenheit, entsprang die bukolische Dichtung. Solange die Römer noch Bauern blieben, empfanden sie die Bukolik der Griechen als unwirklich und unnütz. Aber als Rom selbst immer mehr naturfremd sich gebärdete und Häusermeer geworden war, drang Vergils Hirtendichtung durch und begründete die lateinische Schäferpoesie. Sie kam mit seinen Eclogen sogleich auf den Gipfel und sank nach ihm ebenso jäh wieder ab.

Mit dem beobachtenden klaren Blick, der ihnen als Erbteil zufiel, sahen die Römer um sich. Trompetengeschmetter fing Ennius (Annalen 452) im Verse auf. *Aber mit furchtbarem Ton Taratantara schrie die Trompete* AT TUBA TERRIBILI SONITU TARATANTARA DIXIT. Vergil malte Pferdegetrappel (Aen. 8, 596). *Es wird von der Hufe Getrappel der trockene Boden erschüttert.* QUADRUPEDANTE PUTREM SONITU QUATIT UNGULA CAMPUM. Und Ovid malte lautgerecht das Quaken der Frösche (met. 6, 376). *Ob sie im Wasser auch sind, sie schimpfen auch unter dem Wasser* QUAMVIS SINT SUB AQUA, SUB AQUA MALEDICERE TENTANT.

Auch der kleine Tropfen Wasser entging nicht dem beobachtenden Auge des Menschen nicht, er übersah nicht, wie weiches Wasser selbst das härteste Gestein auswusch, langsam und stetig. Ovid schöpfte aus solch wirksamer Geduld für sich selbst Mut und Beispiel, als er am Pontus seine Lage überdachte. *Tropfen höhlen den Stein, und der Ring zerreibt sich durch Tragen,* dichtete er. GUTTA CAVAT LAPIDEM, CONSUMITUR ANULUS USU (ex Pont. 4, 10, 5). Unbekannte haben das deutliche Wort nicht verbessert, als sie später die drei letzten Worte ersetzten durch die Erklärung: NON VI, SED SEMPER CADENDO *Durch Kraft nicht, durch ständiges Tröpfeln.*

Zu einem gewissen kulturgeschichtlichen Interesse gelangte Vergils Vers vom ausfahrenden Schiffe: *Fort aus dem Hafen geht's und Stadt und Gestade'entschwinden* PROVEHIMUR PORTU TERRAEQUE URBESQUE RECEDUNT (Aen. 3, 72). Kopernikus zog die Stelle an, um zu verdeutlichen, wie sich unsere Sinne täuschen. ›So kann es selbstverständlich auch mit der Bewegung der Erde stehen, daß man infolgedessen glaubt, die ganze Welt bewege sich um sie herum‹ (de revol. orb. coel. 1, 8). Als Boethius im Gefängnis den Tod erwartete und den ›Trost der Philosophie‹ verfaßte, um bewußt und würdig sein Schicksal entgegenzunehmen, bewegte ihn als persönliches Anliegen das alte Problem: ›Schicksal oder Zufall‹. Er lehnte die planlose Bewegung als ein ›Ereignis ohne Verknüpfung der Ursachen‹ ab, ›da Gott doch alles in Ordnung zwingt, *denn daß nichts aus nichts entsteht* NIHIL EX NIHILO, ist ein wahrer Satz, gegen den niemand der Alten jemals Widerspruch erhoben hat, obwohl sie ihn niemals in bezug auf das tätige Grundprinzip, sondern in bezug auf den zu Grunde liegenden Stoff als ein Fundament aller Untersuchungen über die Natur gelegt haben‹ (consol. phil. 5, 1). Lukrez und Persius, Epikur und Aristoteles leuchtete die Wahrheit des ›aus Nichts wird Nichts‹ ebenso ein, wie uns und dem Sprichwort. Mochte auch im Laufe der Zeit das naturwissenschaftliche Weltbild sich geändert, verbessert und damit vereinfacht haben, je mehr die Fülle der Erscheinungen zusammenschrumpfte auf wenige, kleine Prinzipien OMNIUM RERUM PRINCIPIA PARVA SUNT (Cicero, de fin. 5, 21), unser Satz blieb immer als Arbeitsregel unangetastet.

Selbst daß sich alles entwickele, blieb den Alten nicht verborgen, so kümmerlich auch die Ansätze zu dieser Erkenntnis aussehen. Je exakter die Erkenntnis der Natur wurde, desto mehr nahm sie als einen obersten Satz hin, daß sich in der Natur alles gewaltlos abwickele, allenthalben die Harmonie gewahrt bleibe und die natürlichen Bewegungen gleichmäßig abliefen. Die Prädestinationstheologie Calvins und seine innerweltliche, gesetzliche Askese, die fließenden Formen des Barocks kommen aus einem Denken, das die Welt und auch die Natur als rechnerisches Ganzes auffaßte.

Der Begriff der ›Folge‹, der absoluten räumlichen und zeitlichen

Kontinuität und Stetigkeit beherrschte das Denken. Dieses geregelte, lückenlose Nacheinander, die Stetigkeit, die alles im Werden und Sein durch Übergänge verbindet, meint das bekannte Wort: NATURA NON FACIT SALTUM *Die Natur macht keinen Sprung.* Auch Goethe sah so die Natur. ›Sie bildet regelnd jegliche Gestalt, und selbst im Großen ist es nicht Gewalt.‹ Das vielgebrauchte lateinische Zitat steht in dem 1613 gedruckten *Discours véritable de la vie, mort du géant Theutobocus.* Edouard Fournier, der in seinen *Variétés historiques et littéraires 9* den Aufsatz abdruckte, wird demnach nicht ganz zutreffend als sein Urheber aufgeführt, er ist nur der Überlieferer. Es lag ganz im Zuge dieser im Innersten pythagoreischen Geisteshaltung, daß man immer wieder an einen geheimnisvollen Zusammenhang zwischen Sein und Zahl dachte. Der Kosmos, die Natur sind mathematisiert. Diese Vorstellung steckt auch hinter dem tiefen Worte: CUM DEUS CALCULAT, FIT MUNDUS *während Gott rechnet, entsteht die Welt.* So hatte der junge Leibniz an den Rand eines kleinen Dialogs über die ars characteristica geschrieben: ›Wenn Gott rechnet und denkt, entsteht die Welt.‹ Der ganze Leibniz und das mathematische Denken des Barock sprechen aus diesem tiefen Gedanken.

Die Ahnung Ciceros, die letzten Ausgangspunkte des Wirklichen seien klein, bestätigte die moderne Physik in unvorstellbarer Weise. Das Barock feierte die Wunder des Makrokosmos, uns schenkte das Geschick, die Größe des Kleinen zu finden. Wir dachten zu Ende, was die antike Naturphilosophie an fruchtbaren Gedanken aufgestellt hat: daß die Materie aus kleinsten unteilbaren Einheiten aufgebaut ist und mathematische Strukturen wesenbestimmende Kraft besitzen. Man muß einmal bei Pascal nachlesen, was er über diesen, den Geist und unsere Vorstellung erschütternden PROCESSUS IN INFINITUM, über dieses *›Fortschreiten ins Unendliche‹* gedacht hat. Immer gibt es noch ein Größeres und Kleineres. Zwei Unendlichkeiten werden in allen Dingen angetroffen, die der Größe und der Kleinheit. Gleich weit entfernt zwischen Nichts und Unendlich schwebt jedes konkrete Ding. Unser Körper selbst, nicht wahrnehmbar im Universum, unwahrnehmbar klein im Schoße des Alls, ist ein Koloß, eine Welt oder besser ein Alles im Vergleich zum Unendlich-Kleinen, das man nicht erreichen kann. Die Atome des Leukipp und Demokrit vereinfachten sich zur Dynamik der Elektronen, Protonen und Neutronen. Aber dies sind keine einfachen körperlichen Winzigkeiten. Sie ermöglichen es, jene einfachen Formulierungen aufzustellen, die alle physikalischen und chemischen Vorgänge bestimmen. Gleichzeitig wandelte sich die den alten Pythagoreern entlehnte Ansicht von der Harmonie der Dinge in die neue Lehre von der mathematischen Struktur des dynamischen Gesetzes; in jene Gleichung, die dieses Gesetz ausdrückt. Diese Gleichung formuliert das Naturgesetz, das den Aufbau der Materie beherrscht: sie enthält den zeitlichen Ablauf einer chemischen Reaktion ebenso wie die regelmäßigen Formen der Kristalle oder die Töne einer schwingenden Saite. Uns bleibt nur das Staunen, *im Kleinsten zeigt sich die Natur am größten* NATURA IN MINIMIS MAXIMA. In dieser unvorstellbaren Wunderwelt des Kleinsten hören die seither gebräuchlichen Maßstäbe auf. Moderne Physiker verneinen für den Bereich der kleinsten Massen und Wirkungen die exakte Gültigkeit der Kausalität. Aber Kind, Tier, Menschheit und die Erfahrung lassen nicht von der Vorstellung, daß unter Umständen das zeitliche Nacheinander der Dinge POST HOC eine innerlich zusammenhängende, unmittelbare Folge PROPTER HOC sei, daß irgend etwas immer nur dann, aber dann immer geschieht, wenn etwas anderes geschieht. Jedes Geschehen also hat eine Ursache. Dieses Prinzip hat auch die Philosophie aufgenommen, wie immer auch es erklärt worden ist. *Fällt die Ursache weg, so entfällt auch die Wirkung* CESSANTE CAUSA CESSAT EFFECTUS ist ein Axiom der Philosophie und ein Grundsatz der praktischen Naturwissenschaft. Wird die Wissenschaft des Kleinsten ihn entthronen?

Wie die anderen Disziplinen drängte auch die Naturwissenschaft umwälzende Erkenntnisse und Prinzipien in die stehende, klare Form der lateinischen Sentenz. In der Formel OMNE VIVUM EX OVO z. B. reißt sich anscheinend unüberbrückbar die Kluft zum Mechanismus auf. Das Wort gilt als eine abgekürzte Fassung aus einer Stelle der Schrift von William Harvey (dem Entdecker des Blutkreislaufes) Exercitationes de generatione animalium, London 1651. Die Originalstelle bei Harvey lautet: OMNIA OMNINO ANIMALIA, ETIAM VIVIPARA, ATQUE HOMINEM ADEO IPSUM, EX OVO PROGIGNI *Überhaupt alle Lebewesen, auch die, die lebendige Junge gebären, und deshalb auch der Mensch selbst, entstehen aus dem Ei.* Dieses *Alles Lebende ist aus dem Ei entstanden* weist es ab, daß das Leben eine Summe des Materiellen sei, aber es flüchtet auch ins Unerklärliche. Das Ei selbst bleibt ein einstweilen unaufgeklärtes Gegebenes.

SECUNDA NATURA
Die zweite Natur

Alles, was unmittelbar wirklich und gegeben ist, alle Dinge also, beschließt und umgrenzt das Wort ›Natur‹. In diesem Sinne und Bereiche steht mitten inne, oft als Krone der Schöpfung bezeichnet, der Mensch. Aber er tritt auch aus der Natur heraus. Seit Dädalus und Ikarus verfolgt er das Ziel, sie zu beherrschen. Er gewinnt ihr Geheimnisse ab, er findet ihre Gesetze, nach denen jederzeit und überall gleich und unter denselben Umständen notwendig das Naturgeschehen abläuft. Bewußtseinsfähig und willensmächtig vermag er der unmittelbar gegebenen Natur die von ihm geschaffene Welt des Geistes und der Geschichte, die Kultur, als Gegenbereich entgegenzustellen.

Nur in einem versagt des Menschen Mühe, sich von der Natur zu lösen: bei ihm selber. Den Anteil, den ihm die Geburt unmittelbar verschafft hat, wird er nicht los: die Anlage. Wir haben uns gewöhnt, auch diesen persönlichen Bereich des Menschen ›Natur‹ zu nennen, das Ganze seiner Leiblichkeit, die unbewußten Regungen, die Gefühle und Triebe. Zwar: wir können sie in die Zucht der Aufmerksamkeit und des Willens nehmen und sie gewöhnen, auf bewußt vorgesetzte Motive in gewünschter Weise zu antworten. Wir können unsre Natur erziehen und lenken, aber nicht austreiben. Immer wächst die eigene Natur wild weiter, sobald wir vergessen zu jäten und zu veredeln. Es geht im Inneren, wie es der Gärtner erfährt und Horaz es so anschaulich gemacht hat:

NATURAM EXPELLES FURCA, TAMEN USQUE RECURRET
ET MALA PERRUMPET FURTIM FASTIDIA VICTRIX

(ep. 1, 10, 24 f.)

Treib die Natur mit Stangen hinaus, stets kehret sie wieder
Und bricht leise sich Bahn, siegreich, durch blinde Verkennung.

Man darf ohne Zwang diese Weisheit aus dem Garten auch auf unsere innere Natur anwenden. Im Grunde bleibt der Mensch stets und überall der gleiche. CAELUM, NON ANIMUM MUTANT, QUI TRANS MARE CURRUNT (Horaz, ep. 1, 11, 27) *Wer Meere durcheilt, kann wohl den Himmelsstrich wechseln, doch nicht die Stimmung der Seele.* Die Erfahrung und der sprichwörtliche Gebrauch verstehen das Wort auch von der ganzen Art des Menschen, von seiner Natur. Immer wieder bricht sie durch – aller Firnis fällt gelegentlich ab, selbst der ›Charakter aus Reflexion‹, wie Schopenhauer es nennt, hält auf die Dauer nicht vor, das wahre Bild des Menschen schimmert durch die Wand des Zeremoniells und den bestechenden Glanz der Würde. NEMO ENIM POTEST PERSONAM DIU FERRE *Niemand kann auf die Dauer eine Maske tragen,* schreibt Seneca an Nero Caesar, denn alles Angenommene fällt in seine wahre Natur zurück (de clem. 1, 1). *Nicht das Gewand macht den Mönch* VESTIMENTUM NON FACIT MONACHUM, sagte man im Mittelalter.

An der oben angegebenen Stelle redet Horaz dem ›Zurück zur Natur‹ ein eindringliches Wort. ›Freund Fuscus, Großstadtfreund, dich grüßt von seiner Flur her der Naturfreund.‹ ›*Anschluß an die Natur gilt ja als Regel der Lebensführung.*‹ VIVERE NATURAE CONVENIENTER (ep. 1, 10, 1 und 12). Die griechischen Kyniker hatten durch Wort und Beispiel gegen die überfeinerte Stadtzivilisation gewettert. Als Diogenes, der sein ganzes Vermögen dahingegeben hatte, einen Knaben aus der hohlen Hand trinken sah, warf er noch sein letztes Hab und Gut, einen hölzernen Becher, weg.

Auch die römischen Stoiker forderten, so bedürfnislos wie möglich zu leben. ›Ich fühlte mich als Mensch, als König, sobald ich die Herrlichkeit hinter mir ließ, die ihr zum Himmel erhebt, wie der entlaufene Priesterknabe bin ich des ewigen Kuchens müde; des Brotes bedarf ich, das mir jetzt besser mundet als honigsüßes Backwerk‹ (ep. 1, 10, 8).

Lacht mir doch kein Fleckchen Erde wie dieses
ILLE TERRARUM MIHI PRAETER OMNIS ANGULUS RIDET...
Wo der Honig nicht dem Hymettus nachsteht
Und des Ölbaums Frucht mit der deinen wetteifert,
Grünes Venafrum.   (carm. 2, 6, 13)

Man darf das Horazische naturae convenienter vivere nicht überbetonen und Falsches herauslesen. So nahe es auch liegt, unter dem naturgemäßen Leben ein Rousseausches Ideal zu vermuten, und so eindeutig unsere Stelle von der äußeren Natur spricht, das stoische SECUNDUM NATURAM VIVERE *nach der Natur leben* ist doch ethisch gedacht. Es meint etwas Entscheidendes. Nämlich jenes SECUNDUM NATURAM VIVERE, wie es später folgerichtig Naturrecht und natürliche Ethik entwickelten: eine Handlung, die das Wesen und den Zweck der Dinge nicht umstürzt, sondern bejaht, erfüllt und vollzieht und die wesensgemäße Beziehung der Dinge zueinander nicht zerstört, sondern wahrt, ist gut. Eine Handlung, die dagegen verstößt, ist schlecht. In diesen Zusammenhang gehört auch ein viel zitiertes Wort: *Naturgewolltes ist nicht schimpflich* NATURALIA NON SUNT TURPIA. In dieser ethischen Fassung endete schließlich ein geflügeltes Wort, das anfänglich nur für den Bereich der äußeren Natur zu gelten beanspruchte und anders lautete. Leben und Sterben, Werden und Vergehen ist Los der Natur, man soll über den Tod nicht trauern. Das meint die ursprüngliche Fassung: ›denn nichts Naturgewolltes ist furchtbar.‹ Das Drama, in dem Euripides diesen Vers schrieb, ›Hypsipyle‹, ging verloren, aber das Trostwort daraus lief durch die griechisch-römische Welt, wurde mißverstanden und ins Ethische umgedeutet. Aus ›furchtbar‹ wurde ›sündig‹ und so, ins Lateinische übersetzt, lebt es bis auf den heutigen Tag.

Handlungen, die, häufig wiederkehrend, von unserer freien Selbstbestimmung gesetzt werden, das immer Gewohnte und regelmäßig Geübte, vereinfachen sich allmählich in ihrem Ablauf, verlangen weniger Nachdenken und gespannte Aufmerksamkeit, erleichtern das Tun. Ganz von selbst handelt der Mensch nach der Gewohnheit. *Sie wird nicht umsonst von einigen zweite Natur genannt* QUAE NON FRUSTRA DICTA EST A QUIBUSDAM SECUNDA NATURA (August., c. Jul. 4, 103). Die Ärzte und Philosophen des Altertums und die Theologen des frühen Christentums kennen, rühmen oder beklagen ihre Macht. Gute Gewohnheiten machen uns tauglich, geben uns Tugenden. Böse Gewohnheiten, Laster binden uns wie mit Ketten. Aber auch die Pflichterfüllung, immer wieder getan, kann von Glanz und Frische, edlem Schwung und Bewußtsein verlieren; sie kann zum Mechanismus werden und ob der Geläufigkeit Überdruß erregen. *Das Alltägliche verliert an Wert,* sagt ein geflügeltes Wort QUOTIDIANA VILESCUNT.

PHILOSOPHIA NATURALIS
Naturphilosophie

Seneca war es, der reinlich zu unterscheiden wußte zwischen ›Natur beobachten‹ und ›denken über sie‹. Den Versuch, die Welt zu erklären und zu deuten, nannte er als erster PHILOSOPHIA NATURALIS *Naturphilosophie.* Die griechischen Physiker brachen mit ihrem Forschen der Philosophie die Bahn. Zwar tranken auch ihre Augen von dem goldenen Überfluß der Welt und von ihren Wundern, aber sie spezialisierten sich nicht, auch wenn sie *Feuer, Wasser, Erde und Hauch als Elemente der Welt* ansahen PRINCIPIA SUNT AQUA, TERRA, ANIMA ET SOL (Epicharmos). Ihr Bemühen ging um das Ganze der Dinge und um die Träger der letzten Einheit. Nicht was sie fanden, sondern was und wie sie fragten, wurde fruchtbar für die künftige Erkenntnis. Ihre Fragen kreisten um die vier Elemente, wie die Materie beschaffen sei, wie die Alleinheit zu erfassen wäre, wie Kraft und Stoff und Organisches und Unorganisches zueinander ständen. Die Schau der Physiker und ihrer Nachfolger, der Philosophen, vererbte sich im wesentlichen auf die Römer. Daß die Welt von Gott erschaffen sei, wie es das Judentum als einziges unter den Völkern des Mittelmeeres lehrte, kam ihnen von selbst nicht in den Sinn. Ihnen war die Natur göttlich in sich, der Mensch ist Teil, keine Kreatur. Weder Griechen noch Römer kannten das Kreaturgefühl des Christentums. Selbst die Götter gehören zur Welt, und zwischen ihnen und den Menschen waltet nur ein Unterschied des Lebensgrades, nicht des Wesens, mögen sie auch in ewiger Jugend thronen wie die Olympier der Griechen oder weniger menschengleich und mehr in die Ferne gerückt erscheinen wie die himmlischen Mächte der Römer. Der Geist verbindet Götter und Menschen. Der Stoff der Welt ist ewig da – nie wurde er erschaffen. Höchstens geordnet wurde er einmal und aus dem Chaos zum Kosmos erlöst. Wer aber ordnete? Waren es immanente Kräfte, ewige Bewegung, aus denen sich die Mannigfaltigkeit der Dinge ergab, wie Lucrez in seinem bewundernswerten Gedicht ›De rerum natura‹ lehrte? Oder entfaltete alles ein ordnender Logos, das Weltgesetz, der Weltgeist? Der Demiurg, der selbst in christlichen Hirnen so lange Verwirrung stiftete und im Grunde das Problem aller christologischen Streitigkeiten der alten Kirche bildete. In Werden und Beharren, in Fließen und Ruhe hatte Heraklit das Göttliche auseinandergefaltet. Noch 2000 Jahre später fand Hegel keine andere Erklärung der Welt, nahm Nietzsche Gedanken und Symbole dieser Seinsschau wieder auf und dichtete Goethe: ›Das Ew'ge regt sich fort in allem, denn alles muß in Nichts zerfallen, wenn es im Sein beharren will.‹

Am gedankentiefsten und doch am wirklichkeitsfernsten stieß Plato in das Geheimnis vor, als er die Welt von ewigen unveränderlichen Ideen ableitete. Aber er erkaufte die erhabene Lösung mit der Preisgabe der Wirklichkeit. Die Dinge sind nach ihm nur Schatten, Wahrscheinlichkeiten, Abbilder der ewigen Wesenheiten. Die verlorengegangene Wirklichkeit der Dinge rettete Aristoteles. Er rief die Ideen, die Plato in den Himmel als ›seiendes Sein‹ verlegt hatte, in die Dinge der Welt als ›wirkendes Sein‹. Denn der Begriff eines Dinges, der zugleich sein Wesen darstellt, verwirklicht sich durch die Form in der Materie. Die Materie birgt in sich die Möglichkeit zu jeglicher Form, der Form aber wohnt die den Stoff gestaltende Bewegungskraft inne. Der Begriff der Materie schwindet hinfort nicht mehr aus der Philosophie. Auch Goethe übernahm die Ansicht des Stagiriten für das Lebendige: ›geprägte Form, die lebend sich entwickelt‹. Das wirkliche Sein ist das wirkende Sein, diesen Gedanken des Aristoteles münzte die Scholastik in ihr: AGERE SEQUITUR ESSE um *Das Tun folgt dem Sein.* Den Kernsatz seines Systems, daß das

Mögliche des Stoffes durch die Form in das Wirkliche gerufen werde, wandte der große Grieche, der Lehrer des Abendlandes, auch auf das Ganze der Natur an. Heraklit hatte im Werden das Sein erkannt. Aristoteles sieht im Sein das Werden. Da die Dinge der Welt aus dem Möglichen ins Wirkliche verändert wurden, so gehört Verändertwerden oder ›Bewegung‹ zum Wesen alles Geformten. Und deshalb folgerte Aristoteles: ›Es ist etwas, das ewig das Bewegte bewegt und das erste Bewegende ist selbst unbewegt‹ (met. 1012). Aber dieser Beweger-Gott, der erste Bewegende, ist nicht der Schöpfer-Gott. Es ist noch ein großer Schritt zur christlichen Philosophie und ihrem persönlichen Urprinzip, zu jener Kosmologie, die Pascal in die knappen Worte kleidete: ›Die Natur hat Vollkommenheiten, um zu zeigen, daß sie das Bild Gottes ist – und Fehler, um nicht übersehen zu lassen, daß sie nur das Bild ist.‹

Was also war die Natur, die Welt, Gott? Die Römer ließen die Frage in der Schwebe. Weder Cicero noch Seneca legten sich fest. Liest man sie, so meint man gelegentlich, einen Monotheisten zu hören. Aber der nächste Gedanke schon nimmt zurück, was zuvor eindeutig geklungen hatte. ›Magst du nun von Natur sprechen oder Bestimmung oder Schicksal, all das sind Namen desselben Gottes‹ (Seneca, de benef. 4, 8, 3). Ebenda steht auch der Satz NEC NATURA SINE DEO EST NEC DEUS SINE NATURA. QUID ENIM ALIUD NATURA EST QUAM DEUS? *Weder besteht die Natur ohne Gott noch Gott ohne die Natur. Was ist nämlich die Natur anderes als Gott?* (4, 8, 2 und 4, 7, 1) Meint man nicht, Spinoza zu hören? So hat es doch der holländische Linsenschleifer und jüdische Denker gelehrt: die NATURA NATURANS *die tätig schöpferische Natur,* bringt aus sich selber die NATURA NATURATA *die verwirklichte Natur* hervor, die Einzeldinge als Modi der einen Gott-Natur.

Goethe hat mit brennendem Glauben sich den spinozistischen Ideen der Gott-Natur verschrieben. Was er dumpf fühlte, gläubig ahnte und dichterisch ersehnte, hier war es, das neue Heil. Ich und die Welt sind nur Denken und Ausdehnung der einen Substanz, All und Mensch sind göttlich beseelt. *Die Ordnung und Verknüpfung der Dinge ist dieselbe wie die Ordnung und Verknüpfung der Ideen* ORDO ET CONNEXIO RERUM IDEM EST AC ORDO ET CONNEXIO IDEARUM (Eth. II. prop. 7). Die Widersprüche seines Ichs, seines Sturms und Drangs lösen und klären sich für Goethe im All, man braucht nur in die Welt einzudringen, um selig zu werden.

SUPRANATURALE
Das Übernatürliche

An dieses ›Selig werden‹, an Erlösung und Heil knüpft auch ein anderes Wort an: GRATIA SUPPONIT NATURAM *Die Gnade setzt die Natur voraus*. Es führt in die Welt des *Übernatürlichen* und Unsichtbaren SUPRANATURALE, in die Gedankengänge der Theologie.

Zweimal hat der Begriff ›Natur und Gnade‹ die christliche Welt in Atem gehalten, als Luther seine folgenschweren Thesen an die Tür der Schloßkirche zu Wittenberg schlug und 1100 Jahre vorher, als erstmalig in der Christenheit der Streit um Natur und Gnade anhob und Afrika, Rom und den Orient mit Lärm, Parteien und Verdikten anfüllte. Die christlichen Griechen hatten ihrer Anlage entsprechend sich um rein spekulative, innergöttliche Probleme gestritten. Die nüchternen christlichen Römer zogen Fragen der Lebensführung in den Kreis des theologischen Nachdenkens. Bezeichnend genug: es war ein Nordländer, Pelagius aus Britannien, der die Kraft der Natur und des Willens verteidigte und lehrte, daß der Mensch aus Eigenem sittlich leben könne und seine Natur unverdorben sei. Einer inneren, Gott entspringenden, auf Verstand und Willen einwirkenden Kraft, die ihn zum sittlich Guten befähige, also der Gnade, bedürfe er nicht.

Die neue Lehre verbrämte mit christlichen Begriffen die alte stoische Selbstgerechtigkeit und nahm die Sätze voraus, die Jean Jacques Rousseau viele Jahrhunderte später lehrte, um in seiner romantischen Weise die Unschuld der menschlichen Leidenschaften wiederherzustellen. Christus war kein Erlöser, sondern nur ein Lehrer, um uns zu einem höheren Dasein zu erheben.

Augustin, der DOCTOR GRATIAE *der Lehrer der Gnade,* verteidigte die Gnade, da hinter dem Worte das ganze Problem der Erlösung sich birgt und sie aufgehoben würde, falls man die Gnade leugnete. Die Gegner erhitzten sich, trieben ihre Meinungen auf die Spitze und formulierten sie zu Antithesen und Paradoxen. Dem stoisch-christlichen Optimismus des Briten stellte der Afrikaner Augustinus in später Erinnerung an seine Manichäerjahre und an die reichen Sündenfälle seiner Jugend einen radikalen Pessimismus entgegen. Die ganze Menschheit schien ihm eine *Schar von Verdammten* MASSA DAMNATA, aus der Gott rettet, wen er in unbegreiflichem Ratschluß mag. Nach Augustinus müssen die Handlungen des Menschen auf das Ziel der übernatürlichen Seligkeit bezogen werden. NON FACIUNT BONOS MORES NISI BONI AMORES (serm. 311) *Nur gute Beweggründe machen gute Sitten.* Sonst taugen sie nichts vor Gott. Ohne

Gnade seien die Tugenden nur Schein, lehrte er. Von solchen Ge-
dankengängen lebt auch das bekannte Wort *Die Tugenden der Heiden sind glänzende Laster* VIRTUTES PAGANORUM SPLENDIDA VITIA.
Es lautet durchaus nach dem Worte aus der Civitas Dei (19, 25), daß
Tugenden, die nicht auf dem Grunde der Religion ruhen, Lastern
gleich zu achten seien, aber sein Wortlaut scheint späteren Ursprungs. Augustins ›theoretisches Festhalten an gewissen unmensch-
lichen Konsequenzen, die dem Geist des Evangeliums fremd sind,
gehört zu den Einseitigkeiten, die auch an den größten Geistern zu
finden sind: UT SCIANT GENTES, QUONIAM HOMINES SUNT *Die Völker
sollen wissen, daß sie Menschen sind.* Mit seinem eigenen berühmt
gewordenen Aphorismus: *Besser gläubiges Nichtwissen als vermessenes Wissen* MELIUS EST ENIM FIDELIS IGNORANTIA QUAM TEMERARIA
SCIENTIA (s. 27, 4), hat er sich also selbst verurteilt‹ (van der Meer,
Augustinus, der Seelsorger).

Unter den Irrtümern des Michael du Bay, die 1567 Pius V. als
häretisch verurteilte, taucht noch einmal der überspitzte Gedanke
auf, *die Werke der Ungläubigen seien Sünde und die Tugenden der
Philosophen Laster* OMNIA OPERA INFIDELIUM SUNT PECCATA ET PHI-
LOSOPHORUM VIRTUTES SUNT VITIA. Hier hatte eine These an der
eigenen Logik sich zu Tode gelaufen.

Von der Zeit

TEMPUS EDAX RERUM
Die Zeit zernagt die Dinge

An der Vergänglichkeit und am Ende der Dinge, an Zeit und Tod, trägt der Mensch besonders schwer, aber er kommt nicht daran vorbei. So versucht er mutig den ausnahmslosen Tatsachen ins Auge zu sehen und gute Miene zum bitteren Ernst zu machen. Stoisch philosophiert er sich über die Wirklichkeit hinweg, oder er täuscht lächelnd ein Nichtmerken vor, indem er so ausgefüllt wie möglich lebt. Er sieht nur auf die freundliche Seite, daß die Zeit alle Wunden heile und aller notwendigen Übel Arzt sei.

Aber keine Philosophie der Defensive, keine Moral des Lebensgenusses, keine sophistische Taschenspielerei hilft. Beim Denken schon zerrinnt die Zeit, und Tag und Stunde strafen jeden Versuch Lügen, die Zeit vergessen zu lassen. Alles, was da ist, es wird, es entsteht, fließt und vergeht. Die Zeit, das Nacheinander, ist die Daseinsweise, in der auch des Menschen Leben und Tun verläuft und abläuft. Vergangen, gegenwärtig und vielleicht noch kommend, so stellt sich ihm seine Existenz vor, wenn er sich an der Zeit mißt. Eben deshalb kann der Mensch eine Geschichte bekommen. Ja, er kann Geschichte machen, wenn er durch die eigene Tat verwandelt und in die Freiheit erhebt, was ihm zustößt und als notwendig entgegentritt.

Alles zugleich, ohne Wandel und Nacheinander, zeitlos und geschichtslos also, ist nur der Unerschaffene, *von Ewigkeit zu Ewigkeit.* So, mit der Ehrung PER OMNIA SAECULA SAECULORUM, rufen die Kirchengebete den Zeitlosen an. Eine uralte Vorstellung nennt den Urersten *Ewiges Licht* LUX AETERNA.

Göttinnen thronen hehr in Einsamkeit,
Um sie kein Ort, noch weniger Zeit;
Von ihnen sprechen ist Verlegenheit!

(Faust II. Teil.)

Ort und Zeit kennt nur das Geschöpfliche. Ständig sinkt von der Spanne Zeit, in der des Menschen Leben verläuft, Stück für Stück ins Verflossene. Und *was von unserem Leben hinter uns liegt, hat der Tod* QUICQUID AETATIS RETRO EST, MORS TENET (Seneca, ep. 1, 2).

Der Athlet Milo, Freund und Mitbürger des Pythagoras, ward

im Altertum vergöttert wegen der Kraft seiner Muskeln und der strotzenden Pracht des Körpers. Nun, da er schon ein Greis geworden war, sah er in der Rennbahn den Ringern zu. Er beobachtete die üppige Kraft ringsumher, er dachte an die Tage seines Ruhmes, an seinen Namen, der bereits sprichwörtlich geworden war. Aber er sah mit seinen alten Augen auch, wie schlaff und welk an ihm die Arme herabhingen, die einst so gefürchtet wurden und so berühmt waren wie die des Herkules. ›Die nun sind gestorben‹, so sprach er unter Tränen (Cicero, de senect. 9).

Zweimal war das Urbild weiblicher Schönheit, Helena, des Tyndarus Tochter, wegen ihrer Reize von Männern entführt worden. Theseus hatte sie im Tempel der Diana geraubt und später verlockte sie Paris nach Troja.

Tyndarus' Tochter auch weint, so oft sie die Runzeln des Alterns Schaut im Spiegel und fragt sich, warum sie zweimal entführt sei.

An Milo und Helena, an Kraft und Schönheit des Menschen, knüpft Ovid an, um die Bitterkeit der wesensgefräßigen Zeit anschaulich zu machen:

Die Zeit zernagt alles
Wesensgefräßige Zeit TEMPUS EDAX RERUM,
und du auch, neidisches Alter,
Alles macht ihr zunicht' und verzehrt in langsamem Tode
Alles allmählich, benagt vorher mit dem Zahn des Verderbens.

(Ovid, met. 15, 235 ff.)

Die Zeit verdirbt nicht nur Körper und Ding, Bestand und Schönheit, Blüte und Kraft. Sie verwundet und tötet unsere Gefühle, die glühenden, die zarten und die unheiligen. Zorn verraucht, die Liebe und ihre anmutigen Torheiten sterben. Glaube und Hoffnung verblassen. Die ihm zugemessene Zeit erlebt jeder Mensch anders. Für jeden hat sie ein anderes Gesicht. Dieses Zeitbewußtsein bekommt seine Farbe davon, wie die Seele zur Welt steht. Milo erlebte sie anders als Helena, Seneca anders als Epikur.

Aber wie beim Individuum, so zeigen sich auch gewisse Zeitabschnitte in eigenem, deutlich unterscheidbarem Gesicht. Und wie die Orte ihren genius loci haben, ihre heimliche Atmosphäre oder ihre klassischen Erinnerungen, so erfüllen bestimmte Ideen ganze Epochen der Geschichte, strömen in das Denken und die Haltung der Menschen und geben ihnen ein Sondergepräge. Vor diesem Zeitgeist, der vorherrschend geistigen Seite einer Epoche, verbergen sich die entgegengesetzten Anschauungen in die Enge. Er ist da, so schwer im einzelnen es auch sein mag, genau zu sagen, was er denn eigentlich ist. Nur wenigen gelingt es, ihn darzustellen. Das fordert genaue

Kenntnis des Vergangenen und tiefen Einblick in die Gegenwart. Der Zeitgeist zerbricht oft spielend überkommene Formen. Beides, Zeitbewußtsein und Zeitgeist, meint die abgegriffene Sentenz: TEMPORA MUTANTUR NOS ET MUTAMUR IN ILLIS *Die Zeiten ändern sich und wir mit ihnen.*

In derselben Metamorphose, in der Ovid die Erinnerung an Milo und Helena heraufbeschwört, trägt Pythagoras seine Lehre von der Seelenwanderung vor.

Nicht kann sterben die Seele. Verläßt sie den früheren Wohnsitz, Nimmt sie ein neues Haus stets auf, wo wohnend sie fortlebt

(15, 158).

Im Verfolg dieses Gedankens fällt auch das ganz modern anmutende Wort: *nichts geht zu Grunde* NIHIL INTERIT, die frühe Ahnung von der Konstanz der Kräfte. Omnia mutantur, alles verwandelt sich nur. Der Satz könnte über der Eingangspforte zur modernen Naturwissenschaft stehen. Es ist sehr wahrscheinlich, daß aus dieser Stelle unser tempora mutantur sich herleitet, weil man sie gründlich mißverstand, sie gänzlich verkannt wurde. Unter der Hand der Menschen wandelt sich eben alles, selbst ein Gedanke.

Ursprünglich unterschieden die Menschen des lateinischen und griechischen Kulturkreises die Zeit nach den augenfälligen Abschnitten der Natur. Sie dachten sich unter den Horae die guten Götter, die blühen, wachsen und reifen ließen: Horae waren die schönen Jahreszeiten, der Frühling also, der Sommer und der Herbst. Die Griechen, die frühzeitig kosmisch zu denken verstanden, sahen in den Horen auch jene sittlichen Kräfte, die Blühen, Wachsen und Reifen der menschlichen Ordnung und der Geschichte bedingten, die Jahreszeiten der Gesittung. So gaben sie den Jahrzeit-Göttern auch die sinnvollen Namen Eunomia, Dike und Eirene. Es wäre das goldene Zeitalter, wenn die ›Gesetzmäßigkeit, das Recht und der Friede‹ die Geschicke der Menschen in die Hand nähmen, wie es Platon im Protagoras (322) und Lucrez (de rerum natura 5, 92) ersehnten. Erst spät wurden aus den Horen die horae, die Stunden. So nannte man einen beliebigen Teil des Tages.

Es war einer der genialsten Gedanken der Menschen, als sie darauf verfielen, zu messen, was Inbegriff des Flüchtigen war, was nicht zu sehen und zu greifen war, die Zeit. Man bestimmte sie zunächst grob, aber hinreichend nach der Länge des Sonnenschattens. Oder maß sie ab nach der Dauer, die eine gegebene Menge Wassers benötigte, sich durch ein dünnes Röhrchen in ein Gefäß zu ergießen, zu ›stehlen‹. Mit dieser ›Wasserdiebin‹ (Klepsydra) prüfte man z. B. die Zeit, die einem Redner vor Gericht zustand. Wollte einem die

Rede nicht recht fließen, stockte jemand in Verlegenheit, so *blieb das Wasser hängen* AQUA HAERET (Cicero, de off. 3, 33). Die Instrumente waren noch unvollkommen, die haargenaue Bestimmung der Zeit nicht möglich, selbst als man sich einigte, daß die hora der 12. Teil eines Tages sei. Das Leben der Menschen verlief noch nach Hahnenschrei, Morgenröte und Sonnenuntergang, noch hatte sich der Mensch nicht an der Uhr einen Tyrannen geschaffen, der sein Leben, sein Tun und seine Ruhe organisierte und in den fürchterlich exakten Willen kleiner Zahnrädchen, in die schonungslose Willkür von Fahrplänen und Arbeitsmessungen preßte und den l'homme machine erst ermöglichte. Man zählte 12 Stunden vom Anfang der Sonne bis zu ihrem Sinken und wieder weitere 12 Stunden bis zu ihrem Erscheinen. Die Länge der Stunden wechselte. Die Mittagsstunde (siesta) war die 6. (sexta). Heute noch zeigt die Uhr des päpstlichen Palastes in Castell Gandolfo die Mittagsruhe mit VI an. Für die einfachen Bürger war es schwierig, sich in dem verzwickten Kalenderwesen zurechtzufinden. Sie mußten öffentlich und zuverlässig erfahren, wie die Termine lagen. So erschien am Ersten jeden Monats auf dem Kapitol ein Priester und rief aus, wann die Nonen eintraten. Für sakrale und rechtliche Handlungen rechnete man Mitternacht als Anfang des Tages. Im Hause ersetzten Sklaven die Uhr. Sie sagten die Stunden an. Der verkleinerte (minuta) Teil der Stunde setzte sich als Minute erst im 15. Jahrhundert durch. Vielleicht darf Augustinus als der unbewußte Anreger der Minute angesprochen werden. Er nannte die kleinsten Zeitteilchen minutum. Wie dem auch sei: Pünktlichkeit ist ein junger Begriff und war im Altertum ein unbekanntes Wort. Man nahm sich Zeit zu allen Dingen. Es dauerte z. B. zwei oder drei Tage, bis unsere Vorfahren zum Thing vollständig erschienen waren (Tacitus, Germania 11).

Als an den Türmen der Kirchen und Rathäuser Sonnenuhren und mechanische Uhren die Stunden kündeten, machten sich die Inschriften der Zifferblätter gerne zu Predigern. Die Spitzen der Türme wiesen zum Himmel wie ein steinernes SURSUM CORDA *Empor die Herzen*. Die Stimmen der Glocken aber fielen ins Gewühl der Gassen und Plätze und ließen es sich angelegen sein, unablässig an die Vergänglichkeit der Zeit, des Leidens und Treibens zu erinnern. Jede Stunde bricht etwas von unserem Leben ab. *Alle verwunden, die letzte tötet* OMNES VULNERANT, ULTIMA NECAT, las man in luftiger Höhe. Die unaufhaltsamen Zeiger der Zifferblätter aber veranschaulichten beinahe graphisch die beliebte Uhrinschrift: MORS CERTA, HORA INCERTA *Der Tod ist uns gewiß, seine Stunde aber ungewiß.*

Schreibt man über die Zeit, so kann man nicht der Versuchung widerstehen, Senecas Gedanken über die Vergänglichkeit wiederzugeben. Wohin wir auch in seinen Schriften blicken, es begegnen uns so tiefe Einsichten und so praktische Fingerzeige über die Zeit, daß sie sich auszeichnen würden, wenn man sie nicht unter gleich guten läse. Aber *nur der Dürftige zählet sein Vieh* PAUPERIS EST NUMERARE PE-CUS (Ovid, met. 13, 823). Seine grundlegende Ansicht über den Wert der Zeit und ihre Natur enthalten die Worte an Lucilius: *Alles ist fremd, nur die Zeit ist uns ureigen* OMNIA, LUCILI, ALIENA SUNT, TEM-PUS TANTUM NOSTRUM EST (ep. 1, 3). Er denkt den Wert der menschlichen Zeit so unerbittlich zu Ende, daß er das paradoxe Wort wagen darf: ›Leben, ich liebe dich um der Wohltat des Todes willen‹, wie er denn auch den Satz prägte: RES SEVERA VERUM GAUDIUM (ep. mor. 23, 4) *wahre Freude ist eine ernste Sache.* Man muß sich geflissentlich darum bemühen.

Genau gesehen ist ganz unser eigen nur der Augenblick. Die Vergangenheit gehört uns in der Erinnerung, die Zukunft erst in der Vorstellung und durch die Hoffnung. So birgt sich im Augenblick das Vergänglichste, aber auch das Unersetzlichste unseres Lebens. Unbekümmert um Vergangenheit und Zukunft immer Herr des Augenblicks zu sein, ergab die Ruhe der Seele. Das war die euthymia. Griechen und Römer verehrten den Augenblick wohl um dieser geheimnisvollen, entscheidenden Seite willen als Gott. Lysipp stellte ihn dar als Jüngling mit großer Stirnlocke und kurzgeschnittenem Haar des Hinterkopfes. *Am Stirnhaar laßt den Augenblick uns fassen!* RAPIAMUS, AMICI, OCCASIONEM DE DIE (Horaz, epod. 13, 3). Der Gott des flüchtigen Augenblicks (Kairos) wandelte sich später von selbst in den des Lebens und der Zeit. Der Augenblick kann alles umstürzen. So birgt er Schicksal. Er verlangt Verantwortung und Beachtung. Ferdinand I. hielt den Gedanken für so wichtig, daß er ihn zum Leitsatz kaiserlichen Handelns erkor. *Oft geschieht im Augenblick, was nicht einmal im Jahre gehofft wurde* ACCIDIT IN PUNCTO, QUOD NON SPERATUR IN ANNO.

Goethe sprach darum den Augenblick heilig. Im Augenblick drängte sich für ihn die Fülle des Alls zusammen, er sinnbildete das Ganze und die Ewigkeit, in diesem tragischen Punkte wird der Mensch seiner Armseligkeit bewußt, aber er stellt trotz seiner Enge doch das einzige Wahre dar, demgegenüber das All nur das Relative ist. So Vieles und Vielseitiges fand Goethe im Augenblick. Sein Mephisto ist die gestaltgewordene Lehre von der Unwiederbringlichkeit des Augenblicks. Die Verzweiflung am Augenblick treibt Faust zum Teufelspakt. Er spürt die Leere der Existenz, ahnt im Vergänglichen die Fülle Gottes, sieht sich aber außerstande, sie zu erschöpfen oder festzuhalten.

Auch die römischen Philosophen sahen solche Metaphysik des Augenblicks. Sie gewannen ihm praktische Folgerungen ab, das Leben zu gestalten. Die alten griechischen Sophisten hatten spitzfindig die Zeit weggezaubert, um ihre Lehre zu erhärten, daß die Zeit Maß und Gedanke, aber kein Wirkliches sei. Es klingt mehr taschenspielerisch als überzeugend, wenn der kaiserliche Philosoph Marcus Aurelius mit dem Begriff des Augenblicks Schmerz und Leid des Menschen als Schein wegzureden sucht: ›Folgende zwei Wahrheiten muß man sich merken: Einmal, daß von Ewigkeit her alles gleich ist und sich im Kreise bewegt und daß es keinen Unterschied macht, ob einer dieselben Dinge hundert oder zweihundert Jahre oder eine grenzenlose Zeit hindurch beobachtet; zum anderen, daß der Längstlebende und der sehr jung Dahinsterbende gleich viel verlieren; denn nur der gegenwärtige Augenblick ist es, dessen jeder verlustig gehen kann, da er ja diesen allein besitzt; und was einer nicht hat, kann er auch nicht verlieren‹ (2, 14, 5).

Der Mann aus dem Volke allerdings konnte mit solchen überfeinerten Gedanken nichts anfangen. Je nach seiner sittlichen Einstellung verhielt sich der Mensch zur Zeit. Genuß oder Entsagung bestimmten ihren Gebrauch. Der Niederschlag solcher handfesten Lebensweisheit findet sich im Sprichwort.

Im ›wesensgefräßig‹ hielt Ovid sozusagen das innere Gesicht des Phänomens Zeit fest; ihr äußeres Aussehen schilderte das hoffnungslose Wort: *Der folgende Tag ist immer der Schüler des vorhergehenden* DISCIPULUS EST PRIORIS POSTERIOR DIES (Publilius Syr. 103). Der dunkle Heraklit hatte das so ausgedrückt, *ein Tag ist dem anderen gleich* UNUS DIES PAR OMNI EST (Seneca 12, 7). Seneca erklärt die Einförmigkeit der Tage mit physikalischen Gedanken, weil die Nacht hat, was der Tag verlor, weil auch der längste Zeitabschnitt nichts hat, ›was man nicht auch am einzelnen Tag antrifft, Licht und Nacht‹.

Die Bibel, die griechische Weisheit und das römische Sprichwort begegneten sich auch in einer anderen Erkenntnis: Versuche nichts zu verbergen, ›denn die alles sieht und alles hört, sie faltet alles auf – die Zeit‹ (Sophokles). Das biblische: ›Denn es ist nichts verborgen, das nicht offenbar gemacht wird‹ konnte das knappe Latein in die drei Worte fassen: VERITATEM DIES APERIT ... (Seneca, de ira 2, 22, 3) *Die Wahrheit kommt an den Tag.*

Wer sich zu der Lehre der Stoiker bekannte, spürte die Pflicht, den Tag zu nützen, die Zeit weise zu gebrauchen. Seneca geizt mit den geschenkten Tagen, und er stimmt von Herzen dem zu seiner Zeit bereits alten Sprichwort zu: TEMPORI PARCE (ep. 88, 39) *Schone die Zeit.*

Die Lebenskünstler, die Epikur nach Belieben ausdeuteten und seine Lustlehre sehr wörtlich nahmen, hielten sich lieber an Ovids UTERE TEMPORE (tristia 4, 3, 83) *Nutze die Zeit aus!* Noch in der Einsamkeit am Pontus und trotz seiner bitteren Erfahrung wußte der Dichter keine andere wertvollere Weisung. ›Utere‹ fiel Tibull ein, solange des Lebens Mai dir blüht, ›utere‹ sang Catull, damit nicht der nächste Tag dir vom Munde wegschnappt, was du heute genießen kannst. Cicero aber, der sich gern treiben ließ und Grundsätze nicht zu Tode ritt, riet, den Mantel nach dem Winde zu hängen. Das meint sein immer wiederholtes Wort: TEMPORI SERVIEN-DUM EST (ad Att. 10, 7, 1) *Man muß sich in die Zeit schicken.*

Karl V. soll sich in San Juste einmal sein Begräbnis gerichtet haben, um sich noch zu Lebenszeiten seinen Tod anschaulich zu machen. In seinem 12. Brief erzählt Seneca eine ähnliche Geschichte, bei der epikureische Zeitverschwendung und stoischer Ernst, zwei ganze Welten, eigenartig zusammenprallen: ›Pacuvius, der Syrien durch langen Mißbrauch zu seinem Eigentum gemacht hatte, ließ sich, wenn er beim Zechgelage sich selbst gleichsam das Totenopfer gebracht, von der Tafel in das Schlafgemach tragen, während unter dem Geklatsche der Genossen seiner Lüste zur Musik gesungen ward: ‚Es ist ausgelebt! Es ist ausgelebt!‘ Und jeden Tag begrub er sich so. Was dieser bei bösem Gewissen tat, das wollen wir bei gutem tun und schlafen gehend froh und freudig sprechen: Ja, ich lebt' und vollbrachte den Lauf, vom Geschicke beschieden! (Vergil, Aen. 4, 655) Fügt die Gottheit den morgenden Tag noch hinzu, so nehmen wir ihn fröhlich an! Der ist der glücklichste, sorgenfreieste Besitzer seiner selbst, der den Morgen ohne Unruhe erwartet. Wer sagen kann: Ich habe gelebt, steht täglich zum Gewinn auf.‹

Von der Gottähnlichkeit des Menschen

ERITIS SICUT DEUS SCIENTES BONUM ET MALUM
Ihr werdet sein wie Gott und wissen, was gut und böse ist

Als der Teufel zum erstenmal den Menschen versuchte (1. Mos. 3), knüpfte er an das geheimste Verlangen der menschlichen Natur an, über sich hinauszuwachsen. Vor undenklichen Zeiten, so erzählt die Legende, war der Satan aus dem Himmel geschleudert worden, weil er Gott gleich sein wollte. Damals hallte als Schlachtruf der treugebliebenen Engel durch die Himmel: QUIS UT DEUS? Drum bekam ihr Anführer diesen Namen. Denn das hebräische Michael bedeutet nichts anderes als *Wer ist wie Gott?*

Immer vertritt Michael Gottes Rechte gegen die Anmaßung des Drachens, wie ihn die Apokalypse (12, 7) nennt. So stritt er, wie nachmals die Teufel um den Leib des Faust, auch mit Satan um die Leiche des Moses und entrückte sie. Damals verkündete er zum zweitenmal den absoluten Anspruch und die oberste Herrschaft Gottes: *der Herr gebiete dir* IMPERET TIBI DEUS (Jud. 9).

Nun im Paradiese, am Anfang der Menschheitsgeschichte, legte Gottes grundsätzlicher Widersacher, der wohl persischen Vorstellungen entsprungen ist, dem Menschen die eigene Versuchung vor, an der er einst selbst gescheitert war, nämlich wie Gott sein zu wollen: ›Wenn ihr vom Baume der Erkenntnis esset, werdet ihr wie Gott sein, wissend das Gute und das Böse.‹ Der Mensch entschied sich für die Hybris und den Titanismus. Als ihm die Augen aufgetan waren, fand er sich aus der inneren Harmonie seines Wesens, aus dem Paradiese, gejagt. Und so wandelt er seither durch die Geschichte, voll Drang, es Gott gleichzutun, und voll der bitteren Erfahrung, daß ihn die Sünde stets von Gott fernhält. Das ist die Tragik seines Wesens. Zwischen Angst und Stolz, zwischen Gottnähe und Gottesferne vergehen seine Tage.

Immer wieder trieb ihn die alte Versuchung, Gott gleich zu sein. Oft spürte er den Gott in sich. EST DEUS IN NOBIS, AGITANTE CALESCIMUS ILLO (Ovid, fasti 6, 5) *Es ist ein Gott in uns, auf seine Anregung erglühen wir.* In solchen Hochlagen schuf er die Großtaten seines Geistes, die gewaltigen Werke seiner Technik, den Turm seiner Hybris in Babel, die sieben Weltwunder des Altertums. ERIPUIT COELO FULMEN SCEPTRUMQUE TYRANNIS, schrieb der französische Minister Turgot auf die Büste für Benjamin Franklin: *Er entriß dem Himmel den Blitz und das Szepter den Tyrannen.* Die Inschrift war nachgebildet einem Wort des Manilius in seinen Astronomica 3, 104: ERIPUIT IOVI FULMEN VIRESQUE TONANTI. Vieles Gewaltige lebt, und nichts ist gewaltiger als der Mensch (Sophokles, Antigone 331 f.).

Stolz auf sich und sein Werk nannte der Mensch sich gelegentlich schlechthin Gott. Im Zweiströmeland, wo einst der Wonnegarten, das Paradies, geblüht haben soll, beugten Menschen ihr Knie vor ihren Herrschern, die sie als Götter anbeteten. In Ägypten ließen sich die Pharaonen göttlich verehren und bauten Pyramiden zum Ruhme ihrer eignen Unvergänglichkeit. Die Griechen schufen in ihren Plastiken die Götter menschengestaltig. Als erste in Europa erklärten sie Menschen feierlich für Götter, den Arzt-Philosophen Empedokles, den Beender des Peloponnesischen Krieges, Lysander, und den größten Feldherrn des Altertums, Alexander. Zwei Jahre nach seinem Tode vergotteten die Römer den großen Caesar als Divus Julius. Kaiser Aurelian ließ sich offiziell DOMINUS ET DEUS *göttlicher Herr* anreden.

Im Stolz seines Herzens macht der Mensch sogar aus dem Leide eine göttliche Kraft und setzt sich über die Götter. FERTE FORTITER: HOC EST, QUO DEUM ANTECEDATIS; ILLE EXTRA PATIENTIAM MALORUM EST, VOS SUPRA PATIENTIAM (Seneca, dial. 1, 6, 6) *Ertragt mit Stärke; darin überragt ihr Gott. Er steht außerhalb des Leides. Ihr steht darüber.*

Aber immer wieder erinnerten Schicksal und Niederlage, Sünde und Schuld den Menschen an seine Grenze. HOMINES SUMUS, NON DEI (Petr. 75) *Menschen sind wir, keine Götter,* damit entschuldigte Petronius des Menschen Fehler und Schwächen. Die Ahnung vom tragischen Grunde alles Seins taucht in diesen Worten auf. Das dunkle Rätsel des Leidens und der Schuld gibt einen anderen Anblick vom Menschen als sein Titanismus. ›Der Mensch an sich ist schon ein hinreichender Grund, traurig zu sein‹ (Menander). Auch das gehört zu seinem Wesensbild. Das steckt in Plinius' (ep. 5, 3, 2) knappem Wort HOMO SUM *Ich bin ein Mensch und schwach.* Bildhaft anschaulich steckt des Menschen ganzer Jammer in jenem ECCE HOMO *Sieh, welch ein Mensch,* mit dem Pilatus den Juden Christus, das Symbol des Leidens und des Schmerzes, zeigte, um ihr Mitleid zu erregen.

Mensch sein heißt auch, daß zwei Seelen in unserer Brust wohnen, daß der Richter der Dinge und der Verwahrer des Wahren, der Mensch, zugleich auch der Vater des Irrtums ist und Falschheit in sich birgt. Wie oft ist das Glas, durch das wir die Dinge sehen, getrübt und gebrochen, verzerren sich die Linien der Wirklichkeit für uns. Denn *Irren ist menschlich* ERRARE HUMANUM EST oder, wie Cicero jedem Menschen in sein Lebensbuch schreibt: CUIUSVIS HOMINIS EST ERRARE *Es ist jedem Menschen gesetzt zu irren* (Phil. 12, 2, 5). Das klingt anders als des Diabolos Verheißung: ›Ihr werdet Gutes und Böses wissen.‹

Wohin der Mensch sieht, bestätigt sich ihm die Zwiespältigkeit seiner Natur, sieht er sich als Merkwürdigkeit, als Widerspruch und schaut er die Abgründigkeit seines Daseins. PERIISSEM, NISI PERIISSEM *Ich wäre untergegangen, wenn ich nicht zugrunde gegangen wäre.* Damit umreißt Kierkegaard den Grundzug seiner Angstphilosophie. Die Geschichte belehrt uns, daß wir wie Schachfiguren eingesetzt werden, um einen uns unbekannten Sinn zu erfüllen. Man kann es die ›List der Vernunft‹ nennen, daß sie die Leidenschaften für sich wirken läßt (Hegel). LUDIT IN HUMANIS DIVINA POTENTIA REBUS (Ovid, ex Ponto 4, 3, 49) *Im Menschlichen spielt die göttliche Allmacht.* Die Volksweisheit hatte längst ihre eigene Geschichts-Pragmatik. *Der Mensch denkt und Gott lenkt.* Wörtlich steht dies zu lesen in dem kleinen Büchlein, das nach der Bibel am weitesten in der Welt verbreitet worden ist, in der schlichten, klaren und doch so brennenden Imitatio Christi des Thomas von Kempen: HOMO PROPONIT SED DEUS DISPONIT (1, 19, 2). Auch im Alltag erfährt der Mensch die innere Unzulänglichkeit. Glück und Fortschritt, Ruhe und Frieden hängen nicht allein von ihm ab. Dies alles liegt nicht in seinen Händen. Dunkel steht das Geschick vor dem Menschen und droht: NEMO TAM DIVOS HABUIT FAVENTES CRASTINUM UT POSSIT SIBI POLLICERI (Seneca, Thyestes 619 f.) *Niemand hat so sehr die Gunst der Götter, daß er den nächsten Tag sich versprechen kann.*

Wenn in einer Schlacht mehr als 5000 Feinde gefallen waren, durfte der siegreiche römische Feldherr einen Triumph feiern. Mit Lorbeer bekränzt, mit dem elfenbeinernen Szepter in der Hand und in goldverbrämter Purpurtoga fuhr er im Prunkwagen, den vier Schimmel zogen, vom Marsfeld zum Capitol. Alles, Glanz und Aufzug, Sieg und Glück, sollte an Jupiter erinnern, den höchsten Gott, dem eigentlich der Triumphzug gebührte. Darum rief der servus publicus dem Feldherrn zu: MEMENTO TE HOMINEM ESSE *Gedenke, daß du ein Mensch bist.*

Nachdem der Mensch Tausende von Jahren durch die Geschichte gegangen war, traf er abermals mit dem Teufel zusammen (Faust I, 18, 51 ff.). Dieses Mal wand sich der Diabolos nicht schillernd als eine Schlange um den Baum, er saß als Professor auf dem Katheder. Nun verhieß er nichts mehr, jetzt rechnete er ab. Was war aus dem Menschen des Paradieses geworden? Wie weit war er in der Gottähnlichkeit vorangeschritten? Wie stand es mit dem Wissen um Gut und Böse, das er mit Tod und Verlust des Paradieses erkaufen wollte? Was wußten Theologie, Philosophie, Medizin und Jurisprudenz Sicheres, Unanfechtbares, Letztes? Es war nichts mit der Gottähnlichkeit. Des Teufels erste Verheißung an den Menschen war die erste Lüge auf der Welt gewesen. Und doch durfte er zum zweiten Male seine erste Lüge wagen. Er schrieb ins Stammbuch des Schülers: ERITIS SICUT DEUS SCIENTES BONUM ET MALUM *Ihr werdet sein wie Gott und wissen, was gut und bös ist.* Trotz Hohn des Satans und trotz aller Erfahrungen glaubte ihm abermals der Mensch, so sehr liegt es ihm im Blute. Er wanderte weiter den Weg der Tragik seines Herzens. Als Faust nahm er den alten Titanismus wieder auf, der Mensch erdachte den homunculus, und jetzt in unseren Tagen gelang ihm sein gottähnlichstes Werk. Er griff in die Struktur der Dinge ein, löste ihre Verbindungen, die Gott gesetzt hatte, und entband aus ihnen titanische Kräfte. Als er die Atomenergie gefunden hatte, stand er plötzlich betreten, ratlos vor der neuen Tat. War sie Segen, wurde sie zum Fluche und zum Untergang? Kaum war ihm die bisher umstürzendste Tat seines Geistes gelungen, da wurde ihm bange vor seiner Gottähnlichkeit. Er erschrak vor sich selber.

Ist es also dem Menschen für immer verbaut, zu werden sicut Deus? Wie steht es mit der Gottähnlichkeit?

›Gottähnlich macht dich nicht dein Geld; Gott ist ohne Habe. Nicht dein pelzverbrämter Rock; Gott trägt kein Gewand. Nicht dein Ruf, dein Bild in der Zeitung und deines Namens Weltbekanntheit; denn wer kennt Gott? Viele haben sogar eine schlechte Meinung von ihm (und das ungestraft!). Nicht dein schwerer Wagen, der dich durch nah und fern trägt; *denn er, der große, allmächtige Gott, trägt selbst das All* DEUS ILLE MAXIMUS POTENTISSIMUSQUE IPSE VEHIT OMNIA (Seneca, ep. 31, 10).‹

Mit diesen Worten verweist Seneca den Menschen in seine Schranken. Aber er zeigt ihm zugleich einen Weg zu Gott, nämlich den Weg nach innen, zu sich selbst.

Vergil hatte sich den unbekannten Gott außer uns gedacht:
Auch zum tarpeiischen Sitz und Capitolium führt er;
Damals schon erregte der Ort dem erbleichenden Landvolk
Heilige Schauer, und es bangte vor diesem Wald und dem Felsen.
›Hier in dem Hain‹, erzählt er, ›und auf dem schattigen Hügel
Wohnet ein Gott, doch welcher, ist ungewiß.‹
QUIS DEUS INCERTUM EST, HABITAT DEUS.   (Aen. 8, 352)
Mit dem Mute des Stoikers wandelte Seneca das Dichterwort des Vergil. Er holte den Unbekannten aus Flur und Wald in das Herz

des Guten. *In jedem Tugendhaften wohnt ein Gott, doch welcher, ist ungewiß* (ep. 41). Paulus sprach auf dem Aeropag zu Athen die berühmte Absage an die antiken Götter: *Denn in Ihm leben wir und bewegen wir uns und sind wir* IN IPSO ENIM VIVIMUS ET MOVEMUR ET SUMUS (Apostelgesch. 17, 28). Fast mit ähnlichen Worten deutete sein Zeitgenosse Seneca das Wort der Aeneis vom unbekannten Gott. *Er ist bei Dir, ist mit Dir, ist in Dir* PROPE EST A TE DEUS, TE-CUM EST, INTUS EST (ep. 41, 2). Mit diesem Gedanken berauschte sich förmlich der römische Philosoph. Wir sind nicht Gott, *aber es ist ein Gott in uns* EST DEUS IN NOBIS. ›Auch aus dem niedrigsten Winkel vermag man sich in den Himmel zu schwingen. Erhebe Dich nur *und würdig der Gottheit bilde auch Dich*‹ ET TE QUOQUE DIGNUM FINGE DEO (ep. 31).

Das ist des Menschen einzige Möglichkeit, Gott ähnlich zu sein. Im Inneren also grünt das verlorene Paradies, mitten zwischen dem Titanismus, der den Menschen treibt und den er erkoren, und der Verzweiflung, die er gewann und die sein Erbteil wurde.

Aber selbst in die geläuterte Sicht Senecas schleicht sich doch wieder die alte, unbesiegbare Versuchung. Der neue Tugendstolz des Stoikers mündet schließlich wieder ganz nahe bei dem alten eritis sicut Deus. *Der Gute steht nur an Zeit Gott nach* BONUS TEMPORE TANTUM A DEO DIFFERT (de prov. 1, 5).

Auch dieses Bild wäre unvollständig, wenn es nicht ergänzt würde durch eine späte Stimme des lateinischen Altertums. Sie steht in dem Sendschreiben an Gott, den ›Confessiones‹ des Augustinus. Denn das ist eigentlich dieses herrliche Buch. Marcus Aurelius' ›Selbstbetrachtungen‹ sind kalte, selbstzufriedene Gedanken, Ratschläge und Lesefrüchte eines Stoikers. Aber in den ›Bekenntnissen‹ (confessiones) preist ein Dichter mit der Glut seiner Seele Gott, indem er sich anklagt. Hier rühmt ein Ekstatiker den Herren seines Daseins, weil er sich von ihm erlöst weiß, hier schwelgt ein Philosoph in der Wollust, einzudringen in den feurigen Mittelpunkt des Weltalls und in die Tiefen des Seins. ›Da wandte ich mich zu mir und fragte: Du, was bist du? ... Und ich antwortete: Ich bin ein Mensch. Leib und Seele, die sind an mir das Äußere und das Innere. Weder Himmel noch Erde sind dein Gott. Das sagt ihre Natur dem Schauenden. Sie ist nur Körpermasse, kleiner im Einzelnen als im Ganzen. Schon bist du höher, meine Seele, denn du belebst deine Körpermasse. Du reichst ihr das Leben, was kein Körper dem Körper reichen kann. *Dein Gott aber, meine Seele, ist das Leben deines Lebens,* der es dir belebt, der es dir erhält.‹ DEUS AUTEM TUUS ETIAM TIBI VITA VITAE EST (conf. 10, 6).

Von der Brotbitte

PANEM NOSTRUM QUOTIDIANUM DA NOBIS HODIE
Unser täglich Brot gib uns heute

Um das Brot liegt heiliger Glanz. Drum lehrte die Mutter uns, auch die Krumen zu achten. Bei den Vorfahren segneten Mutter oder Vater den Laib, bevor sie ihn anschnitten. Kurz und bündig heißt es im Volksmund: er verdient sein Brot. Brot bestreitet Leben und bedeutet Auskommen. Auch die Römer, die ohnedies mehr Brot aßen als wir, drückten sich genauso aus wie wir: *Die Sache hat ihr Brot* HABET HAEC RES PANEM (Petronius 46).

Brot zu backen, lernten die Römer verhältnismäßig spät. Ursprünglich aßen sie an seiner Statt Polenta. Plinius (nat. hist. 18, 72) hat beschrieben, wie sie dies einfache Gerstengericht bereiteten. Auch ein dicker Brei aus Bohnenmehl vertrat das spätere Brot. Das war die gesunde Zeit Roms, als man noch bäuerlich aß, als die Küchen nach Rüben und Bohnen rochen. Auch die Zwiebel genoß man als Speise oder verwendete sie reichlich als Würze und Zutat.

Die Griechen bereiteten schon frühzeitig Brot. Man brachte es in Körben auf den Tisch. Homer bereits erwähnt es. Als es auch in Italien bekannt wurde, machte es sich rasch heimisch. Lange Zeit buken es die Hausfrauen selber. Noch zur Zeit des großen Scipio, als die Römer die Küsten und den Reichtum Afrikas und Kleinasiens erobert hatten, gab es in der urbs keine Bäcker.

Als sättigende, unentbehrliche Kost nahm Brot rasch unter den Nahrungsmitteln den ersten Platz ein. Wer Brot sagte, meinte stellvertretend menschliche Nahrung überhaupt. Der Heeresproviant wurde kurzerhand als frumentum, Getreide, benannt. Auch den Römern machte *Salz und Brot* die Wangen rot SALEM CUM PANE. Plinius (nat. hist. 31, 89) überliefert uns, daß bereits Varro dies sprichwörtlich gesagt habe. Gegen Ende der Republik bereicherte sich mit dem wachsenden Volksvermögen auch der Küchenzettel des römischen Hauses. Die Lebenshaltung stieg; bei den Reichen wuchs sie sich bis zum Luxus aus. Viele trieben mit Tafelfreuden einen sündhaft-unsinnigen Aufwand, überboten sich an Kosten, Raffinement und kehrten den Sinn des Essens in seinen Widersinn. Bitter und höhnisch klagt Seneca: VOMUNT UT EDANT, EDUNT UT VOMANT (ad Helviam) *Sie übergeben sich, um zu essen, und sie essen, um sich zu übergeben.*

Aber auch bei solchen Gastereien meldete sich die bessere Besinnung auf das nüchtern-heilige Brot an. Mitten in der Schilderung einer Schlemmerei richtet Horaz die alte Brotehre wieder auf (sat. 2, 2, 13). ›Laß sehen, ob du nun trotz Hunger und Durst schlichte Hausmannskost verschmähst; jetzt trinkst du sicher nur Falerner, den hymettischer Honig würzt. Nimm an, dein Koch ist ausgegangen, das Meer ist stürmisch und läßt keinen Fischfang zu: *da wird dir Brot und Salz des Magens Knurren doch ganz gut stillen* CUM SALE PANIS LATRANTEM STOMACHUM BENE LENIET. Und fragst du nach des Rätsels Lösung? Nicht in dem teuren Bratenduft liegt höchste Lust, nein, in dir selbst. Du mußt des Mahles Würze dir durch saure Arbeit schaffen. Den bleichen, krankhaft aufgedunsenen Schlemmer werden Austern nicht erfreuen noch teurer Seefisch noch ein Birkhuhn, das aus fernen Landen kam.‹ Die Ehre des Brotes drängt sich vor. Petronius verspottete in seinem ›Gastmahl des Trimalchio‹ den kleinen Gesichtskreis ungebildeter Spießbürger und die Großmannssucht protziger Neureicher. Aber auch in dieser Luft knalligen Genusses und widerwärtiger Tafelfreuden verteidigt das Brot seine Sonderstellung. Alte lateinische Sprichwörter recken die moralischen Zeigefinger zwischen raffinierten Vorspeisen, ganz am Spieße gebratenen Ebern, seltenen Fischen und den vielen Schüsseln der drei oder fünf Gänge. *Schweig still, ich gebe dir ein Stück Brot, du hättest kein Stück Brot von ihm nehmen sollen* TACE LINGUA, DABO PANEM, NOLUISSES DE MANU ILLIUS PANEM ACCIPERE (Petronius 69 und 37).

Selbst die erlesensten Gastereien kamen ohne Brot nicht aus. Gabel und Messer handhabte man noch nicht, man tunkte die Hand in die Schüssel wie der Verräter beim letzten Abendmahle (Mark. 14, 20). Mit Brot rieb man die fettriefenden Finger ab, wie noch jetzt in der römischen Liturgie der Bischof die Finger von den geweihten Ölen säubert. Viele Brosamen fielen da beim Mahl von des Herren Tisch, und die Hunde und die Armen kamen, sie aufzulesen (Matth. 15, 21). So lecker es auf einem Schlemmertisch aussah, unter ihm lagen unschön, unbeachtet und offenbar keineswegs das Gefühl störend die abgenagten Reste der Mahlzeit: Fischgräten, Salatblätter, Austernschalen, Krebskruspeln und – die analecta (Brotstückchen). Wissenschaftlicher Abfall, zusammengelesene und -getragene Berichte wahren bis heute als Ehrentitel den Namen ANALECTA – bis zum Riesenwerk der Analecta Bollandiana, der großen Hagiographie der katholischen Kirche.

Die Ausschweifungen des Tafelgenusses blieben übrigens beschränkt auf die Kreise der Dekadenz. Geldleute verpraßten beim

Mahle ihren oft skrupellos zusammengescharrten Reichtum. Austern-
bänke oder Pfauenkulturen anzulegen, bewies dem Volk die Verderbtheit nur gewisser Schichten. Mochten immerhin die Licinier
ihre berühmte Muränenzucht in ihren Namen aufnehmen und sich
stolz Murenae nennen, das Unrecht des Luxus wurde empfunden.
Wenn Kaiser Hadrian einen jungen Mann deshalb förderte, weil er
eine neue Pastete aus Saueutern, Fasanenbrüsten, Pfauenfleisch,
Schinken und Wildschweinlenden erfand, so war das kaiserliche
Willkür. Und wenn Vitellius sich Milch von Aalen, Hirne von
Pfauen, Flamingozungen und Lebern von Makrelen zum Ragout
bereiten ließ, geschah dies nur, um den überreizten Gaumen eines
kaiserlichen Vielfraßes und Feinschmeckers anzusprechen. Die Be-
dürfnislosigkeit der römischen Bevölkerung blieb davon unbeein-
flußt. Das Klima erzog zur Einfachheit. Bei Tische und in der Küche
des einfachen Volkes ging es schmal zu. Dort streckte man sich nach
der Decke. Verglichen mit unseren heutigen Ansprüchen, erscheinen
Kost und Speisezettel weniger reichlich und einfacher. Schweine-
fleisch kam dem Römer als Leckerbissen vor, Suppe kannte er nicht.
Mit caro suilla, Fleisch vom Schweinchen, gab er dem Borstentier
einen Kosenamen. Brot und Speck war die eiserne Grundlage der
Heeresverpflegung. Kaffee, Tee, Zucker, Likör und Apfelsinen, an
die wir uns gewöhnt haben, mangelten der römischen Küche.

Über allem aber stand das Brot. Die Brotsorge erfüllte die römische Politik und den Alltag. Die annona, der Getreidebedarf fürs
Jahr, die Brotzuteilung an die Bedürftigen, mußte vor allem sicher-
gestellt werden; denn Italien konnte sich nicht selbst ernähren. Aus
Sizilien und aus Afrika kam das zusätzliche Korn. Aber es mußte
rechtzeitig anlangen und die großen Speicher in Puteoli und Ostia
füllen. Im Herbste lag die Schiffahrt still, die Schiffe waren wie von
der Tenne weggefegt, weil die Römer noch keinen Kompaß besaßen,
überhaupt im Laufe der Zeit im Schiffbau keine Fortschritte zu machen verstanden, weil der Nebel die Fahrt an den Küsten entlang
verhinderte und die Herbststürme Verderben drohten. In das Wort
›Brot‹ drängte sich schließlich alles zusammen, was das Volk an Le-
benswichtigem verlangte. In den alten, bäuerlichen Zeiten war es
sein Ehrgeiz, die höchsten politischen Ämter zu vergeben. Zur Kaiserzeit kreiste sein Begehren um *Brot und Schauspiele* PANEM ET CIR-
CENSES (Juvenal 10, 81).

Und da der Wein fast in die Häuser wuchs und das Land davon
überfloß, so gesellte sich zum Brot auch bald der Saft der Reben, um den
Kreis menschlicher Nahrung abzuschreiten: PANIS ET VINUM. Hierin
waren Leben und Gesundheit, Genuß und Auskommen beschlossen.

Schon von jeher lag um *Brot und Wein* der Glanz der Mysterien. Die geheimnisvolle, lebenspendende Kraft des Brotes bestimmte bewußt auch die Gestalt, in der man die kleinen Brote buk. Sie ahmten die lebenerzeugenden Glieder nach und bargen den Sinn, daß es Kraft erzeuge, wenn man sie verzehre. Noch bis heute zeigt unsere Semmel die alte symbolische Gestalt.

Geheimnisvolle Bindung ans Göttliche lehrten die religiösen Mysterien vom Brote. Mithras, der persische Lichtgott, der SOL INVICTUS, wurde hauptsächlich von den kleinen Leuten wegen des sozialen Zuges seiner Lehre verehrt. Die Soldaten zumal waren ihm zugetan, weil sein Kult heldischen Charakter aufwies. Später ersetzte der Mithraskult die Verehrung des Kaisers, wurde eine Art Einheitsreligion des Imperiums und bedrängte sehr stark das Christentum. Die mystische Vereinigung mit dem Gott erfolgte durch den Genuß von Brot und Wein.

Noch heute schneidet man im Süden nicht das Brot, sondern man bricht es, wie es der römische Hausvater tat. Nur dem Gläubigen nachfühlbare Ehre, die Ehre des Sakramentes, widerfuhren Brot und Brotbrechen durch das Dogma vom christlichen Abendmahl. Beim letzten Abendmahl nahm Jesus das Brot, dankte, *brach's* FREGIT und gab es seinen Jüngern mit den Worten: ›Nehmet, esset, das ist mein Leib‹ (Matth. 26, 46). Dieses *Brotbrechen* PANEM FRANGERE wurde die stehende Formel für die geheimnisvolle Eucharistie PANIS FRACTIO.

Auch als Christus den Seinen das Vaterunser schenkte, umgab er das Brot mit ehrwürdigstem Glanz. Es gibt keine Religion der Erde, die ein ähnliches Gebet wie dieses PATER NOSTER aufzuweisen hat. Es durchschreitet lichtvoll klar und in göttlicher Einfachheit den Umkreis menschlicher Anliegen. Wenn es die Anliegen der Seele vorgetragen, gibt es auch dem Leib sein Recht. Alles, was dem Menschen gebricht, drängt es in die Genügsamkeit der Brotbitte. PANEM NOSTRUM QUOTIDIANUM DA NOBIS HODIE *Unser täglich Brot gib uns heute* (Matth. 6, 11). In der katholischen Messe singt auf dem Höhepunkt des liturgischen Dramas der Priester das Pater noster, und das Volk beendet die Bitten in ebenso erhabenem Gesang. Abermals betont die Bibel den Wert des Brotes. ›Welcher unter euch Menschen, so ihn sein Sohn bittet um Brot, der ihm einen Stein biete?‹ (Luc. 11, 11) Zweihundert Jahre vor diesem Wort findet sich bei Plautus ein Sprichwort, das einen ähnlichen Gedanken erläutert: ALTERA MANU FERT LAPIDEM, PANEM OSTENTAT ALTERA (Aulularia 195). So verfahren hinterlistige Menschen, daß sie *mit der einen Hand Brot zeigen und in der anderen einen Stein bereithalten,* um zu schaden, daß sie jemand mit Versprechen locken, um ihn zu verderben.

Es gab übrigens im Altertum auch die Anschauung, daß Brot zu brechen gefährlich sei. *Brich kein Brot!* PANEM NE FRANGITO! So lehrte Pythagoras, ungebrochenes Brot bedeute und erhalte die Freundschaft. – In der deutschen Geschichte hat ein Brotbrecher einmal schwer die Treue gebrochen, einer aus dem wilden Geschlecht der Frangipani. Diese kriegerische römische Adelsfamilie hat das Colosseum in ein Sippenkastell umgebaut und die Triumphbögen der urbs in Forts verwandelt. Sie schlugen sich jeweils dorthin, wo der größte Vorteil lockte. So bekämpften sie hintereinander Friedrich Barbarossa, stellten sich zu seinem Enkel, dem großen Friedrich II., verdarben dessen Enkel, den jungen Konradin. Sie waren es, die diesen Liebling der deutschen Nation in einer weltgeschichtlichen Stunde verrieten und gefangennahmen. Giovanni Frangipani sperrte ihn und seine deutschen und italienischen Begleiter in einem Kastell ein und lieferte den blonden, edlen Kaisersproß den Anjous aus, die dem letzten Staufer in Neapel das Haupt abschlugen (1268).

Von der Liebe

OMNIA VINCIT AMOR
Alles unterliegt der Liebe

In vielen Farben schillert die Liebe. Sie umschließt niedere Bezirke und steigt in die höchsten Sphären, sie zielt auf das eigene Selbst, auf Du und auf Gott, sie stuft sich ab, sie geht vom Dumpfen zur lichten Verklärung. An den Grenzen zerfließt sie: nach unten in die Lust der Psychoanalytiker, nach oben in selbstlose Höhen der Freundschaft. Auch als verkappten Geschlechtstrieb wollte man sie schon erkannt haben oder als Mitleid mit andern, wie Schopenhauer ein wenig pessimistisch sie darstellt. Sicher toben sich auf diesem weiten Felde die menschlichen Lüste, Kräfte, Tugenden und Leidenschaften aus. Die Liebe ist die große Kraft, aus der die Dichter sich ihre Visionen, Bilder, Antriebe und Stoffe holen. Nach ihren Wurzeln fragen die Philosophen und nach ihren Zwecken die Theologen: denn die Liebe schmeckt nach Erde und Himmel zugleich.

Sicher auch: sie treibt als innere Kraft die Welt, sie schafft das Leben, hält die Welt des Geistes und der Seele im Innern zusammen. Die Liebe bändigt nach Hesiod und Empedokles die widerstrebende Fülle der Gestalten und Kräfte und einigt sie als kosmisches Prinzip. Unsterblicher Besitz der Menschheit wird immer das große Wort bleiben, auf das hin Dantes ›Göttliche Komödie‹ angelegt ist und mit dem das ›Paradies‹ ausklingt:

Wie sich gleichförmig dreht ein Rad, die Liebe,
Die da die Sonne rollt und andere Sterne.   (Par. 33, 144)

Das große kosmische Prinzip treibt auch das menschliche Tun. Es mischt sich in die großen Linien und innersten Beweggründe der hohen Politik wie in die kleinen privaten Belange der Menschen. Die Liebe schafft Märtyrer und Helden, Verbrecher und Narren: *Sie überwindet alles, und wir beugen uns ihrer Macht* OMNIA VINCIT AMOR ET NOS CEDAMUS AMORI (Vergil, buc. 10, 69). Dieses Wort steht in der letzten, der künstlerisch vollendetsten Ekloge und ist der Schlüssel zu den Bucolica. Allmächtig beherrscht sie Welt und Herzen, sie lebt souverän nach eigenem Gesetz. Sie überspringt die Logik und Vernunft und mißachtet die Forderungen der Moral, sie setzt sich über die Berechnungen des Bürgers ebenso hinweg, wie sie den voraussichtlichen Ablauf der Dinge über den Haufen wirft.

Zu Ende des vierten Buches seiner ›Consolatio philosophiae‹, Trost der Philosophie, dichtete Boethius in dem Schrecken seines Gefängnisses ein erhabenes Lied der Liebe. Er besang das Muster adeliger Gattenliebe, den Orpheus. Dante erklomm, um Beatrice zu finden, dichtend das Empyreum, Orpheus stieg flötespielend in den Orkus hinab, um Eurydike zu suchen. Die Liebe und die Trauer um die verlorene Ehegefährtin gaben seinen Liedern nie gekannte Worte und seiner Leier neue Töne. Sie besiegte selbst den Herrn der Schatten. Er gab ihm die Gattin, liedererkauft, zurück.

Mitten in seinem Hochgesang, der in platonische Gedanken ausmündet, entdeckt Boethius das Wesensgesetz der Liebe: *Wer gab Liebenden ein Gesetz? Höheres Recht ist die Liebe sich selbst* QUIS LEGEM DAT AMANTIBUS? MAIOR LEX AMOR EST SIBI (cons. phil. 3, 12).

Es ist nicht einmal so, daß die Liebe bloß die Gefühle beherrscht. Selbst in das Reich des Geistes erweitert sie ihr Kraftfeld. Wie eine frühe Ahnung der Wertphilosophie findet sich bei Augustinus immer wieder der Gedanke, daß Erkenntnis nur dann aufgeht, wenn das Liebesverlangen nach dem Wert erwacht. Der Mystiker Bernhard von Clairvaux sieht ebenfalls in der Liebe auch den Schlüssel zu jeder Einsicht. *Eine Sache wird nur insoweit erkannt, als sie geliebt wird* RES IN TANTUM INTELLEGITUR, IN QUANTUM AMATUR.

Zu den unwandelbaren Wesenheiten der materiellen Werte, die über der empirischen Gegenstandswelt stehen, führt das Interesse, die Liebe, jene geheimnisvolle Grundeinstellung der Menschheit zu Gott, Welt, Wert, Wirklichkeit und Leben.

Spinoza macht in seiner Ethik (3, 31) noch auf einen Wesenszug der Liebe aufmerksam. Sie bemächtigt sich auch des Willens des andern. Sie will, daß er liebe, was wir lieben, und verabscheue, was wir hassen. Der eiskalte Logiker zitiert in seinem Werke wenig. Aber für diese Wahrheit zieht er doch einmal einen Zeugen des Altertums heran, Ovid:

SPEREMUS PARITER, PARITER METUAMUS AMANTES.
FERREUS EST SI QUIS QUOD SINIT ALTER AMAT
(Ovid, amor. 2, 19, 5 und 4)
Hoffen zugleich und fürchten zugleich muß jeder, der liebet.
Eisern ist, wer da liebt das, was der andre verließ

Derselbe Vergil, der die Allmacht der Liebe besungen, kennt auch ihre Problematik. Der Segen kann Fluch werden. Mit den gleichen Worten, mit denen Vergil das Geld verdammte, macht er auch hinter der Urkraft der Liebe sein Fragezeichen. IMPROBE AMOR, QUID NON MORTALIA PECTORA COGIS? (Aen. 4, 412) *Grausame Liebe, wozu doch treibst du die Herzen der Menschen?* Die Liebe strebt

einander, anerkennt den Geliebten und fördert ihn. Sie ist das
Miteinander, Zueinander und Füreinander. Zwischen Sexus und
Eros, zwischen Priapus und Platon formen sich ihre Schattierun-
gen. Das Sprichwort wird das Wörterbuch ihrer Probleme. Ihre
Macht und Flüchtigkeit, ihre Lust und ihr Leid, ihren Schmerz und
ihre Tugenden aufzudecken, wird die Sprache aller Völker nicht
müde. Zupackend gebärde sie sich beim Mann, bei der Frau fülle sie
die ganze Seele aus. Man kennt Beispiele und treffende Kernsätze
für die beständige, verbotene, betrogene, blöde und echte Liebe.
Wie ein Krebs ist alte Liebe sagte der Römer und meinte damit, daß
alte Liebe nicht rostet. ANTIQUUS AMOR CANCER EST (Petronius 42).
Man kann dieses ›cancer‹ beim Spötter Petronius ebensogut verstehen als ›unheilbarer Schaden‹ wie als ›Krebsschere‹.

Die Erfahrung hat die Augen für das Phänomen Liebe geschärft,
aber die Liebe kümmert sich nicht um Lob und Verdikt.

Es gab und es wird immer geben die erste Liebe, die erzwungene,
ewige, falsche, fürchtende, gemeine, gekränkte, halberloschene,
glückliche und getäuschte. Lieder und Romane künden die heimliche,
junge, laue, hoffnungslose, die letzte Liebe oder verdammen mit
Ovid den schüchternen Liebhaber:
Wer erst Küsse sich nahm und nun das übrige nicht nimmt,
   Der hat verdient, daß er auch, was ihm gegeben, verliert
OSCULA QUI SUMPSIT, SI NON ET CETERA SUMET,
   HAEC QUOQUE, QUAE DATA SUNT, PERDERE DIGNUS ERIT
                      (Ovid, ars amat. 1, 669 f.).
Nichtswürdig heißt die Liebe gelegentlich, rein, sanft, still, süß
und treubewährt, unheilbar und unbefriedigt. Die Litanei nimmt
kein Ende. Die verlorene, wandelbare, vorsichtige besteht wie die
unschuldige, unwiderstehliche und unsterbliche – bis zu Goethes
wahrer Liebe, die immer sich gleich bleibt, ›wenn man ihr alles ge-
währt, wenn man ihr alles versagt‹.

Es nimmt uns nicht wunder, daß auch die galante und geistreiche
Kunst der Devise sich der Liebe annahm, um ihren Tadel zu kosten
oder ihre Art zu preisen. Unter einem Schmetterling, der um eine
Fackel fliegt, liest man: *Ich leide, um zu siegen* UT POTIAR, PATIOR.
Ein feuerspeiender Berg wird beziehungsreich beschriftet CAUSA
LATET *Verborgene Ursache*. Dies alles ist diese Urmacht: im Herzen
sitzt sie als Leidenschaft, im Verstand als Sympathie für die Werte,
im Körper als geheimer Drang, zu besitzen, wozu man geheimnisvoll verlockt wird.

AMA ET FAC QUOD VIS
Liebe und tu, was du willst

Unzufrieden mit der Tyrannis ihrer Vaterstadt wanderten einst viele Milesier nach dem nicht allzu weit gelegenen Myus. Aber während sie dort das Brot der Fremde aßen, verzehrte sie selbst das Heimweh. Der milesische Fürstensohn Phrygius verliebte sich in Pieria, die Tochter eines der Emigranten. Befragt, was er ihr Gutes erweisen könne, um ihr seine Liebe sichtbar zu machen, erbat sie nur, er möge die Leidensgenossen vom Heimweh befreien und ihnen ab und zu den Besuch der Vaterstadt Milet gestatten. Die selbstlose, anmutige Bitte, das ehrende Heimweh rührten den Fürsten, er söhnte sich mit seinen politischen Gegnern aus. Die Liebe des Paares aber kündeten Milet und Myus und das Altertum. Plutarch erzählt, bis in seine Tage bäten die Brautleute heimlich die Götter, *geliebt zu werden wie Pieria von Phrygius* UT PHRYGIUS AMAT PIERIAM (de mulierum virtutibus 16 = moralia p. 254 A.).

In allen Zungen preisen Volksmund und Dichter solches Zu- und Füreinander. Auf dieser goldenen Leiter in den Himmel zu steigen, wünscht das liebende Herz. Keiner aber liebt die Liebe edler als Plato. Was er vom Eros dachte, kündet Diotima. Ihre schöne Seele deutet die Grundkraft der Menschen, ja der Welt als Gnade. Wann immer von heiliger, adeliger Liebe die Rede ist, wenn Hölderlin zum Beispiel ihr gottverwandtes Wesen feiert, taucht Name und Vorstellung der priesterlichen Diotima auf. Sie führt die angeborene Richtung jeder Liebesregung, das Besitzenwollen, langsam aus dem Körperlichen ins Geistige. Den Drang der Sehnsucht wendet sie mit klarem Blick ins Göttliche. Die Liebe des Eros strebt nach dem Hinauf, nach dem Höher. Stufenweise schreitet die Seele weiter. Vermöge der Liebe wendet sich der Begnadete zunächst zum schönen Leib, dann vom sinnlichen Genuß zur schönen Tat, vom guten Wirken zur edlen Erkenntnis, vom Wissen ›zum weiten Meer des Schönen‹, bis zur letzten Schönheit, wo das Gute in sich ist, das Göttliche. Wer der Schönheit um ihrer selbst willen nachstellt, dem entgleitet sie. Er zerstört sich Leben und Werk, weil er die Grundordnung der Werte aufgehoben hat. Wer aber wahr sein, das Wahre sagen und die Wahrheit tun will, dem begegnet von selbst, ungesucht und wider Erwarten die Schönheit, das beglückende Geheimnis eines formgewordenen und in Gott gegründeten Lebens. So macht die Liebe uns schließlich gottdurstig, ja gottähnlich. Augustinus hat in der Nachfolge Platons das Schöne *den Abglanz der Wahrheit genannt*, SPLENDOR VERITATIS. Wer bis in diesen geistigen Bereich der

Liebe sich emporgeschwungen hat und ins Uneindringliche vorgedrungen ist, wer so sehr Trieb, Begehren und Selbst hinter sich gelassen hat, der ist nicht mehr gebunden an die Sünde, er kann nicht mehr fehlen und nicht mehr irren, der wohnt an der Wurzel der Tugend und der weilt in der wahren Freiheit. Das meint das erhabene Paradox des Augustinus, als er die Liebe der Liebe pries: *Liebe und tu, was du willst* AMA ET FAC QUOD VIS. Als Rabelais über die Abtei Thélème das: ›fais ce que tu vouldras‹ schrieb, kehrte er die hohe Reinheit des augustinischen Eros in eine Erlaubnis Epikurs um. Er hat Augustinus gründlich mißverstanden, weil er das wichtigste Wort unterschlug: ama. Nämlich Gott.

Nirgends mehr, soweit wir wissen, ist die Liebe als Gnade, die gottähnlich macht, und als schöpferischer Drang so gefeiert worden als vom Dichter der Diotima und des Phaidon. Was ist schließlich Dantes Beatrice anderes als eine Schwester der Priesterin des großen Griechen?

Noch ein unsterblicher Herold kündet in der Antike das hohe Lob der Liebe, Paulus. Platon erhob den Eros in den Himmel, der Eiferer Paulus siedelte sie auf der Erde an. Aber sie wandelt bei ihm erhaben über die Erde und diesmal heißt sie Caritas. Sie trägt nicht Licht in den Augen wie Platons Eros, sie hält Gold in den Händen. Sie ist nicht schöpferisch, aber tätig, sie tut Gutes. Das Christentum hat neu und umstürzend in die Welt gebracht, daß man zu Gott nicht bloß ›Herr‹ bete, sondern ›Vater‹ sage. Es stellte den Menschen auf Du und Du zu Gott und erlaubte, ja forderte, daß man ihn liebe. Weder das eine noch das andere hatte das Altertum bisher gekannt. Auch nicht, daß man die Menschen als Kinder des gleichen Vaters liebe. Die Menschenachtung, welche die Stoa verlangte, folgerte sie aus der Gleichheit der menschlichen Natur. Das Christentum aber leitet die Nächstenliebe aus der Gotteskindschaft ab. Es setzt solche Liebe um in die Forderung zur Tat. Auch das meint das ama et fac quod vis. Das Recht gibt jedem das Seine, die Caritas jedem das Meine. In dem sprachlich monumentalen, herrlichen 13. Kapitel des Konrinther-Briefes schrieb Paulus das Handbuch der neuen Liebe. Der Hochgesang liest sich wie ein Liebeslied auf die Liebe. So Erhabenes tönt uns dort wie Orgelgesang entgegen: *Sie erträgt alles, sie glaubt alles, sie hofft alles, alles übersteht sie* OMNIA SUFFERT, OMNIA CREDIT, OMNIA SPERAT, OMNIA SUSTINET (1. Kor. 13, 7).

So bleibt die christliche Liebe nicht halten bei Sehnsucht hinauf zum Schönen, Guten, Edlen, zum bloßen Wertfühlen. Sie ist Überwindung der natürlichen Härte des menschlichen Herzens, sie ist

Tat, überquellende Kraft, gespeist aus göttlicher Gnade, wachgehalten von göttlicher Hoffnung. Sie wirkt, wie Thomas von Aquin (Summa theol. I. 5. 4, 2) es einmal tief und eindeutig ausgedrückt hat, indem sie sich mitteilt und ausweitet. BONUM EST DIFFUSIVUM SUI *Das Gute ist ein Sich-selbst-verteilen.* In dieser Kraft vermochte die gottbegeisterte Caritas der ersten Christen die Herzen zu erobern und schließlich das geschichtliche Wunder zu vollbringen, das Heidentum zu überwinden. Wandte sie sich doch auch an die, welche der griechische Eros 'nicht achtete, die Mißgestalten an Leib und Seele.

Aber neben Platons Eros und des Paulus Caritas, neben die schöpferische Sehnsucht und den tätigen Erweis, tritt beherrschend, sieghaft und mit dem Totalitätsanspruch des Elementaren die zeugende Liebe: Venus. Ursprünglich dachte man groß von ihr. Griechen und Römern galt sie als der die ganze Natur durchwaltende Liebestrieb. Lucrez hat im Anfang seines Lehrgedichtes ›Über die Natur‹ diese heilige Vision der Venus festgehalten.

> Ja, jegliches folgt dir
> Gierig, wohin du es lenkst: dein Liebreiz bändigt sie alle.
> So erweckst du im Meer und Gebirg und im reißenden Flusse
> Wie in der Vögel belaubtem Revier und auf grünenden Feldern
> Zärtlichen Liebestrieb in dem Herzblut aller Geschöpfe,
> Daß sie begierig Geschlecht um Geschlecht sich mehren und
> mehren.
> Also lenkst du, o Göttin, allein das Steuer des Weltalls.
> Ohne dich dringt kein sterblich' Geschöpf zu des Lichtes Gefilden,
> Ohne dich kann nichts Frohes der Welt, nichts Liebes entstehen.

Schönheit und Genuß, sie waren an sich nicht die ganze Venus. In ihr weste mehr. Aber die Menschen sahen lieber nur Bild und Traum des Körperlichen und die Lustfülle, allen voran die Künstler. Und so verblaßte langsam das Bild der Allgewaltigen zu einem Inbild des Nurmenschlichen. Die Liebe ward immer mehr entgöttlicht. Schließlich sank sie in die Bezirke privater, selbst kleiner Liebe herab. Sie mußte mit ihrem Namen auch das zweifelhafte Zueinander decken. Die deutschen Namen Wonne und Wunsch sind wurzelhaft und sprachlich mit dem Namen Venus verknüpft. Frauenschönheit will das Wort besagen. Was Platon und Paulus ausschalteten, meldete sich wieder mit ihr an. Sie ist nicht selbstlos, das Ideal ›Liebe‹ wird für sie wieder problematisch, ihre Gaben erweisen sich oft als zufällig, unbeständig, zweifelhaft. Schon daß sie mit Ceres und Liber sich zeigt, macht sie verdächtig. Terenz, der lachende Komödiendichter, und der Kirchenvater Hieronymus, der

vor den Frauen Roms in das Gehäuse seiner lusttötenden Zelle floh
und sie hinter grimmigem Wesen, widerborstigen Sitten und tüfte-
ligen philologischen Arbeiten abwies, spotten ihrer. *Ohne Brot und
Wein friert die Venus* SINE CERERE ET LIBERO FRIGET VENUS (Terenz,
Eun. 732). Daß sie sich dem Gott des Krieges zuwendet, entspricht
den geheimen Gesetzen der menschlichen Natur. Der persönliche
Mut ist die erste männliche Eigenschaft. Das lebenmordende und
das lebengebende Prinzip ergänzen sich. Dem männlichen Angriff
erliegt die weibliche Hingabe. Kraft, Mut, Gefahr wecken die Liebe,
Bewunderung bereitet ihr den Weg. Wenn die Künstler wie Apelles
und Praxiteles den Frauenkörper in seiner adeligen Gestalt, in seinem betörenden Reiz oder seiner durchgeistigten Fülle nachzuschaf-
fen versuchten, dann wählten sie die Vorstellung von Venus. Und
trotzdem: Venus erfreute sich keines guten Rufes. Um ihre Vergangenheit liegt doch das ›unauslöschliche Gelächter‹ (Hom. Od. 8,
266), seit sie den rußigen Gatten Hephaistos betrog und mit dem
schmucken Ares in einem technischen Wunderwerk, der Falle des
Hephaistos, gefangensaß. Ihre Praktiken gelten als listenreich und
nicht einwandfrei. Liebe geht oft auf krummen Wegen. *Doch Cytherea erwägt von neuem List und neue Pläne im Herzen* AT CYTHE-
REA NOVAS ARTES NOVA PECTORE VERSAT CONSILIA (Aen. 1, 657).
    So borgte sie einst dem Jupiter ihren Gürtel, um ihm Liebeskraft
zu schenken, und sie lieh ihn gerne jedem, der darum bat. So war es
in Rom landläufig geworden, um *den Gürtel der Venus zu flehen*
CESTUM HABET VENERIS.

Wer glaubt, Julia, nicht dich von Phidias' Meißel geschaffen,
    Oder wer hält's für ein Werk nicht der Palladischen Kunst?
Dies Bild ist nicht stumm, hier spricht der leuchtende Marmor,
    Und in dem milden Gesicht glänzet lebendiger Schmelz.
Lieblich spielet die Hand mit dem Acidalischen Knoten,
    Welchen vom Halse sie dir, kleiner Cupido, geraubt.
Daß sich die Liebe des Mars und des mächtigen Donnrers erneue,
    Leihe sich Juno und selbst Venus den Gürtel von dir.
                                        (Martial, epigr. 6, 13)
    Und wie man sie um fragwürdigen Beistand anrief, so diente man
ihr auch nicht rein. In ihrem berühmten Tempel zu Corinth ver-
sahen ihren Dienst Hunderte von käuflichen Mädchen, die man ver-
schämt Hierodulen hieß. Und sie, an deren Schönheit sich das Auge
berauscht und die als die ›Meerschaum-Geborene‹ den Fluten ent-
stiegen war, hatte in Rom die Aufgabe, die Cloaca maxima zu
schützen. Auch das war Venus.

SI VIS AMARI, AMA
Willst du geliebt werden, liebe

Die Formen der Liebe lassen sich nach ihren tragenden Beweggründen als Liebe aus Leidenschaft, aus Galanterie, aus Sinnlichkeit und aus Eitelkeit einteilen. Groß und leidenschaftlich liebten Abaelard und Heloise. Bei der Liebe aus Galanterie ersteht vor unserem geistigen Auge etwa Watteaus Bild ›Einschiffung nach Cythera‹ mit seinen Silberschatten, die über Bäumen, in den Dingen und zwischen den Beziehungen von Mann zu Frau weben; guter Ton, Zartgefühl, Tändelei, Verantwortungslosigkeit und Charme spielen mit. Die Liebe aus Sinnlichkeit schmeckt nach Erde, Genuß und Besitzenwollen. Die aus Eitelkeit meint nur sich selbst und betrachtet die Frau oder den Partner lediglich als Rahmen, der die eigene Persönlichkeit hebt.

Alle diese Formen zeigen einheitliche Züge. Sie leben vom Zufall. Der große Kuppler der irdischen Liebe ist das Auge. Man kennt das Geheimnis des ersten Blicks. Man kann mit Augen alles sagen und doch den Blick wieder verleugnen. *Liebe und Zähren entspringen dem Auge und überfallen das Herz* AMOR, UT LACRIMA, AB OCULO ORITUR, IN PECTUS CADIT (Publ. Syrus). So dachte bereits das altrömische Sprichwort. Darum bleibt solche Liebe auch gebunden an Anblick und Vergegenwärtigung. ›Aus dem Auge, aus dem Sinn‹, so kurzlebig kann die Liebe sein. *So weit die Lieb' aus den Augen kommt, so weit geht sie aus dem Herzen* QUANTUM OCULIS ANIMUS TAM PROCUL IBIT AMOR (Properz 3, 21, 10).

Liebe braucht Pflege und Antrieb. ›Geduld! – QUOD ANTEA FUIT IMPETUS, NUNC RATIO EST – Sie muß noch ganz in mein Herz eingesponnen werden.‹ So umschreibt Kierkegaard Ovids Beobachtung: *was vorher Trieb war, ist jetzt Methode* (remed. amor. 5, 10). Das entzündende Feuer muß geschürt werden. Dies übernimmt die Phantasie. Sie vergoldet das geliebte Wesen, übersieht seine Schwächen und Mängel, macht blind dagegen, überhöht sein Gutes und redet sich Bedenken und Zweifel aus. Liebe braucht Farben und Bilder. Stendhal nannte das den Kristallisationsprozeß der Liebe. Sie ist stets ein Brunnen, aus dem wir nur soviel trinken, als wir hineingeschöpft haben, und die Sterne, die aus ihm blinken, sind nur unsere Augen, die hineinsehen. *Liebe lebt vom Traum* QUI AMANT, IPSI SIBI SOMNIA FINGUNT (Vergil, eclog. 8, 108). Alle übrigen Leidenschaften müssen ihre Wünsche der kalten Wirklichkeit anpassen, die Liebe allein formt sich die Wirklichkeit nach ihren Vorstellungen. Vielleicht ist sie gerade deswegen die stärkste Macht der Welt.

Die Mittel, mit denen sie am Leben erhalten werden muß, sind merkwürdig. Wer Ovids Liebeskunst liest, wird keinen anderen Eindruck mitnehmen als den, der sich bei Stendhals gerühmten Gedanken über die Liebe aufdrängt: welch ein Aufwand, welche Kniffe, welche Täuschungen, welches Raffinement! Die Liebe hält sich mit Halbwahrheiten am Leben und *will erschmeichelt, nicht befohlen sein* BLANDITIA NON IMPERIO FIT DULCIS VENUS (Publ. Syrus). Wäre die Weltgeschichte nicht anders verlaufen, wenn die an sich schon große Nase der Kleopatra ein wenig länger geraten wäre? Die Schlacht bei Aktium wäre dann ausgefallen, Rom hätte vielleicht keine Kaiser erlebt, der Osten hätte vielleicht den Westen überwältigt und Horaz wäre um sein NUNC EST BIBENDUM *Nun laßt uns trinken* gekommen, wenn dieses FATALE MONSTRUM *dieses Grauen des Geschicks* nicht von Caesar und Marcus Antonius geliebt worden wäre, denn dies alles steht im Jubellied über die besiegte ägyptische Königin.

Weil solche Liebe aus dem Zufall lebt, erfühlt der Instinkt, daß sie gefährdet ist. Die Seele überschlägt sich darum in Hoffnung, Vorstellung und Bewunderung, weil sie sich selbst nicht traut. Liebe bedarf der ständigen Nachhilfe. *Wenn du geliebt werden willst, liebe* SI VIS AMARI, AMA (Seneca, ep. 9, 6). Diese bedingungslose Forderung legt Seneca dem Hekaton in den Mund. In seinem eigenen Werk beanspruchen die Liebe und ihre Darstellung keinen sonderlichen Platz. Liebe erweckt Furcht und Hoffnung, verzerrt die Dinge, sie raubt den klaren Blick für das Wirkliche. Selbst die Klugen pflegen von dem Augenblick an, wo sie die Liebe überfällt, ihren Verstand zu verabschieden. Minne verkehrt die Sinne und Liebe und Vernunft gehen nicht miteinander. Überlegung scheidet aus, weil sie ein Vergnügen von gestern vergällen oder eine Freude für morgen untersagen könnte. *Lieben und vernünftig sein ist kaum einem Gott möglich* AMARE ET SAPERE VIX DEO CONCEDITUR (Publ. Syrus). Die ganze griechische und römische Mythologie bestätigte dem Publilius Syrus, was er selbst als altes Sprichwort weitergab. Sie wimmelt von Liebestorheiten der Götter. Von den Sillen des Xenophanes an und den Schriften des Platon bis zum grausamen Hohn der christlichen Apologeten lehnten der Geschmack und das Nachdenken gerade deswegen die Himmlischen ab, weil sie unwürdig und viel zu irdisch ihren Trieben folgten.

Alles haben Homer und Hesiod auf die Götter geschoben,
Was bei den Menschen wird als Schimpf und Schande betrachtet:
Diebstahl und Ehebruch auch und gegenseitige Täuschung.

(Xenophanes, Fragmente, 11)

Für die Menschen aber bildete man das geflügelte Wortspiel AMENS AMANSQUE *Der Liebende ist verrückt* (Plautus, Merc. 82). Der Verliebte merkt nichts mehr . . . ›wie ein Verehrer blind ist für die Schönheitsfehler seiner Liebsten, wohl sogar Freude daran hat wie Balbinus am Polyp seiner Hagna‹ (Horaz, sat. 1, 3, 40). *In der Liebe sieht niemand mehr* NEMO IN AMORE VIDET (Properz 2, 14, 18).

Und wie das Auge der Liebe trüb ist, so verliert ihr Wort an Gewicht, es quirlt, der Superlativ ist ihr liebstes Kind. *In der Liebe muß man Beteuerungen nicht so ernst nehmen* AMANTIS IUS IURANDUM POENAM NON HABET (Publ. Syrus 38). Stendhal erzählt einen grausamen Hohn. Das Fräulein von Sommercy, von ihrem Geliebten frisch bei einer Untreue ertappt, leugnet alles ihm frech ins Gesicht ab. ›Ach, ich sehe, daß du mich nicht mehr liebst; du traust deinen Augen mehr als dem, was ich sage.‹

Die Kupplerinnen der Liebe, Auge und Phantasie, gefährden auch ihren Bestand. Das sanfte Gleichmaß der Dinge, da die Liebe alle Mühsal auflöste, bekommt arge Stöße. Liebe und Leid gehen zusammen, die Liebe ist süß und schmerzlich zugleich, neben ihrem Engel stehen die Teufel. Ovid, unbestritten erfahren in Liebesdingen, klagt:

Soviel Muscheln der Strand, soviel Schmerzen die Liebe,
  Reichlich in Galle getaucht ist uns der treffende Pfeil
LITORE QUOT CONCHAE TOT SUNT IN AMORE DOLORES,
  QUAE PATIMUR MULTO SPICULA FELLE MADENT.

(ars amat. 2, 519)

An der angegebenen Stelle hat der Dichter das Leid aus der Falschheit abgeleitet. Aber Liebesschmerzen entspringen nicht bloß aus der Enttäuschung. Liebe lebt – auch in ihren besseren Formen – aus der Angst. Die Phantasie wird des Argwohns Schmied, sie vergrößert den Verdacht, sie erweckt die Eifersucht, die mit Eifer sucht, was Schmerzen schafft. Die Liebe wittert Gefahr. Der Eifersüchtige fürchtet unbewußt das innere Leben im andern, die unbekannten Regungen seiner Seele, das Dunkle und Undurchdringliche des Gegenüber. Daß die geliebte Person selbständig ist, schon daß sie denkt und träumt, beunruhigt. Augustinus, der sich vom Lotterbett der Sinne in die reinen Höhen des Eros emporgeschwungen hat und dabei viele Wege der Liebe gegangen ist, stimmt aus seiner eigenen Erfahrung dem alten Sprichwort bei: *wo keine Eifersucht, da ist auch keine Liebe* QUI NON ZELAT, NON AMAT (Aug., c. Adim. 13, 2). Der Eifersucht Schmerz wühlt deshalb so unstillbar, weil die Eitelkeit nicht mithelfen kann, ihn zu ertragen. *Ich könnte selbst Jupiter nicht als Nebenbuhler dulden* RIVALEM POSSEM NON EGO FERRE IOVEM (Properz, eleg. 2, 34, 18). Der Gedanke an das, was man zu verlieren fürchtet, übertrifft alles, was man von der Zukunft zu erhoffen wagt. Doch liegt auch ein zusätzlicher Reiz in den geringeren Graden der Eifersucht. Da die Angst nie ganz weicht, können die Freuden der Liebe nie langweilig werden. Die Versöhnungen können neue und heißere Anfänge werden, *der Streit der Liebenden schafft neue Liebe* AMANTIUM IRAE AMORIS INTEGRATIO EST (Terenz, Andr. 3, 3, 23). Und *der Liebe Wunden kann nur heilen, der sie schlägt* AMORIS VULNUS IDEM SANAT, QUI FACIT (Publ. Syrus 31).

Aber die Eifersucht kann rasende Blindheit werden. Auch in diesem Sinn gehören Venus und Mars zusammen. Der ›holde Wahnsinn‹ Platons und die ›verständige Raserei‹ Shakespeares kehren sich dann in tödlichen Haß. Der Liebende wandelt sich in Othello und würgt mit eigenen Händen die Liebe ab.

Ihr tiefstes Leid kommt der Liebe aus der Unzulänglichkeit des Menschen, aus ihrem eigenen Versagen. Je reiner und selbstloser, von außen ungefährdeter und kleinlichen Schwächen entrückter sie von dem Menschen Besitz nimmt, desto größeren Abstand empfindet die Seele vom Ich zum Du. Je näher die Herzen zusammenrücken, desto weiter entfernen sich die Winkel der Seele. Das allerletzte im Menschen bleibt dunkel, Liebe ist immer ein Sprung in das Wagnis und in den Glauben. Die zutiefst Liebenden finden immer, daß Welten sie trennen und sie auf fernen Sternen weit voneinander wohnen. Das ist das Erbleid der Liebe. Wem nie von Liebe Leid geschah, geschah von Liebe auch Liebes nicht. Hier versagt das Sprichwort. Es will ja die gängige Erfahrung, nicht die Höhen und Tiefen des Lebens deuten. Aber die Dichter und die großen Geister der Menschheit melden sich zu Wort. In solchen Qualen schreibt Gottfried von Straßburg seinen ›Tristan und Isolt‹, dichtet Dante seine ›Vita nuova‹ und die ›Göttliche Komödie‹. Dann schwingt sich die Seele über die Erde zur allgroßen Urliebe. Alle echte Liebe, die Menschen erschütterte, mündete irgendwie dort, wo das Herz ruhig wird und stille hält. *Spät habe ich dich geliebt, uralte und doch so neue Schönheit, spät habe ich dich geliebt* SERO TE AMAVI, PULCHRITUDO TAM ANTIQUA ET TAM NOVA, SERO TE AMAVI (Aug., conf. 10, 27). Für Augustinus war Gott die intelligible Schönheit schlechthin. In dieser Stelle ›ist eine Schönheit gemeint, von der die Ästhetik nichts weiß‹ (Ernst Robert Curtius).

Aber trotz so erhabener Einsicht, die Mehrheit der Menschheit wird immer auf seiten der irdischen Venus stehen. Ihr Leben verläuft, wie es das Nachtfest der Venus, das ›Pervigilium Veneris‹, sang: *Es sei verliebt, wer nicht geliebt hat; wer geliebt hat, sei verliebt* CRAS AMET, QUI NUMQUAM AMAVIT; QUIQUE AMAVIT, CRAS AMET.

Von der Freundschaft

IDEM VELLE ATQUE IDEM NOLLE
Dasselbe wollen, dasselbe nicht wollen

Die Liebe entspringt vorzüglich einem natürlichen Triebe und verläuft demnach nach den Spielregeln und psychologischen Gesetzen der Affekte. Vom Zufall geweckt, von der Phantasie genährt, durchlebt sie die dunkle Welt der Gefühle und die hellen der Bewußtheit.

Anders die wahre, echte Freundschaft. Keineswegs als ob nicht auch diese die Gefühle anspreche. Aber Freundschaft gründet doch im wesentlichen auf klarer Einsicht. Von der sentimentalen Gefühlsduselei und dem Freundschaftskult des 18. Jahrhunderts, die nur als Widerspruch zur überbetonten Kälte der Aufklärung zu begreifen sind, unterscheidet sie gerade dieses: ihre wechselseitige Zuneigung wurzelt in seelisch-geistigen Bezirken, schaut sich selbst mit klaren Augen an, ja ist um so dauerhafter, je bewußter sie die Gründe ihres Bestandes überdenkt. Nicht Lust, sondern der Wille nährt sie. So scheiden weitgehend Phantasie und Gefühl aus, Freundschaft tauscht sich gegenseitig geistig-seelisch aus und erprobt sich im Wohlwollen der Tat. Sie erblüht in der gegenseitigen Achtung, erhält sich gegenseitig am inneren Wert. IDEM VELLE ATQUE IDEM NOLLE, EA DEMUM FIRMA AMICITIA EST *Dasselbe wollen, dasselbe nicht wollen, das erst ist feste Freundschaft*. Sallust (Cat. 20, 4) nahm in dieser klassisch gewordenen Wesensbestimmung die Definition des Aristoteles auf. Das lateinische Schrifttum machte sie sich zu eigen. Als einer seiner ältesten Freunde endlich Katechumen geworden war, erinnerte Augustinus, der ›sich aus der Überfülle seiner Arbeit losgerissen, oder besser gesagt, losgerungen und weggestohlen hatte‹, um ihn zu beglückwünschen, an Ciceros schöne Definition der Freundschaft: RERUM HUMANARUM ET DIVINARUM CUM BENEVOLENTIA ET CARITATE CONSENSIO *Die Übereinstimmung in weltlichen und göttlichen Dingen, verbunden mit Wohlwollen und Liebe* (ep. 258, 1, 2).

Eben weil Heimat und Wirken der Freundschaft im Geiste liegen, blüht sie ohne die Schwankungen des Zufalls. Sie zeichnet sich durch Beständigkeit aus, ist *Sache der Dauer* AMICITIA STABILIUM. Drum preist sie Cicero als *ewig* VERAE AMICITIAE SEMPITERNAE SUNT (de amicitia 9, 32).

Gewisse Richtungen der Antike pflegten die Freundschaft mit einer Art religiösen Kults. Man hat den Eindruck, daß sie im Leben mancher edlen Männer den wankend gewordenen Götterglauben ersetzte.

Bis heute preist die Menschheit echte Freundschaft als edelstes Geschenk des Schicksals. Die Jugend träumt von ihr eher als von der Liebe. Aber nur zu oft erlebt sie, daß, was sie mit dem Ehrentitel Freund belegte, nur eine kurante Münze war. Der scheinbaren Freundschaft fehlt die Seele, die gemeinsame geistige Welt. Wenn dann die erste Liebe der Geschlechter aufkeimt, zieht solche Freundschaft von dannen. Umgekehrt: wahre Jugendfreundschaft hält das ganze Leben vor.

Erst allmählich lernt der Mensch, daß Freund sein, wie alle echten Freuden, eine ernste Sache ist. Die wahrhafte Freundschaft behauptet sich trotz echter Liebe und neben ihr. Ja, sie macht sich nötig. ›Wer da hat, dem wird gegeben, daß er die Fülle hat.‹ Ein so Beglückter trägt gleichzeitig Liebe und Freundschaft wie die seltenen Bäume, die in einem blühen und Frucht tragen. Solche Freundschaft erhebt sich auch über die Kameradschaft. Sie hat dem Kameradsein das Besondere, Individuelle, Feine, Geistige und Gefühlsmäßige voraus, sie begegnet sich mit der Kameradschaft nur im Handeln auf ein gemeinsames Ziel hin. Kamerad sein ist helfen, Freund sein dienen und lieben. Das Altertum kannte das Wort Kamerad nicht, wohl aber die Sache. Der erhabene Eid der athenischen Epheben spricht die lauterste antike Form der Kameradschaft aus. ›Ich will nicht schänden die heiligen Waffen und nicht verlassen meinen Nebenmann im Kampf. Ich will eintreten für das Hohe und Heilige, allein und in der Mannschaft. Ich will mein Vaterland meinen Kindern nicht kleiner vererben, sondern größer und besser, als ich es übernommen habe. Stets will ich auf die Obrigkeit hören und den jetzt bestehenden und den künftigen Gesetzen gehorchen, wie sie das Volk einhellig aufstellt, und wenn es einer unternimmt, die Gesetze aufzuheben oder unbotmäßig zu sein, so will ich es nicht zulassen, sondern einschreiten, allein und mit allen zusammen. Ich will den Glauben der Väter ehren. Des seien die Götter Zeugen!‹

In seiner ›Bürgschaft‹ erzählt Schiller ein kleines handliches Drama von der Freundschaft des Damon und Phintias. Das hohe Ethos und die Spruchweisheit der Freundschaft in diesem Gedicht ist Eigentum des deutschen Volkes geworden. Nur wenige ahnen, daß die beiden, über Fährlichkeiten und Selbsterhaltungstrieb obsiegenden Freunde – Pythagoreer waren und damit die herbe Lehre jenes edlen Weisen vorleben, der nicht nur Welt und Ding in die

Harmonie der Zahlen band, sondern auch für seinen Bund und die Menschen überhaupt nicht Schöneres wußte als den Zusammenklang der Herzen. Er war der erste, der jene Heiligsprechung der Freundschaft grundlegte, die in der ganzen Antike nicht mehr untergegangen ist. So ausschließend der heroisch-aristokratische, fast mönchische Verband seiner Schüler sich nach außen versperrte, so innig knüpfte er die einmal Aufgenommenen aneinander. Sein Ausleseverfahren, das peinlich jeden auf Geist und Körper prüfte, schuf wie von selbst das IDEM VELLE ET NOLLE *Dasselbe wollen und nicht wollen.* So radikal forderte er die letzte Konsequenz der Freundschaft, daß er einen heiligen Kommunismus verlangte. Dem sagenumwitterten Manne wird vom lateinischen Schrifttum der Satz zugewiesen: *Unter Freunden soll alles gemeinsam sein* COMMUNIA ESSE AMICORUM INTER SE OMNIA (Terenz, Adelph. 803).

Ist Pythagoras der Prophet der Freundschaft, so darf Aristoteles ihr Philosoph genannt werden. Hatte die pythagoreische Freundschaft einen exklusiven Charakter, so gab ihr der Denker von Stagira einen soziologischen Zug. Die Freundschaft wurde eine Art Schwester des Rechtes. Er sieht in der Freundschaft die ethische Grundlage für das Gesamtleben. Alles dieses birgt sich in seiner berühmten Wesenserklärung: Freundschaft besteht in dem gegenseitigen und gegenseitig bekannten Wohlwollen, womit sich mehrere um eines Gutes willen zugetan sind. Mit diesem Gedanken ist er dem christlichen Begriff der Nächstenliebe sehr nahe gekommen.

Wie Cicero berichtet, pflegten die Römer zu sagen: *Freunde tun mehr not denn Feuer, Wasser und Brot* NON AQUA, NON IGNI... PLURIBUS LOCIS UTIMUR QUAM AMICITIA (Cicero, de amicitia 6, 22).

Aristoteles lehrte das gleiche: ›Ein Leben ohne Freunde würde niemand wählen wollen, wenn er auch alle Güter hätte.‹ Seine Freundschaft hat den glücklichen Bestand des Staates im Auge. Erst der Praktiker der Freundschaft, Epikur, holte sie wieder in den einzelnen zurück. Er rechnete die Freundschaft zu den geistigen Lüsten der Welt und zu ihren höchsten Gütern. Ihm wird Freundschaft Ersatz für Religion und Polis und staatliches Handeln. Deshalb trägt bei ihm die Freundschaft individuelle Züge. Sie vervollkommnet den Menschen im Bunde und mit Hilfe des andern. So hat Seneca später seine Freundschaft mit Lucilius aufgefaßt und gelebt. Epikurs ›Garten‹ war eine Pflanzstätte edler Freundschaft. Er selbst pflegte und übte sie vorbildlich. Noch an seinem Sterbetag schrieb er an Idomeneus einen Brief, mit dem er ihm die Sorge für die Waisen eines verstorbenen Freundes auftrug. Das biblische *Geben ist seliger als Nehmen* hat auch er gelehrt und gezeigt. BEATIUS EST MAGIS DARE

QUAM ACCIPERE, ein Wort Jesu, das nur Paulus überliefert hat (Apost. 20, 35).

Das Wohlwollen, das Herzstück der Freundschaft, stuft sich ab. Sowohl das sittlich Gute als auch das Angenehme, selbst das Nützliche können Beweggrund des gegenseitigen Wohlwollens, der benevolentia, sein.

In einer so hehren Sache wie der Freundschaft können Erwägungen des Nutzens nur selten sich lange halten. Tatsächlich aber fügt der sacro egoismo die meisten Bindungen zusammen, die sich den Ehrennamen ›Freundschaft‹ beilegen. Der große Epigrammatiker Martial hat dem Volke auf den Mund gesehen. Listig und boshaft beobachtete er die Schwächen der Menschen und die Skandale seiner Zeit. Der Mit- und Nachwelt hat er diese keineswegs knalligen, sondern anmutigen und geistreichen Pointen nicht vorenthalten. Seine Epigramme nennen etwa hundertmal den Namen Freund. Aber die meisten angeprangerten Freundschaften erheben sich nicht über die Gemeinschaften des Geldborgens, des Bücherwidmens, der Tischfreuden. Sie klingen alle etwas höhnisch, voll tiefen Zweifels an dem hohen Sinn des Freundseins.

Glaubst du, er, den der Tisch, den das Mahl dir zum Freunde
gemacht hat,
Trage der Freundschaft Herz redlich für dich in der Brust?
Rotbart, Eber und Austern und Saubrust liebet er, dich nicht.
Mein Freund würd' er sogleich, speiset ich ebenso gut.
(Martial, epigr. 9, 14)

Es ist das alte Lied, im Leben der kleinen Leute und der tragischen Gestalten der Geschichte immer wieder erprobt und erlitten: *Solange du glücklich bist, wirst du viele Freunde haben. Wenn die Zeiten trübe werden, stehst du allein* DONEC ERIS FELIX, MULTOS NUMERABIS AMICOS. TEMPORA SI FUERINT NUBILA, SOLUS ERIS (Ovid, tristia 1, 9, 5 f.). Solche Freundschaften pflegen zu sterben; eine Freundschaft aber, die sterben kann, war nicht echt.

Aber: alles Herrliche ist selten. Drum sind die Beipiele wahrer Freundschaft Menschheitsbesitz. Martial hat im allgemeinen über die Freundschaft mehr gewitzelt als sie gepriesen. Und doch hat er uns in einem einzigen Epigramm gleich zwei Beispiele lauterer Freundschaft aufbewahrt, die uns mehr erquicken als sein Spott: Wie Caesonius uneigennützig seinem Freund Seneca die Treue hielt und wie er selbst die gleiche Liebe von seinem Freund Ovidius erfuhr. Caesonius Maximus war von Nero verbannt worden, weil er sich in die Verschwörung des Piso verwickelt hatte. Da meldete sich der Freund Quintus Ovidius. Als vor Jahren Caesonius Rom verließ, um den ehrenvollen Posten eines Prokonsuls im Imperium zu übernehmen, da hatte Ovidius es abgelehnt, ihn in dieses Glück zu begleiten. Nun, in der Stunde der Gefahr, stellte er sich freiwillig ein, um ihm in die Schmach und in die Verbannung zu folgen. Er wiederholte dabei nur die gleiche Treue, die Caesonius seinerseits dem Seneca bereits einmal erwiesen hatte. Er war mit Seneca, dem Lobredner der Freundschaft, freiwillig nach Korsika ins Exil gegangen, als der Staatsmann dort die Rache der Messalina und den Undank des Claudius büßen mußte. Des Martial Gedicht, an Ovidius gerichtet, liest sich wie ein Hymnus auf die alte Erfahrung, die bereits Ennius vorgetragen und Cicero überliefert hat: *Der sichere Freund wird in unsicherer Lage erkannt* AMICUS CERTUS IN RE INCERTA CERNITUR (Cicero, de amicitia 17, 64).

Dies, Ovidius, ist dein Caesonius Maximus, er ist's,
  Dessen Züge dir treu lebendes Wachs noch bewahrt.
Nero verdammt ihn, doch du verdammtest Nero, und du bist
  Kühn dem Vertriebenen, nicht deinem Geschicke gefolgt.
Scyllas Fluten durchschiffst als des Flüchtlings großer Begleiter
  Du, der den Consul nicht hattest begleiten gewollt.
Ist Fortdauer bestimmt den Namen, welche mein Blatt nennt,
  Will's das Geschick, daß ich leb' über die Asche hinaus,
Soll es das jetzige Volk und das künftige hören,
  FUISSE ILLI TE, SENECAE QUOD FUIT ILLE SUO.
  Was er einst seinem Seneca war, warst du, Ovidius, ihm.
                                    (Martial, epigr. 7, 44)

Redet man der Liebe nach, daß sie blind sei, so fordert man von der Freundschaft, sie müsse mit offenen Augen und lauterer Wahrheit den Freund nehmen, wie er ist, mit allen seinen Schwächen und seinem Guten. Freundschaft besteht nicht unter nur Vollkommenen, wohl aber unter denen, die immer strebend sich bemühen. Darum sorgte schon das Sprichwort der Alten vor, daß nicht Rigorismus und Tugendstolz Freundschaft verhindere. *Du darfst die Fehler des Freundes sehen, hassen darfst du sie nicht* AMICI MORES NOVERIS, NON ODERIS (Porphyr. zu Horaz, sat. 1, 3, 32). So kam im Bewußtsein der Schwäche, aber auch in der Hochachtung vor dem beiderseitigen Streben eine der untadeligsten Freundschaften der Antike zustande, die dauernde und fördernde Seeleneinheit zwischen Augustinus und Alypius. Der Rhetor von Karthago hat die Geburtsstunde ihres Herzensbundes unvergeßlich bewahrt. Der jüngere Alypius hatte eine tadelnde Bemerkung des im stillen verehrten Augustinus, die dieser in eine Vorlesung einfließen ließ, auf sich bezogen. ›Was ein anderer nur auf sich angewandt hätte, um mir zu zürnen, verwandte der edle Jüngling dazu, gegen sich selbst aufgebracht zu sein und mich glühender zu lieben.‹ Augustinus hat in hohem Stolz darum ihre Freundschaft unter das weise Wort gestellt: *Strafe den Weisen, und er wird dich lieben* CORRIPE SAPIENTEM ET AMABIT TE (prov. 9, 8). Von Stund an wanderten sie gemeinsam durch Freud und Leid, durch die Höhen und Tiefen des Lebens und die Schmerzen der Erkenntnis und kosteten die Früchte einer echten Seelengemeinschaft; Mängel und Reichtum auf beiden Seiten umarmten einander, erweiterten den seelischen Macht- und Wirkungsbereich; das Übergewicht des einen erdrückte nicht den andern; sie opferten, ohne gleich den Segen des Opfers zu erfahren, *jeder dem anderen Freund* AMICO AMICUS (Plautus, mil. glor. 658). Römer und Griechen forderten, *erst einen Scheffel Salz mit dem zu essen, den man zum Freunde erwählen wollte* MULTOS MODIOS SALIS SIMUL EDENDOS ESSE UT AMICITIAE MUNUS EXPLETUM SIT (Cicero, de amicitia 19, 67). Hier ward es erfüllt. Mit hellem Bedacht, mit der Rückhaltlosigkeit und Glut des Südländers, mit dem Abstand des Christen ist der Afrikaner Augustinus, der sich stolz einen Römer nannte, der Vergil liebte und in seinem Leben den Umkreis des antiken Denkens umschritt, von Cicero zu Manes, von Karneades zu Platon und Paulus, auch in seinem Freundschaftsbedürfnis ein Sohn des Altertums geworden. Alypius war nicht sein einziger Freund. Die berühmte Streitfrage, ob man nur einen oder auch mehrere Freunde in des Wortes tiefem Sinne haben könne, hat Augustinus eindeutig für die AMICITIA PLURIUM *die Freundschaft mit mehreren* entschieden. UNUS DEUS ET PLURES AMICI *Ein Gott und manche Freunde* könnte über diesem Leben stehen.

Wo immer die Geschichte uns Beispiele der Freundschaft bewahrt hat, alles, was da leuchtend von uns ging, läßt sich in den Denkspruch drängen, der in einem Gedankenspiel das Wort Amor in die Strahlen eines Prismas zerlegt, um das Wesen der Freundschaft zu gewinnen: AMICUS COGNOSCITUR AMORE, MORE, ORE, RE *den Freund erkenne an Liebe, Gehaben, Wort und Tat.*

Auf den kalten Gipfeln irdischer Größe, auf den einsamen Höhen der Macht scheint sie nicht recht gedeihen zu wollen. Sie erfriert in Schmeichelei oder verkümmert im Grundübel des Menschen, der Eigensucht. Es spricht für die menschliche Klugheit des Königs Albrecht II., daß er Freunde um seinen Thron versammeln wollte und ihre Pflege sich als Leitsatz für sein herrscherliches Tun vorgesetzt hat. *Der Freund ist das beste Gut des Lebens* AMICUS OPTIMA VITAE POSSESSIO. Er fand Widerhall in den Herzen. ›Seit Christi Geburt‹, meldet treuherzig ein Chronist jener Tage über seinen Tod, ›ist kein König von vornehm und gering so beklagt worden wie König Albrecht.‹

Vom Gelde

NERVUS RERUM
Triebkraft der Dinge

Am Anfang der Wirtschaft stand nicht das Geld, sondern die Sache. Wer Dienste oder Waren empfing, bezahlte mit Dingen. Im alten Italien z. B. tauschten Hirten und Bauern mit dem, was den Wohlstand des Landes ausmachte, mit Vieh. Bis heute trägt dieses Land den ehemaligen Überfluß in seinem Namen, denn Italien bedeutet nichts anderes als Viteliu, das ist Kälberland. Und im lateinischen Wort für *Geld* PECUNIA lebt die Erinnerung an das erste Tauschmittel PECU, das *Vieh,* weiter.

Als die Römer schon seit langem Kupfermünzen kannten, behauptete sich immer noch das Vieh als Wertmesser bei den Stammeinwohnern des Landes, bei den Umbrern, Sabellern und Oskern. Solange es diese Art pecunia gab, so lange blieben auch die bäuerlichen Kräfte der Stämme ungebrochen. Ein prächtiges Lob steht über dem kargen Anfang des späteren römischen Weltreiches: PARSIMONIA ET DURITIA *Sparsamkeit und Härte*. Diese Eigenschaften waren im Sabinerland noch zur Zeit des Cato Censorius heimisch. Cicero (p. Flacc. 29, 72) hat ein bezeichnendes Wort des alten Haudegens und Widerborstes aufbewahrt. Es meint dasselbe wie parsimonia et duritia: PEDIBUS COMPENSARI PECUNIAM *Schnelles und weites Zu-Fuß-Gehen ist Geld wert*. Der rothaarige, blauäugige Bauer Cato zeichnete ein unverfälschtes Bild vom nüchternen, kräftigen, sparsamen und harten Anfang der Römer. ›Ich habe gleich von Anfang an in Kargheit und Härte und angestrengtem Fleiß meine ganze Jugend fern vom Genusse gehalten und dafür den Acker bebaut, sabinischen Felsboden, und habe hartes Gestein tief bearbeitet und bepflanzt.‹ Die römischen fasces, das von rotem Lederriemen umwickelte Rutenbündel mit eingehängtem Beil, rochen noch nach dem alten Wald der Anfänge und gemahnten an die Holzfäller der Väterzeit.

Nicht bloß der Name pecunia erinnert an die primitiven Anfänge der römischen Geldwirtschaft, sondern auch das Finanzgebaren. Weil mit großen Gewinnen oder Verlusten durch Konjunktur oder Spekulation noch nicht zu rechnen war, so genügte es, alle fünf Jahre die *Steuer* festzusetzen, CENSUS.

Erst allmählich fiel der Geist von der Redlichkeit und Kargheit zum *Genusse* ab, LUXURIA. Dieser innere Niedergang ging parallel mit dem äußeren Aufstieg des eigentlichen Geldes.

Schon in Cato regte sich ein betriebsamer Erwerbssinn, der seltsam von dem Bilde des sonst so genügsamen Mannes absticht. Er ließ billige und ungelernte Sklaven abrichten und verkaufte solche Menschenware mit Gewinn. Er hat sie nach Kräften ausgenützt wie ein Kapitalist und sie losgeschlagen, wo sie nicht mehr nutzbringend waren. Sein berühmtes CETERUM CENSEO CARTHAGINEM ESSE DELENDAM, das er beinahe in jeder Senatsversammlung vorbrachte, entsprang nicht bloß politischem Haß. Der Verfasser der ersten lateinischen Abhandlung über den Landbau bestand auf seinem *ich meine im übrigen, Karthago müsse zerstört werden,* weil er die punische Hauptstadt auf dem Weltmarkte auch in Wein und Öl geschlagen sehen wollte. Übrigens ist das Wort Catos nirgends bei den alten Schriftstellern nachzuweisen.

Mit dem Untergang Karthagos und aus den siegreichen östlichen Feldzügen strömte gemünztes Geld nach Rom. Der ungewohnte Reichtum wollte untergebracht sein, damit er arbeiten könne. Aber Rom, das ein halbes Jahrtausend lang keine einzige Erfindung hervorbrachte, war unfähig auch auf industriellem Gebiet. Es vermochte aus eigenem weder den Radius seiner Minenbauten zu erweitern noch zu produzieren. Rom besaß niemals einen aktiven Außenhandel. Darum auch der Mangel an tätigem Seeverkehr. Das auffällige Zurückbleiben der Griechen und Römer in Wirtschaft, Technik und Naturforschung hängt auch mit der Schwerfälligkeit ihres Zahlensystems zusammen, das eine einfache Rechenoperation zu einer Art Geheimwissenschaft machte (Franz Maria Feldhaus: ›Die Maschine im Leben der Völker‹). Und da es in Rom nur Kapitalisten, aber keinen Kapitalismus gab, machte man in technischen und wirtschaftlichen Dingen keinen Fortschritt und mehrte sich das Geld nicht durch Fleiß. Roms Industrie war der Krieg, sein Unternehmergeist bestand im Ausplündern der Besiegten und Provinzen, seine Geldwirtschaft darin, die Reichtümer der Welt nach Rom zu ziehen. Die Finanzpraktiken erschöpften sich in Wucher. Rom bezahlte seine Einfuhren nicht mit den Früchten seiner Arbeit, sondern mit dem baren Geld, das es requiriert hatte. Darum ist das Geld im Laufe der Jahrhunderte tropfenweise wieder weggeflossen. Der Goldschatz schwand. Schließlich hatte man nur noch Grund und Boden. Da begann jene späte Periode der römischen Geschichte, als man wieder zum Naturalaustausch zurückkehrte, als man an die ›Barbaren‹ Grund und Boden abtrat, um sie zu Verbündeten und unter Stilicho, Aetius, Ricimer, Odoaker zu den wahren Herren des Imperiums zu machen.

Als dann der Staatsschatz weggeschmolzen war, schlug auch die Todesstunde der alten römischen Legion, die das Rückgrat des Reiches geworden war. Und die Geburtsstunde kam für jene Inflation wertloser Münzen, die richtige Metallassignaten waren und heute noch zuhauf gefunden werden.

Als Rom noch von Gold überfloß, legten viele Finanzmänner ihren Reichtum in Latifundien an. Sie erblickten im Großgrundbesitz Sicherheit und Macht. Zudem, die vielen Kriegssklaven waren billige Arbeitskräfte, die gewinnbringend eingesetzt werden konnten. Man kannte mittlerweile auch die rationelle Bewirtschaftung, wie sie längst in Karthago geübt wurde und von den Griechen, namentlich von Aristoteles und seinen Schülern, auch wissenschaftlich unterbaut worden war. Die neue Wirtschaftsweise: große Güter, viele billige Arbeitskräfte, ergiebige Anbauverfahren veränderten die Struktur des römischen Bauerntums und der Familie. An die Stelle des Hausvaters, der mit seinen Angehörigen, Klienten und Sklaven seinen Boden bearbeitete, trat der ferne Grundherr, der eine Sache nutzte. Landflucht setzte ein. Ländliches Proletariat wanderte in die Städte. Der Gewinn hatte über die Familie obgesiegt, die Wissenschaft über das Herkommen, das Geld über die Seßhaftigkeit.

Die antike Erfindung des Geldes als eines staatlich anerkannten Wertzeichens anstatt eines Tauschobjektes eroberte die Welt und beherrscht sie bis heute. Anfänglich boten die Münzen sich an, dem Menschen dienen zu wollen. Bald aber beherrschte das Geld sein Sinnen und Trachten und nahm Besitz vom ganzen Menschen selbst.

IMPERAT AUT SERVIT COLLECTA PECUNIA CUIQUE
TORTUM DIGNA SEQUI POTIUS QUAM DUCERE FUNEM

(Horaz, ep. 1, 10, 47)

Herr oder Sklav' ist das erworb'ne Geld für den Erwerber.
Recht gewertet, sollte es nachtraben an handfestem Stricke,
nicht Treiber sein.

Ganz aus weiter Ferne taucht noch einmal in diesem Vers die Herkunft des Geldes auf. Das Geld-Tier ist am Stricke zu fesseln; man muß es hinter sich herziehen. Komisch und bitter wirkt es, wenn uns das Goldene Kalb führt. Das Geld-Tier ist auch in Rom ein Götze geworden. Sallust nennt es ausdrücklich ›ein Untier, wild, erbarmungslos, unerträglich‹ (ep. ad Caesarem 2, 98). Gerade er mußte es wissen, denn er war Fachmann in anrüchigen Geldaffären.

Als ›Nerv der Dinge‹, als Haupttriebfeder von allem, ist das

Geld bis zum heutigen Tag akkreditiert. Das biblische Goldene
Kalb bekam einen fast metaphysischen Namen. Ja, als die Kaiser
sich DIVI *göttlich* nannten, erhielt es sogar einen Heiligenschein. Die
Staatskasse hieß damals ›der heiligste Fiskus‹. Demosthenes hatte
bereits das Geld als Nerv der Dinge, als ausschlaggebend in allen
Lagen angeprangert. Cicero nahm das willkommene Wort begierig
auf und richtete es gegen den Krieg, dessen Erstes und Letztes und
treibende Kraft ein unermeßlicher Vorrat an Geld sei. PRIMUM NER-
VOS BELLI PECUNIAM INFINITAM (Philipp. 5, 2, 5). Des späteren Mon-
tecuccoli dreierlei Dinge, die zum Kriegführen nötig sind, ›Geld,
Geld, Geld‹, ist also eine uralte Erfahrung.

Ein anderes Wort Ciceros weckt die Erinnerung an einen der
dunkelsten Punkte römischer Geschichte, an das Unrecht der Steuer-
eintreibung. Er nennt die *Steuern den ›Nerv der Republik‹*, VECTI-
GALIA NERVOS ESSE REI PUBLICAE (de imp. Cn. Pomp. 7, 17). Am er-
giebigsten flossen sie in den Provinzen. Diese vectigalia pachteten
auf dem Submissionswege die PUBLICANI *Zöllner*. Es war für sie ein
Spekulationsgeschäft. Es galt mehr herauszuschinden, als man ange-
setzt und eingeschossen hatte. Bis in die Kaiserzeit hallt die römische
Geschichte wider von Skandalen aus der Geldaristokratie, von ver-
brecherischen Taktiken, aus der Haut der Provinzialen Riemen zu
schneiden. Die Statthalter machten vielfach mit den Blutsaugern gemeinsame Sache und beteiligten sich an den unsauberen Gewinnen.
Um sicher zum Ziele zu kommen, stellten sie die staatlichen Druck-
und Machtmittel den Erpressern zur Verfügung. Selbst in die Bibel
ist der publicanus als Typ erbarmungslosen Geizes eingegangen. Ihr
ist öffentlicher Sünder und Steuereintreiber gleichbedeutend (Matth.
9, 10). Des biblischen Matthaeus römisches, ins verbrecherische Groß-
format ausgewachsenes Gegenstück, der Kunsträuber Gaius Verres,
wurde im sprichwörtlichen Vergleich für alle Zeiten gebrandmarkt.
In die Augen springender Rechtsbruch hieß IUS VERRINUM *Recht des
Verres* (Cicero, in Verr. 1, 46, 121) schon zu Ciceros Zeiten.

So verfilzt galten Geld und Amoralität, daß man allgemein urteilte: *Der Reiche ist entweder ein Bösewicht oder eines Gauners
Erbe* DIVES AUT INIQUUS AUT INIQUI HERES (Hieronymus, ep. 120, 1).
Und so fragwürdig war der nervus rerum in Form der Steuer, daß
Cicero an einen alten Spruch erinnert, der durchaus catonischen Geist
atmet: MAGNUM VECTIGAL EST PARSIMONIA *Sparen ist eine gute Einnahme* (Cicero, parad. 6, 3, 49).

Einen der widerlichsten Fälle von Geldgier bietet Sallust. Er
hatte sich als Prokonsul ein Riesenvermögen in Neu-Afrika zusam-
mengestohlen. Die berühmten HORTI SALLUSTIANI *Gärten Sallusts,*

die auf dem Pincio eine Sehenswürdigkeit des verwöhnten Rom bildeten, waren mit diesem Blutgeld erkauft und mit den Tränen afrikanischer Steuerzahler gedüngt. Der glänzende römische Geschichtsschreiber lebt in der Geschichte als ein Erpresser größten Stils fort. Ein grausamer Witz will es, daß gerade von ihm die einsichtigsten Worte und die erschütterndsten Anklagen gegen das verruchte Geld geschleudert wurden. Und es ist eine weitere Unbegreiflichkeit im Bereich seelischer Abgründe, daß seine überzeugendsten Worte gegen das Geld nicht als Reue nach seinen Schandtaten, sondern unmittelbar vor seinen Räubereien als Bitte, Rat und Warnung an Caesar gerichtet worden sind. Seine beiden Sendschreiben an den Diktator begründen in immer neuen Wendungen das Leitmotiv: ›Nimm dem Geld seinen Einfluß. Denn wo Reichtum Ruhm bedeutet, da sind alle Güter käuflich: Treue und Redlichkeit, Scham und Zucht. Weder Heere noch Reichtum widerstehen ihm.‹ Sallust meint dasselbe, was König Philipp von Mazedonien einmal sagte (Cicero ad Att. 1, 16, 12): Alle Vesten könnten erobert werden, wenn man nur ein Eselchen mit Gold beladen hinaufbrächte. AURO SOLEANT ADAMANTINAE ETIAM PERFRINGI FORES (Apuleius, met. 9, 18) *Gold geht durch alle Türen.* Gold sprengt auch die Tugend und die Herzen. Den Goldsegen auf Danae deutete Horaz als Triumph dieses allmächtigen Verführers, Geld.

> Jener eherne Turm, wo man die Danae
> Barg, die Riegel am Tor, und die gestrenge Wacht
> Scharfer Hunde umher hätten sie wohl verwahrt
> Vor der Liebhaber Nachtbesuch,
> Wenn, Acrisius, nicht, ängstlicher Kerkerer
> Deines Töchterchens du, Venus und Jupiter
> Dein gelacht: denn es würd' offen die Bahn und frei,
> Wenn ein Gott sich in Gold einhüllt.
> Gradhin wandelt das Gold durch die Trabantenwacht
> Und durchschmettert sogar Felsen, gewaltiger
> Als hochdonnernder Schlag.   (carm. 3, 16, 9)

›Ruf, Scham, Kinder, Vaterland und Vaterhaus nimmt das Geld allen Menschen fort‹ (Sallust). Die Moral und der Anstand pflegen vor dem Geld zu schmelzen wie Schnee vor der Sonne. Damals wie heute richteten sich die Freundschaften und der Verkehr nach dem Geldsack, und man war gesellschaftlich tot, wenn man nichts besaß. PLUS POTEST QUI PLUS VALET *Mehr vermag, wer mehr besitzt.* RES AMICOS INVENIT *Wer Gold hat, findet auch Freunde.* In solche und ähnliche Redewendungen wandeln Plautus (Truc. 812, Pers. 387) und Terenz diese Erkenntnis ab. Horaz meint es zwar ironisch, wenn er ein griechisches Sprichwort zitiert: VIRTUS POST NUMMOS *Die Taler gehn der Tugend vor* (Horaz, ep. 1, 1, 53). Aber es steckt doch auch Bitterkeit dahinter. In seiner kernigen, dem Volksmund abgesehenen Sprache bezog Luther den Horaz'schen Spott selbst auf christliche Belange: QUI NON HABET IN NUMMIS *Wer kein Geld hat, dem hilft nicht, daß er fromm ist* (Tischreden § 13).

Eine kleine Episode, die uns Petronius in seiner Cena Trimalchionis, Kap. 53, erzählt, läßt uns in die schwarze Tiefe menschlicher Geldgier schauen. Hier zunächst eine Notiz, die der Schreiber wie aus dem amtlichen Tagesanzeiger vorlas: ›Am 26. Juli. Auf dem cumanischen Gut, welches dem Trimalchio gehört, 30 Jungen, 40 Mädchen geboren. 500 000 Scheffel Weizen von der Tenne in die Magazine gebracht. 500 Ochsen eingefahren... Am selben Tag 10 Millionen Sesterzen in die Kasse abgeführt, weil sie nicht anders unterzubringen waren.‹ Gewiß, das ist übertreibende Satire auf einen neureichen Geldmenschen. Aber blickt nicht der Menschheit ganzer Jammer uns grausam höhnisch an, wenn derselbe Trimalchio gelegentlich fragt: ›Arm? Was ist denn das?‹ (Ebenda, Kap. 48.)

Am Ende ist eben kein Sinn mehr im Reichtum. Er macht blind, hart und versteinert das Herz. Die Zahl der reichen Leute war in den Zeiten der sterbenden Republik immer größer geworden. IN MANU ILLIUS PLUMBUM AURUM FIEBAT (Petr. 13) *Bei diesen Glückspilzen wurde selbst Blei zu Gold.* In Rom, wo die Steuern der Welt zusammenströmten, wohnten in Luxusbauten Dutzende, von denen schon früher Plautus (Bacch. 332) spottete: *Sie haben goldene Sohlen an den Schuhen* QUIN HABEAT AURO SOCCIS SUPPACTUM SOLUM. Marcus Crassus, der Reichste der Reichen, der von Caesar und Pompeius als dritter in das erste Triumvirat aufgenommen wurde, besaß am Anfang seiner Laufbahn 7 Millionen Sesterzen (über 1¹/₂ Millionen Mark), am Ausgang derselben, nachdem er ungeheure Summen an das Volk ausgegeben hatte, 170 Millionen Sesterzen (39 Millionen Mark). Ins Riesige, wie der Besitz, türmten sich übrigens auch die Schulden der Geldmagnaten. Marcus Antonius brachte es mit 38 Jahren bereits auf 40 Millionen Sesterzen Debet.

Nach oben und nach unten zeitigte der nervus rerum zwei Begriffe, die sich mit Wort und Inhalt in das europäische Bewußtsein eingegraben haben: den Luxus und den Proleten. Das skrupellos erworbene und sinnlos besessene Geld wurde ebenso bedenkenlos verschwendet. Es schuf die LUXURIA, *den Luxus*, das Höhenwort der Zivilisation, die raffinierte Verfeinerung der Annehmlichkeiten des

Lebens. Die Humanisten haben die Sache bestaunt, das Wort übernommen und an die europäischen Sprachen weitergegeben. Der Weg von der parsimonia zur luxuria ist der Weg des römischen Geldes, der Sittengeschichte und des – Proletariats.

Der Prolet war die bedenkliche Kehrseite der luxuria auf der Seite der Leidtragenden. PROLETARIUS *Kindererzeuger* war ursprünglich ein Ehrenname bei den Römern gewesen. Nun bezeichnete er immer mehr die besitzlos Gewordenen, die dem Staat keine Steuern, sondern nur Kinder lieferten, jene RUDIS INDIGESTAQUE MOLES, *die rohe und nicht zu verdauende Masse* (Ovid, met. 1, 7), die eine Gefahr für jedes Regime wurde und die man so lange mit *Schauspielen und Zuckerbrot* niederhielt PANEM ET CIRCENSES (Juvenal 10, 81), als es ging. Schon Cicero kamen solche Gestalten als *Auswurf des Volkes* SENTINA PLEBIS, *als Bodensatz des Staatsschiffes* SENTINA REI PUBLICAE vor, nach jenem eklen Wasser benannt, das die Schiffe aufsogen und das Fäulnis und Unflat besagte.

Dem Geldmann machte es kein Kopfzerbrechen, woher das Geld kam und wie es sich mehrte. Er empfand kein Gewissen, seinen Reichtum mit Blut zu gewinnen und aus Tränen zu pressen. In sich war das Geld ja ohne Stimme und ohne Laut. Der berühmte Atticus, die Blüte des Ritterstandes, nahm für ausgeliehenes Geld bis zu 100 %, der edle Brutus 48 % Zinsen. Der alte Rechtsgrundsatz RES CLAMAT AD DOMINUM *Die Sache schreit nach ihrem Herrn* blieb Papier, wo der Geldadel sich mit der Staatsgewalt im gemeinsamen Ziel, reich zu werden, traf. IBI FAS, UBI PROXIMA MERCES *Wo das meiste Geld, da ist das Recht* (Lucanus, Pharsalia 10, 408). Das Geld roch auch nicht. Vom römischen Kaiser Vespasian, den die Alexandriner wegen seiner Pfennigfuchserei Heringskrämer (Kybiosaktes) schimpften, den die Römer wegen seiner Freigebigkeit ›gegen alle Menschenklassen‹ (Sueton, Vespas. 19) priesen, stammt diese zynische Anprangerung des Geldes. Als er den Gerbern und Tuchmachern den Urin der Bedürfnisanstalten und der in den Straßenwinkeln als Pissoir aufgestellten Amphoren für ihr Handwerk verkaufte, tadelte ihn sein Sohn Titus. Vespasian jedoch hielt ihm ein Geldstück unter die Nase und fragte ihn: ›Verspürst du einen üblen Geruch?‹ Als Titus verneinte, sagte er: ›Und doch ist es vom Urin‹ (Sueton, Vespas. 23). Die Antwort des Kaisers wurde vom geflügelten Wort in die Worte NON OLET *Es stinkt nicht* gefaßt.

1200 Jahre, nachdem das Geld so hoffähig gemacht worden war, hat ein deutscher König die verletzte Ordnung wiederhergestellt. Wenigstens im Wort! Der tapfere Adolf von Nassau, der aus einem Grafengeschlecht stammte, in dem Schmalhans Küchenmeister war, richtete die natürliche Wertordnung wieder ein. Im Frankfurter Römer wird ihm als Wahlspruch zugeschrieben: *Besser ein Mann ohne Geld, als Geld ohne Mann* PRAESTAT VIR SINE PECUNIA QUAM PECUNIA SINE VIRO. Wenn Adolf sich wirklich die Absage an das Geld erkoren haben sollte, so blieb es bei der besseren Einsicht. Auch er erlag der Lockung des Besitzes. 1288 hatte er nach der verlorenen Schlacht bei Worringen kleinlaut bekannt: ›Ich bin der Graf von Nassau, Herr eines kleinen Besitztums.‹ Aber als König strebte er so hartnäckig und skrupellos nach einer starken Hausmacht, daß ihn die Fürsten kurzerhand absetzten. Trotz geschworener Eide und empfangener Hilfsgelder hatte er den König von England verraten – als die Franzosen mehr zahlten.

In der großen und kleinen Welt, im öffentlichen Leben und im engen Kreis der Alltäglichkeit hat das Geld noch nichts von seiner Macht eingebüßt. Es blieb der nervus rerum, Vater und Erbe der Kriege, das Vehikel des Teufels.

Von Gut und Böse

›Das Gute ist eine Urgegebenheit, die von keinem anderen Daseins-
gehalt, von keinem anderen Wert her bestimmt werden kann, sondern sich durch sich selbst bezeugt und aus sich selbst verstanden
wird. Daß der Mensch vom Sinn des Guten berührt und von seiner
Gültigkeit verpflichtet wird, begründet seinen Charakter als Mensch.
Auch diese Tatsache ist eine Urgegebenheit, die von etwas anderem
weder abgeleitet werden kann noch soll‹ (Guardini).

Und doch. Medea, die Tochter des Kolcherkönigs Aietes, hatte
kaum den edlen Jason erblickt, als sie auch schon in schmerzlicher
Liebe zu ihm entbrannte. Süßer Kummer bemächtigte sich ihrer
Seele. Ihr Herz geriet in den Taumel der widersprechendsten Gefühle. Wem sollte sie nachgeben, der Pflicht des Gehorsams gegen
den Vater oder dem neuen unbekannten Gefühle, das sie überrannte,
der besseren Einsicht oder dem betörenden Triebe? Sie entschied sich
gegen den Vater für den Geliebten. Jason sollte das Goldene Vlies
mit ihrer Hilfe gewinnen, wenn auch der entsetzliche Drache es be-
wachte.

> Als sie nach langem Kampfe nicht überwinden die Flamme
> Kann durch Vernunft, beginnt sie: Du kämpfst, Medea,
> vergebens;
> Hinderlich ist dir ein Gott, und ein Wunder, wenn es nicht das ist
> Oder etwas Ähnliches doch, was Liebe genannt wird.
> Warum erscheinen mir denn zu hart des Vaters Gebote?
> Ja, sie sind auch zu hart! Was bangt für das Leben mir dessen,
> Den ich nur kaum noch gesehen? Woher die große Besorgnis?
> Aus jungfräulicher Brust verbanne die lodernde Flamme,
> Wenn du, Arme, es kannst. *Ja, könnt ich es, wäre ich weiser,*
> SI POSSEM, SANIOR ESSEM
> Aber die neue Gewalt reißt fort mich, und anderes rät mir
> Amor als die Vernunft. *Ich sehe das Bess're, erkenn es,*
> *Hange dem Schlechteren an* VIDEO MELIORA PROBOQUE
> DETERIORA SEQUOR.

(Ovid, met. 7, 11 ff.)

Die Klage der Medea geht weit über die Selbsterkenntnis und das Selbstbekenntnis eines einzelnen hinaus. Von jeher wurde sie als schmerzvolles Eingeständnis der gesamten Menschheit gewertet. Sie faßt zusammen, was gerade die Besten erlitten, die rätselhafte Neigung des Menschen zum Bösen. Platon, der dichtende Philosoph, schaute das beschämende Selbsterlebnis des Bösen im Bilde der zwei Pferde. ›Der Wagen der Seele ist mit zwei Rossen bespannt: das eine schön gebaut, mit hohem Nacken, schwarzen Augen, weiß an Farbe, keiner Peitsche bedürftig; das andere vielfach gewunden, hartnäckig, rot an Augen, von grauer Farbe‹ (Phaed. p. 253). Nüchterner, ohne Bild, aber mit erschreckender Wahrheit deckte Xenophon des Menschen innere Zerrissenheit auf. ›Ich habe deutlich zwei Seelen, denn wenn ich nur eine hätte, so würde ich nicht Gutes und Böses zugleich lieben und dasselbe zugleich wollen und nicht wollen ... Wenn die gute stärker ist, tun wir Gutes, wenn die böse, Böses‹ (Cyropädia 6, 1).

Etwa 50 Jahre nach dem Dichter Ovid fällt der Apostel Paulus in dieselbe Klage ein. *Denn ich weiß, daß in mir, das ist in meinem Fleische, wohnt nichts Gutes. Wollen habe ich wohl, aber vollbringen das Gute finde ich nicht. Denn das Gute, das ich will, das tue ich nicht, sondern das Böse, das ich nicht will, das tue ich* SCIO ENIM QUIA NON HABITAT IN ME, HOC EST IN CARNE MEA, BONUM. NAM VELLE, ADIACET MIHI: PERFICERE AUTEM BONUM, NON INVENIO. NON ENIM QUOD VOLO BONUM, HOC FACIO; SED QUOD NOLO MALUM, HOC AGO (Röm. 7, 18). Seneca, der Zeitgenosse des Paulus, beurteilte die sittliche Neigung der Menschen nicht weniger pessimistisch. Er stimmte im ganzen mit Paulus überein, wie er überhaupt sich vielfach christlichen Ideen näherte. Ein gefälschter Briefwechsel zwischen dem Stoiker und dem Völkerapostel ging schon in der alten Kirche um. ›Wir werden immer gestehen müssen, wir seien böse, seien böse gewesen, und ungern füge ich hinzu, werden immer böse sein‹ (de ben. 1, 10, 1). Selbst Horaz teilt den Pessimismus über den Menschen. *Kein Mensch wird ja ohne Fehler geboren; denn der ist noch der beste, den die kleinsten drücken* NAM VITIIS NEMO SINE NASCITUR; OPTIMUS ILLE EST QUI MINIMIS URGETUR (sat. 1, 3, 68).

Daß auch das Böse sich schließlich in die göttliche Ordnung füge und keineswegs Gottes Rechte mindere, hat mit großartiger, hymnischer Schau der Grieche Kleanthes in seinem Zeus-Hymnus geahnt:

Hehrster der Himmlischen, Namenreicher, ewig Allmächtiger,
Kein Werk hier auf Erden geschieht ja ohne dich, Dämon,

Keines am göttlichen Himmelsgewölbe und keines im Meere,
Nur was die Schlechten vollführen in ihrer eignen Verblendung.
Aber das Krumme sogar, du weißt es grade zu richten,
Ungefüges zu fügen; was unlieb, dir ist es liebsam.
Hast du weislich doch alles gefüget, Edles und Schlechtes,
Daß ein einziger Sinn, ein ewiger, allen gemein sei.
Vor ihm fliehen die Schlechten der Sterblichen, um ihn zu meiden.
Toren, die immer nur Sehnsucht gefühlt nach irdischen Gütern,
Und des Gottes allgütig Gesetz nicht sehen noch hören.

Das Rätsel um das Böse ist aber keineswegs gelöst, wenn man es feststellt. Woher die Neigung zum Bösen stammt, ist damit noch nicht entschieden. Paulus, der das Problem angriff, flüchtete sich, das Böse zu erklären, ins Geheimnis. Augustinus folgte ihm. Auch er hatte aus schmerzlicher Sündenerfahrung die Klage des Altertums wiederholt. *Wie groß ist nicht der Unterschied zwischen mir selbst und mir selbst* ET TAMEN TANTUM INTEREST INTER ME IPSUM ET ME IPSUM (conf. 10, 30). Damals, so lehrten beide, als der erste Mensch die erste Sünde tat, seien geheimnisvoll und nur im Glauben feststellbar alle seine Nachkommen in der Wurzel verderbt worden. Ihr Wille wurde geschwächt und ihr Herz neigt sich von da an nach dem Bösen als seinem natürlichen Schwerpunkt. Adams Abkehr von Gott wurde Erbschuld der Menschheit. So düstere Verderbnis, das ererbte Böse, gab den dunklen Hintergrund ab, von dem das lichte Bild des christlichen Gottesbegriffes sich abhob. Die Welt ist Gott nicht mißglückt, obwohl sie das Böse enthält. Er schuf sie so, daß in ihr auch die Freiheit sich findet und vollendet. Er gab dem Geschöpfe Raum, sich zu entscheiden, sogar gegen Gott. Aber selbst des Menschen dunkelste Untat hat er in seine Vorsehung eingebaut und auf das End-Gute bezogen. Gerade das Böse hat den Ernst der Liebe Gottes bezeugt. Denn nach christlichem Glauben nimmt in der Menschwerdung der Gottessohn die menschliche Natur in die Einheit seiner Existenz auf und den Geschaffenen in das göttliche Leben. Das hat Paulus gemeint, als er auf dem Areopag zu Athen ein Wort aus dem oben angeführten Zeushymnus des Kleanthes sich zu eigen machte: *denn seines Geschlechtes sind auch wir* IPSIUS ENIM ET GENUS SUMUS (Apostelgesch. 17, 28). Ja, der zweite Petrusbrief enthält das dem Glauben erträgliche Wort, daß wir *teilhaftig* würden *der göttlichen Natur* DIVINAE CONSORTES NATURAE (2. Petr. 1, 4).
Noch eine andere Frage reckt drohend und finster hinter der Tatsache des Bösen das Haupt. Läßt die Feststellung, daß ich fast

immer dem Schlechten folge, auch den Schluß zu, daß ich ihm folgen muß? Besteht der freie Wille überhaupt noch vor solcher Neigung zur Sünde? Bewegt sich die menschliche Seele, wenn sie gut oder böse handelt, außerhalb der mechanischen Gesetzlichkeit?

Nun, ›das Gute ist der Inbegriff dessen, was getan werden soll. ‚Soll‘, nicht ‚muß‘. Der Anruf des Guten zwar verpflichtet. Und die Fähigkeit, auf das Gute anzusprechen, hängt grundsätzlich nicht, wie bei den übrigen Werten, von Begabung und Bildung ab, sondern ist mit dem Wesen des Menschen als solchem gegeben‹ (Guardini).

Gleichwohl – obwohl ich immer weiß, daß ich das Gute tun soll – meine innere Erfahrung sagt mir, daß ich dem Anruf gegenüber frei bin und mich frei verhalte.

Es war Platon, der die freie Entscheidung des menschlichen Willens zwischen Gut und Böse retten wollte, mochte auch die Erfahrung und der Anschein so aussehen, als ob der Mensch fast naturveranlagt das Böse erwählen müsse. Besonders im ›Gorgias‹ vertritt er die Lehre, daß seiner Natur nach der Wille sich immer auf ein Gut, also auf ein Gutes richte. Demnach will auch der Schlechte an sich ein Gutes, nur wählt er ein Scheingut, sei es wissentlich – das wäre die Sünde mit der erhobenen Hand, würden wir sagen –, sei es aus Irrtum und Irrweg, wie es gewöhnlich zu geschehen pflegt. An den Gedanken des ›Gorgias‹ hat sich 900 Jahre später Boethius aufgerichtet. Das vierte Buch seines ›Trostes der Philosophie‹ entwikkelt ähnliche Gedanken wie Kleanthes. Der Lohn für das Gute zeige sich am Menschen selbst. Der Gute ist, wie er sein soll. Ist das nicht Belohnung übergenug? Die Bösen sind nichts, eigentlich gar nicht seiend. Ist nicht alles Böse ein Mangel an Sein? Denn im Grunde genommen: das Böse ist gar kein Etwas.

Umfassender hat Leibniz in seiner Theodizee den ganzen Umkreis der einschlägigen Fragen abgeschritten und versucht, sie mit seiner christlichen Grundhaltung zusammenzustimmen. Das Böse ist nicht Substanz, es ist an den Dingen ein Mangel des Guten. An sich ist alles, weil vom Schöpfer geschaffen, aus der Allgüte entsprungen und an ihr teilhabend, gut. Aber aus dem Nichts hervorgezogen, nehmen die Dinge auch teil an der Natur ihres Ursprungs, dem Nichts. Sie suchen sich zu verändern. Verändern kann auch ein Sich-Verschlechtern sein. So liegt das Böse nicht in den Dingen selbst. Es kommt aus der mangelnden Übereinstimmung ihrer Beziehungen. Leibniz schützt so Gott, die Dinge und die Freiheit des Willens. Er verteidigt die Wahlfreiheit des Menschen mit platonischen Gedanken. Das Ovidsche VIDEO MELIORA PROBOQUE, DETERIORA SEQUOR nimmt er dabei zum Anlaß (Theod. 2, 154). Der Wille ist an sich einfach. *Aber er strebt zum Guten, und wenn er sich ins Böse verstrickt, so geschieht es durch Zufall, da nämlich dieses erwählte Böse sich unter der Maske des Guten versteckt* AT LIBERUM ARBITRIUM IN BONUM TENDIT ET SI IN MALUM IMPINGAT, ID PER ACCIDENS FIT, QUIA NEMPE MALUM ILLUD SUB BONO VELUTI LARVA TUM DELITESCIT. Die Worte Medeas zeigen an, daß *das sittlich Gute* BONUM HONESTUM überwunden wird *vom sinnlich Angenehmen* DELECTABILE, weil es auf Gemüter, die von Affekten bewegt sind, den größeren Eindruck macht.

Ganz anders deutete Spinoza, Leibnizens Zeitgenosse, das vielerörterte Ovidwort. In der kalten, mathematisch sich gebenden Logik seiner Gedankengänge gibt es weder Zufall noch Willensfreiheit. Der deterministisch klingende Ton des *video meliora* kam ihm gelegen. ›Und würden sie nicht die Erfahrung gemacht haben, daß der Mensch vieles tut, *was er später bereut* QUORUM POSTEA PAENITET, und daß er oft, wenn er von entgegengesetzten Affekten bestürmt wird, *das Bessere sieht und das Schlechtere befolgt*, so würden sie keinen Anstand nehmen, zu glauben, daß wir alles freiwillig tun‹ (Eth. 3, 2). Aber diese Willensfreiheit täuscht der menschliche Verstand sich nur vor, weil er die strenge Notwendigkeit der Weltordnung in ihrer Unendlichkeit nicht zu durchschauen vermag. In Wirklichkeit entsprechen sowohl die Entschlüsse des Geistes und die Begierden und die Bestimmung des Körpers von Natur einander. Sie sind ein und dasselbe Ding. Entschluß nennen wir es, *wenn es unter dem Attribut des Denkens* SUB COGITATIONIS ATTRIBUTO betrachtet und durch dieses ausgedrückt wird. Es heißt aber Bestimmung, wenn es *unter dem Attribut der Ausdehnung* gesehen wird SUB EXTENSIONIS ATTRIBUTO und aus den Gesetzen der Bewegung und Ruhe abgeleitet wird.

Ganz wohl wird dem Denken nicht bei dieser Konstruktion der Affekte und Entschlüsse. Das Bewußtsein des Menschen hängt zu sehr an der liebgewordenen Freiheit, sei sie nun ein ›Frei wovon?‹ oder ein ›Frei wozu?‹.

Auch Spinoza kennt an der angegebenen Stelle die Reue. Sie ist eine Wirklichkeit des Menschen. Sie verzehrt, was nicht hätte geschehen sollen. Sie ist der sprechendste Beweis für die Meinung, daß der Mensch sich verantwortlich für Gut oder Böse entscheidet, daß er sittlich wählt, sie ist der Ausdruck für das aut – aut, das Entweder – Oder der Willenswahl. ›Für die Freiheit also kämpfe ich, für das Vorwärtsleben, für das Entweder – Oder. Diesen Schatz wünsche ich denen zu hinterlassen, die ich liebe, ja, wenn mein kleiner Sohn jetzt in dem Alter wäre, mich zu verstehen, so würde ich zu ihm sagen: ,Ich hinterlasse dir nicht Vermögen, nicht Titel und Würden; aber ich weiß, wo ein Schatz begraben liegt, der dich reicher machen kann als die ganze Welt – und du sollst mir nicht einmal für den Schatz danken, denn es würde deiner Seele schaden, wenn du einem Menschen alles zu danken glaubtest; dieser Schatz liegt in deinem Inneren verborgen: es ist ein Entweder – Oder, das die Menschen über die Engel erhebt'‹ (Kierkegaard).

Von der Art der Frauen

GENUS MUTABILE MULIERUM
Das wandelbare Geschlecht der Frauen

Die Achtung der Indogermanen vor dem Weibe hielt lange vor. So waren ursprünglich die Griechen nicht blind für das frauliche Wesen. Noch im Werke Homers klingt viele Würde des weiblichen Geschlechtes auf. Aber allmählich machte das Beispiel der Orientalen Schule. *Aus dem Osten* kam nicht immer *Licht* EX ORIENTE LUX. Man glaubte bis vor kurzem, alle Kultur sei zu uns aus dem vorderen Asien gekommen. Aber gerade wie dort die Frau behandelt wurde, macht das geflügelte Wort in einem wichtigen Bezug sehr fragwürdig. Nach Homers Zeiten wurde die griechische Frau immer mehr aus ihrer achtunggebietenden Würde zurückgedrängt, aus dem öffentlichen Leben verwiesen und in die dumpferen Aufgaben einer Hausfrau eingespannt.

Aber die alten indogermanischen Erbkräfte ließen sich nicht radikal ausschalten. Die Dichter feierten weiterhin die treue Gattin in Penelope, die tapfere Hüterin der Sitte und des Rechts in Antigone. Die Bildhauer formten immer wieder das Ideal des weiblichen Körpers und Wesens, die Kraft und Würde der adligen Frau, wie sie Aristoteles später sah: ›Sie ist von schöner und großer Gestalt und wirkt freudig, ohne unterwürfig zu sein, aus der rechten Ordnung aller Seelenkräfte, aus der Haltung der Sophrosyne (die zur Sittlichkeit gewordene Besonnenheit) heraus‹ (Rhetorik 1, 5). Die ruhig in ihrer Schönheit blühende Frau, aber auch das Weib, das den Enthusiasmus hütet und den Rausch des Lebens in sich birgt, feiern die griechischen Plastiken und viele Vasenbilder. Vollends die Religion versinnlichte in Hera, der jungfräulichen Athene, der spröden Artemis und der glühenden Aphrodite die Urkräfte der Frau. Die delphische Pythia bewahrte die Erinnerungen an die Sehergabe der indogermanischen Frau, die Mysterien räumten gern der Priesterin einen Ehrenplatz im Kultus ein. Mochte immerhin die spätere Wirklichkeit die Hetären preisen, die Hausfrau in geistiger Dumpfheit halten, einem Sokrates eine Xanthippe zuordnen und die untergeistige, niedere Sinnlichkeit das edle Bild überdecken – in den Künsten und der Religion stand das Wunschbild von der adligen Frau unerschüttert.

Der konservativen Art der Römer entsprechend blieb die überkommene Verehrung der Frau länger unangetastet als bei den Griechen. Sie haben sie ernster eingeschätzt als die Griechen, wohl weil sie in ihrer Männlichkeit alle weiblichen Züge vermissen ließen. Die Frühgeschichte Roms erzählt viele Züge fraulicher Tapferkeit und Keuschheit. Coriolan war der einzige Römer, der gegen sein Vaterland zog. Aber die beiden Frauen, die im Leben eines Mannes einen Ehrenplatz beanspruchen dürfen, die eigene Mutter und die Mutter seiner Kinder, vermochten ihn zur Pflicht zurückzurufen. So retteten sie das geliebte Rom. Der Glanz vaterländischer Heimatliebe umfließt sie seitdem.

Als Sextus Tarquinius die Gemahlin des Tarquinius Collatinus, Lucretia, entehrt hatte, tötete sie sich, um die Schande nicht weiter zu tragen; der Vater des Übeltäters aber, der König Tarquinius Superbus, wurde vom empörten Volke gestürzt. So wurde der Untergang des römischen Königtums (510 v. Chr) für ewig an die Keuschheit und Treue einer Gattin geknüpft. Lucretia wurde das Urbild der Frauentugend, die Kunst der Renaissance hat sie immer wieder verherrlicht. Kein römischer Herrscher hat jemals wieder den Titel REX *König* zu tragen gewagt, so verhaßt war er geworden. Jemanden *königlich* (regie) behandeln besagte: sich gegen ihn grausam zeigen.

Sogar die Sklavinnen hatten ihren Ehrentag, die Feriae Caprotinae, weil sie sich einst für die römischen Frauen, als diese sich den siegreichen Latinern preisgeben sollten, opferten. Ja, ihre Anführerin Tutula lockte mit List die Römer herbei und besiegelte damit den Untergang der Feinde, die liebeserschöpft und weinbeschwert in ihren Zelten lagen.

Vollends um Cornelia, die Tochter des Publius Cornelius Scipio, der Karthago zerstörte, wob die Geschichte den Heiligenschein mütterlicher Größe. Sie hatte alle ihre Söhne bis auf zwei durch frühen Tod verloren. Ihr verdankten die beiden überlebenden herrlichen Söhne, die Gracchen, soziale Gesinnung und glänzende Rednergabe. Sie vereinigte in ihrer hehren Seele hohe Begabung und umfassende Bildung, und sie paarte römische Kraft mit fraulicher Anmut, Weichheit und Häuslichkeit. Cornelius Nepos hat uns zwei Bruchstücke eines Briefes an ihren Sohn Gaius Gracchus überliefert. Sie offenbaren ihr großes Herz und gelten als Perlen der lateinischen Sprache.

UBI TU GAIUS, IBI EGO GAIA
Wo du bist, Gaius, da bin ich Gaia

In den Anfängen römischer Geschichte gab der Vater die Tochter an
den Schwiegersohn wie eine Ware weg. Aber die humanere griechische Auffassung milderte die Sitte zugunsten der Selbstbestimmung.
Die spätere Trauformel: UBI TU GAIUS, IBI EGO GAIA (Plutarch,
quaest. Romanae 30) klingt voller Hingabe und edler Liebe und
deckt sich fast wörtlich mit jenem rührenden, schlichten Wort Ruths
(Buch Ruth 1, 16): ›Wo du hingehst, da will auch ich hingehen.‹ Ursprünglich Eigentümer der Frau, besaß der Ehemann als pater fami-
lias unumschränkte Gewalt, in der patria potestas eine Art Allmacht. Die Knaben wurden vor den Frauen genannt, weil Kinder-
segen von altersher dem Römer als Ziel des Lebens galt und mög-
licherweise unter den Kindern Knaben sein konnten: PUERI ET MU-
LIERES *Kinder und Frauen*. Die Frau gehörte dem Hause, nicht der
Gemeinde an. Innerhalb des Hauses aber war sie nicht Dienerin,
sondern Herrin. Sie hütete die Knaben, und wenn der Vater früh
starb, auch noch die Jünglinge. Unter dieser TUTELA MATRIS, diesem
mütterlichen Schutz, sind Properz und Persius aufgewachsen. Benahm Horaz vielleicht sich deshalb so auffallend kühl zu den
Frauen, weil er die Mutter früh verlor? Die Worte, die die Römerin Cornelia aus dem Grabe an ihren noch lebenden Gatten Paulus
richtet, beweisen, wie edel und gesund römisches Familienleben sein
konnte: ›Du sollst nun auch, da ich zu den Toten zähle, Mutter-
stelle bei unsren Söhnen und Töchtern vertreten und sie zärtlich auf
den Arm nehmen. Küssest du sie, so füge auch jeden Morgen die
Küsse der Mutter hinzu. Härmst du dich um mich, so laß die Kleinen deine Tränen nicht sehen. Die Nacht magst du mit Trauer um
mich ermüden, und ich will kommen und will im Traum bei dir sein.
Ihr aber, meine Kinder, sollt, wenn der Vater sich neu vermählt
und eine Stiefmutter mein Lager besteigt, es ertragen, sollt es loben,
was der Vater tut, und euch so verhalten, daß ihr das Herz der
Stiefmutter besiegt. Lobt mich vor ihr nicht zu offen; es könnte sie
kränken, wenn sie sich mit mir vergleicht. Bleibt aber der Vater
ehelos und hängt nur *mir* an, auch wenn ich Asche bin, so bemüht
euch, dem Verwitweten sein kommendes Alter zu lindern und laßt
ihn keine Sorgfalt vermissen. So viele Lebensjahre mir geraubt sind,
um so viel länger möget ihr unter der Sonne wandeln, und wenn er
auf *euch* blickt, soll Paulus Freude daran haben, alt zu werden!‹
(Prop. 5, 11 in der ›Königin der Elegien‹)
Für den Verfall Roms war es bezeichnend, wie leicht die Ehe ge-

löst werden konnte. Pompeius heiratete fünfmal, Ovid war dreimal vermählt. Die Ehe wurde mit den Worten getrennt: *Besorg deine Dinge hinfort allein* TUAS RES TIBI HABETO. Proculeia hat sich von ihrem Mann geschieden, weil er als Praetor in der Purpurtoga die geldverschlingenden Megalesischen Spiele zu Ehren der Kybele, der großen Mutter der Götter, abhalten wollte.

Proculeia, du trennst in dem neuen Monde des Janus
Dich von dem alten Gemahl, heißest ihn leben für sich.
Was ist, frag ich, geschehn? was der Grund des plötzlichen Zornes?
Du schweigst! Hör es von mir: weil er zum Praetor gewählt.
Hunderttausend betrug, was der Megalesische Purpur
Hätte gekostet, wenn auch kärglich nur war dein Geschenk,
Und für das Volksfest war an zwanzigtausend zu geben.
Scheidung nenn ich das nicht: das, Proculeia, ist Geiz.
(Martial, epigr. 10, 41)

Wir kennen genug Beispiele, wo viel geringere Anlässe, ja selbst schon flüchtige Launen genügten, das TUAS RES TIBI HABETO zu sprechen. So wird verständlich, warum auf den Grabsteinen als Ehre und Schmuck der Frauen verzeichnet wird: UNIVIRA *Sie hatte nur einen Mann.*

NEC TECUM POSSUM VIVERE NEC SINE TE
Nicht kann ich mit dir, nicht ohne dich leben

Die Römer kannten kein Wort für Priesterin. Das Amt, zwischen Göttern und Menschen zu vermitteln, blieb den Männern vorbehalten: SACERDOS. Doch hüteten das heilige Feuer der Vesta die jungfräulichen Vestalinnen. Sie wurden ebenso streng gehalten, wie sie hochgeachtet waren. Begegnete auf dem Weg zur Strafe ein Verbrecher einer dieser antiken Klosterfrauen, so wurde er begnadigt.

Und trotzdem. Wie hoch auch Überlieferung und Recht und Geschichte die Frau ehrten, der Alltag sah gern die weiblichen Schwächen, und die Schriftsteller und das geflügelte Wort weideten sich an ihnen. Die römische Grundhaltung war und die römische bildende Kunst blieb eigentlich liebesfern. War doch auch das römische Reich begründet worden durch einen Liebesverzicht. Unter Schmerzen befreite sich Aeneas aus den Armen der karthagischen Dido und eilte, in Italien den Willen der Götter zu erfüllen und Rom zu gründen. Der Gott, der Aeneas beistand, seiner leidenschaftlichen Liebe zu entsagen, überzeugte ihn, indem er ihn mit dem Wankelmut der Frauen schreckte: VARIUM ET MUTABILE SEMPER FEMINA (Vergil, Aen.

4, 569) *Denn immer schwankend und wechselnd ist ja das Weib.* Man könne nicht auf die Frauen bauen, und insbesondere auf ihr Wort sei kein Verlaß; dies wandelt, bald bitter tadelnd, bald milde verstehend, das Sprichwort immer wieder ab. Horaz hat die Schwäche der Frau liebenswürdig umschrieben, indem er sie ins Angenehme umlog:

DULCE RIDENTEM LALAGEN AMABO,

DULCE LOQUENTEM (carm. 1, 22, 23)

Ewig lieb ich Lalages holdes Lächeln, holdes Geplauder.

Dulcis Lalage, *süßes Plappermaul* nannte er die nicht ernst zu nehmende Freundin. Viel bissiger und mit der Übertreibung des Lustspiels verallgemeinerte Plautus: NEC MUTAM REPERTAM ULLAM ESSE MULIEREM ULLO IN SAECULO (Aul. 125) *Es sei noch niemals ein Weib gefunden worden, das schweigen könnte.* Der überzarte, feinnervige Tibull, der die innigen Liebeslieder auf Delia gedichtet hat, stellt mit absagender Schärfe fest: *Falschheit, dein Name ist Weib!* NEC FIDUM FEMINA NOMEN (Lygd. 3, 4, 61). Die Griechen meinten gelegentlich, der Frau sei nicht zu trauen, selbst wenn sie tot sei. Die Römer bildeten das harte Wort: *Vor Weibern und einem Schoße sei man nicht sicher* NEC MULIERI NEC GREMIO CREDI OPORTERE (Paul.-Fest. 165). Wie das gemeint war, ersieht man aus einem Vers bei Catullus (carm. 65, 19):

Wie aus der Jungfrau züchtigem Schoß der Apfel hervorrollt,

Den sie als süßes Geschenk heimlicher Liebe gehegt.

Aber das Weib ist doch jenes Geschöpf Gottes, in dem Himmel und Erde zusammentreffen. ›Die sanfteste, edelmütigste Frau besitzt von der Hölle wenigstens ein volles Kohlenbecken, und es ist keine so ruchlos, die nicht in ihrem Herzen einen kleinen Winkel des Paradieses trägt‹ (Börne). Die menschlichen Schwächen sind zugleich Kräfte. Zudem gab die Natur der Frau als Ausgleich Anschmiegsamkeit, Verlockung, Hingabe, Liebesbedürfnis und Liebeskraft. Man denkt unwillkürlich in diesem Zusammenhang gerne an ein Wort Vergils: *Es verzehrt allmählich des Weibes entflammender Anblick jegliche Kraft* CARPIT ENIM VIRES PAULATIM URITQUE VIDENDO (Vergil, georg. 3, 215). Allein der so schön klingende und der Zustimmung sichere Vers bezieht sich nur im übertragenen Sinne auf die Frau. Vergil selbst gab mit ihm dem Viehzüchter einen Wink, man solle auf der Weide das männliche Tier von der weiblichen Herde entfernen, damit es besser fresse:

Keine Pflege jedoch stärkt mehr die Kräfte derselben

Als sie der Venus entziehn und dem Stachel blinden Gelüstes.

In ihrer Liebeskraft und Herrschaft über die Herzen erweitert die Frau auch die natürlichen Grenzen, die ihr körperliche und geistige Struktur gezogen haben. ›Durch Abweisen, durch Empfänglichkeit, durch Beharren und Nachgiebigkeit führen die Frauen eigentlich das Regiment, dem sich in der gesitteten Welt niemand zu entziehen wagt‹, so urteilt Goethe in den ›Wahlverwandtschaften‹. Der unausbleibliche nächste Schritt über das Regiment-Führen hinaus heißt Herrschsucht. Das kraftvolle *Das will ich, so befehle ich, hier gilt statt der Vernunft der Wille* könnte aus dem Munde eines Diktators stammen und über einer Entscheidungsstunde der Geschichte stehen. In herrscherlichem Übermut hat Kaiser Wilhelm II. in das Gästebuch der Stadt München, viel Staub aufwirbelnd, sein HOC VOLO, SIC IUBEO eingetragen. Aber in Wirklichkeit verewigt der Vers nur eine häusliche Episode, die Juvenal (sat. 6, 223) von einer Römerin erzählt. Herrschsüchtig forderte sie von ihrem Manne, daß er einen Sklaven ans Kreuz schlage. Er wandte ein, der Ärmste sei unschuldig. Da schlug sie die Bedenken, den Widerstand des Mannes und die Stimme des Rechtes kurzerhand mit den Worten nieder: HOC VOLO, SIC IUBEO, SIT PRO RATIONE VOLUNTAS. Solche Anekdoten rühren aus jener Neigung her, kurzerhand der Frau die Schuld an jeglichem Unheil zuzuschreiben. Derselbe Juvenal, der geschliffen, leidenschaftlich, entrüstet, anschaulich, aber auch humorlos die Laster Roms schildert, behauptet schlankweg, *es gibt keine Angelegenheit, in der nicht die Frau Streit erregt hat* NULLA FERE CAUSA EST, IN QUA NON FEMINA LITEM MOVERIT (6, 242).

Harte Urteile gehen auch über die Habsucht der Frau. Cicero macht die ekle Habsucht sogar zu einem Merkmal des weiblichen Geschlechts, er nennt es *das geizige Geschlecht* MULIERUM GENUS AVARUM (de div. 1, 50, 94). Aber wir verdanken dieser sprichwörtlichen Geldgier doch zwei interessante Züge aus dem kulturellen Leben Roms. In seinem sehr deutlichen Handbüchlein, die Liebeskunst zu lernen, rät Ovid, Geschenke für die Liebste beizeiten zu beschaffen. Er erinnert daran, daß samstags ein ungeeigneter Tag sei, da dann die jüdischen Geschäfte geschlossen seien: *wann des siebenten Tages Feier der Jude begeht* CULTAQUE IUDAEO SEPTIMA SACRA SYRO (ars amat. 1, 76). Auch daß die Römer eine Art bargeldlosen Geldverkehrs kannten und gelegentlich *Schecks* LITTERAE ausstellten, wissen wir aus dem Zusammenhang von Liebe und Habsucht (ars amat. 1, 428).

Beim kaufsüchtigen Mädchen erscheint ein entgürteter Krämer.

Während du dasitzt, kramt munter die Ware er aus,
Und sie bittet dich, sie zu besehn, dich als Kenner zu zeigen,

Küßt dich alsdann, und zuletzt bittet sie: ›Kauf doch davon!‹
Gibst du vor, du habest kein Geld bei der Hand, um zu zahlen,
Fordert sie *schriftlichen Scheck* LITTERA POSCETUR, –
Du fluchst, daß du schreiben gelernt hast.

Es ist oft kein erfreuliches Bild, das Dichter und Sprichwörter von der Frau zeichnen. Aber man muß dies alles CUM GRANO SALIS (vielleicht aus Plinius' nat. hist. 23, 149) nehmen, also *mit einem bißchen Salz*, mit ein wenig Verstand, nicht zu wörtlich. Die römischen Sentenzen über die Frau sind so zwiespältig wie die anderer Völker. Sie sehen in ihr bald den Sitz von vielem Bösen, bald stellen sie das Weib wie eine Gottheit auf den Altar. Schillers Wort bleibt: ›Über euch Weiber und das ewige Rätsel!‹ (Kabale und Liebe, 5, 7)

Juvenal hat in seiner Weibersatire ein sehr hartes Wort gesprochen: *Alles erlaubt sich ein Weib, und es dünkt ihr unziemlich gar nichts!* NIL NON PERMITTIT MULIER SIBI, TURPE PUTAT NIL (6, 457). Als der Sittenrichter Juvenal dies schrieb, bestätigten Erfahrung und täglicher Augenschein ihm nur zu unwiderleglich die zunehmende Demoralisierung römischer Frauen. Schon 195 v. Chr. waren die Frauen Roms gegen das Oppische Gesetz, das den Aufwand der Frauen beschränkte, Sturm gelaufen und hatten erreicht, daß es beseitigt wurde. Vergebens hatte damals Cato gewarnt: ›Sobald die Frauen anfangen, uns gleichgestellt zu sein, sind sie uns auch schon überlegen‹ (Liv. 34, 2). Aber die eigentliche Emanzipation der Frauen, in ihren guten Erfolgen und ihren bedenklichen Seiten, setzte erst seit der Gracchen Zeit ein. Der Wunsch, die großen Vermögen in wenigen Händen zu belassen, wirkte sich ungünstig auf die seitherige Gebärfreudigkeit der Frauen aus. Der steigende Reichtum Roms, der um sich greifende Luxus, der Wunsch, es griechischer Lebenshaltung gleichzutun, verdarb die Seelen. Rasch schwand die Zucht der Frauen. Die Abneigung der Männer gegen die Ehe tat ein übriges. Schrittweise löste sich die Frau aus den gewohnten Bindungen. Vielfach nahm sie die Verwaltung ihres Vermögens selbst in die Hand. Man begegnete schon Frauenanwälten, die gegen reichliche Anteile einzelstehenden reichen Frauen die Prozesse führten und ihre geschäftlichen Interessen vertraten. Mit teurem Parfüm trieben die Luxusdamen eine große Verschwendung. Vergebens hatte schon Cicero zur Besinnung gemahnt, als er das alte Wort an Atticus schrieb: *Die Frau riecht am besten, die nach nichts riecht!* MULIER RECTE OLET, UBI NIHIL OLET (Att. 2, 1, 1; Plautus, Most. 273). Selbst an den Wahlschlachten beteiligten sie sich. In Pompeii liest man jetzt noch Inschriften wie: Caprasia bittet [zu wählen] oder: Iphigenie wählt.

Bald hatten die Frauen ihre Hände auch in den politischen Wirren, wie jene vielbesprochene Clodia, die als Lesbia durch Catulls Lieder unsterblich geworden ist. Agrippina hat durch Blut, Schandtat und Tücke dem Knaben Nero den Thron erkämpft. Die ehrgeizige Vespasia aus dem Gebirgsdorf Reate verschaffte dem einen Sohn die Stadtpräfektur Roms, dem andern die römische Kaiserwürde. Vespasian hat den Anteil der Mutter an seiner Ehre für immer verewigt, als er ihren Namen annahm.

Die Emanzipation wurde teuer erkauft durch die erschreckende Amoralität der vornehmen Kreise. Die freie Liebe war so gang und gäbe geworden, daß nur besonders ausgefallene Skandale noch Aufsehen erregten und die Öffentlichkeit beschäftigten. In der augusteischen Zeit gebrauchte man das erhabene Wort fides (Treue) als terminus technicus für das ehebrecherische Verhältnis einer verheirateten Frau zu ihrem Liebhaber. Ovid konnte es wagen, in den ›Heroides‹, einem erdachten Briefwechsel zwischen Frauen und Geliebten mit den Heroen, zu schildern, was er als treibende Sehnsucht und Wunschbild vieler Römerinnen erlebt hatte. Unter den Namen und den Gestalten der griechischen Mythologie bergen sich Frauen des augusteischen Rom, und die vielfältigen Formen der Liebe treten uns entgegen. Wer aber in diese Liebesklagen hineinhört, vernimmt auch die Not der Zeit und sieht hinter diesen Skalen der Leidenschaft die unerfüllte Sehnsucht der nicht totzuschweigenden, höheren Ansprüche der weiblichen Seele. Auch die ›ars amatoria‹ Ovids, ›Die Liebeskunst‹, dieses Handbuch für Schürzenjäger (1, 45), war nur möglich, weil Roms modernster Dichter wußte, was zeitgemäß war und in der Luft lag. TOT TIBI NAMQUE DABIT FORMOSAS ROMA PUELLAS HAEC HABET UT DICAS QUICQUID IN ORBE FUIT (1, 55) *Rom nämlich gibt dir so viele und reizende Mädchen, damit du sagst, was auf Erden auch ist, alles findet sich hier.* Baiae, das römische Luxusbad, gab ein Stelldichein für freie Liebe. Dem Properz durfte ein Freund allen Ernstes zumuten, ihm seine Freundin Cynthia auszuleihen. Um Namen wie Fulvia und die kaiserliche Dirne Messalina legen sich ganze Komplexe der Verkommenheit. Ihre Taten sind in der Geschichte aufbewahrt als Beispiele weiblicher Unersättlichkeit. Sie zogen ohne Scham und Scheu die letzten Folgerungen der herrschenden Freiheit.

Publilius Syrus hat im 1. Jahrhundert v. Chr. Sprüche gesammelt, die volkstümliche Weisheiten enthielten. In diesen Sentenzen finden sich auch versöhnlichere Töne. *Frauen müssen Sorge haben, keine Hoffnung auf müßiges Leben ... Ein böses Weib ist nicht mehr böse, wenn man es kennt* FEMINARUM CURAM GERERE DESPERARE EST OTIUM ... APERTE MALA CUM EST MULIER, TUM DEMUM EST BONA.

Was die verstehende Weisheit forderte, begründete Marc Aurel, der edle kaiserliche Philosoph. Er war ohne Illusion gegenüber der Welt und den Menschen. Er hat keine heitere Überlegenheit über sie aufgebracht. Aber er nahm die eisernen Grundsätze der Stoa sehr ernst und besaß die Kraft, danach zu leben. Er litt an seiner Ehe, aber er ertrug die Leichtfertigkeit seiner Gattin Faustina mit unerschöpflicher Geduld und unüberbietbarer Langmut. ›Es ist eine Eigentümlichkeit des Menschen, daß er auch solche Wesen lieben kann, die sich gegen ihn verfehlen. Diese Fähigkeit beruht auf der Überlegung, daß sie ja mit uns verwandt sind, daß sie aus Unwissenheit und gegen ihren Willen fehlen, daß in kurzem ihr beide tot sein werdet, vor allem aber, daß der Fehlende dir gar keinen Schaden zugefügt hat, denn er hat die dich leitende Vernunft nicht schlechter gemacht, als sie vorher war.‹ (Selbstbetrachtung 7, 22)

Den Dingen, wie sie wirklich liegen, hat der bedeutendste Epigrammatiker der Römer, der geistsprühende Martial, in die Augen geschaut. Er hat (epigr. 12, 47) jenes Wort gesprochen, das seither immer wieder durch Leben und Schicksal bestätigt wurde. Er münzte es auf den Mann, aber es begreift in sich Lob und Klage, anerkennt die Macht und die Problematik auch der Frau und ist so hoffnungslos wie ermutigend. Marc Aurel würde ihm zustimmen und Plautus, Ovid und Catull, Strindberg und Goethe: ›Herb und lieblich zugleich und gefällig bist du und störrisch. *Nicht kann ich mit dir, nicht ohne dich leben*‹ NEC TECUM POSSUM VIVERE NEC SINE TE.

MULIER TACEAT IN ECCLESIA
Das Weib schweige in der Kirche

So etwa standen in Griechenland und Rom die Dinge, als von Maria in Bethlehem jener Sohn geboren wurde, der das Angesicht der Erde erneuern sollte. Von Sohn und Mutter ging eine neue Wertung der Frau aus. Jesu Lehre, sein Beispiel und sein Tod hoben das geistige und das soziale Altertum aus den Angeln. Platons Ideenlehre, die Weltverachtung der Kyniker und die hochgemute Seelenherrschaft der Stoa kamen als in seiner Lehre beschlossen zu uns. Selbst die Logoslehre drang ins Bewußtsein des einfachen Mannes. Logos war eines der Herzworte der griechischen Sprache, ›von welchem als dem alles mit Sinn erfüllenden und durchdringenden geistigen All, alles, vom Artikel an, von der kleinsten Partikel der Sprache bis zur Gottheit und ihren Tiefen – eine jede andere Sprache am besten nur dann spricht, wenn sie ihm seinen ursprünglichen Klang und Namen einfach läßt und auch: Logos sagt‹ (Th. Haecker). *Im Anfang war das Wort* IN PRINCIPO ERAT VERBUM (Joh. 1, 1) durfte Goethe im Faust wagen, weil es bekannt war, und dreimal täglich künden christliche Glocken das tiefe Wort: ET VERBUM CARO FACTUM EST (Joh. 1, 19) *Und das Wort ist Fleisch geworden.*

500 Jahre nach der Nacht von Bethlehem rechnete ein römischer Abt, Dionysius Exiguus, vorwärts und rückwärts von jenem Tage an, da Christus das Licht der Welt erblickte, die Jahre der Geschichte. Griechen und Römer hatten seither nach Olympiaden, Konsulaten und Indiktionen (Steuerjahre) die Zeit eingeteilt, die Römer zudem zählten *seit der Gründung der Urbs* AB URBE CONDITA. Nun bezog man alles auf die *Geburt Christi* ANTE oder POST CHRISTUM NATUM.

Die Nacht von Bethlehem leitete religiös und sittlich eine neue Epoche der Menschheit ein. Der Sohn Mariens schied die Geister. Niemand auf der Welt wurde bis heute so geliebt oder so gehaßt wie er, für niemanden wurde so freudig gestorben. War in ihm das Goldene Zeitalter heraufgekommen, das die cumäische Sibylle einst geweissagt hatte? War er der kommende, das Heil bringende, seit uralter Zeit verheißene Weltherrscher? Alle Machthaber seit Sulla bis auf Caesar hatten die Weissagungen der sibyllinischen Bücher auf sich bezogen, ohne recht überzeugen zu können.

Vergil, der eine sichtliche Vorliebe für Weissagungen und einen starken Hang zum Geheimnis zeigt, machte in der ersten Ecloge dunkle Andeutungen von einem Gottmenschen in Rom. Das vierte dieser Hirtengedichte kündete feierlich und doch dunkel an, daß ein göttliches Kind zu erwarten sei. Wenn es zum Manne herangewachsen sei, dann stehe auch das Goldene Zeitalter in voller Blüte.

Jetzt ist die letzte Zeit nach dem Lied der Sibylle gekommen,
Und es beginnet von neuem der Zeiten geordnete Folge,
Jetzt kehrt wieder die Jungfrau, es kommt das Reich des Saturnus.
Jetzt steigt nieder ein neues Geschlecht aus himmlischen Höhen
IAM NOVA PROGENIES CAELO DEMITTITUR ALTO.
Du nur blick auf des Knaben Geburt mit gnädigem Auge,
Welcher ein Ende der eisernen bringt und den Anfang der goldenen Zeit für die Welt, Lucina.
Sei, o keusche Lucina, ihm hold.
TU MODO NASCENTI PUERO ...
  CASTA FAVE LUCINA
                    (ecl. 4, 4 ff.)

Wer mit dem göttlichen Kinde gemeint war, ob ein Sohn des Augustus oder des Consuls Pollio, dem das Gedicht gewidmet war und dem gerade ein Sohn, Asinius Gallus, geboren war, ist nicht sicher. Spätere christliche Ausleger sahen in der Vergilstelle eine unbewußte Prophetie des Dichters, *eine Offenbarung Gottes unter den Heiden* LOGOS SPERMATIKOS und deuteten sie auf das Kind Mariens. Vergil selbst sei in der Adventstimmung des Heidentums auserwählt worden, der messianischen Idee Gestalt zu geben. Deshalb erfuhren seine Werke eine besondere Hochschätzung.

Selbst die cumäische Sibylle bekam ihren bleibenden Platz im christlichen Bewußtsein. Wo die Päpste gewählt werden, in der Sixtina des Vatikans, schuf in seinen unsterblichen Deckenbildern Michelangelo ihr Bild. Ja, sogar in die kirchliche Liturgie ging ihr Name ein. Der Franziskaner Thomas von Celano gilt als Dichter des gewaltigen DIES IRAE, DIES ILLA. Er hat die eschatologischen Gedanken des Christentums in volkstümlich frommen und anschaulichen Versen auszudrücken vermocht. Das erschütternde Gedicht wurde dadurch ausgezeichnet, daß es in die Totenmesse als Sequenz aufgenommen wurde. Gleich sein Eingang wahrt das Gedächtnis der Sibylle:

DIES IRAE, DIES ILLA
SOLVET SAECLUM IN FAVILLA
TESTE DAVID CUM SIBYLLA
Tag der Rache, Tag der Zähren,
Wird die Welt in Asche kehren,
Wie Sibyll und David lehren.

Als Marias Kind der große Religionsstifter geworden war, überraschte er die Welt durch die Größe, Weite, Unerbittlichkeit und Milde seiner Lehre. Pythagoras galt als unfehlbar. IPSE DIXIT (Cicero, de. nat. deorum 1, 5, 10) *Er hat es gesagt,* galt als autoritäres Wahrheitskriterium. Wie die Gladiatoren die Eidesformel ihres Fechtmeisters anstandslos nachsprachen und *auf die Worte des Meisters schwuren* IURARE IN VERBA MAGISTRI (Horaz, ep. 1, 1, 14), so beteten Philosophenschüler gerne die Lehre des Meisters nach. Keiner der Meister aber hatte gewagt, jenes ungeheure Wort der Welt zuzumuten: EGO SUM VIA, VERITAS ET VITA *Ich bin der Weg, die Wahrheit und das Leben* (Joh. 14, 6), wie Christus von sich kündete.

Die Worte, die Christus über die Frau gesprochen, die mild verstehende Art, wie er sich zu den Frauen verhielt, die dienende Liebe, die sie ihm entgegentrugen, zeigt nichts von der üblichen Zurücksetzung, wie sie der Orient übte und lehrte, und hebt sich entscheidend ab von dem, was die griechisch-römische Welt dachte. Die Milde, mit der er die schöne Sünderin in die Gemeinschaft seiner Erbarmung aufnahm und eine Ehebrecherin vor den Pharisäern schützte, gehört zu den ganz großen Offenbarungen des Evangeliums und der Menschheit überhaupt. Wo findet sich in der gleichzeitigen römischen Literatur ein so großherziges Wort wie die Schutzrede für Magdalena: *Es wird ihr viel vergeben, weil sie viel geliebt hat* REMITTUNTUR EI PECCATA MULTA, QUONIAM DILEXIT MULTUM (Luk. 7, 47). Diese Frau hatte mit den Reuetränen ihrer schönen Augen Christi Füße genetzt, sie mit sündigen Haaren getrocknet und die von den Predigtwanderungen ermüdeten mit kostbarer Salbe gesalbt. Aber in Hoheit hielt der Rabbi sie doch wieder weg von sich, als er am Ostermorgen ihr als Gärtner erschien und die berühmt gewordenen Worte sprach: *Rühr mich nicht an!* NOLI ME TANGERE (Joh. 20, 17). Schon einmal hatte er diesen Abstand zwischen sich und eine Frau gelegt. Als er seine öffentliche Wirksamkeit begann und auf der Hochzeit zu Kana sein erstes Wunder tat, schlug er die Bitten der Mutter ab: *Weib, was ist mir und dir?* QUID MIHI ET TIBI EST, MULIER (Joh. 2, 4). Es war eine Absage an die menschlichen Rücksichten. Sie galten nicht, wenn es um göttlichen Auftrag ging. Aber eine Absage an die Frau kann daraus nicht abgelesen werden. Denn als sein Lebenswerk vollendet war, rückte er das karge Wort von Kana mit seinem Herzenstestament menschlich wieder zurecht. Zu Johannes aber sprach er sterbend: ECCE MATER TUA (Joh. 19, 27) *Siehe, deine Mutter!* Derselbe Johannes berichtet dies, der auch das Wort von Kana aufbewahrt hat. Das brechende Herz der starken Mutter, der dunkle Hintergrund des Leidens und die schmerzensvolle Kreuzigungsstunde machten im späteren christlichen Glaubensbewußtsein aus dem Ecce mater tua die *Schmerzensmutter* – die MATER DOLOROSA. Die bildende Kunst bemächtigte sich gern des Vorfalles. Namentlich die deutsche Kunst, der es von jeher mehr um die innere Spannung der Seele als um die Schönheit des Leibes ging, griff in Vesperbildern die Szene als den Monolog menschlicher Verlassenheit auf. Im Hymnus STABAT MATER DOLOROSA des Jacopone da Todi hat die Passionsmystik ihren bleibenden Niederschlag gefunden. Vor die Mater dolorosa trägt Gretchen seine Schuld. Es rettete am Schlusse den Faust als UNA POENITENTIUM *eine der Büßerinnen*, sonst Gretchen genannt. Nunmehr MATER GLORIOSA geworden, strömt Maria über von wundertätigem Erbarmen. Auch Faust verdankt im letzten ihr sein Heil.

Komm, hebe dich zu höheren Sphären!
Wenn er dich ahnet, folgt er nach.

Der Chorus mysticus am Schluß des Faust: ›Das ewig Weibliche zieht uns hinan‹ ist eine Apotheose Marias, huldigt der Frau überhaupt und bildet auch Goethes Lebensbeichte.

Aber es dauerte im Christentum lange, bis des Herrn Gesinnung auch allgemeine Übung geworden ist. Als er gestorben war, regten sich in der Urkirche die alten Zurücksetzungen. Das Nachdenken über seinen Tod schuf bald, besonders bei Paulus, das Bewußtsein der Sünde. Das Bild der Eva, wie sie fiel und den Mann verführte, tauchte wieder auf. Selbst die Griechen waren wahrscheinlich von der biblischen Geschichte der Juden beeinflußt, als sie ihren Mythos der Pandora schufen, die aus ihrem Füllhorn das Leid über die Menschen gießt. Die Sünde Evas drängte sich lange vor das Bild der Ecce mater. Die Praxis der Urkirche wurde den Frauen nicht freundlich. Es gibt keinen naturrechtlichen Grund und auch kein positives Gebot des Evangeliums, die Frauen vom Lehr-, Hirten- oder Priesteramt der Kirche auszuschließen. Gleichwohl fiel das Wort Pauli: MULIER TACEAT IN ECCLESIA (1. Kor. 14, 34) *Das Weib schweige in der Kirche.* Im ersten Timotheusbrief (2, 10 ff.) hat der Apostel, der am maßgebendsten die Praxis der Kirche bestimmte, sein Verdikt ausführlich begründet.

Die Milde der Frau, ihr soziales Empfinden und ihr menschliches Geschick wurden trotzdem in den christlichen Liebesdienst eingebaut.

Und auf diesem Wege errangen sie sich die praktische Hochachtung, die ihnen der Dogmatismus versagte. Sie teilten die Macht des Gebetes, den Ruhm des Martyriums und die Würde der Tugend mit den übrigen. Selbst die tief Gefallenen, wie die Maria Aegyptiaca, eine der drei Büßerinnen am Schluß von Goethes ›Faust‹, errangen den Ruf der Heiligkeit. Helena pflanzte das Labarum auf die Ruinen von Jerusalem. Von seinem Vater sprach Augustinus nur halblaut, aber über seine Mutter schrieb er, Seite um Seite, erschütternde Ergüsse einer hoffnungsvoll Weinenden. Noch konnte die Ungleichheit der Geschlechter nicht überbrückt werden, aber die Gleichheit der Seelen stand außer Frage. Augustinus wetterte gegen die Lex Voconia, welche die Töchter vom mütterlichen Erbe ausschloß. *Etwas Ungerechteres als dieses Gesetz läßt sich kaum nennen oder denken* QUA LEGE QUID INIQUIUS DICI.

In der neugewonnenen Würde, die das christliche Bewußtsein um die Frau legte, erstand auch wieder die alte Ehrfurcht, die frühe Römer vor ihr hegten. In jenem Hirtengedicht, mit dem Vergil so dunkel das göttliche Kind verhieß, strahlt idyllisch trotz aller zeitgenössischen Dekadenz Roms die Gloriole der Mutterschaft und lächelt das Glück am Kinde.

INCIPE, PARVE PUER, RISU COGNOSCERE MATREM
Auf, holdseliger Knabe, erkenn am Lächeln die Mutter!

(4, 60)

Vieles ertrug die Mutter in zehn langwierigen Monden.

Meint man nicht, bereits alle jene Bilder der Zukunft zu sehen, wo die Mutter des göttlichen Kindes im Rosenhag bei Blumen, Bienen und Regenbogen mitten im Paradiesgärtlein sitzt, umtönt vom Sang der bunten Vögel, im Glanz und in den Wunderblumen des Goldenen Zeitalters?

Vom Frieden

PAX EST TRANQUILLITAS ORDINIS
Der Friede ist die Ruhe der Ordnung

ULTIMA RATIO REGIS *das letzte Wort des Königs* steht häufig auf französischen Geschützen. Ja, gelegentlich wird das Wort sogar ergänzt durch die Worte *und nicht das schlechteste* NEC PESSIMA. Es klingt nach Entschuldigung für die Waffen, die den Tod bringen. Der Krieg wagt, sich zu rechtfertigen: es gehe manchmal nicht anders als mit Gewalt. Die Geschichte bestätigt für manche blutige Auseinandersetzung das Wort. Aber gerade Ludwig XIV., von dem die Geschützinschrift stammen soll, ließ Kanonen oft spielen, auch ohne daß sie wirklich die ultima ratio gewesen wären.

Hinter der Inschrift steckt das Lob des Friedens; denn *Heil liegt nicht im Krieg; wir bitten dich alle um Frieden* NULLA SALUS BELLO, PACEM TE POSCIMUS OMNES (Vergil, Aen. 11, 362). Süß erscheint der Krieg dem, der ihn nicht kennt; wer ihn aber erlebt hat, dem erschrickt das Herz schon, wenn er heraufzieht. Pindar (fr. 110) spricht mit diesen Worten aus, was die Menschheit schmerzvoll bestätigt, aber auch, was ein unergründetes Rätsel des menschlichen Herzens bleibt. ›Eisen verführt und reißet von selbst den Mann mit sich weiter‹ (Homer, Odyssee 16, 294).

Nirgends kann die Psychologie der Massen deutlicher verfolgt werden, als wenn die Staatsmänner die kriegerischen Instinkte anrufen und die Demagogen sie aufpeitschen. Urtriebe brechen auf. *Rache ist gut, selbst das Leben ist nicht so süß* VINDICTA BONUM, VITA IUCUNDIUS IPSA (Juvenal, sat. 13, 180). Drum stellt der englische Philosoph Hobbes vor den Anfang der menschlichen Gesellschaft den Krieg. Es könne nicht geleugnet werden, daß der natürliche Zustand der Menschen, bevor die Gesellschaft gebildet war, der Krieg gewesen ist. Und zwar nicht einfach der Krieg, sondern der *Krieg aller gegen alle* BELLUM OMNIUM IN OMNES (de cive 1, 2). Krasser ist die angeborene Selbstsucht der menschlichen Natur nicht verurteilt worden als in Hobbes Ansicht vom Menschen, daß *einer dem andern Wolf sei* HOMO HOMINI LUPUS. Aus dem grauen Altertum kommt eine ähnliche Stimme. Heraklit führte das ständige Werden der Welt darauf zurück, daß entgegengesetzte Kräfte, Zwiespalt und Kampf, die Dinge hervorbringen aus dem einen, dem allwaltenden, göttlichen Urfeuer. *>Der Krieg ist der Vater aller Dinge, aller Dinge König.<* Der dunkle, >weinende< Philosoph bezog das weitgedachte Axiom auch auf den Krieg, der belebe, und auf den Frieden, der erstarren lasse. Das Heraklitische pólemos patér pánton, die Triebkraft der Welt, BELLUM PATER OMNIUM, erklärt Erasmus ausdrücklich so, der Krieg schärfe den Sinn, fördere Erfindung und treibe die Menschheit voran. Krieg und Frieden sind auf eine wahrhaft tragische Weise ineinander verschlungen. Aus diesem Verstricktsein folgen namenloses Leid und viele Größe.

Die Schrecken des Krieges kannten die Römer aus den Erfahrungen ihrer eigenen Geschichte. Sie führten und erlitten sie so hart, wie das erbarmungslose Altertum seine Kriege zu führen pflegte. Ihnen galt der Krieg als Göttergericht; die Menschen vollstreckten an ihren Feinden die Rache der Himmlischen. Belagerten die Römer eine Stadt, so forderten sie vorher in einem feierlichen Akte die Stadtgötter auf, ins römische Lager hinüberzuwechseln EVOCATIO. Der Krieg raste. Was den feindlichen Namen trug, wurde vernichtet, der reguläre Soldat und der wehrlose Bürger; zwischen Greis und Frau und Kind wurde kein Unterschied gemacht. Das Schwert mähte nieder, was erreichbar war; Städte wurden dem Erdboden gleichgemacht; Syrakus, Karthago, Korinth hörten auf zu sein; selbst die Fruchtbäume der Felder erlitten den Tod. Wer nicht hingeschlachtet wurde, ging als Sklave in die private Sklaverei oder wurde als Staatssklave an die Bänke der Galeeren geschmiedet. Jesus hat die Schrecken der Einnahme Jerusalems mit düsteren Farben gemalt und das Ende der Welt und das Weltgericht mit dem Fall der Stadt zusammengesehen und verquickt. *>Denn es wird alsdann eine große Bedrängnis sein, wie sie vom Anfang der Welt bis jetzt nicht war noch auch sein wird<* (Matth. 24, 21). Selbst bis in die Angaben der Historiker über Heeresstärke und Verluste tobte der Krieg. Darum sind sie mit Vorsicht aufzunehmen. Die niedrigsten Ziffern sind hier die vernünftigsten.

Der Krieg hatte seine eigene Moral: erlaubt war alles, was nützte und zum Siege führte. Wohl regten sich gelegentlich Stimmen der Menschlichkeit, aber sie wurden erstickt. Der Ritter und Philosoph C. Musonius Rufus scheiterte, als er 69 n. Chr. den Soldaten pazifistische Ideen vortrug. Er erntete nur Spott, und vielleicht hängt seine Verbannung gerade mit seiner unwillkommenen Weisheit zusammen. Der Friede blieb Theorie und Wunschbild. Cicero, der mit wachen Augen die Welt sah und die Schrecken der schrecklichsten aller Kriege, der Bürgerkriege, selbst erlebte, gab den menschlichen Regungen bleibenden Ausdruck. *Möge der Krieg nachstehen dem*

Frieden, der Lorbeer dem Lobe CEDANT ARMA TOGAE, CONCEDAT
LAUREA LAUDI (de off. 1, 22, 77). Was Cicero hier mit einem selbst
gedichteten Vers wünschte: den Frieden dem Kriege vorzuziehen,
das begründete er mit dem knappen Erfahrungssatz in der Rede
für Milo (4, 10). ›*Im Waffenlärm schweigen die Gesetze‹*, eine Tat-
sache, die man mit Recht auch auf die Kunst ausgedehnt hat. INTER
ARMA SILENT LEGES (MUSAE). In Kriegszeiten pflegen auch heute noch
Kasernen mehr zu gelten als die Theater und Museen und Kanonen
mehr als die Verse, Stichel und Pinsel. Und doch, der Geist und die
Sitte vermöchten eher den Frieden zu wahren als die Gewalt. Die
Zerstörungen der Kriege sind der Hohn auf den Geist und seine
Werke, nämlich Gesetz und Kunst.

Vor dem Krieg wahrten die Römer das Gesicht. Das Gefühl für
Recht saß ihnen im Blute. So suchten sie jeden Krieg mit Gründen
zu rechtfertigen, die auch bei der Nachwelt Eindruck machen konnten. Die römischen Schriftsteller bemühen sich, den Ausbruch der
blutigen Auseinandersetzung als notwendig darzustellen, und geben
breit Rede und Gegenargument wieder. Darum wurde kein Krieg
angefangen ohne förmliche Ansage an den Feind. Die Götter wurden als Zeuge der reinen Absicht angerufen und als Rächer erlittenen Unrechts beschworen. Eigene Priester, die ›fetiales‹, überbrach-
ten die Kriegserklärung an den Feind.

Thukydides war es, der die Geschichtsschreiber zu unterscheiden
lehrte zwischen dem, was innerlich zum Kriege trieb, und den Tatsachen, die ihn veranlaßten. Was bewog im ganzen die Römer zu
ihren Kriegen?

Selbst der religiöse Ton, mit dem über den Krieg gesprochen
wird, kann nicht darüber hinwegtäuschen, daß kämpferischer Sinn
die Kraft war, welche die Römer kennzeichnet. Herder hat deswegen die römische Geschichte eine ›Dämonen-Geschichte‹ genannt,
und was die Römer der Menschheit gebracht hätten, ›eine verwü-
stende Macht‹ (Ideen zur Geschichte der Menschheit, 14. Buch).

Auch die römischen Schriftsteller geben mehr oder minder ver-
brämt imperialistische Absichten des römischen Militarismus zu.
Kein Geringerer als Livius hat die treibenden Ideen Roms so um-
rissen: *Mit Waffen Recht bringen und alles in den Händen tapferer
Männer beschließen* SE IN ARMIS IUS FERRE ET OMNIA FORTIUM VIRO-
RUM ESSE (5, 36, 5). Wie er das blutige Handwerk zu rechtfertigen
suchte mit dem Recht, das die Römer den Völkern brächten, so hei-
ligten auch Cicero und Vergil den Krieg aus nachgeordneten Folgen: Rom lehrte die Unterworfenen Gesittung und Menschlichkeit.
Aber Tacitus bezweifelt, daß solcher Zweck die Mittel heilige. *Das*

hieß bei den Ahnungslosen menschliche Gesittung, während es ein Stück Knechtschaft war IDQUE APUD IMPERITOS HUMANITAS VOCABATUR, CUM PARS SERVITUTIS ESSET (de vita et moribus Agricolae 21). Auch die Römer kannten Gedankengänge, wie sie Nietzsche vertrat. ›Ihr sagt, die gute Sache sei es, die sogar den Krieg heilige? Ich sage euch: der gute Krieg ist es, der jede Sache heiligt. Der Krieg und der Mut haben mehr große Dinge getan als die Nächstenliebe. Nicht euer Mitleiden, sondern eure Tapferkeit rettete bisher die Verunglückten.‹ HECTORA QUIS NOSSET FELIX SI TROIA FUISSET? / PUBLICA VIRTUTIS PER MALA FACTA VIA EST *Wer würde Hector kennen, wenn Troja glücklich geblieben? Nur auf der Unglücksbahn schreitet zum Ruhme der Held!* (Ovid, tristia 4, 3, 75) Der gewiß unverdächtige Augustinus begründet die Kriegslust der Römer mit ihrem Stolz. Er spricht sie sogar frei von Habgier und Eigennutz bei ihren Unternehmungen. Ihr ganzes politisches Wollen habe sich in dem einen Entschluß kundgegeben: *entweder frei zu leben oder tapfer zugrunde zu gehen* AUT FORTITER MORI AUT LIBEROS VIVERE (de civitate Dei 5). Hier klingt eine gewisse Bewunderung durch. Dreihundert Jahre vor dem Kirchenlehrer hatte der hintergründige und schwermütige Tacitus sich auch Rechenschaft geben wollen, was die innere Gesinnung der Römer gewesen sei. Er sah deutlich das Unrecht vieler Angriffskriege; er konnte die Ausdehnungspolitik und den Dominatsgedanken nicht billigen, aber er suchte ihnen, da er sie nicht ändern konnte, die ehrenvolle Seite abzugewinnen. So betrachtete er den Krieg als den großen Zuchtmeister der Menschen; er erweise, erprobe und bestätige die innere Kraft Roms, die virtus, die im Frieden und namentlich unter den Kaisern seiner Zeit so schmählich untergegangen sei. Der virtus, der Tapferkeit, spürt er in den Kriegen beobachtend nach, um mit ihr seine Bedenken zu beruhigen. Er weiß um die Größe des Menschen, der auch seinem unerbittlichen Erbfeind, dem Tod, zu trotzen wagt.

Aber immerhin, mag die Frage nach der Kriegseinstellung der Römer noch so zwiespältig beurteilt werden, ihre Erfolge können nicht bestritten werden. Sie kämpften nicht nur mit virtus, sondern auch mit beispiellosem Kriegsglück. Kriege werden nicht bloß mit Strategie geführt, mit Tapferkeit durchgestanden, sondern auch vom Unvorhergesehenen entscheidend bestimmt. Sie gleichen manchmal einem Würfelspiel. Plutarch hat ein eigenes Buch geschrieben, um nachzuweisen, wie unerwartet und gegen alle Wahrscheinlichkeit oft sich die Dinge zum Besten der Römer wendeten.

Einige solcher geschichtlicher Fügungen hielt sogar das Sprichwort fest. Es bannt kurz und unvergeßlich entscheidende Stunden aus dem mörderischen Ringen der punischen Kriege, wo es um Bestand oder Untergang Roms oder Karthagos ging, ins knappe Wort. Nach der Niederlage am Trasimenischen See vermied Quintus Fabius Maximus jede offene Schlacht. Aber er blieb Hannibal auf den Fersen und ließ ihn nicht zur Ruhe kommen. Die Heimstrategen verübelten ihm seine zuwartende Haltung und rechneten ihm als Feigheit an, was die Klugheit gebot. Spottweise nannten sie ihn CUNCTATOR, den *Zauderer*. Aber die Niederlage bei Cannae 216 v. Chr. gab seiner Taktik Erfolg und Recht, und über Nacht pries man ihn als den ›Schild Roms‹. UNUS HOMO NOBIS CUNCTANDO RESTITUIT REM *Einer allein hat uns den Staat gerettet durch Zaudern*, sang Ennius. Ja, bald verallgemeinerte das Volk den Satz. Varro führt als Sprichwort an: *Der Römer siegt im Sitzen* ROMANUS VINCIT SEDENDO (de re rust. 1, 2, 2). Man meinte damit Ähnliches wie das zuversichtliche Bibelwort: ›Den Seinen gibt's der Herr im Schlaf.‹ Das sprichwörtliche Glück blieb den Römern selbst dann treu, als Aemilius Paulus und Gaius Terentius Varro die bestürzende Niederlage bei Cannae, die größte Umfassungsschlacht des Altertums, hinnehmen mußten. Die Tore Roms standen dem siegreichen Hannibal offen, die urbs rüstete zum Untergang – aber eine der Unbegreiflichkeiten der Geschichte trat ein: der Punier griff nicht zu. Livius wunderte sich so, daß er den punischen Reitergeneral Maharbal aussprechen ließ, was er und die denkenden Geschichtsforscher der Zukunft empfanden: *Hannibal, zu siegen verstehst du, den Sieg ausnutzen kannst du nicht* VINCERE SCIS, HANNIBAL, VICTORIA UTI NESCIS (22, 51, 4). Noch heute wird das Urteil des Livius gerne herangezogen, wenn entscheidende Möglichkeiten, einen Krieg zu wenden, verpaßt werden. Daß Gott mit den stärksten Bataillonen sei, wußten auch die alten Römer. ›Die siegreiche Sache gefiel den Göttern.‹

War ein Krieg siegreich beendet, hatten in einer Schlacht mindestens 5000 Feinde ihr Leben gelassen, so gestattete der Senat dem Feldherrn die größte Ehre, die einem Römer winkte: den triumphus. Er verband das nachkostende Machterlebnis mit der Schaulust des Volkes. Darum zeigte der kostspielige Aufzug die Kriegsbeute, er führte große Bilder der genommenen Städte und versenkten Schiffe mit sich und schilderte in Gemälden die gewonnenen Schlachten, er nannte Länder und Völker, von denen bislang kaum die Kaufleute und Seefahrer wußten. Der Stolz weitete das Herz des Volkes, es bezog seine geographischen Kenntnisse aus den Kriegsberichten seiner Feldherren. Bis in die Renaissance wirkte das Machtgefühl solcher trionfi. Die Maler erblickten in ihnen den erwünschten Anlaß, weltsichere und weltfreudige Aufzüge zu schildern. Auf den prächtigen trionfi di Cesare von Andrea Mantegna liegt ein Abglanz römischer Größe.

Von der virtus fiel auch Glanz auf den Gefallenen. Wer für sein Vaterland in den Tod geht, hat die Schwäche überwunden, die das Dasein auf die eigene Person beschränkt: er dehnt es aus auf die Menschen seines Vaterlandes, in welchen er fortlebt: ›den Tod betrachtend wie das Winken der Augen, welches das Sehen nicht unterbricht, erkennt er sich selbst in den kommenden Geschlechtern wieder und weiß, daß er für sich wirkt, indem er sich für sie hinopfert‹ (Schopenhauer). Dem Palinurus, der sein Leben lassen wollte, um andere zu retten, schrieb Vergil die unsterbliche Grabschrift: *Einer für viele* UNUS PRO MULTIS (Aen. 5, 815). Horaz schenkte den Gefallenen aller Völker die Rechtfertigung: *Ja, süß und schön ist's, sterben fürs Vaterland; die Hand des Todes fasset den Flüchtigen auch.* Beide Sätze: DULCE ET DECORUM EST PRO PATRIA MORI und MORS ET FUGACEM PERSEQUITUR VIRUM (arm. 3, 2, 13f.) stehen heute noch im Ehrenkodex des anständigen Soldaten der Welt.

Dem römischen Kriegsrecht und der erbarmungslosen Art, wie die Römer die ultima ratio durchsetzten, entsprach das Los der Besiegten. VAE VICTIS *Weh den Besiegten!* Das brutale Verdikt übernahmen die Römer von einem Feinde. Gnadenlos zerstörte der sagenhafte Brennus einst Rom, skrupellos wog er das ausbedungene Lösegeld mit falschem Gewichte ab. Ja, zum Hohn warf er noch sein Schwert auf die Waagschale, um die Rechtlosigkeit der Unterlegenen zu unterstreichen und die allmächtige Willkür der Sieger zu bekräftigen. Damals fiel aus seinem Munde das Diktat über die Besiegten: vae victis. Meistens ist es schwerer, den Frieden, als den Krieg zu gewinnen. Victoria beschmutzt sich immer die Füße, wenn sie sich zur Erde niederläßt.

Einziges Heil der Besiegten, auf keinerlei Hilfe zu hoffen
UNA SALUS VICTIS NULLAM SPERARE SALUTEM
(Vergil, Aen. 2, 354).

Aber der Dichter verbessert sich selbst. Die Hoffnung, ohne die das Leben nicht zu ertragen wäre, schleicht sich alsbald auch in seine Verse. *Neuer Mut erwacht zuweilen auch in den Besiegten. Und es fallen dann auch die siegenden Danaer* QUONDAM ETIAM VICTIS REDIT IN PRAECORDIA VIRTUS VICTORESQUE CADENT DANAI (Aen. 2, 367). Des Plautus VICTI VICIMUS (Cas. 2, 8, 74) *Besiegt siegen wir* nannte schon Cato eine Erfahrungstatsache (dist. 2, 10), und Horaz veranschaulicht es an einem geschichtlichen Beispiel. Wenn auch Griechenland mit Waffen niedergerungen ward, so siegte es doch mit dem Geiste über die ungeschlachten Römer und führte die Kunst in Latium ein; *Hellas, eben bezwungen, bezwang die trotzigen Sieger* GRAECIA CAPTA FERUM VICTOREM CEPIT (ep. 2, 1, 156). Der Gedanke zeitigte Wortspiele. Man bildete knappste Inschriften wie jenes INVICTIS VICTI VICTURI, das nach dem ersten Weltkrieg auf das Gefallenendenkmal der Berliner Universität gesetzt wurde. Es ist übrigens ein besonders einleuchtendes Beispiel für die Kraft der lateinischen Sprache, in knappen Worten vieles zu sagen. Denn Vergangenheit, Gegenwart und Hoffnung stecken in diesem *Den Unbesiegten die Besiegten, die da siegen werden.*

Aber auch für die Römer bestand: im Kriege ist das Letzte nicht der Krieg. Die Güter des Friedens erwiesen sich anziehender als die Gewinne oder die Kräfte des Krieges. Und so atmete die römische Menschheit auf, als nach der Schlacht bei Actium kein Blut mehr floß, keine Ächtungen mehr erfolgten, keine Güter mehr eingezogen wurden. 200 Jahre lang spielten sich von da ab die Kriege nur noch an den Grenzen des Reiches ab. Damals kündeten die Dichter, das Goldene Zeitalter sei gekommen, in der stolzen, lebenswerten Luft des Friedens sproßten in dem sonst so amusischen Rom die Künste. Als PAX AUGUSTA ging dieser beruhigte Abschnitt in die Geschichte der Menschheit ein. Monumentalen Ausdruck fand der gefeierte Friede in der ARA PACIS, dem Altar der kaiserlichen Friedensgöttin. Der Panathenäenzug am Fries des Parthenon kündete die adelige Natürlichkeit der Griechen, er beweist ihre Grundneigung, die Kunst höher zu bewerten als die Geschichte. Der Fries der ara pacis schildert geschichtliche Persönlichkeiten und Ereignisse im Tatsachenstil Julius Caesars. Er erzählt von der virtus, er preist den Frieden, er gedenkt der Wurzeln der römischen Kraft. In der verfeinerten Kultur des augusteischen Zeitalters erinnert man sich der bäuerlichen Herkunft. An der ara pacis wird Italia allegorisiert als der üppige Bronn des Lebens, als die *große Mutter der Feldfrüchte* MAGNA PARENS FRUGUM, MAGNA VIRORUM (Vergil, georg. 2, 143). Das beglückte Wort des Ovid könnte unter der Allegorie stehen: *Zögling des Friedens gedeihet Ceres im Frieden allein* PAX CEREREM NUTRIT, PACIS ALUMNA CERES (fasti 1, 704).

So monumental wie die ara pacis des Augustus ist die knappe Definition des großen Augustinus: *Friede ist die Ruhe der Ordnung* PAX EST TRANQUILLITAS ORDINIS (de civitate Dei 19, 15). Das fruchtbare Wort ordo war gesprochen, auf dem Augustinus und ihm folgend das Mittelalter die Reihenfolge der Güter und Zwecke aufbauten, die dem Sittlichen ihren Gang vorschrieben und das Staatsgefüge zusammenhalten sollten. Der Ausbruch aus dem Ordo galt als Sünde; er brachte die Verwirrung beim einzelnen und im ganzen. *Denn schändlich ist jederzeit für jeden einzelnen, sich in Widerspruch zu setzen zu seinem Ganzen* TURPIS EST ENIM OMNIS PARS UNIVERSO SUO NON CONGRUENS (Augustinus, conf. 3, 8). Die süße Frucht der Ordnung ist der Friede. Sie renkt die aus den Fugen geratene Welt wieder ein und sichert im Gesetz das Beieinander. Sie ordnet auch die Unruhe des Herzens. Der Mensch braucht, um sie aufzurichten, nur sich selbst.

Die beruhigte Ordnung der Dinge ist stets bedroht durch die Natur des Menschen. Sein hohes Gut ist stets in Gefahr. Mitten im Frieden droht das Gespenst des Krieges. Und jeder Krieg war bisher nur ein Waffenstillstand, wie Kant bereits angemerkt hat; denn ein Friedensschluß bedeutet, daß zwischen den Vertragschließenden alle Ursachen zu künftigen Kriegen, auch die unbekannten, vernichtet seien. Als Ovid, fern der Heimat, die Bitterkeit seiner Erfahrungen in die Klagelieder ergoß, schrieb er auch den Vers nieder: *Doch ist Fried' auch zuweilen, Vertrauen ist nimmer zum Frieden* PAX TAMEN INTERDUM EST, PACIS FIDUCIA NUMQUAM (tristia 5, 2, 71). Drum gilt es ihn zu sichern, solange es möglich ist; denn die PAX AETERNA bleibt immer ein frommer Wunsch. Sie ist Gottes ewiger Besitz. Aber des Menschen Recht und Pflicht ist es, unablässig am Frieden zu arbeiten. Darum begibt sich im Leben der Völker ein staunenswerter CIRCULUS VITIOSUS *Trugschluß im Kreise.* Sie sehen im Frieden vor, was im Kriege nützen könne. Sie drohen mit der ultima ratio, um den Frieden zu sichern. OSTENDITE MODO BELLUM *Zeiget den Krieg.* Man lese einmal das 18. Kapitel im 6. Buche des Livius, dem unsere Stelle entnommen ist. Sie zeigt das unentrinnbare Wirrsal des Problemes Krieg und Frieden. Aus solchen Erwägungen bildete sich auch das bekannte Wort SI VIS PACEM, PARA BELLUM *Wer den Frieden will, muß zum Kriege rüsten.* In dieser Fassung schrieb es kein Klassiker des Altertums. Aber es war aus ihnen unschwer zu gewinnen. Flavius Vegetius Renatus kam ihm im Prolog seiner ›Kriegskunst‹ am nächsten.

Die französischen Geschütze betonten den Krieg als letztes Wort der Könige. Man hört sie schon donnern. Die englische Artillerie wählte den Spruch ARMA PACIS FULCRA *Die Waffen sind die Stützen des Friedens.* Es klingt die große Sehnsucht der Menschheit darin auf: daß sie nie zu sprechen brauchten. Drum stehen über den Toren des Haager Friedenspalastes die herrlichen Worte: SI VIS PACEM, COLE IUSTITIAM *Wenn du Frieden willst, pflege die Gerechtigkeit!*

IDEEN

Geschichtsschreibung

ARDUUM RES GESTAS SCRIBERE
Mühselig ist's, geschichtliche Taten darzustellen

In der antiken Welt war der Schutz und die Pflege der Geschichtsschreibung einer der neun Musen, der Klio, vorbehalten. Geschichte
darzustellen galt als musisches Unterfangen. Man erwartete vom
Historiker weniger, daß er kritisch forsche, wohl aber, daß er das
zusammengetragene Material kunstvoll bewältige. Geschichte solle
›belehren, ergötzen und bewegen‹, forderte Cicero. Man war überzeugt, Dichter und Historiker hätten die gleichen Ziele. Livius, der
bedeutendste Geschichtsschreiber der Römer, hat selbst sein Werk
ein Gedicht in Prosa genannt, also sich für einen Epiker gehalten.
Man muß einmal bei ihm nachlesen, wie er die Stunden zu schildern
versteht, die der Zerstörung von Alba Longa vorausgehen.

Wir denken anders von den Aufgaben der Historiker. Mommsen
hat als Leitsatz über das dritte Buch seiner Römischen Geschichte den
Sallustschen Stoßseufzer gestellt, es sei schwer, das Vergangene zu
schreiben. Das Motto steht dort über jenen dramatischen Seiten, in
denen der Meister gedrängt in immer weiter sich dehnenden Kreisen
entwickelt, wie Italien, das eine politische Einheit geworden war,
nun auch sich anschickte, eine nationale zu bilden. Mit dem Auf-
stöhnen des römischen Historikers wollte er zu verstehen geben, wie
schwer es sei, geschichtliches Material zu meistern.

Aller Anfang ist schwer. Als Sallust die römische Geschichte überblickte, setzte er sich etwas ganz Neues vor. Es gab nun genug der
Werke, die mehr oder weniger genau Zahlen und Sachen zusammen-
reihten und die leeren Räume des Überlieferten mit Sagen, Mythen,
Anekdoten, Familienlob oder nationalen und moralischen Muster-
stücken bevölkerten. Lief nicht seither alles auf das eine hinaus:
Ich berichte Berichtetes? RELATA REFERO nach Herodots ›Gesagtes

sagen‹ gebildet. Sallust sah als erster der römischen Historiker die Vergangenheit seines Volkes als innerlich zusammenhängend, als einheitlichen Vorgang, wertete diese Geschichte nach Maßstäben und sah einen Sinn im Flusse der Tatsachen: Die Geschichte Roms ist die Abfolge seines politischen und sittlichen Verfalls, weil es von den Kräften, die es in die Höhe führten, abfiel. Das war Neuland, Geschichte so zu sehen. Mühsam war's, solche Erkenntnis darzustellen. Konnte Sallust gleich auf Verständnis und Zustimmung rechnen? ‹Und wenn auch durchaus nicht gleicher Ruhm dem Schreiber wie dem Täter der Geschichte folgt, so scheint es mir dennoch besonders *mühselig zu sein, Geschichte zu schreiben* ARDUUM RES GESTAS SCRI-BERE: erstlich weil die Worte den Taten entsprechen müssen; sodann weil die meisten jede Kritik an Fehlern als Ausdruck des Übelwollens und der Mißgunst nehmen; und weil bei der Beschreibung des Heldentums und Ruhmes der Edlen ein jeder Leser das, was er sich selber leicht zutraut, gleichgültig hinnimmt, alles darüber hinaus aber als erdichtet für unwahr hält‹ (Sallust, Einleitung zur Verschwörung des Catilina, das Ganze übrigens eine fast wörtliche Paraphrase der die Leichenrede des Perikles einleitenden Worte, wie sie Thukydides gibt).

Geschichte schreiben heißt, vergangene Ereignisse wirklichkeitsgetreu wiedergeben. *Denn wer wüßte nicht, daß es das erste Gesetz ist: der Historiker darf nicht wagen, etwas Falsches zu sagen, aber er darf sich auch nicht scheuen, etwas Wahres festzuhalten* NAM QUIS NESCIT PRIMAM ESSE HISTORIAE LEGEM NE QUID FALSI DICERE AUDEAT, DEINDE NE QUID VERI NON AUDEAT (Cicero, de orat. 2, 15, 62). Livius hat den von Sallust eingeschlagenen Weg wieder aufgegeben. Ihm kam es darauf an, wieder Geschichte zu erzählen, nicht Geschichte zu denken und zu erklären. Er bescheidet sich damit, Vorgänger zu vergleichen, zu berichtigen, sich in die Reihe derer, die römische Geschichte bereits geschrieben hatten, einzugliedern, sich dienend seiner Aufgabe zu widmen und das Vergangene mit der neuen, modernen, augusteischen Gesinnung zu durchleuchten. Er schrieb nicht mehr als Demagoge und nicht im Dienste einer Partei. Aber er schrieb als Römer. ›Immer wieder haben die Historiker geglaubt, noch gewissere Wahrheit zu bringen oder in der Kunst zu schreiben und darzustellen über die altertümliche Formlosigkeit ihrer Vorgänger hinauszukommen. Wie dem auch sein mag, mir wird das Bewußtsein genügen, daß auch ich dann für meinen Teil etwas getan habe, die Taten des führenden Volkes der Erde zu überliefern. Und wenn in dieser Schar der Geschichtsschreiber mein Ruhm im Dunkel bleiben sollte, so möchte ich mich mit dem Adel und der Größe derer trösten, die dann vor meinem Namen stehen werden.‹ Geschichte als ›diszipliniertes Gedächtnis der Menschen‹ ist Fleißarbeit an den Quellen.

Aber was ist eine Tat-Sache, die es verdient, ›überliefert‹ zu werden? Schon hier heben die Schwierigkeiten an. Geschmack, Charakter, Nationalität, Vorurteil und Weltanschauung des Historikers beeinflussen und bestimmen die Auswahl und deuten Dokumente und Fakten. Die lebendige Geschichte birgt ja auch den in sich, der sie erkennen, beschreiben und deuten will, den Geschichtsschreiber. Cato Censorius hat das erste lateinische Geschichtswerk für Lateiner geschrieben. Die Abwehr griechischen Geistes, der Kampf gegen die ruhmlüsternen, selbstbewußten, stadtrömischen Adelsfamilien regierten seine Feder: seine ›Geschichte der römischen Anfänge‹ (origines) ist sozusagen anonym. Er nannte keine Namen, weil er überzeugt war: Rom ist nicht durch die Tat einzelner, sondern durch die Kraft des ganzen Volkes groß geworden. Die Geschichte Roms war ihm daher nicht bloß Werk der urbs, sondern Verdienst ganz Italiens. Diese strenge Objektivität aber hinderte ihn keineswegs, kritiklos gegen sich selbst zu sein. Unbedenklich nahm er in die karge, mit dem schwerfälligen, sich noch sperrenden Latein geschriebene Weltgeschichte die eigenen Reden auf und ließ so das wunderliche Werk versanden. Geschichte ist Gegenwart des Vergangenen. Sie erscheint Zeiten, Völkern und dem einzelnen immer verschieden, ›je nachdem, wie sie es verdienen‹ (Klingner). In der Wandlung von Schuldfragen in Ursachen und Gewicht, im Bedeutungswandel von Tatsachen wird Geschichtswissenschaft – selbst wieder Geschichte.

›Geschichte schreiben ist eine Art, sich das Vergangene vom Halse zu schaffen.‹ Dies Wort Goethes (Maximen und Reflexionen) zeigt weiter die Problematik, mit der die Geschichtsschreibung zu ringen hat. Nach ihren Schlüssen wurzelt manche Geschichtsschreibung im Nationalen, zielt auf die öffentliche Meinung und wird Werkzeug der Macht. Darum nennt Renan die Geschichte eine nur mutmaßende Wissenschaft. Auch Sallust schrieb römische Geschichte als eine Art Rechtfertigung seiner eigenen Schicksale und Einsichten.

So bestimmte Livius den Gesichtswinkel, unter dem er die römische Geschichte zu betrachten unternahm, mit dem ehrlichen Bekenntnis: ›Ich aber möchte unter anderem das gerade als Lohn meiner Mühe suchen, mich vom Anblick des Unheils, das unser heutiges Geschlecht so viele Jahre hat ansehen müssen, wegwenden zu können, so lange wenigstens, wie ich mir die alte Zeit vergegenwärtige, erlöst von aller Sorge, welche den Geschichtsschreiber vielleicht nicht von der Wahrheit abzuwenden braucht, aber ihm die unbefangene Gelassenheit nehmen könnte‹ (Vorwort zur Römischen Geschichte). Tacitus hält es für nötig, ausdrücklich zu Beginn der Annalen (1, 1) seine Objektivität zu versichern: er wolle *ohne Haß und Gunst* darstellen, SINE IRA ET STUDIO. Aber gerade ihm, der seelenkundig war wie keiner der römischen Historiker vor ihm und nach ihm, wollte es nicht gelingen, ohne Bitternis und Voreingenommenheit zu schildern und Abstand zu wahren.

Birgt aber nicht jeder so gewonnene Standpunkt die Gefahr, bereits die Quellen unter diesem Blickwinkel zu durchforschen, die Tatsachen und Gestalten zu deuten, die Abläufe zu vereinfachen? Wie soll man die bunte Fülle in ihrer Besonderheit fassen? Wo verläuft die schmale Grenze zwischen Wahr und Falsch? *Wo zwischen Krumm und Gerade?* CURVO DIGNOSCERE RECTUM? (Horaz, ep. 2, 2, 44) Unterschied schon die Quelle richtig? ›Geschichte muß doch wohl allein auf Treu und Glauben angenommen werden? – Nicht?‹ (Lessing, Nathan der Weise 3, 7.) In den ersten Jahrhunderten römischer Geschichte sprudelten überdies die Quellen unzureichend: ›Gerade die Besten wollten lieber handeln als reden, sie wollten lieber ihre Taten von anderen gelobt sehen, als selbst die anderer erzählen‹ (Sallust).

Schließlich, die Geschichte verläuft nicht so, weil sie so muß, sondern weil ihre entscheidenden Momente im Großen und jeden Augenblick im Kleinen gewollt werden. In der Geschichte objektiviert sich die Summe der Initiative der einzelnen, aber auch der Familien und Völker. Diese Tatsachen und Folgen verbinden sich zu oft unentwirrbaren Gefügen. Es wird sehr schwer, festzustellen, wieviel durch private Antriebe, unterirdische Gründe, durch unlogische Entschlüsse der geschichtlichen Persönlichkeit, ja durch Beziehungen, die sich vor der Öffentlichkeit verbergen, geschah. Männer machen die Geschichte. Schon Thukydides, der eigentliche Schöpfer der Geschichtsschreibung, der ›Menschendenker‹ (Nietzsche), fand: ›Es kommt vor, daß der Gang der Ereignisse nicht minder unberechenbar ist als die Gedanken der Menschen‹ (1, 140). Er nannte das ›dämonisch‹, man müsse es mit Ergebung in die Notwendigkeit tragen (2, 64). Wir müßten alles wissen, um die ganze Geschichte zu schreiben. ›Schade ... daß Menschen und nicht Wesen höh'rer Art – die Weltgeschichte schreiben‹ (Schiller, Don Carlos 3, 10). Vieles ist uns verhüllt, und vor allem das, was noch nicht ist.

Der Friede, Fortschritt, die Entdeckungen, die Kunst, die Politik, kurzum die Geschichte in jeder Form hat einen Zusammenhang unter sich und einen Sinn im Großen. Die Geschichtswissenschaft fragt, warum etwas geschah oder besser: warum und in welch höherem Sinne etwas geschehen mußte. Plautus kennt bereits das geflügelte Wort: DI NOS QUASI PILAS HOMINES HABENT (capt. 22) *Die Götter haben uns in der Hand wie die Menschen die Bälle.* Augustinus sah in der Geschichte den Kampf zwischen Gott und Teufel, zwischen der civitas Dei und der civitas terrena. Die Aufklärung fand die Bestimmung der Geschichte darin, den Fortschritt der Menschheit herbeizuführen, für Schiller war die Weltgeschichte das Weltgericht, ›Resignation‹, und wie die Sinndeutungen der Geschichte noch heißen mögen. Der Historiker muß rückschauender Prophet sein, wie der Dichter vorausblickender Geschichtsschreiber ist. Und wie in die Zusammenhänge der Dinge untereinander eindringen? Man kann von innen nach außen schauen und fragen: Welche Idee äußert sich im Zusammenhang der gegebenen Tatsachen, und ist mit dieser Idee ein befriedigendes und fruchtbares Verhältnis zur Wirklichkeit möglich? Sallust quält die Frage: Warum ist menschliche Macht schon bei ihrer Grundlegung dazu verurteilt, einmal zu verfallen? Diese These trägt er an die Tatsachen heran und sucht seine Frage zu beantworten. Umgekehrt verfährt eine andere Betrachtungsweise. Sie stellt die Frage: Welcher Ausdrucksmittel bedient sich im geschichtlichen Zusammenhang eine Idee oder ein Grundtrieb des Menschen?

Vor solchen Schwierigkeiten steht der Geschichtsforscher wie vor einem Berg. ARDUUM RES GESTAS SCRIBERE *Steil ist es, Tatsachen zu schreiben.* Zum Gipfel führt nicht nur Wissen. Geschichtswissenschaft ist eine Kunst. Neben Wissen und Wahrheitsgewissen steht begleitend das Gefühl und leuchtend die Begnadung der Intuition.

Von der Dichtung

VOLAT AVIS SINE META
QUO NEC VATES NEC PROPHETA
EVOLAVIT ALTIUS

Es fliegt der Vogel ohne Ziel,
Wohin der Seher und Prophet
Nicht folgen kann.

Es ist durchaus normal, daß ein geborener Dichter, sobald er in der ersten noch berauschten Bewußtheit seiner ureigenen Kraft, nämlich der Einbildungskraft, sich regt, diese in einem Nu versuchen will, mit ihr die ganze ihr gegebene Welt beherrschen will. Aber er kann das nur tun in einer vagen Weise, als vagabundus sozusagen, hellseherisch manches ein für allemal und genauer als alle anderen sehend, aber doch im ganzen mit den realen Dingen nur dadurch fertig werdend, daß er sie *übersieht*, sie *überfliegt*, nicht in sie eindringt (Haecker).

Publius Ovidius Naso, der verwöhnte Dichter des weltstädtischen Rom, durchlitt zehn einsame Jahre der Verbannung. Der Weg seines Aufstieges begann in Rom, sein Abstieg endete in bitterer Verlassenheit am Schwarzen Meere, wohin ihn strafweise Kaiser Augustus verwiesen hatte. In der Fremde schrieb der Dichter, der als Jüngling mit leichtlebigen, feinempfundenen Liebesliedern (amores, Heroides und ars amatoria) seinen Ruhm begründet hatte, entsagungsvolle Klagelieder. In einer dieser Elegien (tristia 4, 10, 26) überblickte er sein Leben und sein Werk. Dabei entschlüpfte ihm das aufschlußreiche Bekenntnis: ET QUOD TEMPTABAM SCRIBERE, VERSUS ERAT *Was ich zu schreiben begann, Verse wurden es stets*. Wirklich, auch dieser Satz ist ihm unter der Hand ins Maß eines tadellosen Pentameters geflossen. Ovid, der ohnedies gerne psychologischen Beobachtungen nachhing, öffnete uns damit die Türe zu seiner dichterischen Werkstatt. Auf die Frage, wie entsteht die dichterische Form, antwortet dieses Selbstbekenntnis eines wirklichen Dichters: sie kommt ungerufen. Jedesmal, wenn den Dichter ein Erlebnis durchschüttert und Wortform wird, entsteht ein Gedicht. Form und Inhalt lassen sich im echten Kunstwerk nicht trennen. Die Form ist kein bereitstehendes Gefäß, in das man einen beliebigen Inhalt gießen kann. Die dichterische Lebensschau ist zugleich Ausdruck. Des hohen Dichters

Urgrund ist die Bewegtheit des Gefühls. Auch er bietet Lebens- und Weltschau wie der Philosoph. Aber seine Einsichten kommen aus dem Herzen, das Erkennen des Philosophen stammt aus dem Kopf. *Ich habe nämlich oft gehört, kein Dichter sei ohne inneres Feuer, keiner ohne einen gewissen Wahnsinn zu denken* SAEPE ENIM AUDIVI POETAM NEMINEM SINE INFLAMMATIONE ANIMORUM EXISTERE POSSE ET SINE QUODAM AFFLATU QUASI FURORIS (Cicero, de orat. 2, 46, 194). So empfand auch Shakespeare das dichterische Schaffen: ›Des Dichters Aug' in schönem Wahnsinn rollend‹ (Sommernachtstraum 5, 1). ›Dichten ist ein Übermut‹, sagt Goethe. Die seelische Erregung steigert die Leuchtkraft des dichterischen Blickes, macht sie zur Vision, die innere Bewegung verdichtet sich zu äußerer Anschauung.

Niemand kann sich diese geheimnisvolle Seh- und Bildkraft geben, niemand sie sich durch Willen und Arbeit erzwingen. Der Dichter steht begnadet bei den Kaisern und Göttern. Man lese Horazens Musengedicht: DESCENDE CAELO *Steige vom Himmel* (carm. 3, 4), um zu erfahren, mit welchem Stolz sich der Sohn des süditalischen Freigelassenen in die Spitze der Menschheit einreiht. Seine Visionen gesellen den Dichter auch den Sehern und Propheten zu. Horaz beansprucht den Ehrennamen VATES *Seher*, weil er zwischen Göttlichem und Menschlichem vermittelt. Sein bekanntes GENUS IRRITABILE VATUM (ep. 2, 2, 102) *das reizbare Geschlecht der Dichter* darf, obwohl es anders gemeint ist, auch von der geheimnisvollen Sensibilität des Dichters verstanden werden. Von wannen das dichterische Erleben und Formwerden kommt, ist undurchdringlich. Es steigt empor wie ein verborgener Quell, der ins Helle sprudelt. Die Dichter selbst können sich kaum deutlich ausdrücken über das, was in ihnen vorgeht. Leicht verlieren sie bei einem solchen Versuch die unschuldige Ursprünglichkeit. Der Vorgang der Inspiration schließt nicht aus, daß nachfolgende bewußte Arbeit überfeilt, was das Erlebnis geboren hat. Dichten ist Gnade und Schmerz, Inspiration und Fleiß.

Horaz, der selbst eine *Poetische Kunst* ARS POETICA hinterließ, schenkte uns einen anderen Blick in des Dichters Werkstatt. ›Entschließen muß er sich, alle Worte auszuweisen, die nicht schön sind, die nur matt und kraftlos klingen und nicht recht würdig scheinen – mögen sie auch ungern weichen und sich so sicher dünken wie in der Vesta Heiligtum‹ (ep. 2, 2, 110).

Das Irrationale, das Unerklärliche beim Entstehen eines Gedichtes verträgt sich beim wirklichen Dichter auch mit einem feststehenden Versmaß und überlieferten Strophenbau. Wir stehen damit vor dem Geheimnis der lateinischen Dichtung überhaupt. Muß nicht jedes dichterische Erlebnis sich auch eine eigene Form schaffen? Müßten nicht eigentlich so viele Formen und Versmaße ans Licht treten, als drängende Urbilder und Gefühle im Herzen des Dichters nach Gestalt ringen? Aber ist nicht ganz im Gegenteil z. B. ein Sonett eine vorgefaßte, erfundene Form, von außen übernommen als Maß, Tradition, Gesetz? Und hinderten nicht die feststehenden Versmaße der lateinischen Metrik, diese Hexameter, Pentameter, Alexandriner mit ihrer gezählten Folge von Lang und Kurz den Fluß des Schöpfertums? Erstickten nicht die überlieferten Strophenbauten die gewachsene Natürlichkeit?

Auch Horaz spürte das Problem: Meisterschaft oder Schöpfertum; er kannte die innere Spannung zwischen vorgefaßter Form und dem zufälligen, gnadenhaften, nicht herbeizubefehlenden Erschüttertsein der Seele. Aber wie er für seine persönliche Lebensführung, für alle Anliegen seines äußeren und inneren Daseins einen Halt im Maße suchte, wie er auch für die Menschen keinen anderen Weg zum Glücke wußte als die Philosophie des Maßes, so verfuhr er auch mit den inneren Bedrängnissen, die ihm das dichterische Erleben schuf. Den Überschwang der Bilder und Gefühle empfand er als Übermaß, als zu bändigenden Trieb. Maßhalten formte seine innere Natur. Es filterte Erlebnis und Drang. Als Form seines geistigen Daseins läuterte es die gärenden Bilder und fing sie auf in die bereitstehende Form des Verses und der Strophe. So wurde die Form nicht Hindernis, sondern Hilfe. Das formlos Flutende der Seele wird gebunden durch den Willen zur Harmonie. Das gilt auch für die übrige lateinische Dichtung. Und so liegt auch die Kraft zum Beispiel eines echten Sonetts darin, daß heißes Drängen in eine kühle Form gespannt ist. Das macht seine innere Weite aus. Petrarca, Racine, Schiller, Goethe wußten um diesen Vorzug feststehender Formen so gut wie Lucretius, Catull, Vergil, Horaz und Ovid.

Diese mittlere Gefühlslage zwischen eigenständigen Gestalten und selbstauferlegtem Maß bestimmt neben der Form auch den Inhalt des antiken Gedichtes. Das dichterische Erlebnis hat an sich keinen Zweck, das ästhetische Gefühl ist eine Schwingung der Seele ohne Absicht. Ein Gedicht und die Stimmung, die es auslöst, genügen sich selber. Wer aber wie der antike Dichter seine Seele zum Maße erzogen hatte, erlebte in dieser Grundhaltung auch die Welt. So durfte Horaz auch jenes Wort wagen, das eigentlich das Grunderlebnis des Dichters in Frage stellt: AUT PRODESSE VOLUNT AUT DELECTARE POETAE *Die Dichter wollen nützen oder erfreuen* (ars poetica 333). Des Dichters Seele entrückt nicht nur zu schönen Bildern. Es gibt auch in praktischen Dingen schöpferische Begegnungen zwischen dem Dichter und der Welt. So kann und will er auch nützen. Drum haben viele lateinische Gedichte etwas Lehrhaftes. Sie sind ein Teil des dichterischen Wesens. Auch Goethe kam, je weiser er wurde, zum Lehrgedicht, sein Westöstlicher Diwan trägt auf weiten Strecken im östlichen Kolorit und mit morgenländischen Bildern allgemeinmenschliche Weisheit vor, die Kunst, das Leben zu meistern.

Was dem Römer aber in dieser Hinsicht am meisten am Herzen lag, war die Geschichte als Politik, als staatliche Verhaltensweise. Vergil, Horaz, Ovid wurden in den gärendsten Zeiten der res publica geboren. Sie erlebten und erlitten die Geschichte des römischen Umbruchs von der Republik zum Kaisertum. Dies Erlebnis nahm Besitz von ihrer Seele. Aber diese Geschichte wurde bei ihnen nicht geschildert oder begründend oder nutzanwendend enträtselt und überdacht wie beim Historiker. Sie verband sich in der Seele des Dichters mit der dort herrschenden Ordnung des Seins und den gebändigten Formkräften, in der Seele Vergils z. B. mit dem Mythos seines Volkes. Er erlebte die geschichtlichen Tagesereignisse so, daß er durch sie hindurch Größeres, über das Konkrete Hinausreichendes sah. Sicher, seine Aeneis ist ein Loblied auf Augustus, ein Preisen seiner Siege und seines Friedens. Aber Vergil erzählt fast ausnahmslos von Aeneas, dem Ahnherrn des Augustus, und entwickelt den großen geschichtlichen Zusammenhang, dessen Krönung eben Augustus ist. Mythos und Geschichte durchdringen sich, sinnvoll gestaltet und zweckmäßig geführt vom Willen der Götter. Horaz verwandelte das Erlebnis in Lehre, Beispiel, in den Lobpreis und die Aufforderung zur Bildung, Harmonie und zum Maß. Innere Tüchtigkeit, Klarheit, Ordnung und Weisheit sind ihm dichterisches Anliegen, denn es wollen die Dichter nützen. Auch der lehrhafte Horaz bildet eine poetische und eigenständige Welt. Der Vergil der Georgica, des Buches über Ackerbau, Baumkultur, Viehzucht und Bienenpflege, und der Vergil der Aeneis ist Seher und Deuter der Zeit geworden, nachdem er in den Bucolica, den Hirtenliedern, in fast rein lyrische Bezirke entrückt war. Dabei ist Vergils schönstes Werk, die Georgica, wahrscheinlich sogar auf Bestellung des Maecenas zustande gekommen: TUA, MAECENAS, HAUD MOLLIA IUSSA *Dein schweres Gebot, Maecenas.* Aber der Wunsch des Gönners kam dem entgegen, was in des Dichters Seele bereitlag.

So zeigt trotz des festgesetzten Vers- und Strophenmaßes jeder der römischen Dichter ein eigenes Gesicht. Lucilius schützt sich mit Freimut und Witz gegen die Korruption. Lukrez hat nach Goethe ›eine lebendige Einbildungskraft, die das Angeschaute bis in die

unschaubaren Tiefen der Natur verfolgt‹. Catull dichtete wegen
seiner persönlichen, ganz intimen Art und vollendeten Form ›das
Vollkommenste, was die lateinische Poesie überhaupt aufzuweisen
vermag‹ (Mommsen). Die Elegien des Properz ›haben eine Erschütterung in meiner Natur hervorgebracht‹ (Goethe).

INVENIAS ETIAM DISIECTI MEMBRA POETAE
Nachweisbar sind dir auch noch die getrennten Glieder des Dichters.
(Horaz, sat. 1, 4, 62)
Horaz behauptet dies von Ennius, dem Vater der römischen Dichtung. Seinem erhaltenen Vers *Nachdem die grausige Zwietracht eisen-
beschlagene Pfosten und Tore des Krieges zerschmettert* POSTQUAM
DISCORDIA TAETRA BELLI FERRATOS POSTES PORTASQUE REFREGIT sehe
man trotz seiner Isoliertheit die hohen Gaben des Dichters an.
Horazens Art erkennt man sofort am NUNC EST BIBENDUM *Nun gilt's
zu trinken,* womit er den Sieg des Caesar Octavian bei Aktium
feiert, wie an dem gemessenen INTEGER VITAE SCELERISQUE PURUS
(carm. 1, 22, 1) *Wer in Unschuld lebt und rein von Lastern.* Seine
innere Gesundheit und die Harmonie seiner Seele, sein Verzicht,
seine Freiheit und Gelassenheit prägen jedes Gedicht; er kennt keine
brausenden Leidenschaften und keine stürmischen Exzesse weder
bei Wein noch bei Sieg, weder im Leide noch in der Liebe. Und so
wahren sie alle ihre Eigenart. Lucretius erzählt, wie Agamemnon
auf den Rat des Kalchas seine Tochter Iphigenie den Göttern opfern
wollte, auf daß deren Zorn sie besänftige. Der Atheist, der die
Menschheit von Götterfurcht und Todesgrauen befreien wollte, benutzt die willkommene Gelegenheit, der Religion eines zu versetzen.
Der berühmte Vers (de rerum natura 1, 101) TANTUM RELIGIO PO-
TUIT SUADERE MALORUM *Soviel Übel vermochte die Religion zu raten*
verrät den Verfasser und seine Gesinnung. Den Libertinisten Catull
aber kennzeichnet nichts so sehr als die übermütigen Verse 5 und 6
aus carm. 16:

NAM CASTUM ESSE DECET PIUM POETAM
IPSUM, VERSICULOS NIHIL NECESSE EST
Nein, es soll zwar der Dichter keusch und fromm sein,
Er persönlich, die Verse müssen's nicht sein.

Gemeinsam wie Versmaß und Strophenbau war den lateinischen
Dichtern die Art, die Dinge zu sehen. Montesquieu hat dies wunder-
schön beobachtet: ›Ich gestehe, daß mich mit am meisten bei den
Arbeiten der Alten entzückt hat, wie sie das Große und Einfache
gleichzeitig zu treffen wissen, während unsere Neueren fast immer,
wenn sie das Große suchen, das Einfache verlieren, und wenn sie das
Einfache suchen, das Große einbüßen.‹ Dabei besteht das Vorrecht

aller Dichter, Dinge, die auseinander liegen, zusammen zu sehen und ihre eigene Ordnung der Welt aufzustellen.

Die tausendfältigen Gedanken vieler
Verschiedener Menschen, die im Leben sich
Und in der Meinung widersprechen, faßt

Der Dichter klug in eins und scheut sich nicht,
Gar manchem zu mißfallen, daß er manchem
Um desto mehr gefallen möge.

(Goethe, Torquato Tasso 5, 2)

Das Vorrecht echter und großer Dichter, gestalterische Freiheit walten zu lassen, galt auch für die Lateiner.

EXIT IN IMMENSUM FECUNDA LICENTIA VATUM,
OBLIGAT HISTORICA NEC SUA VERBA FIDE

Ins Unermeßliche schweift die fruchtbare Freiheit der Dichter,
Auch durch geschichtliche Treu achten sie sich nicht beschränkt.

(Ovid, amor. 3, 12, 41 f.)

Das Wort ›poetische Lizenz‹ stammt von Tertullian (ad. Marc. 1, 3). Weil sie mit den Dingen frei walteten, mußten sich die Dichter vom lateinischen Sprichwort auch Hartes sagen lassen bis zum Vorwurf, sie lögen. POETIS MENTIRI LICET, erklärt kurz und bündig Plinius (ep. 6, 21, 6) *Es ist den Dichtern gestattet zu lügen.*

Aber der Dichter steht irgendwie außer der herkömmlichen Reihe und dem gewöhnlichen Ablauf. Das Dasein und Leben ist ihm verzaubert, ›an hundert Stellen ist es noch Ursprung. Ein Spielen von reinen Kräften, die keiner berührt, der nicht kniet und bewundert‹ (Rilke). In unkontrollierbaren Tiefen des Unbewußten gärt sein Inneres. Die Welt und alle geistigen Werte geraten in den Wirbel der eigenen Seele. So kehren sich die Dichter gerne gegen das Überkommene. Gefühl, nicht der Verstand ist ihr erfassendes Organ. Das hat auch Gefahren im Leben und in der persönlichen Haltung. Das bloße Bewegtsein der Seele artet leicht in Richtungslosigkeit aus, es gibt Sturm und Drang, es gibt eine Übersteigerung des Ichs, es gibt Abwehr gegen die Welt, es gibt das verhetzte, bis zum Verfolgungswahn verstiegene Dasein Rousseaus und die mimosenhafte Feinfühligkeit Rilkes. MULTA FERO UT PLACEM GENUS IRRITABILE VATUM *Vieles ertrag ich dem reizbaren Volke der Dichter zuliebe.* Der Mensch nimmt die Willkürlichkeiten des dichterischen Daseins hin und übersieht auch im Privaten manches. Er wundert sich nicht über jene Abkehr von Gesetztheit und Regel, die wir Bohème genannt haben, etwa als Baudelaire und seine Freunde ihre neuen Samtwesten mit Glaspapier abrieben, um ihren bürgerlichen Glanz zu zerstören. Ja, es ist ein reizbares Geschlecht.

Gerne wird von den Dichtern auch alles Befeuernde in die Seele genommen: Leid, Liebe und Wein. Ihr Rausch nährt den seelischen Überschwang, von dem der Dichter lebt. Sie beschleunigen den Fluß des inneren Lebens. Die tragische Dichtung entsteht, wenn dem Leid sein Sinn abgezwungen wird. Auch das Leid befruchtet.

Dazu spinnen die Ewigen Leid in das Leben der Menschen,
Daß sich Gesänge daraus zukünftge Geschlechter bereiten
(Odyssee 8, 579 f.)
Liebe und Wein beflügeln besonders. Wein ist dem Poeten heiliger Geist. Er öffnet die Herzen und den Mund, er offenbart die Gedanken, selbst Geheimnisse. Die Griechen sagten: Wein wird Wahrheit genannt, und Plinius stellt das Gleiche fest: allgemein wird dem *Wein Wahrheit* zugeschrieben (nat. hist. 14, 141). IN VINO VERITAS. Der Dichter hört Stimmen aus ihm. IN VINO FERITAS lautet eine witzige und doch gehaltvolle Abwandlung aus der Barockzeit. *Im Wein ist Leidenschaft.* Auch die frommt dem Dichter. Drum gehen Wassertrinken und Dichten schlecht zusammen.

NULLA PLACERE DIU NEC VIVERE CARMINA POSSUNT
QUAE SCRIBUNTUR AQUAE POTORIBUS
(Horaz, ep. 1, 19, 2 f.)
An der Stelle, wo Horaz diesen Spott auf die Wasserdichter niederschrieb, werden Homer und Ennius, die großen Befruchter der lateinischen Dichtkunst, in den Duftkreis des Weines gerückt. *Nicht bleiben lange in Gunst noch werden leben die Lieder, welche geschrieben werden von wassertrinkenden Dichtern.* ›Seit der Gott der Reben schwärmende Dichter seinen Satyrn und Faunen beigesellt hat, wird es Regel, daß die holden Musen frühmorgens Wein ausatmen. Lob des Weines verrät, *wie lieb der Wein dem Homer war* VINI VINOSUS HOMERUS. Vater Ennius selbst hat immer sich gestärkt zuvor, ehe er ins Kampfgetümmel seiner Heldendichtung sich stürzte.‹ Und so blieb es immer. Drum sang in der religiös frivolen, aber menschlich so erfrischenden Vagantenbeichte der Archipoeta:

POCULIS ACCENDITUR ANIMI LUCERNA,
COR IMBUTUM NECTARE VOLAT AD SUPERNA
Bei den Bechern wird mein Geist strahlend hell erleuchtet.
Zu den Sternen fliegt mein Herz, das der Nektar feuchtet.

Und in der ›Ablehnung des Barbarossa-Epos‹, in dem er dem Kanzler Reinald von Dassel klarmachen will, daß er kein Loblied über die Feldzüge des Kaisers schreiben wollte, dichtet er:

EGO VERSUS FACIENS BIBO VINUM BONUM
Wenn ich dichte, trinke ich nur vom guten Wein.

›Wasserdichter‹ nannte man bis ins 18. Jahrhundert jenen Kreis armer Dichterlinge, die sich an den sächsischen Dichter Christian Weise (1642–1708) angeschlossen hatten. Man weiß nicht, ob die schwierige Spiel-Grabschrift auf Rabelais von ihm selbst stammt, oder ob ein erdachter trinkender Poet sie verfaßt hat. Rabelais war der große Lobredner des Weines. Noch im Tode wollte er der große Trinker sein.

VITA – LIQUISTI MEMBRA MORTE
LYAEE – FLEBIS HOMINEM LIQUORE
SITIS – ADURES TUMULUM FACE
Leben, Bacchus, Durst, du flohest, wirst beweinen, wirst verzehren Glieder, diesen Mann, sein Grab im Tod mit Wein und Feuermeeren.

Ebenso wie den weinfrohen Homer und die Wasser trinkenden Dichter kennt das lateinische Sprichwort auch den federkauenden Verseschmied, der beim Versemachen *sich hinterm Ohr kratzte und die Nägel kaute* SAEPE CAPUT SCABERET, VIVOS ET RODERET UNGUES (Horaz, sat. 1, 10, 71). Auch die Dichterlinge gab es, die man nicht einmal tadelte, weil man sie bedauerte. *Gebirge wollen gebären, und nur ein winziges Mäuslein wird zur Welt gebracht* PARTURIUNT MONTES, NASCETUR RIDICULUS MUS (Horaz, ars poetica 139). Man kannte auch die Mittelmäßigen, mit denen man gelinde verfuhr. Sie schufen nicht, sie machten Verse. *Wenn das Talent es versagt, so macht Entrüstung die Verse* SI NATURA NEGAT, FACIT INDIGNATIO VERSUM (Juvenal, sat. 1, 79). ›Kann's anders sein, wenn einer, schon damit zufrieden, die Gedanken in sechsfüßiges Maß zu schließen, zweihundert Verse vor dem Essen, ebenso viele dann nach Tisch zu dichten pflegt? Derart war des Etruskers Cassius Talent, dessen Verse wie ein reißender Gießbach strömten – es wird erzählt, aus seinen eigenen Schriften und ihren Hüllen sei ihm der Scheiterhaufen aufgeschichtet worden‹ (Horaz, sat. 1, 10, 60 ff.).

Wie die römischen Lehrer waren auch die Dichter bei griechischen Vorbildern in die Schule gegangen. Die Lateiner kannten nicht einmal ein eigenes Wort für ›Dichter‹. Ihr poeta blieb ein Fremdwort aus dem Griechischen. Ihre Poesie ist in ihren Anfängen so künstlich, daß man fast bis auf den Tag bestimmen kann, wann sie in die Welt trat: in den Septembertagen 240 v. Chr., als der freigelassene Sklave Andronicus nach griechischer Vorlage Festspiele einrichtete. Noch war der Anfang der Dichtung spielerisch und den Sklaven überlassen; die Prosa, staatlich als Geschichtsschreibung wichtig, nahmen Senatoren und Männer des öffentlichen Lebens wahr. Erst die Literaturpolitik des Augustus gab den Dichtern Ansehen und ihrem Werk in der Forderung von gravitas und maiestas, Ernst und Würde, Richtung und nationale Geltung. Damals legte Properz bewußt die Wandlung vom hellenistischen Poeten zum römischen Klassiker so fest:

Doch ist es Zeit, den Parnaß umzuwandeln mit anderem Reigen,
Und zu heroischer Fahrt öffn' ich den Rossen die Bahn.

(eleg. 2, 10, 1 f.)

Und er spricht angesichts des, wie er meint, seine Kräfte übersteigenden Vorhabens jenes Wort, das schon vielen gescheiterten Tatmenschen Trost spendete: IN MAGNIS ET VOLUISSE SAT EST *Wo es Großes gilt, ist schon das Wollen von Wert* (eleg. 2, 10, 6). Aber diese Männer schöpften immer noch aus den griechischen Klassikern und ahmten sie unbedenklich nach. Die Nachwelt machte ein philologisches Steckenpferd daraus, solcher Abhängigkeit nachzuspüren, und man teilte den Griechen das Genie, den Römern die Virtuosität zu. Im Zeichen der Nachahmung gedieh auch der Manierismus. Persius zum Beispiel gestaltete seine Satiren nach dem Muster des Lucilius und Horaz, ohne selbst dichterische Kraft und Sendung zu besitzen. Da Beifall ein Geheimnis ist, so kam auch Persius in Mode. Im Mittelalter schätzte man ihn, weil seine Gedichte die stoische Moral atmeten. Heutzutage vermag man ihm keinen Geschmack mehr abzugewinnen. Denn er ist dunkel, ohne Tiefe und wortreich, ohne Schönheit. An seinen Namen knüpft ein Wort, das jeder unechten Kunst ins Stammbuch geschrieben wird: SI NON VIS INTELLEGI, NON DEBES LEGI *Wenn du nicht verstanden werden willst, brauchst du auch nicht gelesen zu werden.* Umgekehrt, wahrer Wert setzt sich durch. Ovids Werke wurden noch zu seinen Lebzeiten aus den öffentlichen Bibliotheken Roms verbannt, aber sie wurden nach wie vor gelesen. Der Dichter selbst glaubte zuversichtlich an sein Werk, und er hat recht behalten: ET IN TOTO PLURIMUS ORBE LEGOR (tristia 4, 10, 128) *Ich bin der Meistgelesene in der ganzen Welt.*

Unerbittlich fordern Götter und Menschen – nur von den Großen. Ihren Lieblingen geben die Götter das Leid. ›Alle, die etwas Vortreffliches erfinden wollten, sei es im Handwerk oder in der Kunst, sind eines bösen Todes gestorben, und der Schöpfer der Welt war ihnen böse. Den Sokrates hat die Welt für weise gehalten, und doch hat sie ihn auf üble Art getötet, da er im Kerker durch einen Schierlingstrunk endete. Diogenes verschluckte einen rohen Polypen und starb daran. Da Aischylos schrieb, fiel ihm eine Schildkröte auf den Kopf, so daß er verschied. Sophokles erstickte am Kern einer

Weintraube. Den Euripides haben die thrakischen Hunde gefressen. Der himmlische Homer ist Hungers gestorben‹ (Sotades). Lukrez machte in geistiger Umnachtung seinem Leben selbst ein Ende, Catull starb mit 33 Jahren. Ovid aß die zehn letzten Jahre seines Lebens das bittere Brot der Verbannung und endete einsam. Selbst den Glückskindern unter den Dichtern der augusteischen Zeit, Vergil und Horaz, spielte anfänglich das Geschick übel mit. Vergil verlor sein Gut bei Mantua, als es ihm für die Veteranen des Oktavian 41 v. Chr. enteignet wurde. Auch Horaz erlitt das nämliche Schicksal. Er hatte auf das falsche Pferd gesetzt und war, gewonnen durch den Caesarmörder Brutus, gegen Octavian gezogen und mit dem geschlagenen Heere bei Philippi (42 v. Chr.) geflohen. Aber es stand ein guter Stern über Vergil und Horaz. Der Etrusker Maecenas, Freund und Berater des Kaisers Augustus, nahm sich ihrer an, förderte sie und schuf ihnen ein sorgenfreies Dasein. Er schenkte Horaz ein Landgut in den Sabinerbergen, das immer mehr für den Dichter die einzige Welt wurde und in seiner Ruhe und seiner ausreichenden Bescheidenheit ein Symbol jenes Maßes und jener Harmonie wurde, die das Leben und Werk des Dichters kennzeichnen. BEATUS ILLE QUI PROCUL NEGOTIIS *Glücklich, wer fern von Geschäften*, sang er (epod. 2, 1). Maecenas ist kein Dichter gewesen. Aber er, der in epikureischer Pflichtenlosigkeit und im Stolz auf sein etruskisches Königsblut der Freude lebte, hatte den sicheren Blick, junge Talente zu entdecken, und die glückliche Hand, sie zu fördern. Aus unsicherem Dasein hat er sie für die Dichtung geborgen. So ist er durch Vergil, Properz und Horaz selbst unsterblicher geworden als durch seinen Reichtum. Sein Name ist ein Begriff geworden für alle großherzigen Gönner und freigebigen Beschützer der Kunst. Immer wird Martials Epigramm gelten (8, 56, 5): SINT MAECENATES, NON DEERUNT, FLACCE, MARONES *Wenn's Mäzene nur gibt, mein Flaccus, dann gibt's auch Vergile.* Noch heute wird jede Gönnerschaft für die Künste in des Maecenas Namen ausgeübt.

Philosophie

FELIX QUI POTUIT RERUM COGNOSCERE CAUSAS
ATQUE METUS OMNIS ET INEXORABILE FATUM
SUBIECIT PEDIBUS STREPITUMQUE ACHERONTIS AVARI
Selig, wem es gelang, die Gesetze der Welt zu erkennen,
Wer, von Beängstigung frei, das unerbittliche Schicksal
Und des gierigen Acheron Rauschen zu Füßen sich legte!
(Vergil, georg. 2, 490 ff.)

Im Altertum galt die Sieben als heilige Zahl. Sieben Planeten
bestimmten das Geschick der Menschen. Sieben Städte stritten um die
Ehre, die Geburtsstadt Homers zu heißen. Sieben zogen gegen
Theben, Eteokles zu vertreiben. Sieben Weltwunder bestaunten die
Alten, auf sieben Hügeln war Rom erbaut, und sieben Könige regierten es. Sieben griechische Weise galten als Gemeinbesitz der gebildeten antiken Welt. Andere Völker verehren Seher oder Heilige,
die führen. Die erdhaften Griechen ließen sich von Weisen belehren
und bestimmen.

Die Geschichte weiß Sicheres nicht von ihnen. Die Überlieferungen
über ihr Leben widersprechen sich und verlaufen im Zwielicht der
Sagen. Nur einer der Weisen ist sicher zu bestimmen, der Gesetzgeber der Athener, Solon. Er lebte im 6. Jahrhundert v. Chr. Auch
die übrigen, die unter dem Namen ›Weise‹ gehen, stammen etwa
aus der gleichen Zeit. Viele werden ihnen zugerechnet. Aber immer
faßte ein ungeschriebenes Gesetz sie in der heiligen Siebenzahl
zusammen. Wollten die Römer jemand wegen seiner wissenschaftlichen Anmaßung verspotten, so nannten sie ihn den *achten Weisen*
SAPIENTUM OCTAVUS (Horaz, sat. 2, 3, 296), wie man scherzhaft
damals von der zehnten Muse sprach oder noch jetzt das fünfte Rad
am Wagen kennt.

Die Weisheit der Sieben verdichtete sich in ›Urgreisworten‹, die
knapp, tief und sicher praktische Lebensregeln weiterreichten. Sie
prägen deutlich die Eigenart griechischen Nachdenkens aus. Sie
dachten nicht abstrakt, sondern handfest. Philosophieren zielte darauf, die Welt zu beherrschen und das Leben zu meistern durch Wissen. Wer solches lehrte und übte, war weise. Die jeweiligen ›Sieben
Weisen‹ waren Könner und Kenner. Die weisen Prosasprüche (Gnomen) mit Sicherheit einer bestimmten Person zuzuweisen, ist unmöglich. Aber man verteilt, alter Überlieferung folgend, die kennzeich-

nendsten Kernsätze so: Thales: ›Erkenne dich selbst!‹ Solon: ›Nichts zu sehr!‹ Chilon: ›Bürgschaft – schon ist das Unglück da!‹ Pittakos: ›Erkenne den passenden Augenblick!‹ Bias: ›Die meisten sind schlecht!‹ Kleobulos: ›Maß ist das Beste!‹ und Periander: ›Alles ist Übung!‹ Noch viel solcher Sprüche waren im Schwange. Sie erfreuten sich achtungsvoller Zustimmung des Volkes. Einige waren im Delphischen Apollotempel eingemeißelt. Hipparch, der Sohn des Peisistratos, setzte manche der Gnomen auf die Grenzsteine Attikas. Als steinerne Prediger kündeten sie die Weisheit.

Auch ins Lateinische fanden sie ihren Weg. NOSCE TE IPSUM *Erkenne dich selbst* wurde heimisch. Es wird Thales zugeschrieben. Die Legende berichtet, das Delphische Orakel habe ihm die Krone der Weisheit zuerkannt; Aristoteles bezeugt, mit ihm beginne die Reihe der griechischen Philosophen. Das NOSCE TE IPSUM stand am Delphischen Apollotempel angeschrieben. Es sollte Ehrfurcht vor der Gottheit erwecken, welcher der Mensch sich nahte. ›Erkenne, daß du nur ein Mensch bist!‹ Aber bald weitete sich seine Bedeutung. Der Mensch solle sich bedenken, sein ›Ich‹ abmessen, wissen, welche Kräfte, Anlagen, Schwächen und Fehler ihm zu Gebote stehen und wo seine Grenzen beginnen. Vorbedingung, Anfang und Mittelpunkt aller menschlichen Weisheit war nach der Meinung der Griechen die Selbsterkenntnis. So faßte Sokrates den Spruch, so verstand ihn Cicero. *Der pythische Apoll befiehlt uns, uns selbst kennen zu lernen* IUBET NOS PYTHIUS APOLLO, NOSCERE NOSMETIPSOS (de fin. 5, 16, 44). Auch Kant und Lessing dachten wie Sokrates und Cicero. Goethe allerdings sah in unserem Spruch eine Gefahr. Er verleite zu falscher Beschaulichkeit. ›Der Mensch kennt nur sich selbst, sofern er die Welt kennt, die er nur in sich und sich nur in ihr gewahr wird. Jeder neue Gegenstand, wohl beschaut, schließt ein neues Organ in uns auf.‹ INSPICE, CAUTUS ERIS *Schau herein und du wirst vorsichtig sein* ist eine beliebte Devise auf venezianischen Spiegeln.

Die Gnomen wählten die treffende und knappe Form des Ausdrucks. Sie antworteten gerne im Superlativ auf Fragen, die zugespitzt und doch allgemein sich darboten. ›Das Größte: der Raum, denn er durchläuft alles. Das Stärkste: die Notwendigkeit, denn sie bezwingt alles. Das Weiseste: die Zeit, denn sie entdeckt alles.‹ Der letzte König der Lyder, Krösus, erschien den Griechen im Besitze höchsten menschlichen Glückes. Sein märchenhafter Reichtum war ihnen sprichwörtlich. So durfte er Solon fragen, wer der Glücklichste sei. Aber der erfahrene Weise gab nicht die erwartete Antwort; er wich in die allgemeine Sentenz aus: *Niemand ist vor dem Tode glücklich zu preisen* NEMO ANTE MORTEM BEATUS. Das unglückliche

Ende des Krösus bestätigte die Weisheit des Solon um so eindrucks-
voller, da der König große Beliebtheit bei den Griechen genoß. Bei
Ovid heißt der Sinnspruch: DICIQUE BEATUS ANTE OBITUM NEMO
SUPREMAQUE FUNERA DEBET *Niemand darf vor Heimgang und
Bestattung glücklich genannt werden* (met. 3, 136).

Das Glück besteht nie im Besitz. Als ein anderer der sieben Weisen,
Bias, aus seiner Vaterstadt Priene ohne Habe fliehen mußte, sprach
er den vieldeutigen Satz: *Ich trage alles Meine bei mir.* Der Mensch
benötigt nicht viel zum Leben und zum Glück, meint das Wort. Aber
es umfaßt noch tiefere Erkenntnis. Die einzig echte Habe des Menschen stammt aus seinem Innern, er gilt so viel, wie er ist. So hat
auch Cicero (parad. 1, 1, 8) das OMNIA MECUM PORTO MEA gedeutet.
Der kernige, abgeklärte Matthias Claudius gab seinen Gedichten
und Aufsätzen den Titel ASMUS OMNIA SUA SECUM PORTANS *All das
Seine mit sich tragend.*

Die kleinen, großen Weisheiten der Kernsprüche waren der
zupackenden Art der Römer auf den Leib zugeschnitten; sie wandten
sich an Männer von realem Sinn und praktischem Blick, Organisa-
toren, Feldherren, Staatsmänner. Als Philosophen haben die Römer
keine eigenen Systeme aufgestellt; sie haben nachgedacht, was die
Griechen vor ihnen gefunden haben. Wenn sie Fragen der Philosophie
erörterten, dann nur insoweit, wie sie auf Weisheit zielten. *Die Philosophie lehrt tun, nicht reden* NON IN VERBIS, SED IN REBUS EST (Seneca,
ep. 16). Römische Denker beschäftigte vor allem, wie man recht
handeln müsse, um glücklich zu sein. So kreiste das Nachdenken im
wesentlichen um die Probleme, wie der Mensch naturgemäß lebe,
was das Leben lebenswert mache, wie der Seelenfriede zu gewinnen
sei, wie man illusionsfrei der Welt gegenübertreten und die Furcht
vor dem Tode überwinden könne. Lucretius gab in seinem erhabenen Lehrgedicht ›Über die Natur der Dinge‹ eine Weltmechanik,
verklärt mit dem Geiste der Poesie. Der moderne Materialismus
konnte zu seinen Ideen nicht mehr viel Neues beisteuern. Es gibt nur
Materie. Einen vernünftigen oder gar persönlichen Weltgeist können
wir nicht annehmen. Die feinen, materiellen, der Empfindung fähi-
gen Materieteilchen leben, solange sie im Körper aneinander gebunden sind. Aber wenn das Lebewesen gestorben ist, so zerstreuen sie
sich wieder im All. Der Mensch insbesondere ist nur eine vorüber-
gehende Erscheinung im Weltganzen, er schaut nur für ganz kurze
Zeit diesem grenzenlosen Schauspiel unaufhörlichen Werdens und
Vergehens zu.

Cicero trug in flüssiger Weise, auch dem Laien verständlich, zusammen, was er überall in Fragestellungen und Antworten gefunden

hatte. Der einzige große Vertreter der Philosophie unter den Römern ist Seneca. Der Mann, der vielleicht im selben Jahre wie Christus geboren wurde, verkündete die erhabenste und feinste Lehre von der Pflicht, geboren aus seiner Gottauffassung. ›Wir gehen im Dunkeln und im Halblicht. Wir wollen ins volle Licht, in den Himmel, aus dem wir stammen.‹ Solche Gedanken entwickelte Seneca, aktuell, kühn, neu, für die römischen Verhältnisse unerhört, in seinen Schriften. Er wandte sich an die Großen seiner Zeit, um sie für die Ideen der Humanität, der Persönlichkeit, der Würde des Menschen zu gewinnen. Man liest bei ihm Gedanken, wie sie nur das Christentum entwickelt und verkündet hat. ›Der Mensch soll für den Menschen etwas Heiliges sein ... Nach dem Gesetz der Natur sollen unsere Hände hilfsbereit sein ... Jenen Vers sollen wir in Herz und Mund haben: Ich bin ein Mensch, nichts Menschliches ist mir fremd ... Die Natur hat uns gegenseitige Liebe eingegeben und uns mit sozialer Gesinnung erfüllt‹ (ep. 95; 33; 72; 52). Das war in jenen Tagen etwas Neues. In der gebildeten Oberschicht der Zeitwende, als im Orient und Occident der Ruf nach sittlicher Wiedergeburt nicht mehr zu überhören war, ersetzte solche humanitäre Philosophie bei den Gebildeten den verspotteten Götterglauben und die arg ins Wanken geratene Volksreligion. ›*Kraft ohne Weisheit stürzt durch die eigene Wucht* VIS CONSILI EXPERS MOLE RUIT SUA. Gezügelte fördern auch die Götter zu Größerem. Sie hassen aber die Kräfte, die auf lauter Frevel im Inneren sinnen‹ (Horaz, carm. 3, 4, 65). Darum wage, weise zu sein! An den Sohn seines Freundes Lollius richtete Horaz diesen energischen Aufruf, und er macht ihn schmackhaft mit dem Lob des Mutes, die Schwierigkeiten jeden Anfangs in Kauf zu nehmen. ›*Frisch begonnen, ist halb gewonnen* DIMIDIUM FACTI QUI COEPIT HABET. Frisch ans Werk! Wer ein neues Leben beginnen will und den ersten Tag – vertagt, der tut wie jener Bauer, der steht und wartet, bis der Strom abläuft. Der aber fließt und flutet und wird in Ewigkeit strömen‹ (ep. 1, 2, 40).

Aller Weisheit Beginn ist es, der Torheit ledig zu sein SAPIENTIA PRIMA STULTITIA CARUISSE (ep. 1, 1, 41). Der Weise ist ein Mann, der's merken kann. Bei ihm bedarf es nicht vieler und keiner hochtrabenden Worte. *Eines genügt manchmal.* SAPIENTI SAT (Plautus, Pers. 729). Trägt nicht das Streben nach Weisheit allen Lohn in sich? Steht der Weise nicht bereits über Welt und Schickung und Mensch? *Nur dem Weisen gelingt es, daß er nichts wider Willen tut, nichts, was ihn reut, nichts, wozu er gezwungen wird* SOLI HOC SAPIENTI CONTINGIT, UT NIHIL FACIAT INVITUS, NIHIL DOLENS, NIHIL COACTUS (Cicero, parad. 5, 1, 44).

Die Weisheit der epikureischen und stoischen Denker kreiste um die Verhaltensweise des Menschen, wenn sie mehr oder minder im Nebenher auch die Natur erforschte und sich ins All versenkte. Senecas Ansicht von der Natur klingt wie Anbetung und rühmt des Ewigen Ehre. (Vgl. S. 89, S. 100.)

Das Christentum stellte neue spekulative Aufgaben. Die Apologeten waren gegen den Ansturm der heidnischen und jüdischen Kritik gezwungen, die geheimnisreiche Lehre, die sich langsam in Dogmen zusammenballte, vor der eigenen Vernunft zu rechtfertigen, den Glauben zu unterbauen, die Lehre zu verteidigen, die werdenden Dogmen gedanklich zu durchdringen und in neuen Begriffen sprachlich faßbar zu machen. Das Denken Augustins von Hippo hat dabei nahezu die gesamte alte Philosophie durchlaufen; die Geschichte seines Ringens um die Wahrheit gehört zum Ergreifendsten und auch menschlich Packendsten im Altertum. Als er aus dem Frondienste der Rhetorik sich mit seinen Freunden in die Einsamkeit von Cassiciacum zurückzog, flüchtete er in den Schoß der Philosophie. Und als er einen Ausgangspunkt für sein Denken suchte, der unbestritten einleuchtend sei, fand er keinen anderen als die natürliche Sehnsucht des Menschen: ›*Glücklich wollen wir doch alle ohne Zweifel sein* BEATI CERTE ESSE VOLUMUS, und unglücklich wollen wir nicht sein, ja wir können nicht einmal es wollen‹ (de Trin. 13, 4). Aber die Frage war kaum gestellt, so trieb sie weiter zur alten Problemstellung der Griechen: Können wir aber glücklich sein, ohne die Wahrheit zu wissen? *Die Wahrheit! Was war sie? Wo?* QUID EST VERITAS? hatte Pilatus einst gefragt angesichts dessen, der vorgab, der Weg, die Wahrheit und das Leben zu sein. Augustinus suchte sie im Gedankenflug Platons, suchte Wahrheit und Schönheit im obersten Gut und Guten, in Gott. Aber auch er mußte wie alle vor ihm und alle nach ihm Halt machen vor Gottes letztem Geheimnis. Da stand er wie vor einem Ozean und konnte das göttliche Sein nicht fassen und einfangen, so wenig wie ein Kind das endlose Wasser mit einem Schöpflöffel in ein Sandgrübchen zu bannen vermag. So groß ist die lauterste Wahrheit, so groß ist Gott. *Wer wagt gegen die Götter die Waffen zu tragen?* CONTRA QUIS FERAT ARMA DEOS? (Tibull, eleg. 1, 6, 30). *Niemand kommt gegen Gott auf, denn Gott allein,* wie sehr er auch mit ihm ringt. NEMO CONTRA DEUM NISI DEUS IPSE. Goethe drängte seine Lehre vom Dämonischen in dieses Wort. Er setzte es über den vierten Teil seines Bekenntnisbuches ›Aus meinem Leben‹. Wer sich eine Stunde besonderer Geistesfreude gönnen will, lese dort im 20. Buch nach, wie nach des Dichters Ansicht ›wohl jener sonderbare, aber ungeheure Spruch entstanden sein‹ mag.

Forschung

VITAM IMPENDERE VERO
Sein Leben der Wahrheit weihen

›Ein betagter Mann aus Kos kam nach Lakedämon. Er war sonst
ruhmredig, schämte sich aber seines Alters, weshalb er es unternahm,
sein graues Haar zu färben. Als er aber an den Markt ging, von seinen Sachen zu reden – deswegen war er dahin gekommen –, da stand
Archidamos auf und sagte: ›Was sollte der Gerechtes sagen, der die
Lüge nicht allein in der Seele, sondern sogar auf dem Kopfe herum-
trägt?‹‹ (Aelian) So groß war in tiefen Seelen das Wahrheitsgewissen. Im ganzen Altertum bis in unsere Tage galt Platon als das Vorbild des ernsten Wahrheitssuchers und begnadeten Wahrheitsfinders.
Seine Autorität überwog. Cicero wagte deshalb den Satz: ERRARE,
MEHERCULE, MALO CUM PLATONE – QUAM CUM ISTIS VERA SENTIRE
(Tusc. disp. 1, 7) *Lieber will ich mit Platon irren, als mit jenen*
(Pythagoreern) *recht haben.* Aristoteles, der Schüler Platons, verhielt
sich kritischer als sein Meister. Er stand mit beiden Füßen auf der
Erde; er ging in seinem Denken von der Erfahrung aus und nahm
als Ausgangspunkt für seine Spekulationen das Wirkliche. So bän-
digte er, der selbst das Herz voll tiefer Verehrung für den Lehrer der
Wahrheit trug, die Platonbegeisterung auf ihr zukommendes Maß.
Platon ist mir lieb, aber noch lieber ist mir die Wahrheit, so steht es
dem Sinne nach in der Nikomachischen Ethik (I, 4, 1096 a, 16). Das
Wort entsprach so sehr dem gesunden Sinn, daß es auch zum lateini-
schen Sprichwort geworden ist. AMICUS PLATO, SED MAGIS AMICA
VERITAS.

Das Schöne tut seine Wirkung schon bei der bloßen Betrachtung.
Das Wahre zu finden, verlangt ernste Arbeit, Entsagung, Opfer.
Man kann ein ganzes Leben daransetzen, es zu finden. VITAM IMPEN-
DERE VERO *Das Leben dem Wahren weihen* nannte das Juvenalis
(sat. 4, 91). Die Wahrheit wirft sich niemand an den Hals; selbst
wer ihr sich opfert, ist noch nicht sicher, daß er erhört werde. Im
Reiche des Geistes blühen neun Musen, aber es herrscht nur eine
Minerva. Wem sie hold war, den nannte man OMNIS MINERVAE HOMO
(Petr. 43) *Ganz der Minerva gehörig.*

Die berühmte Frage des Skeptikers Pilatus QUID EST VERITAS?
(Joh. 18, 38) *Was ist Wahrheit?* wird nie zur Ruhe kommen. Achsel-

schüttelnd wird die Wahrheit als unerkennbar von Zweiflern erklärt. Aber die Wahrheit besteht, sagt Sophokles. Auch der Skeptiker sucht sie, obwohl er leugnet, sie zu finden. Ganz am Ende der Antike beantwortet Augustinus die Frage des Pilatus: ›So bestimme ich die Wahrheit, und ich fürchte nicht, daß man meine Begriffsbestimmung deshalb zurückweist, weil sie zu kurz ist. *Wahr scheint mir das zu sein, was ist‹* VERUM MIHI VIDETUR ESSE ID, QUOD EST (soliloqu. 2, 8).

Das Streben nach Wahrheit kann Selbstzweck werden und zu so hoher Gesinnung und so tiefer Selbstbescheidung führen wie zu Lessings berühmtem Ausspruch in den ›Theologischen Streitschriften‹: ›Wenn Gott in seiner Rechten alle Wahrheit und in seiner Linken den einzigen immer regen Trieb nach Wahrheit, obschon mit dem Zusatz, mich immer und ewig zu irren, verschlossen hielte und spräche zu mir: ‚Wähle!‘, ich fiele ihm mit Demut in seine Linke und sagte: ‚Vater, gib!, die reine Wahrheit ist ja doch nur für dich allein!‘‹ Lessings Spruch gilt vielen als frivol. Ähnliches, aber klüger, sprach Aurelius Augustinus so aus: ›Denn viele meiner Jahre waren mir dahingegangen – zwölf Jahre vielleicht –, seit ich im neunzehnten Jahre meines Lebens Ciceros Hortensius gelesen und durch ihn zum Streben nach Weisheit angeregt worden war, und noch zögerte ich, das irdische Glück zu verachten und nur für das Suchen nach jenem zu leben, bei dem nicht nur das Finden, sondern schon das bloße Forschen den Vorzug vor dem Finden der Schätze und Reiche der Völker und vor (dem Genuß aller) nach Wunsch überallher strömenden Wonnen des Leibes verdiente‹ (conf. 8, 7, 17).

Alle *Wahrheit* wirkt ungeschminkt, unerbittlich, brutal. Horaz nennt sie *nackt:* NUDA VERITAS (carm. 1, 24, 7). Sie läßt nicht los. Einfach, unbestechlich wie sie selbst klingt ihre Sprache. Die Sprache des Gewissenhaften ringt ständig zwischen der Wahrheit und dem treffenden Ausdruck. Man kann sie weder mit Scherz abtun, noch darf sie mit Schein umhängt werden; man darf sie weder mit Halbheiten vortragen noch mit Halbwahrheiten übertünchen. Sie lautet nach der Bergpredigt unerbittlich: ›Ja, ja, nein, nein.‹ VERITATIS SIMPLEX ORATIO *Einfach ist die Rede der Wahrheit* (Seneca, ep. 49, 12). *Einfalt ist das Siegel der Wahrheit* SIMPLEX VERI SIGILLUM. Nicht jeder kann sie ertragen. Und gewöhnlich tritt ein, was nicht sollte. *Nachgiebigkeit macht Freunde, Wahrheit gebiert Haß* OBSEQUIUM AMICOS, VERITAS ODIUM PARIT (Terenz, Andria 68). Aber der große Lebenskünstler Horaz, elegant wie immer, hat selbst für Wahrheit und Wahrheitsagen wieder das verbindliche Wort gefunden: RIDENTEM DICERE VERUM *Lachend die Wahrheit sagen,* rät er. ›Freilich, warum dürfte Wahrheit sich nicht scherzend vortragen? Gibt doch auch in der Schule der Lehrer manchmal Zuckerwerk als Lockmittel, damit die Kinder Lust bekommen, die Grundlagen zu lernen‹ (Horaz, sat. 1, 1, 24 f.).

Die Künste, die Fertigkeiten, alles Wissen und jede Weisheit schenkt Minerva. Sie teilt dem Menschen die geistigen Gaben zu, sie nimmt sie in Schutz und Pflege. Dankbar müßte man ihr schon sein, und es genügte fürs Leben, wenn sie klaren, nüchternen Verstand, hausbackenen Sinn und derben Mutterwitz zuwiese. Dann wäre mit einem so Begabten *die schlichte Minerva* CRASSA MINERVA (Horaz, sat. 2, 2, 3). Anders war es, wenn die PINGUIS MINERVA, die *fette Minerva*, den Geist bestimmte. Von jeher schrieb man fetten Leuten weniger Geist zu. ›Laßt wohlbeleibte Männer um mich sein‹, wünschte sich der Shakespearesche Caesar, weil er von ihnen keine Beunruhigung zu fürchten hatte. *Fett mach mir das Vieh und das übrige, nur nicht fett auch den Geist*, flehte Horaz, PINGUE PECUS DOMINO FACIAS ET CETERA PRAETER INGENIUM (sat. 2, 6, 14). Respektlos bezeichnete man es als pinguis Minerva, wenn einer nicht fein und subtil unterscheiden konnte und langsamen Geistes war.

Für das ehrliche Mühen um die Wahrheit hielt die spätere Schulweisheit einige einleuchtende Handhaben in Form von Sentenzen bereit. Sie wenden sich ebenso an den, der in die Tiefe des Wissens lotet, wie an den, der auch im Alltag lauter der Wahrheit dienen, sie kennen und tun will. Sie verlangen, daß wir Aug' in Auge mit der Wahrheit stehen und uns nicht billig, leicht und feige vor ihr drücken. Sie kennen weder den Standpunkt l'art pour l'art, noch huldigen sie dem Zweifel um des Zweifels willen. Aber kritischen Sinn verwehren sie nicht. Wie klug ist ihr PRUDENTER DUBITARE *Gescheit zweifeln*. Man stelle es einmal vor Tagesneuigkeiten und Zeitunglesen, vor Theorien und Verdächtigung und selbst vor die Lektüre der Bücher.

Wer mit anderen um die Wahrheit ringt, muß erst eine gemeinsame Plattform schaffen, die zu benutzenden Begriffe klären und eindeutig festlegen. Denn *gut weiß Bescheid und belehrt, wer gut unterscheidet* BENE DOCET, QUI BENE DISTINGUIT. *Mit dem kommt niemand aus, der die Grundbegriffe nicht annimmt* CONTRA PRINCIPIA NEGANTEM NON EST DISPUTANDUM. Wieviel Unheil wurde schon in den Köpfen angerichtet und wie oft wurde der Fortschritt zur Wahrheit zurückgeworfen, weil hinter unklaren, weiten, verblasenen und schwankenden Begriffen gestritten wurde und unter hochtrabender Dunkelheit sich die eigene Unsicherheit und die geistige Armut versteckten. Nicht was schwer und dunkel klingt, sondern was licht schimmert, trägt das Merkmal der Wahrheit an sich, mag immer auch Kerzenlicht die Dinge milder und zierlicher zeigen als das helle Sonnenlicht.

Die Lüge, die Täuschung, die Eitelkeit, die Überschätzung, die Einbildung lauern immer, das Ringen um lautere Wahrheit zu trüben. Wer treu dem Wahren dient, wisse seine Grenzen, halte Maß und bescheide sich. *Wer zuviel beweisen will, beweist nichts* QUI NIMIUM PROBAT, NIHIL PROBAT.

Und trotz aller Ehrfurcht und Vorsicht, nicht immer kommt man zur Klarheit. Die Wahrheit verbirgt sich. Selbst in tatsächlichen Dingen ist nicht immer einwandfrei festzustellen, was ist. Zu Horazens Zeiten stritt man, wer die Elegie erfunden habe, ob Archilochos, Mimnermos oder Kallinos. *Noch herrscht gelehrter Streit,* stellt verzichtend der Dichter fest. ADHUC SUB IUDICE LIS EST (ars poetica 78). Es ist arg wenig, was wir wirklich im Grunde wissen. Um die Grundfragen des Daseins müht sich die Menschheit, solange sie denkt. Da nutzt es nichts, sich zu erhitzen. Die ganze Wahrheit ist bitter und unerbittlich, aber nur leidenschaftsloses Zusammenarbeiten und Abwägen führt langsam zu ihr. *Sachlich fest, in der Form verbindlich* FORTITER IN RE, SUAVITER IN MODO könnte leidige Rechthaberei und das verderbliche Wissensgezänk unterbinden. Was vom Ringen um die Wahrheit gilt, erweist sich erst recht als unabdinglich, wenn nach ihr gelebt werden soll. Ganz augustinischen Geist verströmt das herrliche Wort, das über Parlamenten, Konferenzen, Streitgesprächen, Schulen, über unseren Stuben und unserem ganzen Leben stehen und es ausrichten sollte. *Im Notwendigen Einheit, im Zweifel Freiheit, in allem Liebe* IN NECESSARIIS UNITAS, IN DUBIIS LIBERTAS, IN OMNIBUS CARITAS. Die Welt wäre schöner mit einem Schlag.

Lebensführung

CARPE DIEM
Nutze den Tag

Die Lehre Epikurs galt im Altertum als die Aufklärungsphilosophie schlechthin. Als höchstes Gut bezeichnete der athenische Philosoph den Seelenfrieden. Da aber diese Beruhigung der Seele auch das Lustgefühl in sich birgt, so wurde die Lust selbst zum Lebenssinn des Menschen. Er ist in Freiheit geboren, wählt, was ihm gut dünkt; er untersteht keinem Zwang, unter Zwang zu leben. Die Todesfurcht vor allem muß beseitigt werden. Zwar *Sterben ist das Letzte*‹ und ›*Auf alle wartet ein und dieselbe Nacht*‹ MORS ULTIMA LINEA RERUM, OMNES UNA MANET NOX, belehrt uns der Lebenskünstler Horaz (ep. 1, 16, 79 und carm. 1, 28, 15). Aber trotzdem, der Tod geht weder die Toten noch die Lebendigen etwas an. Für jene existiert er ja nicht mehr, wer aber noch lebt, für den ist der Tod noch nicht vorhanden. *Nicht den Tod fürchten wir, sondern die Vorstellung des Todes*, sagt Seneca, der hier mit den Epikureern übereinstimmt. NON MORTEM TIMEMUS, SED COGITATIONEM MORTIS (ep. 30, 17). So bleibt das Leben als das große Geschenk der Götter und jeder Tag darin als eigene Gnade und einziges Wirkungsfeld.

Sterben ist das Letzte. Horaz, der diesen knappen Satz geprägt hat, huldigte dem Epikureismus in seiner verfeinerten Form. Die Lust Epikurs erschöpfte sich nicht im groben Sinnengenuß, wie ihn die Komödie lehrte und vormachte. Mochten immerhin Schlemmer und Lüstlinge sich auf ihn berufen, Epikur selbst stellte die geistige Lust, das seelische Wohlbefinden, über Geld, Macht und äußere und sinnliche Lust. Denn auch Anspruchslosigkeit und Einfachheit gingen mit seiner Lehre zusammen. So oder so, es galt, den *Augenblick zu kosten* CARPE DIEM. Darin beschloß Horaz in der kürzesten Formel den vielschillernden Epikureismus.

Zeige dich klug: kläre den Wein, hoff in der Spanne Zeit
Weitaussehendes nie! Neidisch entflieht, während du sprichst,
die Zeit:
Ja, nie trauend, ob du morgen noch kannst, *koste den Augenblick!*
(carm. 1, 11, 8)
Jede Minute also war kostbar. Es war mit der Zeit zu geizen. ›In all dem Getriebe von Hoffnung und Sorge, von Ängsten und Ärger-

nissen nimm jeden Tag, der dir heraufdämmert, als letzten Tag; beglückend überrascht dich dann die Stunde, die unverhofft hinzukommt. Willst du einmal herzhaft lachen, so komm zu mir. Du findest mich rund und behäbig, in wohlgepflegter Leiblichkeit, *ein richtiges Schweinchen aus Epikurs Herde* EPICURI DE GREGE PORCUM (Horaz, ep. 1, 4, 16). Horaz dachte weitherzig genug, gelegentlich eine kleine Torheit zu gestatten. *Es tut wohl, einmal über die Stränge zu schlagen* DULCE EST DESIPERE IN LOCO (carm. 4, 12, 28). Aber es gab auch da ein Zuviel. Schon Epikur beschwerte sich über den libertinistischen Mißbrauch seiner Glückseligkeitslehre.

In den handfesteren Formen des Epikureismus tobte sich die Lust in den Tiefen des Lebens aus. Sie kreiste um Essen, Trinken, Lieben. Sie artete aus, ging bis zum Genuß aus Verzweiflung und gab sich so grob, daß sie dem Tanz auf dem Pulverfaß, den apokalyptischen Orgien von Verzweifelnden ähnlich sah. Aus alten Zeiten und weiten Fernen tauchte die Erinnerung an eine Menschheitskatastrophe auf, in der die Fluten die übermütig gewordenen Menschen hinwegspülten. Die Mythen fast aller Völker erzählten sie, und die Muscheln auf den Bergen machten sie glaubhaft. Nur der fromme Deukalion und sein Weib Pyrrha entgingen damals dem Strafgericht. In sagenhafter Vorzeit war auch die große glückliche Atlantis-Insel, wie man sich erzählte, in den Fluten versunken. Wer bürgte dafür, daß nicht wieder Ähnliches eintrat? So großen Bedrohungen konnte man nur mit groben Formen des Genusses begegnen, dem möglichen Weltuntergang die gesteigerte, handfeste Lebensbejahung entgegensetzen, die Angst mit der Ausgelassenheit bannen. Immer stehen ja Verzweiflung und Übermut nahe beieinander. ›Trinke und liebe! Nach meinem Tod soll Deukalion meine Knochen überspülen‹ (Straton, Anthologia Palatina 11, 19). Das Wort enthielt das après nous le déluge des Altertums, ›nach uns die Sintflut‹.

Neben dem maßvollen Genusse des Horaz und dem Unband der Frivolen, den Tag zu nutzen, meldete sich auch die ernste Verantwortung. Das Altertum kennt wie wir die Klage um die unnütz vertane Zeit und die Gewissensbisse über versäumte Gelegenheiten, das Gute zu tun. ›Denn oft tut auch der unrecht, der nichts tut, nicht bloß, der etwas tut.‹ Diese Einsicht stammt aus kaiserlicher Weltschau (Marc Aurel 9, 5). Eine Anekdote, ebenfalls aus dem Kaiserpalast erzählt, veranschaulicht am einzelnen Falle die allgemeinere These des gekrönten Philosophen. ›Als ihm (Kaiser Titus) einmal bei Tisch einfiel, daß er an dem ganzen Tage niemand eine Gnade erwiesen habe, sprach er die denkwürdigen und mit Recht gepriesenen Worte: *Freunde, ich habe einen Tag verloren!* DIEM PERDIDI (Sueton, Titus 8).

Grenzen des Wissens

IGNORAMUS ET IGNORABIMUS
Wir wissen es nicht und werden es nicht wissen

Am 14. August 1872 legte der Berliner Naturforscher Emil du Bois-Reymond vor der Versammlung deutscher Naturforscher und Ärzte in Leipzig dar, daß ein sicheres Wissen vom eigentlichen Wesen der Dinge unmöglich sei: ›Gegenüber den Rätseln der Körperwelt ist der Naturforscher längst gewöhnt, mit männlicher Entsagung sein IGNO-RAMUS *Wir wissen nicht* auszusprechen. Im Rückblick auf die durchlaufene siegreiche Bahn trägt ihn dabei das stille Bewußtsein, daß, wo er jetzt nicht weiß, er wenigstens unter Umständen wissen könnte und dereinst vielleicht wissen wird. Gegenüber dem Rätsel aber, was Materie und Kraft seien und wie sie zu denken vermögen, muß er ein für allemal zu dem viel schwerer abzugebenden Wahrspruch sich entschließen: IGNORABIMUS *Wir werden nicht wissen.*‹

Lange galt diese Erklärung als endgültig. Aber die Unumstößlichkeit des Satzes ist mittlerweile fragwürdig geworden. Schon Haeckel hatte dieser Entsagung sein mutiges IMPAVIDI PROGREDIAMUR *Unverzagt schreiten wir vorwärts* entgegengehalten, ohne anderes für seinen Optimismus einsetzen zu können als seinen Glauben an die Vernunft. Begründeter Widerspruch kam aus den Reihen der Mathematiker. David Hilbert bekannte sich (1930) zu einem mutigen: Wir müssen wissen, wir werden wissen. Vollends die moderne Naturwissenschaft bezweifelt die Begrenzung unseres Wissens. Gerade im Bereich der Materie und Kraft, aus dem Du Bois-Reymond seinen Verzicht ableitete, wird sein Satz wundersam fragwürdig. Die Quantentheorie und das Atommodell eröffnen Einsichten in das Wesen der Dinge, von denen das Ignorabimus sich nichts träumen ließ. Diesen Wissensoptimismus kannte schon das Altertum. Aristoteles glaubte, die Erforschung der Welt sei nahezu abgeschlossen. Terenz hat solche Zuversicht in die Form gebracht: NIHIL TAM DIFFICILE EST, QUIN QUAERENDO INVESTIGARI POSSIT (Heautontim. 675) *Nichts ist so schwierig, daß es nicht erforscht werden könnte.*

Wissen und Humanität

LEGERE ENIM ET NON INTELLEGERE NEGLEGERE EST
Lesen und nicht verstehen ist halbes Müßiggehen

Die Wiege der europäischen Pädagogik stand in Griechenland, der echten und einzigen Bildungsheimat des Abendlandes. Schon frühe tauchten dort die Probleme der Erziehung auf und wurden leidenschaftlich erörtert. Sie kleideten sich z. B. in den Mythos ›Herakles am Scheideweg‹, dem Prodikos die kunstvolle Form schuf. Die gedankenvolle Erzählung ging in die Weltliteratur ein und hat bis heute nichts von ihrer Überzeugungskraft eingebüßt. Wissenschaftlich spitzte sich das Streitgespräch zu der Frage zu: Ist Wissen um das Rechte schon Tugend, ist Tugend also lehrbar? Folgt der Kenntnis des Seinsollenden schon notwendig auch das rechte Handeln?

Im Laufe der Zeit drangen die Erziehungs- und Bildungsideale der Griechen sieghaft im nüchternen Rom ein. Horazens Ode ›Drusus‹ (4, 4, 29) trägt griechische und römische Ideen der Pädagogik vor:

Ein Starker stammt von Starken und Guten nur:
Es lebt im Stier, es lebt in dem Roß die Kraft
Der Väter, niemals wird ein wilder Adler die friedliche
                       Taube zeugen;
Doch nur die Bildung fördert den edlen Keim,
Und rechte Zucht nur stählet die junge Brust
DOCTRINA SED VIM PROMOVET INSITAM
RECTIQUE CULTUS PECTORA ROBORANT.

Dem Lollius stellt der Dichter das alte griechische Problem: *Such Antwort auf die Frage: Ist Tugend erlernbar oder freie Gabe der Natur?* VIRTUTEM DOCTRINA PARET NATURANE DONET? (ep. 1, 18, 100)

MAXIMA DEBETUR PUERO REVERENTIA
Man schuldet dem Knaben die größte Ehrfurcht

Unsere Kenntnis der frühen römischen Pädagogik ist sehr dürftig. Die jungen Menschen wurden für den Staat erzogen. Das Notwendige in Kunst und Wissenschaft lernten sie vornehmlich im Umgang mit den Erwachsenen. Besonders die Redekunst, ohne die man im politischen Leben nicht auskam, wurde gepflegt. Der Bürger hatte

einen Teil seines Vermögens, seine körperlichen und geistigen Kräfte
dem Staat zur Verfügung zu stellen. Aber immer mehr wurde die
Bildung Selbstzweck.

Gegen Ende der Republik hellt sich das Dunkel römischer Päd-
agogik etwas auf. Damals oblag die Aufgabe, die Söhne vornehmer
Familien heranzubilden, hauptsächlich griechischen Sklaven. Sie
genossen den Ruf, die erfahrensten und gebildetsten Erzieher zu sein.
Der fast magische Ruf griechischen Geistes kam ihnen zustatten.
Ganz modern mutet uns die späte, grundlegende Regel Juvenals an:
MAXIMA DEBETUR PUERO REVERENTIA (sat. 14, 47) *Man schuldet dem
Knaben die größte Ehrfurcht.* Juvenal hat das nicht bloß pädago-
gisch verstanden. Er meint es in jenem erhabenen Sinn, den die Bibel
hervorkehrte, als sie die Ehre der Kinder predigte und ihren Schutz
übernahm ›Wenn ihr nicht werdet wie die Kinder‹ und als sie den
Fluch gegen die schleuderte, die Ärgernis den Kleinen gaben.

Achtung heiligster Scheu sind Knaben wir schuldig: Sobald du
Arges im Sinn, denk nie gering von den Jahren des Knaben,
Sondern es halte der Sohn, ein Kind, dich entfernt von der Sünde.

Befehl, Suggestion, Gewöhnung, Unterricht und Beispiel formen
am jungen Menschen. Die Umwelt wirkt in Gut und Böse entscheidend mit. VERBA DOCENT, EXEMPLA TRAHUNT *Worte belehren, Beispiele reißen mit,* lautet eine Regel unbekannter Herkunft. Vielleicht
ist sie nach Seneca gebildet, der im sechsten Brief schreibt: LONGUM
ITER EST PER PRAECEPTA, BREVE ET EFFICAX PER EXEMPLA *Lang ist der
Weg durch Lehren, kurz und wirksam durch Beispiele.* Worte können
anregen, klären, Richtung weisen. Sind diese Gedanken aber in der
Persönlichkeit, die dem Kind gegenübertritt, verkörpert, dann wirken sie ganz anders: aus Kraft in Kraft, wie ein Stoß aus einem
lebendigen Kern ins Lebendige. Sie durchschüttern die Seele und fordern den Willen auf, rufen, selbst überzeugende Gestalt, zur eigenen
Formung auf. Aber der große Schlüssel zur Erziehung heißt doch
Ehrfurcht vor dem Kind. Es gilt, seine freie Selbstbestimmung zu
leiten und der werdenden Persönlichkeit jene Motive vorzusetzen,
die gerade sie und ihre Eigenart anreizen und den Willensentschluß
bestimmen können.

In dieser schmiegsamen Ehrfurcht ist der harte Cato der erste uns
deutlich bekannte Erzieher der Römer geworden. Der altrömische
Vater besaß in der PATRIA POTESTAS die Gewalt selbst über Leben
und Tod des Kindes. Der Sohn unterstand der *väterlichen Gewalt*
immer, auch dann noch, wenn er zu höchsten Würden emporge-
stiegen war. Solche Rechte bestimmten auch Verantwortung und
Pflicht der Väter. Catos gesunder patriarchalischer Sinn sträubte sich,

die Erziehung eines so kostbaren Gutes wie seines Sohnes aus den Händen zu geben. Der griechische Haussklave durfte den jungen Cato nicht einmal lesen und schreiben lehren. Das wollte der Vater lieber selbst besorgen. Der Ernst, der ihn beseelte, erhellt aus einem Satz, der unter seinem Namen ging: LEGERE ENIM ET NON INTELLE-GERE NEGLEGERE EST (Ps. – Cato, dist. 1 praef.) *Lesen und nicht verstehen ist halbes Müßiggehen.* So unterwies Cato selbst den Sohn in den Gesetzen und allem Wissenswerten; er übernahm es auch, seinen Körper zu stählen. Nicht genug damit, eigenhändig verfaßte er die Lehrbücher für den Sohn; er zeichnete für ihn die römische Geschichte auf, unterrichtete ihn, Krankheiten zu heilen, öffentlich zu reden, den Acker zu bestellen und ein Gut zu verwalten. ›Lobe ein großes Gut, bewirtschafte ein kleines‹, solch hausbackene Weisheit setzte er dem Sohne vor. An Anschaulichkeit, Farbe, Witz und Lebensnähe fehlte es offenbar dem Unterricht Catos nicht. Cicero hat uns einen bezeichnenden Ausspruch des ausgeklügelten Bauern aufbewahrt. *Cato wurde einmal gefragt, welche Wirtschaft am einträglichsten sei. Da gab er zur Antwort: ›Ordentliche Viehzucht treiben.‹ Und dann? ›Ziemlich gut Viehzucht treiben.‹ Was dann? ›Sogar schlechte Viehzucht.‹ Und viertens? ›Ackerbau.‹*

A QUO CUM QUAERERETUR, QUID MAXUME IN RE FAMILIARI EXPE-DIRET, RESPONDIT: ›BENE PASCERE.‹ QUID SECUNDUM? ›SATIS BENE PASCERE.‹ QUID TERTIUM? ›MALE PASCERE.‹ QUID QUARTUM? ›ARARE‹ (de off. 2, 25, 89).

Indem Cato für den Sohn Lehrbücher verfaßte, schuf er zugleich im Nebenher die erste entwicklungsfähige römische Prosa. Der große Erzieher der Römer ist auch ihr erster Prosaschriftsteller geworden.

So handfest und anschaulich wie Cato unterwies 150 Jahre später der Freigelassene Horatius seinen Sohn. Die Weisungen des Vaters, seine freie Menschenführung standen dem Dichter unvergeßlich vor der Seele. ›Mein lieber Vater hat mich daran gewöhnt, er, der mich zur Warnung vor den Fehlern auf das Beispiel anderer wies. Wenn er mich mahnte, sparsam und schlicht zu leben und mit dem zufrieden, was er selbst mir schuf, dann hieß es: ‚Siehst du nicht, wie kümmerlich der junge Albius, wie elend Baius lebt? Eine ernste Warnung, des Vaters Gut nicht zu vergeuden!‘ Vor häßlicher Liebschaft wollte er mich behüten: ‚Dem Scetanus darfst du mir nicht ähnlich werden‘, nicht sollt’ ich fremden Ehefrauen nachlaufen, statt erlaubte Liebe zu genießen: ‚Wahrlich, nicht schön ist des Trebonius Ruf, den man dabei ertappt‘, so warnte er. ‚Der Philosoph wird dir die Gründe dafür sagen, was du besser meiden, was du suchen magst; mir soll’s genügen, dir die altehrwürdige Sitte treu zu wahren und reinzuhalten dein Leben und deinen guten Ruf, solange du des Hüters noch bedarfst; hat dir das Alter Körper und Geist gestählt, wirst du schon lernen, *ohne Kork zu schwimmen*‹ NABIS SINE CORTICE (sat. 1, 4, 105 ff.).

Es war nicht bloß väterliche Fürsorge, die Cato zur Feder greifen ließ. Auch vaterländischer Hochsinn leitete ihn. Er fürchtete den Intellektualismus, der im griechischen Bildungsideal lauerte. War vom alten Rom aus gesehen griechisches Wissen nicht Ungeist? Verweichlichte nicht die lockere Literatur der Hellenen das harte Römertum der Väter? Cato widersetzte sich mit Wort und Beispiel der fremden Art. Aber gerade bei diesem Bemühen geriet er in den Bann der Griechen und in den Sog des Wissens. Auch er beugte sich vor der Erkenntnis: Wissen ist Macht. In der hohen Zeit des Humanismus gab Baco von Verulam dem Gedanken die gültige Form: *Wissen und Macht fallen zusammen* SCIENTIA ET POTENTIA IN IDEM COINCIDUNT (Nov. Organ. Aphorism. 3). Cornelius Nepos rühmt Cato nach, daß er noch im hohen Alter sich fleißig gelehrten Studien hingegeben habe. *Das Wissen hat bittere Wurzeln, aber seine Früchte sind um so süßer*, pflegte Cato zu sagen, LITTERARUM RADICES AMARAS ESSE, FRUCTUS IUCUNDIORES (Diomedes 1, 310, 3 K.). Er eiferte den Sohn an: *Höre nicht auf, zu lernen* NE DISCERE CESSA (Cato, dist. 3, 1).

Die Verhältnisse erwiesen sich eben stärker als die Einwände Catos, die Mode obsiegte über die patriotischen Bedenken. Das griechische Wissensideal drang vor und setzte sich durch; bald sprach man in den gebildeten Kreisen Roms die wohlklingende, gefügige Sprache Athens. Der junge Bildungshungrige reiste schließlich selbst nach Athen und Rhodos, um aus den Quellen zu schöpfen. Caesar und Cicero saßen als Jünglinge in Griechenland zu Füßen berühmter Lehrer. Ersehntes Ziel aller Studenten bildeten Korinth und sein anrüchiges Leben. Der Aufenthalt dort riß Löcher in die Sitten und den Geldbeutel und *nicht jedem glückt es, nach Korinth zu kommen* NON CUIVIS HOMINI CONTINGIT ADIRE CORINTHUM (Horaz, ep. 1, 17, 36). Horaz entschärfte das böse, geflügelte Wort und deutete es ins Edle um. ›Nicht jedem gelingt es, das höchste Ziel zu erreichen.‹

Besonders der Griechenschüler Cicero erleichterte den Römern den Zugang zum Wissen der Hellenen. Er übertrug ihre wichtigsten Erkenntnisse ins Lateinische und machte sie seinen Landsleuten mundgerecht. Wissen wurde immer mehr Allgemeingut, es blieb nicht mehr Privileg der bevorzugten Klassen. Die sozialpolitischen Folgen zeigten sich bald. Eine Art ›freie Bahn dem Tüchtigen‹ entstand. Der Anspruch der Nobilität auf die Staatsführung schwand.

In technischen Dingen haperte es. Die Römer sind jahrhundertelang auf Pferden geritten, aber nie sind sie auf den Gedanken gekommen, Steigbügel an den Sätteln oder Eisen an den Hufen anzubringen. Sie haben nie daran gedacht, einen neuen Schiffstyp zu bauen, der für den Ozean getaugt hätte. Ihre Fahrzeuge sind nicht über Tanger hinausgelangt. Verglichen mit dem heutigen stürmischen Fortschritt, namentlich in naturwissenschaftlichen Dingen und technischen Fertigkeiten, erscheint das Wissen der Alten begrenzt. Es mag in diesem Zusammenhang interessieren, was Franz Maria Feldhaus in einem Privatdruck ›Geschichte des technischen Zeichnens‹ mitteilt. Danach war das erste gedruckte technische Werk im Jahre 1472 erschienen. Es war das seit 1460 durch Bilderhandschriften verbreitete Werk des Italieners Roberto Valturio. Es enthielt große Holzschnitte von Maschinen, die in einer ungeschickten Perspektive gezeichnet sind. 36 dieser Maschinenbilder wurden 1476 von dem Augsburger Drucker Ludwig Hohenwang an die Druckausgabe des Flavius Vegetius Renatus angehängt, ein Werk, das bereits um 385 nach Christus über das römische Kriegswesen erschienen war. So langsam war der Fortschritt, daß ein Buch ein Jahrtausend lang lesenswert erschien. Und doch hielt Horaz das Wissen bereits für unübersehbar, wenigstens in Geschichte und Geographie. *Denn es ist nicht möglich, alles zu wissen* NEC SCIRE FAS EST OMNIA (carm. 4, 4, 22). Andererseits dürfen wir den Gebildeten des Altertums mehr zutrauen, als gemeinhin geschieht. Wie wir z. B. den Meridian von Greenwich festlegten, so überzog Klaudios Ptolemaios die Erdkarte mit einem Gradnetz und bestimmte etwa 8000 Orte nach Länge und Breite. Hatte einst Cato vor dem Fremden zurückgeschreckt, so warnte Seneca später vor dem vielen, vor dem Wissensdünkel, vor der Mechanisierung. Er ließ Wissen nur dann gelten, wenn es in Weisheit mündete. ›Wir spielen mit Steinchen. An Unnötigem wird der Scharfsinn geübt. Dergleichen macht nicht tugendhaft, sondern gelehrt. Etwas Klareres, ja Einfacheres ist die Weisheit. Wenige Wissenschaft braucht es zu tugendhafter Gesinnung. Wir aber, wie wir das Übrige bis zum Unnötigen ausdehnen, so die Philosophie selbst. Wie in allem, so leiden wir auch in der Wissenschaft an Unmäßigkeit‹ (ep. 106).

Um ganz deutlich zu werden, übertrieb Seneca und wagte das Wort vom analphabetischen Philosophen der Zukunft. QUID EST AUTEM QUARE EXISTIMEM NON FUTURUM SAPIENTEM EUM QUI LITTERAS NESCIT CUM SAPIENTIA NON SIT IN LITTERIS (ep. 88, 32) *Was hindert mich, einen für den Philosophen der Zukunft zu halten, der keine Silbe lesen kann? Die Weisheit beruht doch nicht in der Fachliteratur.*

Seneca beklagte aufs tiefste den unfruchtbaren Bildungstrieb seiner Zeit. *Wir lernen nicht fürs Leben, sondern leider nur für die Schule* NON VITAE SED SCHOLAE DISCIMUS (ep. 106, Schluß). Das Sprichwort hat aus der Klage des Weisen eine Forderung an die Pädagogik und einen Ansporn und Trost für jede Lernmühsal gemacht. *Nicht für die Schule, sondern für uns selbst mühen wir uns ab* NON SCHOLAE SED VITAE DISCIMUS, das ist die Losung.

Plinius hat uns ein Wortspiel aufbewahrt, das noch einmal beleuchtet, wie die frühen Römer von Wissen und Lernen dachten: VACAT LEGERE (ep. 8, 15, 1). War die Weinernte nämlich nicht gut geraten, dann hatte der Bauer *Zeit zum Lesen,* entweder der Trauben oder eines Buches. Einmal bekam das Wort eine geistesgeschichtliche Erfüllung. Seitdem Augustinus in Mailand die Stimme des singenden Kindes vernommen hatte, TOLLE LEGE *Nimm, lies* (conf. 8, 7 ff.), und er in einer Art des beliebten Buchorakels das Neue Testament befragt und die gefundene Stelle als Gottes direkte Antwort und Ansprache empfunden hatte, brodelte sein Denken, schon lange beunruhigt, in nicht mehr zu stillendem Wahrheitshunger auf. Er entschloß sich, nicht mehr weiter billig geschliffene Worte als Rhetor gegen Schulgeld zu verkaufen. Sein Leben sollte hinfort der Philosophie gehören. Er wartete buchstäblich das vacat legere ab. Als die Weinleseferien 386 begannen, zog er sich ohne wortreichen Abschied in die Einsamkeit von Cassiciacum zurück. Dort begann jenes wissenschaftliche Leben, das über 200 kleinere und größere Werke zur Ernte hatte und den Philosophen, Theologen und Dichter Augustinus unsterblich gemacht hat.

TIMEO LECTOREM UNIUS LIBRI
Ich fürchte den Leser e i n e s Buches

Wie die Römer Kanäle durch die Städte zogen und im Schlafwagen reisten, so besuchten ihre Kinder auch die Schule.

Sicher war das erste Schulzimmer das Elternhaus, aber schon für das fünfte Jahrhundert v. Chr. bezeugt uns gelegentlich Livius, daß die Römer ihre Kinder in Privatschulen schickten. Staatliche Schulen kannte man nicht, und das Gesetz kümmerte sich nicht um Pflicht und Umfang der Bildung. Cicero stellt dies ausdrücklich fest (de republica 4, 3, 3). Lesen, Schreiben und Rechnen, die natürlichen Grundvoraussetzungen jeglichen Wissens, bildeten den Lehrstoff dieser Schreibschulen. Lesen erforderte in jenen Zeiten mehr Mühe und war eine größere Kunst als heute. Noch standen keine bebilderten Schulfibeln zur Verfügung, und zudem: das Latein kannte keine Worttrennung, keine Interpunktion. Lesen hieß, hinter den Sinn eines Satzes kommen, bedingte also Denkarbeit. Fachgelehrte wissen, wie z. B. ein später eingefügtes Satzzeichen den Sinn eines Satzes ins Gegenteil verkehren kann. In den römischen Schreibschulen half man sich dadurch, daß man laut las und schrieb. Man behielt diese früh geübte Kunst fürs Leben bei. Auch für sich allein las der Römer laut und schrieb lispelnd. Augustinus staunte, als er den großartigen Ambrosius, den mächtigen Redner und überlegenen Geist, erstmalig lesen sah. ›Wenn er aber las, dann gingen die Augen über die Seiten, und das Herz suchte nach Verständnis, doch Stimme und Lunge ruhten ... wir sahen ihn so still lesen, nie anders‹ (conf. 6, 3, 3). Durch das laute Lesen wurde das Ohr geübt, die Klangschönheit des Textes eher gespürt, das Reden unmerklich gefördert. Noch heute liest der Priester der katholischen Kirche sein Brevier labialiter, also die Worte mit den Lippen bildend. Der alte Ennius hat auf Tonmalerei wie kein späterer Römer geachtet. Man lese einmal die Vorwürfe des harten ›t‹ in einem Vers wie dem folgenden: O TITE TUTE TATI TIBI TANTA TYRANNE TULISTI (Enn. 109) O *Tyrann Titus Tatius, so Großes hast du dir selbst* (tute = tu ipse) *zugezogen*.

Einen Schriftsteller zu lesen, verlangte schon rein äußerlich einen Kraftaufwand. Die Buchrolle, die man in der rechten Hand hielt, wickelte die linke langsam auf und zog sie nach links, um sie dort wieder einzurollen. Spalte für Spalte des Geschriebenen erschien dann. Der Leser hatte buchstäblich beide Hände voll zu tun, er mußte ganz bei der Sache sein. Er konnte nicht im Buche schmökern, nicht sehen, wie ›es‹ ausging, er mußte sich Schritt vor Schritt durch die Spalten durchschaffen. Ihm ›entwickelte‹ sich der Inhalt. So las er gründlich, kostete und bewältigte. Bücher wurden nicht verschlungen. Um die 12 Bücher der Aeneis zu lesen, benötigte man 12 Tage. Solches Lesen trug reiche Früchte. Ein Wort von Augustinus wird hier verständlich. *Ich fürchte den Leser e i n e s Buches* TIMEO LECTOREM UNIUS LIBRI, wobei der Kirchenlehrer an die Bibel dachte.

Das Erstarken des griechischen Einflusses und das Wachsen des Bildungshungers verlangten bald auch höhere Arten der römischen Schule. Die gehobenen Formen der Schulen zerfielen in die der Grammatiker und die der Rhetoren. Mündlicher und schriftlicher Ausdruck, Kenntnis der Dichter und Beredsamkeit waren Lehrfächer. Wie die Schulen der Grammatiker entstanden, machte Sueton zum Gegenstand einer anziehenden Schrift. Auch daß sich der Staat schließlich der Schulen annahm, liegt fast zwangsläufig in der Entwicklung der vielgestaltigen Bildung. Die Kaiser schätzten und förderten die Elementarschulen, sie nahmen Lehrer der höheren Schulen in festes Gehalt und Ruhegeld und taten so den ersten Schritt dazu, das Schulwesen zu verstaatlichen. Die höheren Schulen mündeten folgerichtig in eine Art Universität. Mit der zunehmenden Fürsorge der Kaiser wuchsen auch ihr Einfluß und Anspruch auf die Schule. Die Bildung wurde Staatsinteresse, innenpolitischer Machtfaktor: die Schulpolitik hebt an.

Je mehr aber die Schulen zunahmen, um so mehr verwischte sich der Unterschied zwischen Hoch und Niedrig, zwischen Gelehrten und Laien. Als das Christentum seinen Siegeszug durch die Länder des Mittelmeers antrat, verstand man bereits allenthalben zu lesen. Das half der neuen Religion bei ihrer Mission. Diese Tatsache ist religionsgeschichtlich ebenso wichtig wie die andere, daß die Sprache des Evangeliums, das Griechische, Weltsprache war und fast überall verstanden wurde.

CUM ESSEM PARVULUS . . .
Als ich noch Knabe war . . .

Wir können uns eine ziemlich deutliche Vorstellung machen, wie das Leben römischer Schüler und Lehrer aussah. Es gibt nichts Neues unter der Sonne, und Schülerfreuden und Schulleid im alten Rom glichen aufs Haar denen heutigentags. Aus der Literatur und den alten Inskriptionen kennen wir Schulstrafen und Lob, Schülerstreiche und Schülerverbindungen; Prüfungen drückten damals genauso wie heute; Augustus organisierte in der iuventus die römische Jugend zu einem militärisch ausgerichteten Verband, die Römerbuben mogelten in der Schule wie alle kommenden Schülergeschlechter und alle vor ihnen. Schon im alten Priene hatten die Griechensprößlinge ihre klingenden Namen in die Steinwände des Klassenzimmers gekratzt. Einer der Schüler aber hat den dauerhaftesten Schülerbetrug der Welt vollbracht, als er die lästige Liste spartanischer Beamter lieber in eine Säule ritzte und ablas, als sie seinem Gedächtnis anvertraute. In den Umgängen der römischen Basilica Julia sieht man heute noch deutlich, wie Müßiggänger und wohl auch Schulknaben sich ihre freie Zeite vertrieben. Sie gruben in die Fußböden Spielfiguren ein, auf denen sie sich mit Steinchen oder Bohnen genauso leidenschaftlich bekämpften, wie es der Italienreisende heute noch bei allen Spielen der temperamentvollen Jungen beobachten kann. Jemand mit gleicher Münze heimzahlen nannte der Lateiner *Mit demselben Spiele zerreißen* MEO ME LUDO LAMBERAS (Plautus, Pseud. 743). Mit Vorliebe spielten die Kinder Roms – bezeichnend für den Grundtrieb dieses Volkes – nicht etwa ›Räuber und Gendarmen‹ oder ›Soldaten‹, sondern ›Richter‹ LUDUS AD IUDICES. Das schwer bestimmbare und erklärbare ludus, das später ›Spiel‹ bedeutete, heißt auch Schule. Der Gedanke an Wettkampf und die Vorstellung von Kurzweil geistern in diesem Begriff. Den Lehrer der Elementarfächer nannten die Römer ludi magister.

Das lustige Völklein der Schüler, alle Nachsicht, die man ihren Fehlern, und das Verzeihen, das man ihren Streichen zollt, aber auch die Hoffnung, zu der sie berechtigen, meinen die gehäuften Eindringlichkeiten des Verses: *Knaben sind Knaben, Knaben treiben Knabenhaftes* SUNT PUERI PUERI, PUERI PUERILIA TRACTANT. Die Erinnerungen großer Männer und die Erfahrung der einzelnen lächeln mild über den Unverstand und Unband der eigenen Jugendjahre. Der Mann des frühen Kaisertums, den wir wohl am besten kennen und dessen Briefe an nachhaltiger Fortdauer alle Werke der antiken Literatur in Schatten stellen, der Zelttuchmacher und Wanderprediger Paulus, hat uns, sein Leben überblickend, das trostvolle Wort hinterlassen: *Als ich ein Kind war, redete ich wie ein Kind, dachte wie ein Kind, urteilte wie ein Kind; als ich aber Mann ward, legte ich ab, was des Kindes war* CUM ESSEM PARVULUS, LOQUEBAR UT PARVULUS, COGITABAM UT PARVULUS. QUANDO AUTEM FACTUS SUM VIR, EVACUAVI QUAE ERANT PARVULI (1. Kor. 13, 11).

Der größte Psychologe des lateinischen Altertums, Augustinus, schenkte uns in der Selbstschau seiner ›Confessiones‹ einen tiefen Einblick in die Seele eines Knaben und Studenten. Im allgemeinen sprachen die Alten nicht gerne in Büchern über sich. So hatte es Aristoteles schon verlangt, ›der vollkommene Mensch spricht weder von anderen noch von sich‹. Kündeten einmal die Schriftsteller von ihren Taten, so berichteten sie in der dritten Person wie Caesar oder sie rechtfertigten sich wie Cicero oder wie Aemilius Scaurus. Marcus Aurelius machte in seiner ›Selbstschau‹ eine Ausnahme. Er mischte persönliche Erfahrungen und Ratschläge mit allgemeinen Sentenzen. Aber die Geschichte einer Seele hat allein und als erster Augustinus geschrieben. Der Milde und wartenden Zuversicht seiner Mutter Monika, dem christlichen Gegenstück zur gefeierten Cornelia, hat er dabei ein ergreifendes Denkmal gesetzt. Mit der unerhörten Offenheit der Selbstbekenntnisse deckte er die Gewissensnot und die seelische Bedrängnis der Jugend auf, ihren Fall und ihr Leid, die Erwachsene so gerne übersehen: *Ein so kleiner Knabe noch und ein so großer Sünder* TANTILLUS PUER ET TANTUS PECCATOR (conf. 1, 12). Er hat auch aus eigener Erfahrung das alte Wort heraufgeholt: *Blanke*

Schwerter sind kein Spielzeug in Kinderhand NEC PUERO GLADIUM
(ep. 104, 2, 7).
Diese Schuljugend ist zu allen Zeiten die gleiche geblieben. In den
Gassen Roms rief sie Geizhälsen und Sonderlingen Spottnamen nach.
›Narr, rufen alle Knaben und Mädchen‹ (Horaz, sat. 2, 3, 130). Sie
beschmierten vor Beginn der Schulstunde die Wandtafeln und taten
harmlos, wenn der Lehrer eintrat. Sie liebten aber auch den Mann,
der sie verstand, keine starre Rinde um sein Herz trug und *mit
Zuckerbrot die Lernlust aneiferte* DANT CRUSTULA BLANDI (Horaz,
sat. 1, 1, 25).

PLAGOSUS ORBILIUS
Der schlagfertige Orbilius

Sueton, einem frühen Philologen, verdanken wir viele persönliche,
interessante, ja klatschhafte Anekdoten aus dem Leben römischer
Schulmänner. Während einer Hungersnot in Rom verwies Augustus
Zugezogene aus der Stadt. ›Ausländische‹ Lehrer aber betraf die
Maßregel nicht. So unentbehrlich hatten sie sich bereits gemacht. Das
Edikt nannte sie in einem Atemzug mit den Ärzten. Roms erster
Kaiser zog den Servius Flaccus in seinen Palast, damit er dort eine
Schule eröffnete. Er ließ sich den Lehrer und den Palastunterricht
viel kosten und bestand darauf, daß nur Knaben aus bestimmten
Kreisen Zutritt hätten.
Zeitweise zählte Rom 20 Grammatikerschulen, darunter die des
Orbilius Pupillus, den nicht bloß Sueton und Horaz vor dem Ver-
gessenwerden bewahrt haben. Auch die Vaterstadt Benevent errichtete nach seinem Tode dem alten Griesgram ein Monument. Die Nachrichten über den Grammatiker Q. Remmius Palaemon lesen sich wie
eine Skandalgeschichte: Elegant und Selfmademan in einem, Lehrer
und Konfektionskaufmann, wuchs ihm, wohin er sah, Geld, und an
einem Weinstock hingen ihm 360 Trauben (Sueton, de grammat. 23).
Er lebte seinem Geschäfte und seinen Lüsten und warf das Geld
ebenso bedenkenlos zum Fenster hinaus, wie er es einscheffelte. Jeder
moderne Lehrer könnte vor Neid erblassen, wenn er vom Gehalte
des Remmius und manches seiner Kollegen liest. Der bissige Sonder-
ling Orbilius dagegen brachte es zu keinem zählbaren Erfolg, obwohl
er beinahe 100 Jahre alt geworden ist und die Hälfte davon in Rom
gelehrt hat. Er küßte nicht wie Remmius die Frauen auf der Straße,
er schlug unbarmherzig auf die Knaben, verunglimpfte seine Gegner,
zerfiel mit Gott und der Welt und verlor gegen Ende des Lebens sein
Gedächtnis. Bei seinem Namen taucht unwillkürlich das Bild der

Rute auf, man sieht erschrockene Knaben ängstlich an Ennius' und
Lucrezens Versen herumstottern: ›Nicht persönlich bin ich dem Livius
gram, nicht ausrotten will ich seine Gedichte, die in der Kindheit
mir – ach, ich erinnere mich – der *schlagfertige Orbilius* PLAGOSUM
ORBILIUM zum Lernen vorsprach‹ (Horaz, ep. 2, 1, 70).

Unausrottbar dichtet die schmunzelnde Nachrede der Jahrhunderte den Professoren Versunkenheit in ihre Ideen, Weltfremdheit
und Vergeßlichkeit an. Ironie mit Ehrfurcht gemischt versteckt sich
hinter diesen zählebigen Witzen. Der große Mathematiker Archimedes ist, als er das spezifische Gewicht entdeckt hatte, gewiß eben-
sowenig nackt durch Syrakus gelaufen und hat sein εὕρηκα vor
sich hergerufen, wie heutigentags ein Chemiker nackt in die Vorlesung kommt, wenn er Neues über die Atome gefunden hat. Selbst
die Anekdote um das *Störe nur meine Zirkel nicht* NOLI TURBARE
CIRCULOS MEOS leidet an innerer Unwahrscheinlichkeit. Livius überliefert bewundernd, wie tatkräftig Archimedes half, seine Vaterstadt
Syrakus zu verteidigen. Er hat es den Römern sehr sauer gemacht,
immer neue Tücken und Fallen erfand er, die Mühen der Gegner
schachmatt zu setzen. Er hat aber sicher in dem Augenblick, da sich
das Los der geliebten Stadt entschied und die Feinde Syrakus und
seine Abwehr überrannten, nicht taub für den Waffenlärm und welt-
vergessen in den Sand geometrische Figuren gezeichnet und dabei
den Tod gefunden.

So mag auch der selbstbewußte Satz, daß *der Kaiser den Grammatikern nicht zu gebieten habe* CAESAR NON SUPRA GRAMMATICOS
und auch die Herrscher sich nach der Grammatik zu richten hätten,
in den Bereich dienstfertiger Anekdoten gehören. Wie Büchmann
mitteilt, soll damit ein Anspruch Kaiser Sigismunds in die Schranken
verwiesen werden, der das Wort Schisma weiblich gebraucht habe.
Als man es ihm vorhielt, habe er sich hinter seiner kaiserlichen Autorität verschanzt und sich die gleiche Autorität angemaßt, wie sie der
Grammatiker Priscianus besaß. Aber Sigismund war der Sohn des
humanistischen Kaisers Karl IV., der lateinisch, deutsch, böhmisch,
italienisch und französisch sprach und Deutschland zur Heimat der
Künste und Wissenschaften zu machen begann. Zudem, jene Zeit, die
drei Könige und drei Päpste zugleich sah, hallte wider vom Wort
Schisma, es hielt die Welt in Atem. Und da sollte der Kaiser das
Wort nicht richtig gebraucht haben?

STILUM VERTAS
Wende den Griffel

Als Horaz den ersten Band seiner Episteln herausbrachte, gab er ihm besorgt und launig, voll Ironie über sich selbst, ein Geleitwort mit auf den Weg: ›Du siehst mir aus, mein Buch, als schieltest du nach Markt und Börse ... Auch dies Schicksal wartet deiner, daß du den Knaben in Vorstadtgassen Lesen und Schreiben beibringst und so das stammelnde Alter über dich kommt‹ (ep. 1, 20, 17 f.). Immerhin, es war noch ehrenvoller, von Buben gelesen als im Kaufladen zu Tüten gedreht zu werden, wie andere Dichter der Kaiserzeit klagen.

Unbekümmert um Mühe und Verdruß, gelegentlich verärgert auf beiden Seiten, ging das Lernen auch in römischen Schulen den Trott mühseligen Übens und Wiederholens, denn Übung macht den Meister und heute noch ist *Repetieren die Mutter des Studierens* REPETITIO EST MATER STUDIORUM. Die nie verstummende Klage über unnötigen Lernballast erhebt sich schon früh. Als Terentius die *alte Leier* CANTILENAM EANDEM CANTARE (Phorm. 495) und Cicero das *abgesungene Lied* DECANTATA FABULA (ad Attic. 13, 34) verspotteten, waren diese absprechenden Urteile schon abgedroschene Redensarten.

In den Schulen ging es nicht zimperlich zu, die *Furcht regierte die junge Schar* EXTIMUITQUE MAGISTRUM (Horaz, ars poetica 415) und über das Schelten in der Schule wurde laute Klage geführt. Martial hat sich darüber sehr drastisch ausgelassen:

Sprich, was haben wir dir getan, Schulmeister, verwünschter,
    Unglückseliger Mann, Knaben und Mädchen verhaßt?
Noch nicht haben die Nacht die bekammten Hähne verscheucht
    Und schon donnerst im Zorn scheltend und schlagend du los.

Sanfter klinget der Lärm im riesigen Amphitheater,
    Wenn den siegenden Schild jubelnd sein Haufe begrüßt.
Nicht, daß die ganze Nacht wir schlafen, fordern wir Nachbarn:
    Leicht ist Wachen, doch schwer ist's zu durchwachen die Nacht,
Schicke die Schüler heim, du Polterer, willst du dasselbe,
    Was man dir zahlt, um zu schrei'n, nehmen dafür,
                            daß du schweigst?
                    (Martial, epigr. 9, 68)

Von Juvenal an scheint es üblich geworden zu sein, Schule und Prügel gleichzusetzen. Unser ›auch ich bin einmal durch die Schule gelaufen‹ lautete damals anschaulicher: *auch wir haben die Hand unter der Rute weggezogen* MANUM FERULAE SUBDUXIMUS (Juvenal 1, 15). Gar, wenn wir dem Dichter Prudentius aufs Wort glauben

wollten, so verlief sein junges Leben *unter Tränen und Ruten* AETAS
PRIMA CREPANTIBUS FLEVIT SUB FERULIS (praef. 7). Augustinus, ein
ausgezeichneter Schüler, haßte ob dieser Schläge Bücher und Schule.
Mehr als alles andere erniedrigten und ängstigten ihn die Stockstreiche,
und er betete so innig zu Gott, ›daß ihm die Zunge brach‹, die
Prügel möchten ihm erspart bleiben. Da saßen sie nun, die schwarz-
haarigen, quecksilbrigen Unbände und malten auf ihre Wachstafeln
die großen kraftvollen Buchstaben, die Rom von den Griechen übernommen und nach seiner klaren Art umgestaltet hatte. Im Laufe der
Zeit schliffen sich in der Schreibschrift die Buchstaben immer fließen-
der ab. Für uns ist die alte Schrift nicht leicht zu lesen. Mit dem
breiten Teil des Griffels glätteten die Schreibenden jeweils das Wachs,
um eine saubere, gebrauchsfähige Schreibfläche zu schaffen. Wer
etwas gründlich vergessen machen wollte, *radierte es bis auf den
tiefsten Buchstaben aus* IMIS CERIS ERASERIS (Hier. ep. 9, 1). Wer im
Leben reinen Tisch macht und Geschehenes beseitigen, ungeschehen
oder unberücksichtigt lassen will, macht heute noch TABULA RASA
glatte Tafel. Manchmal mochte bei vergeblicher Mühe der Lehrer die
Hände ringen, und den hoffnungslosen Fall begleitete jener Stoßseufzer, vor dem auch uns noch graute: *Laß dir dein Schulgeld
wiedergeben* PATREM TUUM MERCEDES PERDIDISSE (Petr. 58). Und die
Väter unbegabter Schüler mochten ihren Trost darin finden, daß
ein gesunder Esel brauchbarer durchs Leben komme als ein kranker
Gaul und hausbackener Verstand mehr wiege als bloßes Wissen.
Noch in der Frankenzeit taucht der Gedanke auf *Einen philosophie-
renden Gelehrten verstehen wenige, einen von der Leber weg reden-
den Bauern viele* PHILOSOPHANTEM RHETOREM INTELLEGUNT PAUCI,
LOQUENTEM RUSTICUM MULTI (Gregorius Turic., hist. Franc. praef. 1).
    Vieldeutig wie unser ‹schreiben› schillert das lateinische scribere. Es
reicht vom unbeholfenen Schreibversuch der Kleinen bis zur Sprach-
übung der Studenten und zum Formen der Dichter. Auch diese Art
des Schreibens wurde gelehrt; ja die persönliche Art, sich auszudrücken, der Stil, bewahrt in seinem Namen heute noch die Erinnerung an den Griffel (stilus) des römischen Abc-Schützen. Horazens
Gedanken über das Edel-Schreiben verdienen über jedes Lehrbuch
der Stilkunde gesetzt zu werden. Er drängt sie in die knappe, sprichwörtliche Redensart zusammen: STILUM VERTAS *Wende den Griffel*.
Das besagt zwar nur etwas, was zu unterbleiben hat im Sinne jener
großen Regel: Gestalten heißt wegnehmen. ›Willst du schreiben, was
man immer wieder liest, so mußt du oft *den Griffel wenden* SAEPE
STILUM VERTAS und das Geschriebene tilgen‹ (Horaz, sat. 1, 10, 72).
Aber dieses ›Immer-wieder-beseitigen‹ ist nur die negative Seite der

Stilkunst. Gut schreiben hieß auch für die Alten, am Denken und Fühlen, am eigenen Charakter arbeiten. ›Im Ganzen ist der Stil eines Schriftstellers ein getreuer Abdruck seines Innern: will jemand einen klaren Stil schreiben, so sei es ihm zuvor klar in seiner Seele; und will jemand einen großartigen Stil schreiben, so habe er einen großartigen Charakter.‹ Die ganze Wucht lateinischer Kürze tritt uns entgegen, wenn wir diesen Gedanken Goethes in der Form vernehmen, wie sie Cato zugeschrieben wird: REM TENE, VERBA SEQUENTUR. *Beherrsche die Sache, die Worte ›folgen. Denn wer recht gestalten will, muß gesund und klar denken, es ist Anfang und Quelle des Schreibens* SCRIBENDI RECTE SAPERE EST ET PRINCIPIUM ET FONS (Horaz, ars poetica 309).

Rem tene! Wie übersetzt man das eigentlich, dieses vielschichtige Wort res? Theodor Haecker nennt es das Herzwort der lateinischen Sprache. ›Das Wort res hat der Römer der ganzen Welt gegeben. Wie kein europäisches Volk und in Bälde wohl auch kein anderes Volk dieses Planeten das Logische des Seins anders wird benennen können als eben das Logische, wodurch wir den Griechen für ewig verbunden und verpflichtet bleiben, so kann keines anderen Volkes Sprache das Reale anders benennen als eben das Reale, wodurch wir für ewig dem antiken Rom verbunden und verpflichtet bleiben. Wenn der Deutsche meint, er könne es mit Wirklichkeit übersetzen, so täuscht er sich, so greift er fehl, so irrt er; er soll sich besinnen und beide Wörter gebrauchen und sinnvoll unterscheiden: Wirklichkeit und Realität, und sich freuen, daß er so bereichert wurde, so reich ist, daß er beide hat. Res ist Ding und Beziehung der Dinge, Sache und Sachverhalt, Sein und Bewegung in einem, aber mit dem Akzent auf Ding und Sache und Sein, wie der Deutsche in ›Wirklichkeit‹ ihn auf dynamischer Beziehung und Verhalten und Bewegung hat. Nicht ein Staatswesen kennt der Römer, sondern eine res publica; Glück, das sind günstige Dinge, res secundae, und Unglück, das sind widrige Dinge, res adversae; die Geschichte, das sind die res; der Geschichtsschreiber schreibt nicht über Ideen oder Kultur als Begriff und Wesen, sondern über Dinge; er ist rerum scriptor. Der einzige Römer mit dem Stigma des Philosophen, der Leidenschaft nämlich zur Erkenntnis und zur theoretischen Wahrheit, rerum cognoscere causas, der unvorhersehbarerweise – das ist so die Weise der Vorsehung! – zugleich ein großer Dichter war, schreibt nicht über Physik oder Metaphysik oder über die Seele oder über das Logische oder über die Zahl oder über das Gute und Schöne und Wahre, sondern de rerum natura, über das Wesen der Dinge, als welche eben alle sind, alles, die ganze Welt mit Einschluß des Menschen, seiner Seele und seiner Verzweiflung und seiner Sehnsucht. Rom ist das Haupt der Welt, das heißt der Dinge, caput rerum, domina rerum; Caesar ist der Hüter der Welt, das heißt der Dinge, custos rerum; Rom in seiner Fülle, als Stadt und Staat, Senat und Volk, Friede und Kultur, Pietät und Gerechtigkeit, Caesar und Imperium ist nicht primär eine Idee, sondern mit den Worten des größten Römers, eben Vergils, maxima rerum, das größte aller Dinge, ja pulcherrima rerum, das schönste aller Dinge, die gloria der menschlichen Dinge.‹

GAUDEO DISCERE
Ich freue mich, zu lernen

Zu Abusir, im Grab eines Mannes, der wahrscheinlich einmal Dorfschullehrer war, fand man das älteste noch erhaltene Buch der Antike, die Erstausgabe eines im übrigen unbedeutenden Werkes eines ebenso unbedeutenden griechischen Modedichters, ›Die Perser‹ des Timotheos. Auch die Leiche und der Sarg des Buchliebhabers haben seit dem 4. vorchristlichen Jahrhundert die Zeiten überdauert. Neben die armen, geplagten Brotverdiener in den Vorstadtgassen Roms, neben die fürstlich bezahlten Grammatiker und Rhetoren tritt mit diesem ägyptischen Lehrer der stille, schlichte Freund des Wissens, dessen Reichtum sein Buch ist, das er mit ins Grab nimmt.

Auch der Römer betrachtete seine Bücher als kostbaren Besitz. Sein Bibliothekszimmer bot dem Auge eine erlesene Freude. Die Rollen lagen in Schränken oder in einer Art Nest an den Wänden. Schränke, Bücher und Wände strahlten in lebendigen Farben. Das Recht nahm sich so hoher Güter liebevoll an und regelte genau, wie in der Erbmasse Bibliotheken zu verteilen waren. ›Unter Büchern versteht man alle Art Rollen und Bände in Papier oder Pergament oder in irgend einem Stoff, auch in Lindenbast oder Lindenholz, wie es manche tun, oder auch in irgend einem Leder. Bestehen sie nun in Pergamentblättern oder in Papierblättern, Elfenbeinblättern oder in einem anderen Stoff oder in wachsüberzogenen Zetteln, so sollen wir sehen, ob man sie als Vermächtnis schuldet. Gaius Cassius schreibt, daß unter vermachten Büchern auch Pergament geschuldet werde, infolgedessen auch die andern genannten Arten, wenn nicht der Wille des Erblassers entgegensteht. Sind jemand 100 Bücher vermacht, werden wir ihm 100 einzelne Rollen geben, nicht 100, die jemand nach seinem Dafürhalten abgeschätzt hat und die nach Niederschrift des Buches genügen könnten: z. B. wenn jemand den Homer ganz in einem Band hat, rechnen wir dies nicht als 48 Bücher, sondern als einen

Band Homer für ein Buch. War der vermachte Homer aber nicht vollständig, so ist nur das geschuldet, was an Liedern der Dichtung vorgefunden wird. Bei Vermächtnis von Büchern sind aber die Bibliotheken nicht mitverstanden, wie Sabinus ausführt und ebenso Cassius: er sagt nämlich, es seien hier nur die Pergamente vermacht, die beschrieben sind, und fügt bei, daß weder die Schränke noch die Kapseln noch alles übrige, wo die Bücher aufgehoben werden, geschuldet ist‹ (Ulpian im 24. Buch zu Sabinus). Bücher galten dem Römer als Ausdruck der Würde und Humanität. Darum ließen sie sich gerne abbilden, wie sie sinnend lesen oder eine Buchrolle in der Hand tragen. Die Trajanssäule zeigt auch den Kaiser mit einem Buch. Aber nie wird auf einer Plastik ein freier Römer schreibend dargestellt. Denn Bücher abzuschreiben, oblag den Sklaven. Zudem bot ein Schreiber kein fruchtbares Moment für den Bildhauer und ermöglichte auch dem Dargestellten nicht jene edle Haltung, die für eine repräsentative Statue erwünscht war.

Über dem Liebhaber, dessen Genuß das Lesen, dessen Stolz seine Bibliothek war, und über dem Lehrer, der gegen kleines, mageres Entgelt oder auch für fürstliches Honorar Wissen weitergab, ragt die Idealgestalt des Edlen, dem die Wahrheit, das Forschen Herzenssache und Weisheit zu schenken, Mission ist. ›Ja, mich verlangt es‹, bekennt Seneca, ›alles in dich hinüberzugießen. Und schon *darum freue ich mich, etwas zu lernen, damit ich es lehren kann* GAUDEO DISCERE, UT DOCEAM. Wie wird mich etwas erfreuen, so trefflich und heilsam es auch ist, wenn ich es allein für mich wissen soll?‹ (ep. 6, 4).

Das Sprichwort kennt eine andere Verbindung des Lehrens und Lernens: DOCENDO DISCIMUS. Auch diese Weisheit wurde aus der pädagogischen Schatzkammer Senecas erhoben. Wer durch gute Sitten anderen beispielhaft voranleuchtet, wird noch besser, da die Wechselwirkung verpflichtet und stets neues Beispiel verlangt. So befruchten wir uns selbst, wenn wir Gutes lehren: HOMINES, DUM DOCENT, DISCUNT (ep. 7, 8). Der Gebrauch hat aus der ethischen Lebensregel eine Allerweltslehre der Schulerfahrung herausgelesen: *Man lernt selbst, wenn man andere unterweist* DOCENDO DISCIMUS. Wenn ein Gewissenloser oder Bedauernswerter, der selbst nicht viel mehr als seine Schüler weiß, sich vor sie hinwagt und jeweils *nur um eine Stunde gescheiter ist,* ist das UNA HORA DOCTIOR am Platze. Diese bedenkliche Abart des Lehrers verrät Bedenkenlosigkeit und Ehrfurchtslosigkeit und stammt aus Not, Mißverhältnis, Verlegenheit oder Anmaßung. Es ist nichts schrecklicher als ein Lehrer, der nicht mehr weiß, als die Schüler allenfalls wissen sollen. Wer andere lehren will, kann wohl oft das Beste verschweigen, was er weiß, aber er darf nicht halbwissend sein und *mehr lehren, als er weiß* PLUS DOCET QUAM SCIT (Petr. 46).

Sokrates lockte die Weisheit aus den Schülern, indem er sie zielstrebig fragte. Er wandte sich an das selbständige Denken. So erzog er Philosophen. Der Lehrbetrieb von ehemals aber vermittelte hauptsächlich fertige Kenntnisse und pflegte das Gedächtnis. Er erfand dafür das naturgegebene Mittel: den Memorialvers. Wir selbst haben in jungen Jahren uns die Genus-Regeln der lateinischen Grammatik mit drolligen Reimen eingeprägt. Aber sie erfüllten, was sie sollten, ja es scheint, als ob das Erlernen selbst moderner Sprachen nicht ganz dieses Hilfsmittels entraten könnte. Die Alten übermittelten gerne den Lernstoff in Versen und drängten ganze Gebiete im Lehrgedicht zusammen. Sie nahmen dabei eine Gedächtniskraft in Anspruch, die größer als die unsere war, weil sie ständig gebraucht und geübt wurde. Man konnte noch nicht ›schnell einmal nachschlagen‹. Des Ennius Kochbuch vom ›Gutessen‹ (Hedyphagetica) bot die Küchenrezepte in Versen, Ovid lehrte in klassischen Hexametern, die ›Kunst zu lieben‹ und dichtete seinen ›Festkalender‹, in Vergils ›Georgica‹ wurde die Landwirtschaft gepriesen und gelehrt, und Lucrez philosophierte in einem großartigen Lehrgedicht ›Über die Natur der Dinge‹.

Diese Art, Wissensstoff zu übermitteln, lag im Zwang der Dinge selbst. Da das Buch nicht so selbstverständlich zur Hand war wie heute und der Vers sich leichter einprägte als Prosa, so empfahl er sich von selbst. Zudem bewahrte der Zwang der Versfüße und des Rhythmus den Text sicherer vor dem naheliegenden Schicksal, verändert oder verstümmelt zu werden. Selbst bis in unsere Zeit tun lateinische Memorialverse von allerdings späterer Herkunft Dienste. Sie wirken mit jener zähen Langlebigkeit, die erprobten Hausmitteln innewohnt. So merkt man sich wie ehedem die Namen und den Lernstoff der mittelalterlichen sieben freien Künste mit den geradezu barbarischen Hexametern:

GRAMM-LOQUITUR, DIA-VERA DOCET, RHE-VERBA COLORAT,
MUS-CANIT, AR-NUMERAT, GE-PONDERAT, AS-COLIT ASTRA.

Die Grammatik lehrt sprechen, die Dialektik das Wahre,
die Rhetorik den Schmuck der Rede,
Die Musik singt, die Arithmetik zählt, die Geometrie wägt,
die Astronomie müht sich um die Sterne.

Nach diesen Sternen schauten Könige und Päpste und lasen dort Schicksal, Zukunft und Weisung. Die Astronomie war noch nicht scharf von der Astrologie geschieden, die sich durch die Jahrhunderte den Schein der Wissenschaft erborgt hatte. Selbst Augustinus befreite sich nur mit Mühe von der geheimnisvollen Anziehung dieses seltsamen Orakels der Planeten. Noch heutigentags sorgt die Pfennigsastrologie dafür, daß wenigstens die Bilder des Tierkreises, diese phantastischen Figuren, welche die Babylonier und Griechen in besonders auffallende Sterne hineingesehen hatten, nicht vergessen werden. Man reihte sie im Hexameter auf und zählte sie in der Folge ab, in der die Ekliptik sie durchläuft: *Widder, Stier, Zwillinge, Krebs, Löwe, Jungfrau, Waage, Skorpion, Schütze, Steinbock, Wassermann, Fische* SUNT ARIES, TAURUS, GEMINI, CANCER, LEO, VIRGO, LIBRAQUE, SCORPIO, ARCUTENENS, CAPER, AMPHORA, PISCES.

In besonders schwierige Probleme führten die folgenden, nicht übersetzbaren Memorialverse der Logik.

BARBARA, CELARENT PRIMAE, DARII FERIOQUE,

CESARE, CAMESTRES, FESTINO, BAROCO SECUNDAE.

TERTIA GRANDE SONANS RECITAT DARAPTI, FELAPTON

DISAMIS, DATISI, BOCARDO, FERISON.

QUARTAE SUNT BAMALIP, CALEMES, DIMATIS, FESAPO, FRESISON.

Der große Aristoteles, der ›Vater der Logik‹, hatte die Arten des Schließens, nämlich aus den Urteilen zweier Vorsätze vermöge eines Mittelbegriffs eine neue Wahrheit zu finden, zusammengestellt. Von den 64 möglichen Formen hat die Schullogik des Mittelalters die 19 oben angegebenen bestehen lassen, die zu mehr oder minder sicheren Schlüssen führen. Selbst Kant ließ einige gelten. Jeder Student der Logik hat sich schon mit ihnen herumgeschlagen, und nur der Fachmann weiß, welche Arbeit, aber auch welche Hilfe in dem Bosselspiel dieser Modi der Schluß-Figuren stecken. Die je drei Vokale der Kunstwörter zum Beispiel bezeichnen die Quantität und Qualität der Urteile, etwa daß die allgemein bejahenden und die allgemein verneinenden Vordersätze die sichersten Erkenntnisse zeitigen. Auch die Anfangskonsonanten bergen für den Kenner bedeutungsvolle Hinweise und wesentliche Aussagen über den Zusammenhang der Schlüsse.

Etwa um die Zeit, in der die mittelalterlichen Scholastiker an solchen halsbrecherischen Figuren die Gesetze der Logik übten, plagten sich die Musiktheoretiker und -erzieher, die Notenschrift brauchbarer zu gestalten und den Chorsängern ihre Kunst leichter zu machen. Der gelehrte und seinerzeit viel verfolgte Benediktiner Guido von Arezzo errang dabei die fruchttragendsten Erfolge. In die ersten Versuche mit den Notenlinien brachte er Richtung und Zielsicherheit. Der melodischen Gesangslehre gab er in den Tonsilben ut re mi fa sol la das System der Solmisation. Mit diesen Silben verband er die Töne der zu seiner Zeit gebräuchlichen Sechstonfolge. Um den ›Kleinen‹, wie er die Singknaben nannte, sein System zu demonstrieren und es ihnen leicht erlernbar zu machen, knüpfte er an den ihnen geläufigen Text und die Melodie eines Hymnus auf Johannes den Täufer an. Jeder Halbvers dieses Hymnus ergab die Reihenfolge der Tonsilben, die immer eine Tonstufe höher einsetzten. In der folgenden Übersetzung gelang es Hans Joachim Moser, die den lateinischen Tonsilben entsprechenden heutigen Tonbezeichnungen wiederzugeben. (Die Tonsilbe ›si‹ für unser heutiges ›h‹ wurde erst gegen das Ende des 16. Jahrhunderts gebräuchlich.)

UT QUEANT LAXIS RESONARE FIBRIS
MIRA GESTORUM FAMULI TUORUM,
SOLVE POLLUTI LABII REATUM,
SANCTE JOHANNES!

Gib, daß mit lockerm Ansatz können singen
hehr, was du tatest, Chöre deiner Schüler,
daß dich ohn' Fehle ehren unsre Lippen,
heiliger Johannes!

Schließlich sei noch ein Memorialvers angeführt, der bis in die neuere Zeit sich am Leben erhielt. In den Aufsatzlehren unserer Jugend spielte er eine gewisse Rolle. Für längere Ausführungen liefern auch jetzt noch ein brauchbares Gerüst seine Fragen: QUIS, QUID, UBI, QUIBUS AUXILIIS, CUR, QUOMODO, QUANDO? *Wer, was, wo, womit, warum, wie, wann?* Schon Bernhard von Clairvaux bezeugt, er habe dieses Gedankenschema bei seinen Stegreifreden angewandt (in Adventu Domini, sermo 1).

Aber sich zuviel auf das Gedächtnis verlassen, birgt eine Gefahr. Es hält andere Seelenkräfte nieder. Gerade das aber widersprach dem Begriff der Humanität, wie er seit dem Ende der Republik römisches Ideal geworden war. Cicero hat das gespürt. Seneca warnte mit ernsten Worten davor. Er lehnte die Vielwisserei ab. Wer viel zitiert, beweist immer, daß er wenig denkt. Darum tadelte der Erfahrene die Auswendiglerner, die Gold in Scheidemünze umsetzten.

Seine Worte geben zugleich Fingerzeige, wie vorliegendes Buch, das zwangsläufig andere zu Wort kommen läßt, zu nutzen sei. ›Du sollst es aus vollen Händen bekommen. Die Menge (solcher Aussprüche) ist ungeheuer; sie liegen allenthalben zur Hand und sind nur zu nehmen, nicht zu sammeln. Denn sie entfallen nicht einzeln, sondern sie strömen in ununterbrochener Folge und sind unter sich verknüpft. Und ich zweifle nicht, daß Uneingeweihten und solchen, die erst an der Türe zuhören, vieles nützen könne. Denn einzelne kurzgefaßte, wie in ein Versmaß eingeschlossene Gedanken haften leichter. Daher geben wir den Knaben Denksprüche, und was die

Griechen *Chrieen* (allgemeine Sentenzen) nennen, zum Auswendig-
lernen, weil der jugendliche Geist, der eines schnelleren und zugleich
sicheren Fortschreitens noch nicht fähig ist, diese leicht erfassen kann.
Dem Manne steht es übel an, nach solchen Blumen zu haschen, auf
wenige, allbekannte Sätze sich zu stützen und bloß auf seinem
Gedächtnis zu fußen. Er muß einmal auf sich selbst stehen; er spreche
dergleichen aus sich, nicht aus der Erinnerung. Es macht dem Alten
oder dem Manne, der dem Alter nahe steht, keine Ehre, nur aus dem
Lehrbuch weise zu sein. ,Das sagte Zeno' – und was sagst du? ,Dies
Cleanthes' – und du? Wie lange noch wirst du dich unter einem
andern bewegen? Tu auch du Aussprüche, welche des Behaltens wert
seien; bring auch etwas von dem Deinigen zu Tage‹ (ep. 33).

SAPERE AUDE
Wage es, weise zu sein!

›Ein Lehrer, der das Gefühl an einer einzigen guten Tat, an einem
einzigen guten Gedicht erwecken kann, leistet mehr als einer, der uns
ganze Reihen untergeordneter Naturbildungen der Gestalt und dem
Namen nach überliefert.‹ Dieses Wort Goethes aus den Wahlverwandtschaften atmet den weiten Geist der humanitas, der auch das
späte Römertum beseelte.

Als seit der Mitte des zweiten Jahrhunderts v. Chr. die verschie-
denartigsten Völker im römischen Reiche zusammengeschmiedet
waren, erwuchs aus dem Völkerchaos ein neues Welt- und Lebens-
gefühl. Ähnliches hatten die Griechen zwei Jahrhunderte vorher
erlebt. Seit Alexanders Feldzügen und weitgespannter Politik ge-
wöhnten sich die Hellenen langsam daran, die Erde als Einheit und
Einheitlichkeit zu sehen. Die neue Welt- und Menschheitsidee wurde
erkauft mit der Dreingabe des Polisgedankens. Das Griechentum
mußte sich weitgehend entnationalisieren, um den Kosmopolitismus zu gewinnen. Auch den gebildeten Römern erschien die Welt-
verbindung und Menschheitsverbrüderung als Gewinn. Das durch
die Einheit der Sprache, der Kultur, der Interessen, der Vorurteile
zusammengefügte, weite Reich: das war die römische Form des Kosmopolitismus. Das Gefühl, überall zu Hause zu sein, übertönte den
Verlust, entwurzelt zu sein. Die neue Weltschau zeitigte den Gedanken: *Das Vaterland ist überall, wo es dir gut geht.* Cicero gibt
diesem Gefühl die Form: PATRIA EST, UBICUNQUE BENE (Tusc. 5, 37).
Das Vaterland trägt jeder in sich. Wir kürzen das römische Sprich-
wort ab: UBI BENE IBI PATRIA. Dem Kosmopolitismus verschwisterte

sich die allmählich auch in ihren Folgerungen verwirklichte Idee, daß alle Menschen zusammengehören. Den Griechen kommt es zu, diesen Gedanken gefunden zu haben, die Römer schenkten ihm den Namen, der in der kultivierten Welt niemals mehr unterging: HUMANITAS. Im Kreise des jüngeren Scipio wuchs dieses Ideal heran, in Cicero fand es seinen überzeugten Förderer. ›In allem Guten, von dem wir reden, springt nichts so sehr in die Augen und hat eine so ausgedehnte Wirkung als die Verbindungen von Mensch zu Mensch. Sie besteht in einer Gemeinschaft und Wechselseitigkeit der Interessen und der Liebe zum Menschengeschlecht selbst. Sie entsteht schon beim ersten Ursprung, insofern die Kinder von den Eltern geliebt werden und das ganze Haus durch Ehe und Abstammung sich verbunden fühlt. Von hier aus wächst sie allmählich hinaus, zuerst in die Form der Blutsverwandtschaft, dann der Verschwägerung, dann der Freundschaft, weiter dehnt sie sich aus auf die Nachbarschaft, auf die Bürgerschaft, auf politische Bundesgenossen und Freunde, und schließlich umfaßt sie die gesamte menschliche Gesellschaft‹ (Cicero, de fin. 5, 23, 65). Es gab schon Herren, die mit ihren Sklaven speisten.

Dieses Ideal der Menschlichkeit färbte allmählich auch auf die Ziele der Bildung ab. Sein bestimmender Inhalt: der Mensch in seiner höchsten Form, wurde seit zweitausend Jahren Anliegen des Abendlandes. Cicero sah die humanitas darin, die den Menschen eigentümlichen auszeichnenden Gaben der Vernunft und des Gemütes harmonisch und ästhetisch zu entfalten und mit Milde und Weitherzigkeit zu paaren. Zur alten VIRTUS, der *Staatstüchtigkeit,* trat ein neues Inbild des römischen Menschen: vollendete Menschlichkeit. Diesem ehrlichen Ringen um lebenformendes Wissen redete Horaz mit dem weitgerichteten, restlos kaum übersetzbaren SAPERE AUDE (ep. 1, 2, 40) *Entschließe dich, weise zu sein* das Wort. Der anfeuernde Anruf verlegt Beginn und Erfolg des fruchtbaren Wissens in den Willen und das Bewußtsein und spricht alle geistigen Kräfte des Menschen an. Man kann sich kaum ein inhaltsreicheres Motto für die Bildung denken. Es war Lessing vorbehalten, das uneingeschränkte Motto einzuengen und auf die ratio, die kritische Vernunft, zu beschränken. Er machte es zum Kampfziel gegen die Enge dogmatischer Befangenheit und zur Losung für die Aufklärung. Aber Horazens Wort richtet sich nicht gegen Mythus und Glauben; es beschließt die Harmonie der Persönlichkeit, nicht nur die Einseitigkeit der freigeistigen ratio.

Sapere aude, das zu Ehren ihres ehemaligen Schülers Lessing die Fürstenschule St. Afra in Meißen zum Wahlspruch erkor, ist die kürzeste Formel für die Humanität. Überall, wo weltweit gedacht wurde, meldete es sich zur Stelle: im IUS ROMANUM, in der Kirche, im Humanismus, im Denken Goethes, in den Zielen der echten Demokratie. Nur wo ein jeder sein Höchstes erreichen will und darf, wird das Höchste erreicht.

Diese humanitas blieb lange einziges Ideal der modernen Schulbildung. *Die Schulen sind Werkstätten der Humanität, indem sie ohne Zweifel bewirken, daß die Menschen wirklich Menschen werden* SCHOLAE SUNT HUMANITATIS OFFICINAE EFFICIENDO NIMIRUM, UT HOMINES VERE HOMINES FIANT (Comenius, Unterrichtslehre 10, 3).

SAPIENTIA FELICITAS
Weisheit ist Glück

Man hat gegen die Humanität als Bildungsideal allerlei ins Feld geführt. Sie gehe am Bedürfnis des Lebens vorbei, sie verweichliche, sie überspringe die natürlichen und geschichtlichen Grenzen zwischen Völkern und Rassen; insbesondere das naturwissenschaftliche und technische Zeitalter verlange andere Ausrichtung, ihre Lehrstätten, die Gymnasien, seien Formelkram und zu einer peinigenden inneren Leere und Seelenlosigkeit geworden. Aber die Erfahrung widerspricht so hartem Undank beharrlich, je rauher und erdbesessener die Taten, die Not und die Irrungen der Menschheit sich gebärden. Zumal nach Kriegen und trotz allem Fortschritt, jedesmal meldet sich die alte Sehnsucht nach Humanität, nach Durchbildung des Menschen ohne Rücksicht darauf, ob die Erfolge solcher Formung meßbar, entgeltbar und nutzbar auszumünzen sind. Sie behauptet sich im Volksleben als lebenswichtig und für das Gesamte der Kultur ebenso ausrichtend, wie etwa die Humanität Goethes sich notwendig einstellen mußte, um ihn aus Sturm und Drang zu lösen und gegen Titanismus und Hybris wohlausgewogen zu festigen. Denn das meint ja die Humanität: die Harmonie aller menschlichen Strebungen, den Kosmos im Innern. ›Seele legt sie auch in den Genuß, noch Geist ins Bedürfnis, Grazie selbst in die Kraft, noch in die Hoheit ein Herz‹ (Goethe). Bei allem Realismus und jeglichem Spezialistentum erübrigt sich keineswegs die humanitas. Der Streit um das Humanitätsideal beruhe hier auf sich. Nur ein paar Tatsachen mögen andeuten, wie ungeahnt die humanitas der Antike nachwirkt und wie unbewußt sie noch formt.

Nach Umfang und Prinzipien und Praxis hat das englische Empire am verblüffendsten das imperium Romanum nachgebildet. England war bei den Kaufleuten und Seefahrern des Altertums längst bekannt. Das verschollene Buch des Pytheas ›Der Ozean‹ brachte wohl der Alten Welt die ersten wissenschaftlichen Nachrichten über die ferne Zinninsel. Schließlich, wer vom *sagenhaften Thule* sprach ULTIMA THULE (Vergil, georg. 1, 30) oder das heißbegehrte plumbum album (Zinn) benutzte, verband damit eine irgendwie gestaltete Vorstellung von Britannien, in dessen Richtung man das nördliche Ende der Welt vermutete.

In den vierhundert Jahren, die Britannien von den Römern besetzt war, wurde das Land stark vom lateinischen Geist durchdrungen. Bis in die Gegend von York hinauf finden sich überall die Reste römischer Bauten. London birgt mehr lateinische Altertümer, als man ahnt; manches englische Haus ist mit Material erbaut, das man im Mittelalter aus dem forum Romanum nach England verfrachtete. Die Grabmäler einiger Könige in Westminster sind mit Steinen errichtet, die aus der Ewigen Stadt geholt wurden. Und alle chester, cester, caster und castle gehen auf lateinische Kastelle zurück. Schon zu Hadrians Zeiten wurde Britannien als ein Land bezeichnet, das der lateinische Schulmeister erobert habe. Die insula Albionum, das Land bis zum Piktenwall, hat sich nicht einmal freiwillig von Rom getrennt. Als Caesar 55 v. Chr. als erster Feldherr mit seinen kampferprobten Truppen an der Küste Englands landete, wehrten sich noch die Briten, wohlausgerüstet mit schnellen Kampfwagen, zäh und erfolgreich gegen den Eindringling. Aber bereits in der Kaiserzeit stand Britannien bis hinauf nach Schottland unverbrüchlich zu Rom. Gleichwohl hat das Imperium die Insel im Stich gelassen und aufgegeben, trotz der Bitten der Briten. Kaiser Honorius stellte ihnen den Absagebrief aus; sie müßten sich selber helfen, war die letzte Weisung aus Rom.

Und doch, nicht viel später zog Rom abermals in England ein, als es in planvoller Mission das Kreuz den Angelsachsen brachte. Gregor der Große – so berichtet die Legende – ging einst über das forum Romanum. Da fielen ihm hochgewachsene blonde Menschen auf, die als Sklaven feilgehalten wurden. Wer das wäre, fragte der Papst. Angli sunt, bedeutete man ihm. ANGLI SUNT, ANGELI FIANT *Sie sind Engländer, Engel sollen sie werden,* entschied der Papst. Er sandte (596) den Abt Augustinus nach England, und das eigenartig fromme, romtreue erste Christentum Englands begann. 1000 Jahre später folgte die Loslösung von Rom infolge des Geschichte gewordenen NON POSSUMUS *Wir können nicht.* Dieses Wort, der Apostelgeschichte (4, 20) entnommen, hielt Papst Clemens VII. dem achten Heinrich von England entgegen, als er ihm verweigerte, sich von Katharina scheiden zu lassen. Ein Schisma, nämlich die englische Staatskirche, war die Antwort des gereizten Königs. Trotzdem: vom Geist des Humanismus hat sich die Insel nie getrennt. Die geistigen Fäden, die England an das imperium Romanum knüpfen, sind inniger und die inneren Beziehungen reicher als etwa das Verhältnis Germaniens zu Rom.

Auf weiten Strecken decken sich englisches und römisches Denken, die Handhabung des divide und impera lernte die Insel gelehrig von der urbs, die Gleichung imperium Britannicum und imperium Romanum als Bund der Nationen geht fast völlig auf.

Die späteren Politiker für dieses Weltreich werden in den Public Schools ausgebildet: Eton und Harrow stehen, im Glanze ruhmvoller Schulgeschichte, stellvertretend für die ganze Art dieser Bildung. Von den sechs Millionen englischer Schulpflichtiger genießt noch nicht ein Prozent diese Umformung des jungen Menschen, die alles, Geist, Moral, Wissen, Bildung, Sport, dem einen Ziel unterordnet: das Leben mit allen seinen Beziehungen und Überschneidungen zu beherrschen.

Wer aber glauben würde, solcher praktisch-amusischen Zielsetzung könnten als Wissensfächer nur die ›Realien‹ zugrunde gelegt werden, der irrt. Die fast überbetonte Vorliebe für die ›Humaniora‹ mutet den Schülern der untersten Stufe 8 Unterrichtsstunden in Latein zu – bei nur zwei in der Heimatsprache. Wenn die Knaben die alten lateinischen Schriftsteller lesen, ist dies keine grammatische Übung an uninteressierenden Tatsachen. Bei der Lesung Caesars, des Livius, Plinius, Tacitus rauscht in ihnen das Blut der römischen Vergangenheit auf, lateinische Geschichte spiegelt das Weltreich im Weltreich, Caesar und Tacitus reden so, wie junge Engländer des Commonwealth noch denken. Im deutschen Blut gärt immer neben der Bewunderung für Rom auch der Widerspruch. Der Deutsche verwarf das ius Romanum, er widersetzte sich, das Trennende eher dunkel empfindend als klar überschauend, auch dem Neohumanismus.

Aber die Public Schools halten unverbrüchlich zum lateinischen Geist. Selbst das anscheinend so englische Wort snob ist, im Grunde genommen, dem Lateinischen entsprungen. War ein Schüler geringerer Herkunft in Eton aufgenommen worden, so vermerkte der Rektor die seltene Tatsache mit einem s.nob. Aus diesem abgekürzten SINE NOBILITATE *ohne Adel* bildete sich der Begriff snob. Die Engländer allein vermochten ein Wort zu finden, das dem griechischen Kalokagathia gerecht wurde: der Gentleman. ›Ein englischer Gentleman sollte Horaz lesen und auf die Jagd reiten‹, sagte der spätere Kardinal Manning zu einem jungen Freunde, der eben Balliol College in Oxford verlassen hatte. Der erste Minister, Pitt der Ältere, hielt einmal eine seiner flammenden und gescheiten Reden im Unterhaus. Wie er zu tun pflegte, wollte er ein klassisches Zitat einflechten – diesmal einen Vers aus Horaz. Aber im entscheidenden Augenblick versagte ihm das Gedächtnis. Er blieb stecken. Da erhob sich wie ein Mann das ganze Unterhaus, wohl mehr als 200 Abgeordnete, und alle sprachen gemeinsam den Vers zu Ende, den der Minister zu zitieren begonnen hatte. So groß und echt war die klassische Bildung englischer Politiker auf dem Höhepunkt der britischen Erfolge. Gibt es ein schöneres Beispiel für das sapere aude, für das Zusammengehen von praktischer Klugheit, von Wirklichkeitsnähe und klassischer Bildung?

Unentwegt betrachten die Public Schools Prügelstrafen und mörderische Wettspiele als Stufen zur Jakobsleiter, das Studium der Antike als unabdinglich – ein Realist zu werden. Darum singen die Schüler von Eton immer wieder in ihrem Schul-Hymnus:

Dem Spiele gehöre bei uns so viel Recht wie der Arbeit!
Ein froher Bund vereine Minerva und Mars
IUSTAM LUDUS VINDICET CUM LABORE PARTEM!
DULCE FOEDUS SOCIET CUM MINERVA MARTEM.

Alles Lob aber für die humanistische Bildung und Tradition klingt auf im eben erwähnten Sange von Eton:

Tönen mögen die Stimmen aller, die der Lilien
Blüte (Wappen von Eton) *folgen in einem Lob,*
Das würdig ist des Gründers
SONENT VOCES OMNIUM LILIORUM FLOREM,
DIGNA PROSEQUENTIUM LAUDE FUNDATOREM!

Und so steht auch über einer der höchsten Schulen Englands, über der Universität zu Oxford, eine Huldigung an den Humanismus, an den lateinischen Geist:

Weisheit ist Glück SAPIENTIA FELICITAS.

Von der Heilkunde

MEDICUS CURAT, NATURA SANAT
Der Arzt hilft, die Natur heilt

Im Verband der Wissenschaften kommt der Medizin eine Sonderstellung zu. Sie hat es mit dem geheimnisvollen großen X zu tun, das wir Leben nennen. Sie steht im Schatten des Problems, das dunkel und ungelöst immer noch über der Menschheit schwebt, des Leidens, und sie ringt mit jener rätselhaften Macht, die jedes Leben beendet, dem Tod. So steht die *Heilkunst nahe bei der Philosophie.* Sie galt dem Nachdenklichen *als ihre Schwester* MEDICINA SOROR PHILOSOPHIAE (Tertullian, de anima 2). Ja, auch im Schauer, Glanz und in der Furcht der Religion stand der Arzt, wie heute noch der Medizinmann bei den wilden Völkern. Der entscheidende Fortschritt der Medizin begann, als sie freimütig und langsam sich von der Theorie und konstruierten Krankheitserklärungen den experimentellen Erfahrungen zuwandte und anstatt Tempelschlaf und Beschwörung der Götter herzhaft die Natur selbst einsetzte. Es dauerte fast bis zum Peloponnesischen Krieg, bis dieser Wandel eintrat. Bezeichnend: als damals der Bahnbrecher der Medizin, Diogenes von Apollonia, sein Werk ›Über die Natur des Menschen‹ schrieb und das Adernsystem im menschlichen Körper darstellte, witterte die Menge in ihm einen Atheisten, und er entging nur mit Mühe dem Gottlosenprozeß.

Neben Blick und Wissen, Erfahrung und Geschicklichkeit der Hand bedarf der echte Arzt auch der Phantasie und Intuition, ein Unerlernbares, das Gnade ist. *Verborgene Krankheiten lassen sich nicht heilen* NON INTELLECTI NULLA EST CURATIO MORBI (Maximian, eleg. 3, 55).

Auch die geheimnisvolle Gabe, die auf die seelischen Kräfte des Kranken wirkt, die Suggestion des Arztes und seine Persönlichkeit rücken die Medizin wieder aus den strengen Bezirken der reinen Wissenschaft in die Nähe der Kunst und des Wunders. Als Wissenschaft des Lebens und des Todes steht die Heilkunst zwischen Wissen und Können. Bis heute werden religiöse Kräfte angerufen, von selbst sehen die Blicke vom Krankenbett nach unsichtbaren Hilfen; Zweige der Medizin und die Praxis des einzelnen Arztes suchen wieder die geheimnisvollen Anschlüsse, welche die Medizin vor vielen Jahrhunderten verließ. Das ›Wunder‹ erwartet gerne der Kranke, die

Wunderdoktoren sterben nicht aus, Gebetserfolge lassen sich nicht wegleugnen, wie man sie auch erklären mag. Man denke nur an die christian science und ihre Erfolge, und es führt eine gerade Linie vom alten Epidauros, vom römischen Pergamon bis zum heutigen Lourdes. Die ex-voto-Tafeln vieler Heiligtümer bezeugen zuverlässig, wie der Glaube geholfen hat und wie der Kranke vom Wunder lebt, weil er vom Unerforschten abhängt.

Wissenschaftlich bildet das medizinische Gebiet ein riesiges Reich, an dem die Menschheit zu bauen, für das sie Erfahrungen zu sammeln, Erkenntnisse zu verbreiten, Irrtümer zu berichtigen und Opfer zu bringen hat. Dieser ursprüngliche Sinn steckt in dem vielgenannten, aber für alle möglichen Gebiete benutzten Aphorismus des Hippokrates *Das Leben ist kurz, die Kunst ist lang* VITA BREVIS, ARS LONGA. Goethe hat die ganze hippokratische Gnome als Eingang über den prachtvollen Lehrbrief für Wilhelm Meister gesetzt. ›Die Kunst ist lang, das Leben kurz, das Urteil schwierig, die Gelegenheit flüchtig.‹

Dem Hippokrates, der in seinen Aphorismen sich klassisch über das Allgemeine der Medizin aussprach, werden auch die beiden Schriften zugewiesen: ›Über die Knochenbrüche‹ und ›Über die Einrenkung der Gliedmaßen‹. Der Herzpunkt der Schriften ist: Es gilt, durch den richtigen Kunstgriff das kranke Glied ›in die richtige Natur‹ zurückzuführen. Das nennt er ›Das richtige Gesetz‹. Die Abkehr von der Religion schimmert hinter diesem Richtsatz. Hippokrates betrachtet die Krankheit nicht mehr als Schickung oder Strafe der Götter, sondern als Teil der Natur; er sieht sie im Zusammenhang mit der den Menschen umgebenden Natur. Ihm gilt die ganze Natur als göttlich; Krankheiten nachzugehen hieß das Wirken der Gottheit erforschen und ihm die Wege zu ebnen. Es obliegt dem Arzte, der Natur nachzuspüren. *Sie heilt, der Arzt hilft ihr nur* MEDICUS CURAT, NATURA SANAT. So wird der Heilprozeß den Händen der Götter entrissen und in die Natur verlegt. *Solange der Kranke atmet, ist Hoffnung: Solange ich lebe, hoffe ich* AEGROTO DUM ANIMA EST, SPES EST (Cic. ad Attic. 9, 10, 3). – DUM SPIRO, SPERO, sagt ein mutiges Wort. So verbindet sich immer wieder ein Irrationales mit dem Wissen und der Kunst der Ärzte. Auch ein Psychologisches. Der Arzt mobilisiert die seelischen Kräfte des Kranken, *er ist nichts anderes als der Tröster der Seele.* Auch dieses ganz modern anmutende Wort finden wir schon bei den Alten: MEDICUS NIHIL ALIUD EST QUAM ANIMI CONSOLATIO (Petr. 42). Ein ›fröhlich Herz‹ zu schaffen, danach trachtete die geheime Heilkunde der Alchimisten. Ihr Kampf galt der ›Melancholey‹. Jede quälende Angst schadet der Gesundheit.

Von hier aus ist auch ein viel mißbrauchtes Wort zu berichtigen: MENS SANA IN CORPORE SANO (Juvenal, sat. 10, 356). Der Dichter Juvenalis geißelt die Torheit menschlicher Gebete an die Götter. Man solle es ihnen überlassen, was zu geben ihnen beliebe. *Eines nur flehe der Mensch: gesund am Körper zu sein und einen gesunden Menschenverstand zu erhalten* ORANDUM EST, UT SIT MENS SANA IN CORPORE SANO. Eine kausale Wechselwirkung, die bedeutet, daß ein guter Verstand nur in einem gesunden Körper möglich sei, enthält des Dichters Satz ebenso wenig wie die irrige Ansicht, man brauche nur für das Wohlbefinden des Körpers zu sorgen, dann stelle ein gesunder Geist sich von selber ein.

Die Sorge für das hohe Gut der Gesundheit bestimmte weitgehend das Denken des Römers. Verließ er ein Haus, schloß er einen Brief, so wünschte er sein ›Bleibe gesund‹, *Sorge für deine Gesundheit* VALE! CURA, UT VALEAS. Das Gefühl dafür, gesund zu sein, aber erwirbt sich nur, wer selbst Krankheit schon erlitt. Es galt, sich selbst zu beobachten. Man erstaunt, wie fachmännisch genau Seneca – um ein Beispiel anzuführen – die Kennzeichen einer angina pectoris wiederzugeben weiß. ›Kurz, aber heftig ist der Anfall und einem Schock ähnlich. Nach ungefähr einer Stunde hört der Anfall auf. Ich habe wohl alle körperlichen Beschwerden und Krisen durchgemacht. Keine aber erscheint mir unangenehmer. Warum? Alles andere ist Krankheit; *dies heißt mit dem Tode kämpfen* HOC ANIMAM EGERERE. Daher nennen die Ärzte diese Krankheit *Vorbereitung auf den Tod* MEDITATIONEM MORTIS (ep. 54).

Die Sorge vor der Krankheit warnte in den Tagen des Wohlergehens. Wer dem Übel entgehen wollte, mußte sich vorsehen und dem Anfang widerstehen. Das PRINCIPIIS OBSTA stammt aus der Erfahrung und Vorsicht der Hygiene, übertrug sich aber zwangsläufig und natürlich auch auf moralische und andere Belange. So bezog es beispielsweise Ovid auf die Liebe: Forsch, mit schnellem Geist, wie, die du liebst, geartet; / und dem Joch, das Druck drohet, entziehe den Hals. / *Widersteh' am Beginn. Zu spät bereitet man Mittel, / wenn das Übel erst stark ist durch langen Verzug* PRINCIPIIS OBSTA; SERO MEDICINA PARATUR, CUM MALA PER LONGAS INVALUERE MORAS (de remed. am. 91).

MORBUS SACER
Heilige Krankheit

Lange Zeit war im Volksglauben des Altertums das Vorurteil tief eingewurzelt, daß Krankheit eine Strafe sei. Hippokrates verwandte ein ganzes Buch dazu, den Irrtum zu bekämpfen. Es war eine Schrift über die Epilepsie, die andern Krankheiten nicht gleicht und der die antike Medizin fast genauso hilflos und ratlos gegenüberstand wie die Heilkunde der Gegenwart. Mutig nannte sie der große Arzt die *Heilige Krankheit* MORBUS SACER. In dem Buch steht aber der große Anruf an die Medizin der kommenden Jahrhunderte: ›Alle Krankheiten sind göttlich und menschlich, und gegen keine ist man ratlos und wehrlos.‹

DE VIVO RESECANDUM
Bis aufs Lebendige schneiden

Bereits im alten Ägypten spezialisierten sich die Ärzte. ›Jeder ist dort Arzt für eine Krankheit und nicht für mehrere, und alles ist voll von Ärzten‹, schreibt staunend Herodot (2, 84). Dem Griechen Alkmaion, einem persönlichen Schüler des Pythagoras, fällt das Verdienst zu, die erste Vivisektion durchgeführt zu haben. Er wagte als erster, ein Auge operativ herauszunehmen. Er verlegte den Sitz des Seelenlebens ins Gehirn. Die Ptolemäer förderten bewußt und vorantreibend die Medizin. Diese ägyptischen Herrscher gründeten das erste anatomische Institut des Abendlandes im Museion zu Alexandrien. Aus den Tagen, wo der staunende Blick der Menschen ratend vor den Wundern des Lebens stand, kommt unsere Redensart vom *springenden Punkt*, von dem Umstand, auf den alles ankommt, vom PUNCTUM SALIENS. Aristoteles nannte so den weißen Fleck im Vogelei, der das Herz des werdenden Lebewesens sei und hüpfe und springe. Ganz griechisch gedacht war es, daß die Hellenen als Vater der Heilkunst nicht einen Gott, aber auch keinen gewöhnlichen Sterblichen verehrten, sondern einen Halbgott, dem weder das Göttliche noch das Menschliche fremd war, den weisen und gütigen Asklepios. Die Priester seiner Heiligtümer amteten auch als die ersten beglaubigten Ärzte. Asklepios schützte die Heilenden und die Leidenden. Ursprünglich mag er eine heilkräftige Schlange gewesen sein, die später unter Menschengestalt gedacht und als Halbgott verehrt wurde. Darum gehören Schlange und Asklepios zusammen. Der Schlangenstab sinnbildete die Heilkunst und überdauerte als Standeszeichen die Antike. Zu Asklepios schworen die griechischen Ärzte den herrlichen Eid der Berufsehre und der Menschlichkeit, die Achtung vor dem Leben und ärztliche Verschwiegenheit, eines der erhabensten Zeugnisse der humanitas. ›Im Namen des heilkundigen Apoll, der heilkundigen Göttinnen Hygieia und Panakeia, im Namen aller Götter, deren Zeugenschaft ich hier anrufe, schwöre ich von ganzen Kräften und mit Gewissen, daß ich folgende Zusicherungen stets zu halten gedenke:

Ich werde meine Lehrer ehren und denjenigen, der mich in die Heilkunst eingeweiht hat, als meinen Vater betrachten, mit dem ich alles teile und für den ich zu sorgen habe. Ich werde seine Nachkommen als meine Brüder betrachten und werde ihnen nunmehr meinerseits ohne Anspruch auf Vergütung die Heilkunst lehren, ich werde zunächst meine eigenen Söhne darin unterrichten, dann die Söhne meines Lehrers, dann jene, die nach dem Gesetz der Mediziner sich als meine Schüler melden und erklären, und keine anderen zulassen.

Was das Heilverfahren betrifft, so werde ich die notwendigen Kuren nach bestem Wissen und Gewissen einfach und gerecht unternehmen. Ich werde mich nie verführen lassen, Gift herzugeben oder gefährlichen Rat zu erteilen. Ich werde nichts unternehmen, um die Leibesfrucht abzutreiben oder Empfängnis zu verhüten.

Ich werde mein Leben und meine Kunst heilig halten. Ich werde ein Haus nur betreten zum Wohl der Kranken und gerecht einen jeden behandeln; bei der Pflege von Frauen, von Männern, von Freigelassenen und Sklaven werde ich mich jeder nicht ehrbaren Annäherung enthalten. Ich werde Schweigen bewahren über alles, was ich gesehen und gehört während der Kur und außerhalb derselben. Das Geheimnis der Familien wird mein Geheimnis. Möge ich ein glückliches Leben, eine gesegnete Zukunft in Ausübung meiner Kunst erreichen, wenn ich diesem Schwur Treue halte, und möge mir sodann Lob gegönnt sein. Doch wenn ich falschen Schwur getan, möge das Schicksal meine Untreue strafen.‹

Das Altertum war fest überzeugt, daß Götter und Geister mit den Menschen im Traum verkehrten. Für gewöhnlich kam der Rat von oben im Schlafe. Man legte sich im Tempel nieder und erwartete Gottes Ansprache. Ein Traumdeuter war leicht zu haben: er sagte dem Kranken, was er zu seiner Genesung zu tun hatte.

In den Asklepieien geschahen Wunderheilungen; siegreich zog Asklepios als Aesculapius (Aeskulap) ins römische Reich, und schon im 3. Jahrhundert vor Christus weihte man ihm auf der Tiberinsel Roms einen Tempel. Als die Tempel des Aeskulap längst geschlossen waren, noch zu Zeiten des Augustinus, glaubten die Christen an göttliche Weisungen im Traume – der aufgeklärte Kirchenlehrer hat seiner Mutter Träume in den Confessiones getreu aufgezeichnet –, und die Kranken legten sich zum Tempelschlaf nun in den christlichen Basiliken nieder.

Zur Zeit der Kaiser führten die Römer in der ärztlichen Wissenschaft. Augenärzte, Ohrenärzte, Zahnärzte übten ihre Praxis aus; der bedeutende Methodiker Soranus machte sich einen Namen als Frauenarzt. In vier Büchern gab er seine Kenntnisse über diese Spezialwissenschaft weiter. Militärärzte begleiteten die Truppen, wie es übrigens schon Homer erwähnt. Er hat das älteste Lob solcher Ärzte ausgesprochen. ›Er wiegt viele Kämpfer auf‹ (Ilias 11, 514). Den sporttreibenden Römern standen eigene Ärzte zur Verfügung. In Pompeji fand man Kornzangen, Skalpelle, Katheter, Specula, scharfe Löffel u. a. aus Bronze, genau in der heutigen Form. Sogar ein reich verziertes Ärztebesteck, das zu Staroperationen diente, wurde zutage gefördert. Die Namen vieler Ärzte und Operateure bewahrt die Geschichte. Als große Chirurgen der Kaiserzeit pries man Leonidas und Heliodor. Sextus Empiricus trägt das Programm einer ganzen medizinischen Richtung in seinem Namen: der Schule, die nur auf Erfahrung sich stützte.

Von anderen Ärzten hört man staunend, wie hoch sie sich ihre Mühen belohnen ließen. Plinius (nat. hist. 7, 1, 23) nennt als Honorar für eine besonders geglückte Operation eine Summe, die etwa 450 000 DM entspricht. Der kaiserliche Arzt Stertinius beschwerte sich bei seinen Brotherrn und Patienten Caligula und Claudius, daß sein Jahresgehalt (umgerechnet im heutigen Wert etwa 100 000 DM) weniger betrage, als was er früher in seiner Privatpraxis verdient habe.

Unsterblich aber ragen aus allen Ärzten der Antike Hippokrates und Galenos heraus. Fast sieben Jahrhunderte liegen zwischen beiden, fast die ganze Entwicklungsgeschichte der antiken Heilkunst. Jeder ist der typische Vertreter seiner Zeit, Hippokrates bahnbrechend und schöpferisch, Galenos organisierend und zusammenfassend. Hippokrates sprach für die Heilkunde aller Zeiten die grundlegende Richtlinie aus, daß Leib und Seele des Kranken bei Heilhilfe nicht zu trennen seien. Er glaubte an die Weisheit des Leibes, die unerhört vorbedächtig den Zellenstaat und seine Funktionen leitet, wie wir heute sagen würden. ›Die Natur findet ihre Wege und tut ihre Pflicht.‹ So konnte nur ein Grieche von der Menschenwürde denken. Pythagoras und viele andere priesen die Diät als ein Universalheilmittel; sie versuchten, zuerst mit dem Ebenmaß im Essen, Trinken und

Ruhen Krankheiten zu heilen. Man griff überhaupt nur ungern zum Äußersten. Lieber verwandte man Salben oder wendete Arzneien an. Wo diese nicht halfen und der Eingriff sich nicht vermeiden ließ, schritt der Arzt zum Schneiden. *Doch ist unheilbar die Wunde, muß sie der Stahl ausschneiden, daß nicht das Frische mitergriffen wird.* SED INMEDICABILE VULNUS ENSE RECIDENDUM EST, NE PARS SINCERA TRAHATUR (Ovid, met. 1, 190). Dieses *bis auf das Lebendige Zurückschneiden* DE VIVO RESECANDUM (Cicero, in Verr. 3, 50, 118) galt als ein Äußerstes. Im übertragenen Sinne meinte man damit, die letzten Reserven angreifen, an den Grundstock des Vermögens und der Kräfte gehen. Half auch der Eingriff mit dem Messer nicht, dann brannte man die Wunde aus. Und dann war die ärztliche Kunst erschöpft. *Was Arzneien nicht heilen, heilt das Eisen, was das Eisen nicht heilt, heilt das Feuer. Was das Feuer nicht heilt, das heilt der Tod* QUOD MEDICAMENTA NON SANANT, SANAT FERRUM, QUOD FERRUM NON SANAT, SANAT IGNIS, QUOD IGNIS NON SANAT, SANAT MORS.

Diese zielstrebige, unerbittliche Gnome des Hippokrates setzte der stürmische Regiments-Medikus Friedrich Schiller als Motto vor sein revolutionäres Drama ›Die Räuber‹, allerdings ohne den letzten Teilsatz quod ignis non sanat, sanat mors.

Liest man des Hippokrates klassisch schöne und erstaunlich genaue Krankheitsjournale, die in der Schrift über die Epidemien wie Perlen zerstreut liegen, so mutet uns der Verfasser nicht bloß ganz modern an, sondern sein hoher Sinn, sein Verantwortungsbewußtsein und die Schärfe der Beobachtung reißen mit. Darum kamen die folgenden Jahrhunderte nicht mehr los von Hippokrates. Er schlug auch den letzten großen Arzt der Antike, den Griechen Galenos, der Leibarzt der antoninischen Kaiser in Rom geworden war, vollständig in Bann. Die Lehre des Hippokrates galt ihm als Kanon, wie heilig. Was der Bahnbrecher gefunden hatte, stellte er sorgfältig her und ergänzte es mit den Erkenntnissen seiner eigenen Praxis und der seitherigen Fortschritte. Dabei bettete Galenos die Erfahrungen der Medizin wieder in den großen Zusammenhang der Philosophie. Und was ihm an Platon und aus der Stoa richtig erschien, übernahm er in sein System. Der Arzt Antonius Musa hatte dem Kaiser Augustus die Gicht durch eine Massage vertrieben, die einer Prügelstrafe aufs Haar glich. Auch solch handfeste Medizin ließ sich Galenos nicht entgehen. Für Jünglinge, die nicht gehorchten, verordnete er eine gute Tracht Schläge. SI SIT IUVENIS ET NON VULT OBOEDIRE, FLAGELLETUR FREQUENTER ET FORTITER *Wenn einer noch Jüngling ist und nicht folgen will, so soll er oft und kräftig durchgehauen werden.* Galenos' Lebenswerk, das medizinische Erbe des Altertums, zugleich eine Weltschau griechischen Geistes, übersetzten im 9. Jahrhundert die Araber in ihre Sprache. Aus der Sprache des Orients übertrug man im 14. Jahrhundert die Erkenntnisse der Griechen ins Lateinische. Man konnte sich im gläubigen Mittelalter dem Einfluß des großen Mannes auf die Dauer nicht entziehen. Totzuschweigen und zu übersehen war er nicht. Zwar hatte er seine Bedenken gegen das Christentum, und er verteidigte die Belange der Naturgesetze energisch gegen die Wundervorstellungen des Alten und Neuen Testaments, die ihm ›unbewiesene Gesetze‹ schienen. Aber sein Geist und die griechische Terminologie beherrschten hinfort die medizinischen Fakultäten. Daher kommt es, daß viele medizinische Ausdrücke heute noch griechische Fremdwörter sind.

Das Latein aber ist nicht nur die Sprache, die uns das Erbe weiterreicht, es empfiehlt sich wegen seiner internationalen Verständlichkeit, der Knappheit seiner Ausdrucksmöglichkeit, der Präzision seiner Gedanken, um komplizierte Fälle klar festzulegen. Auch der Laie kann sich heute von tumor oder sectio caesarea eine genaue Vorstellung machen. Wie z. B. eine Entzündung zu erkennen ist, faßte man in vier Begriffe: RUBOR, CALOR, TUMOR, DOLOR *Röte, Hitze, Geschwulst und Schmerz.* Die wirksamste Weise des ärztlichen Zugriffs hatte der 40 v. Chr. gestorbene Asklepiades in die Worte gefaßt: CITO, TUTO, IUCUNDE *schnell, sicher, angenehm.*

Hippokrates und Galenos belehrten auch die kommenden Zeiten, befruchteten die Wissenschaft und vor allem das Berufsethos bis auf unsere Tage. Es ist noch gar nicht so lange her, daß man nach Galenos heilte, und die moderne Medizin hatte alle Hände voll zu tun, sich aus der Vormundschaft dieses Riesen zu befreien. Ja, seine Gedanken über Humoralpathologie sind als Hormonlehre neu erstanden. Nun aber, da die Heilkunde auf eigenen Füßen steht, anerkennt sie um so neidloser und dankbarer Galenos und Hippokrates. Immer wenn es gilt, die ethischen Grundlagen des Berufes herauszustellen, meldet sich der Geist der Humanität, der Geist des Hippokrates, und wie ein Anruf zu unablässigem Ringen und Forschen klingt des Galenos Mahnung: *Nicht immer denselben Schuh verpassen* EUNDEM CALCEUM OMNI PEDI INDUCERE. Wie in einer großen Symphonie nimmt ein großer bahnbrechender Arzt das Leitmotiv der humanitas auf, Theophrast Paracelsus. ›Der höchste Grund der Arznei ist die Liebe, die Liebe ist es, die die Kunst lehrt, und außer derselben wird keine Arznei geboren.‹ Mit solcher Gesinnung will sich ein Spruch nicht recht zusammenreimen, der unter seinem Namen geht und nichts Geringeres fordert, als die Welt an der Nase herumzuführen. *Die Welt will getäuscht sein, also werde sie getäuscht* MUNDUS VULT

DECIPI; ERGO DECIPIATUR. In dieser lateinischen Form kommt das Wort sicher nicht von dem abenteuerlichen, umstrittenen und doch so großen Arzt. Als Aufforderung wäre es nicht mit dem Sinne des Mannes zusammenzureimen. Aber es ist wahrscheinlich, daß der Grundgedanke von Paracelsus herrührt. Er enthält aber nicht einen Rat, sondern eine Tatsache. Er stellt nämlich fest, daß die Welt auf ärztliche Scharlatane, Jahrmarktsgeschrei und Reklame hereinfallen will und daher hereinfällt. Die Welt will für ihre Gebrechen tröstlichen Trug, und daher wird sie auch immer getäuscht.

NON VIVERE, VALERE VITA
Nicht leben, gesund sein ist das Leben

Will man die antike Heilwissenschaft auf einen Nenner bringen, so drängt sich der Begriff Humoralmedizin auf. Sie hat sich fast zweieinhalbtausend Jahre zu behaupten gewußt. Grundgelegt wurde sie in den Zeiten des Hippokrates. Polybios, dessen Schwiegersohn, gilt als ihr eigentlicher Verfechter. Nach seiner Ansicht machen die vier Säfte Blut, Schleim, schwarze und gelbe Galle die Grundbestandteile des Organismus aus. Verhalten sie sich geordnet zueinander, so ist der Mensch gesund. Krankheit wird dadurch hervorgerufen, daß das richtige Verhältnis gestört wird. Selbst der seelische Typus des Menschen wird bestimmt durch diese Säfte und das Überwiegen des einen derselben vor den andern.

Auch die Stärke und der Ablauf der Willensprozesse und Gefühlsäußerungen gehen auf einen der vier Hauptsäfte des menschlichen Körpers zurück. Die *schwarze Galle* ATRA BILIS z. B. wurde als Ursache des melancholischen Temperaments angesehen. Aristoteles schätzte dieses Temperament besonders. *Er behauptet, daß alle bedeutenden Männer Melancholiker seien* ARISTOTELES AIT OMNES INGENIOSOS MELANCHOLICOS ESSE (Cicero, Tusc. disput. 1, 33). Selbst gewisse Formen des Wahnsinns leitete die alte Medizin aus einer Überfunktion dieser Galle her. Als zuverlässigstes Heilmittel empfahl man die auch von den Dichtern ernst und ironisch viel zitierte Nieswurz (elleborus, Horaz, ep. 2, 2, 137). Der heilkräftigste Elleborus wuchs in Anticyra am Malischen Meerbusen: NAVIGET ANTICYRAM (Horaz, sat. 2, 3, 166). *Er soll nach Anticyra fahren*, sagte man, wenn einer reif fürs Irrenhaus war. Auch ein Fremdwort ›elleborisieren‹ kannte das Altertum. Sogar Geiz als eine Abart der Verrücktheit glaubte Horaz mit dem Wunderkraut heilen zu können (sat. 2, 3, 83).

Die Beziehung zwischen Galle und Verrücktheit wurde lange ernst genommen. Noch Descartes z. B. glaubte an sie. ›Wie könnte ich leugnen, daß diese Hände, dieser ganze Körper mein sind – ich müßte mich denn mit gewissen Verrückten vergleichen, deren *Gehirn ein hartnäckiger melancholischer Dunst aus schwarzer Galle so schwächt* CONTUMAX VAPOR EX ATRA BILE, daß sie unbeirrt versichern, sie seien Könige, während sie gänzlich arm sind, sie trügen Purpur, während sie nackt sind, sie hätten einen Kopf von Ton, seien ganz Kürbisse oder seien aus Glas geblasen.‹

Nach Descartes dauerte es noch 200 Jahre, bis die Ansichten über Krankheitsursachen revolutioniert wurden. 1850 ersetzte Virchow die Humoralpathologie durch die Lehre, die Krankheit sei nicht die unrichtige Mischung der Säfte, sondern eine Veränderung der Zellen. Die moderne Cellularpathologie war geboren. Ihr umstürzendes Wort war ein kleines Axiom: OMNIS CELLULA EX CELLULA *Jede Zelle kommt aus einer anderen Zelle.*

Das Axiom zog gegen die Lehre zu Felde, das Leben sei aus einer *freien Zeugungskraft der Materie,* aus besonderen Anlagen der Urmaterie geheimnisvoll entstanden. GENERATIO AEQUIVOCA. 1651 hatte Harvey als Dogma verkündet: *alles Leben vom Ei* OMNE ANI-MAL VIVUM EX OVO. Gegen die Humoralpathologie regte sich immer schon der Widerspruch. Der große Alexandriner Erasistratos, der beinahe 1800 Jahre vor Harvey den Blutkreislauf gefunden hatte, gab sie bereits auf.

Unter den mancherlei Strömen, mit denen die Heilmethoden durch die Zeiten flossen, bemerkt der aufmerksame Kenner auch den eigenartigen Versuch, *Gleiches durch Gleiches zu heilen* SIMILIA SIMI-LIBUS. Namentlich die geheime Heilkunde beschritt gerne diesen Weg. Ekelhaftes wurde mit Ekelhaftem übertrumpft, man bereitete Aphrodisiaca aus Bestandteilen verliebter Tiere, etwa der Tauben. Die heutige Wissenschaft der Organotherapie hat die Richtigkeit solcher Vorstellungen erwiesen. Die Rückerinnerung an den Hokus-pokus der Scharlatane und die Geheimschränke der Thaumaturgen schadete zunächst dem deutschen Arzt Samuel Hahnemann (1756 bis 1843), als er beharrlich daranging, die alte Ahnung von similia similibus wissenschaftlich zu unterbauen und zu verwerten. Mit der Besessenheit der Umstürzler, in würdig getragener Armut, aber auch auf der märchenhaften Höhe seines äußeren Aufstieges setzte er sich durch. Krankheiten, lehrte er, entstehen dadurch, daß die Lebens-kraft geschwächt wird. Diese geminderte Kraft hob er durch Medi-kamente, die auf zwei Grundprinzipien aufgebaut waren. Früher setzte man, um zu heilen, *Mittel ein, die Wirkungen hervorbrachten, die den Krankheitssymptomen entgegengesetzt waren* CONTRARIA CONTRARIIS CURANTUR. Hahnemann glaubte durch unausgesetzte Experimente am eigenen Körper bewiesen zu haben, daß man mit Medikamenten heilen kann, die nach Gebrauch dem Gesunden dieselben Krankheitssymptome eintragen, die der Kranke zeigt. Und da nach seinen Beobachtungen die kleinsten Dosen die stärksten Reize und Reaktionen hervorrufen, so konnten Hahnemanns Medikamente fast mathematisch abgestuft und dosiert und in gefälliger Form verabreicht werden. Den Allopathen, die das Feld der Heilkunde beherrscht hatten, trat, zunächst bitter bekämpft, später mehr und mehr anerkannt, die Homöopathie zur Seite, *die Gleiches mit Gleichem heilt* SIMILIA SIMILIBUS CURANTUR. Wie so oft in der Geschichte der Heilkunde waren wieder einmal Wissen und Glauben, dunkle Ahnung und helles Experiment zu neuer Erkenntnis durchgedrungen. Aug in Aug, Leib an Leib rangen seit Jahrhunderten die Ärzte gegen die Geißeln der Menschheit, gegen die fürchterliche Pest, die zerfressenden Blattern, mit dem alle Gemeinschaft aufhebenden Aussatz, den der Orient zu den erbeuteten Schätzen den Kreuzfahrern als Rache mitgeschickt hatte, in erbittertem Erbkampf gegen die kleinen Würgengel, die Bakterien und Viren, die das Leben der Menschen verzehren, gegen die Gebrechen der Natur und die Demütigungen des Alters. Ständig streitet der Arzt gegen zwei Fronten, gegen das Leid und den Tod. Gegen die Krankheit rief bereits Hippokrates die seelischen Kräfte auf, das Vertrauen, den Willen zum Gesundwerden. *Ist es klüger, Gebrechen zu verhehlen, statt sie zu heilen? Ist solche Scham nicht vom Übel?* STULTORUM INCURATA PUDOR MALUS ULCERA CELAT (Horaz, ep. 1, 16, 24).

Viele der Wunderkuren in Epidaurus und in den römischen Asklepieien verdanken der Suggestion ihr Entstehen. Auch Hippokrates und Galenos haben die psychische Verfassung, die Umgebung des Kranken, den seelischen Einfluß seiner Pfleger in Rechnung gestellt. Darum stand auf den antoninischen Bädern zu Rom *Wer Sorgen hat, wird nicht geheilt* NON CURATUR, QUI CURAT. Zwar dem Gesetz, einmal zu sterben, sind wir alle unterworfen, aber der Arzt schlägt den Tod mitunter in die Flucht, entreißt ihm die fast sichere Beute. *Wir verlängern das Leben, das so kurz ist* PROLONGAMUS VITAM BREVEM. Er sorgt nach Kräften dafür, daß es möglichst schmerzlos verläuft.

Wen des Priamus und des Nestor Alter
Als ein langes dünkt, Marcianus,
Wird gewaltig getäuscht und hintergangen.

Nicht wer lebt, der lebt,
Nur wer gesund ist
NON VIVERE SED VALERE VITA

(Martial, epigr. 6, 70, 15).
Heilen aber ist nicht nur Beruf, Wissen, Gnade, Intuition, sondern auch Verdienen, Honorar und Rechnung. Die Standesehre griechischer Ärzte schrieb vor, Arme unentgeltlich zu heilen. Die harte Wirklichkeit zwang solchen Idealismus bald in den allgemeinen Lauf der Dinge. Manchmal grollte das Sprichwort dagegen. Publilius Syrus nahm bereits in seiner Sammlung geflügelter Worte den beißenden Hieb auf: *O wie übel geht es dem Arzt, wenn es niemand übel geht* MALE HABET MEDICUS, NEMO SI MALE HABUERIT.

MEDICE, CURA TE IPSUM
Arzt, heile dich selbst

Aber am Ende aller Arbeit, allen Ringens, aller Kunst und Wissenschaft steht doch der Tod. Einmal gibt sich auch der Arzt von ihm geschlagen. In Salerno, das sich stolz ›Civitas Hippocratica‹ nannte, ritten die Ärzte, um ihr Ansehen zu heben, auf reichgeschirrten Rossen, und die Ärztin Trotula war die eleganteste Dame. Dort lehrte man früh im Mittelalter moderne Hygiene: CRINES PECTES, DENTES FRICES, ISTA CONFORTANT CEREBRUM, CONFORTANT CETERA MEMBRA *Pflege die Haare, bürste die Zähne, es stärkt das Hirn und die übrigen Glieder.* Aber gerade aus Salernos in leoninischen Versen (binnengereimten Hexametern) geschriebenem Gesundheitsbuch, dem ›flos medicinae‹, stammt das verzichtende Wort *Gegen den Tod ist kein Kraut gewachsen* CONTRA VIM MORTIS NON EST MEDICAMEN IN HORTIS. Die Tatsache bestand. Hippokrates hatte ihr mutig ins Auge geschaut und erkundet, welches von den Gesichtern und Masken, die der Mensch lachend, weinend und sich verstellend zur Schau trägt, die untrüglich letzte Maske sei. Er stellte die Anzeichen zusammen, woran man sehe, daß der Mensch reif sei für den Tod. Diese Diagnose der Todesreife trägt noch heute seinen Namen: das hippokratische Antlitz. Würdig und gelassen schickte sich die Antike ins Unvermeidliche. Der Mensch verlöschte. Wehmütig lächelnd drückte Thanatos, der Bruder des milden Schlafes, die Fackel des Lebens aus, daß Hermes die Entschlafenen heimhole zu den Schatten. Friedliches Entschlummern, die Euthanasie, war Wunsch und Hoffnung der Lebendigen. Und doch kannten auch die Römer, seitdem sie in den kulturellen Bann der dunklen, todbefreundeten Etrusker gekommen waren, das memento mori in Gestalt des Gerippes. Selbst auf Trinkbechern grinste ihnen ziseliert der Knochenmann entgegen – mittenhinein in die Lust ihrer Gelage.

Es gehört zur Tragik des Arztes, daß die Kunst des Heilens bei ihm selbst ihre Grenze hat. Das der Bibel entnommene *Arzt, heile dich selber* MEDICE, CURA TE IPSUM (Sirach 18, 19) ist weniger Hohn als Schmerz, es lehnt nicht ab, es. bescheidet sich. ›Hilf dir zuvor, bevor du andere arzneiest‹, übersetzte es Luther. Die Träume, Sehnsüchte und Hoffnungen der Kranken flüchten zum Arzte. Wo majestätischer Glanz ist, erhofft man Heil. Vespasians Hände galten als wundertätig, den Königen von England, selbst einem Napoleon traute man zu, durch Handauflegen heilen zu können. Was aber die Natur unerbittlich gefordert, Leid und Tod, werden nur zu oft dem Arzt als Kunstfehler zugerechnet. Auch das gehört zur Tragik und zum Leid seines Berufes. Einen Tag vor seinem Tode schrieb Heinrich von Kleist einem Arzt ins Stammbuch:

INNUMERABILES MORBOS MIRARIS?

MEDICOS NUMERA!

Die zahllosen Krankheiten wundern dich?

Zähle die Ärzte!

Gleichwohl, es klingt versöhnlicher als das grobe Wort, mit dem Plinius Nachlässigkeit, Unerfahrenheit oder Mißgeschick der Ärzte verhöhnt: *Die Ärzte allein dürfen einen Menschen ungestraft umbringen* MEDICO TANTUM HOMINEM OCCIDISSE SUMMA IMPUNITAS EST (Plinius, nat. hist. 9, 1). Dies Urteil kennt die Herzensangst und das Ringen des echten Arztes nicht, nicht das niederdrückende Verantwortungsbewußtsein und die schlaflosen Nächte, von denen die Tagebücher großer Ärzte künden.

Von der Unsterblichkeit

NON OMNIS MORIAR
Ich werde nicht ganz sterben

Was aber war nach dem Tode? Gab es ein Fortleben der Seele, einen Fortbestand der Persönlichkeit, wie stand es mit der Unsterblichkeit des eigenen Ich?

Plinius drückte die Ansicht Epikurs, Lucrezens und vieler Denker des griechischen und römischen Altertums aus, als er den Jenseitsglauben als eitle Anmaßung des Menschen erklärte. Goethe hat später den Gedanken des römischen Naturforschers aufgenommen:
Du hast Unsterblichkeit im Sinn.
Kannst du uns deine Gründe nennen?
Jawohl, der Hauptgrund liegt darin,
daß wir sie nicht entbehren können.

Was sollte man in solcher Gesinnung zum Abschied dem Toten zurufen? Nichts als die kleine Verlegenheit blieb übrig, die sich bis heute erhalten hat, sich bereits auf römischen Grabinschriften findet und der Albius Tibullus die poetische Form gegeben hat: ›*Möge Dir die Erde leicht sein.*‹ Nichts Besseres vermag er der Geliebten am Grabe zu wünschen (eleg. 2, 4, 50).
Auch wird irgendein Greis vormalige Liebe zu ehren,
    Jährlich ein Blumengebind weihn dem gehügelten Grab
Und weggehn mit dem Ruf: O schlummere sanft und in Frieden,
    Möge die Erde Dir leicht, Sichergeborgene, sein.
TERRAQUE SECURAE SIT SUPER OSSA LEVIS.

Aber auch andere Stimmen ließen sich unabweislich vernehmen. Ihren Chor führte Cicero an. Der Eklektiker kannte das Volk und die Philosophen. Es war ihm nicht entgangen, daß die eleusinischen Mysterien ihren Eingeweihten ein Leben voll Glück und Frieden nach dem Tode versprachen, ja, daß sie richtige Bilder dieses Zukunftsparadieses ihren Gläubigen vorführten. Die orphischen Mysterien machten aus ihren Unsterblichkeitsvorstellungen einen Rausch. Platon und Aristoteles ließen sich für ein Fortleben nach dem Tode anführen. Poseidonios, von dem leider keine Schrift erhalten blieb, zu dessen Füßen Cicero einst bewundernd und lernbegierig gesessen, der letzte universale Kopf des Altertums, verfocht leidenschaftlich die Unsterblichkeit der Seele. So befand sich Cicero in guter Gesellschaft, und er fühlte sich um so beruhigter, als ihm ja gerade das als Erweis philosophischer Wahrheit galt, worin die Menschen aller Zeiten und Orte übereinstimmten. Der Anwalt des Rechtes wußte keinen anderen Ausgleich für alle Mühen und Leiden des Lebens und alle Ungerechtigkeit als den Lohn und die Strafe im Jenseits (disp. Tusc. 1, 15). Selbst den Heldentod der Soldaten führte er auf diesen Glauben als seine letzte Wurzel zurück: ›Niemand würde sich jemals für das Vaterland zum Opfer bringen, wenn er nicht die große Hoffnung auf Unsterblichkeit besäße‹ (disp. Tusc. 1, 15).

Auch Vergil hatte die Meinung weiter Kreise sich zu eigen gemacht, daß die Schlechten im Jenseits für ihre Verbrechen zu büßen hätten.

Hätte ich hundert Zungen und hundert Kehlen und wäre
Meine Stimme von Erz, ich könnte die Frevel nicht alle
Melden und nicht die Namen von all den Strafen berichten.

(Aen. 6, 625)

Die Stoiker trösteten sich über die schwer lösbare Frage nach dem anderen Leben damit hinweg, daß sie Verlust und Gewinn beim Tode abwogen. ›Auch du bist aufs Schiff gestiegen, bist abgefahren, bist in den Hafen eingelaufen. So steig nun aus! Geht's in ein anderes Leben – so ist ja nichts ohne Götter, auch dort nicht! Geht's aber in einen Zustand der Fühllosigkeit – nun, so brauchst du doch nicht mehr Schmerzen und Freuden erdulden, noch dich von einem Behälter knechtisch einengen lassen, der um so unedler ist, je größere Vorzüge der darin Dienende besitzt. Denn dieser ist der vernünftige Geist, der Genius in dir, jener hingegen nur Erde und Verwesliches‹ (Marc Aurel 3, 3).

Seneca stimmte solch rechnerischen Unentschiedenheiten bei. Auch bei ihm mündet der Weisheit letzter Schluß in einer Wahrscheinlichkeitsrechnung: ›Ich scheide nicht deshalb mit größerem Mut aus dem Leben, weil ich erwarte, es müßte mir menschlichem Ermessen nach der Weg zu meinen Göttern offenstehen. Zwar habe ich verdient, dort zugelassen zu werden; denn ich habe mich ja schon jetzt dort aufgehalten und mein geistiges Wesen dort heimisch gemacht, wie auch die Götter in mir Wohnung nahmen. Aber nimm an, ich würde hinweggerafft und es bliebe vom Menschen nach dem Tode nichts übrig – ich würde mich ebenso mutig zeigen, auch wenn ich abscheide, um nirgendwo wieder aufzutauchen‹ (ep. 93, 10).

So war der Glaube an ein persönliches Fortleben bei den Römern Gegenstand gelehrter Erörterung und vager Vorstellungen, aber keine Tatsache ihres religiösen Glaubens oder eine allgemein angenommene Wahrheit. Einen ernsthaften Einfluß auf ihre Lebens-

haltung im Diesseits haben die Römer ihren fragwürdigen Jenseits-
vorstellungen nicht eingeräumt. ›Unsterblich allein ist der Tod‹, hieß
ein gern geglaubter Satz.

Viele erblickten die Unsterblichkeit lediglich im Nachruhm, im
Fortleben durch das Gedächtnis der Menschen. Zeugen dessen sind
die pompösen Grabmäler, die sie sich an den großen Heerstraßen
errichten ließen, um nicht vergessen zu werden. Die via Appia glich
einer Triumphstraße des Todes. Dort hat einmal Byron vor dem
gewaltigen Denkmal der Caecilia Metella lange im Grase gelegen und
nachgegrübelt, wer wohl diese Frau war, die ein so majestätisches
Grabmal und ein so unbekanntes Leben hinterließ.

Die von den Römern geschaffenen klaren Schriftzeichen, in denen
das Gedächtnis der Verstorbenen festgehalten wurde, atmen diesen
Geist der Dauer. Jedes Wort wirkt wie ein Gesetz. Etwas von dieser
Gesinnung ging selbst auf die christlichen Nachfahren der Römer
über. Die Renaissance erweckte mit so unvergänglichen Werken wie
der Mediceer-Kapelle und dem Grabmal Julius' II. wieder den alten
Gedanken des Nachruhms. Großartige, aber auch anfechtbare Schöpfungen, wie der Campo santo in Genua, entsprangen derselben Vor-
stellung. Selbst in den abgelegensten Dorffriedhöfen des christlichen
Italiens begegnet man heute noch diesem Aufwand an steinernem
Fortleben. Wertvoller als das selbstgeschaffene Erinnerungsmal
erschien auch dem Römer der Nachruhm, den die Nachwelt freiwillig schenkte. Er gründete auf Leistung und Verdienst, auf der
Größe des Herzens und des Geistes und war dauerhafter als der mit
Geld erkaufte und bei einem Fremden bestellte eines Denkmals.
Horaz z. B., selbstbewußt sein Lebenswerk abwägend, fand in
seinen Dichtungen Grund genug zur Unsterblichkeit. *Ich werde nicht
ganz sterben* NON OMNIS MORIAR lesen wir in der etwas anmaßenden
Ode an die Muse Melpomene (carm. 3, 30). ›Und ein erklecklich Teil
von mir meidet die Gruft.‹ ›Ich habe als erster Aeolerharmonie zum
italischen Laut gelenkt.‹ *Dauerhafter als Erz schuf ich ein Ehrenmal* EXEGI MONUMENTUM AERE PERENNIUS. Properz, Ovid, Martial
dachten nicht geringer von ihren Gedichten.

Aber selbst diesen letzten Trost, den Nachruhm, die dünnste Form
der Unsterblichkeit, zerpflückte die Skepsis: ›Wer um den Nachruhm ängstlich buhlt, erwägt nicht, daß jeder von denen, die seiner
gedenken, gar bald selbst auch sterben wird und so hinwiederum jegliches folgende Geschlecht, bis zuletzt der ganze Ruhm mit den Ruhm-
süchtigen, die ihn fortgepflanzt, gleichfalls ganz und gar erlischt.
Aber gesetzt auch, daß die, welche deiner gedenken werden, unsterblich wären und unsterblich deines Namens Gedächtnis, welchen Wert

hat denn das für dich? Ich sage nicht, für den bereits Gestorbenen, sondern für den noch Lebenden. Was frommt das Lob, außer eben in Verbindung mit gewissen zeitlichen Vorteilen? Laß daher beizeiten jene Gabe der Natur fahren, welche ja nur von fremdem Gerede abhängt‹ (Marc Aurel 4, 19). Gleichwohl, das noch ungelöste Dunkel nach dem Tode wollte aufgeklärt sein, das stille Sinnen der Menschen, nicht ausgelöscht zu werden, ließ sich nicht unterdrücken. Etwas Heiliges schwebte um die Toten, fromme Scheu und Ehrfurcht verband die Lebenden mit ihren Verstorbenen, legte sich um ihre Stätten und verklärte ihr Andenken. Das römische Gesetz wahrte die Würde des Grabes und schützte es vor jeder entehrenden Tat. Manche übertrieben den Kult der Toten. Selbst die Christen taten zu viel in dieser Art, und ihre Memorien und Totenschmäuse wollen sich nicht recht in unsere Vorstellungen vom Jenseits fügen. Cicero führt gelegentlich zwei Sprichwörter an, die solches Unmaß tadelten. Überglaube führt immer zu Aberglauben. Wer eine Sache überschätzte oder ihr einen gewichtigeren Sinn zulegte, als ihr zukam, der *verehrte einen Grabstein als ein Götterbild* LAPIDEM E SEPULCRO VENERARI PRO DEO (Cicero, p. Planc. 40, 95). Die andere Redensart bezog sich auf einen weitverbreiteten Volksglauben. Man redete sich ein, *wer zuviel Grabinschriften lese, verlöre das Gedächtnis* SEPULCRA LEGENS MEMORIAM PERDAM (de sen. 7, 21). Unschwer ist der wahre Sinn des Wortes zu finden: Der Mensch soll nicht in der Vergangenheit ganz aufgehen, damit er der Gegenwart und den Aufgaben des Alltags gewachsen bleibe.

Dem frohen Diesseitsgefühl der Griechen entsprach ihre Auffassung vom Tode. Dieses Leben war das wahre, der Hades barg nur Schatten. Die Hellenen schilderten auf ihren Grabdenkmälern gern den Glanz der irdischen Tage, aber gedämpft, mit vollendeter Ruhe, mit leiser Wehmut, mit Abschied.

Die Römer, die erdhaft dachten und fühlten, blieben auch auf ihren Grabmälern Realisten. Die Worte und die Bilder, die ihre Sarkophage oder Grabreliefs schmückten, schilderten das Leben stets, wie es ist: nüchtern, unerbittlich. Sie setzten die Toten nicht in Wehmut, sondern mittenhinein ins Leben, ohne Geheimnis, ohne Verklärung.

Die Züge der Toten wurden streng sachlich, so wirklich wie möglich festgehalten; im nüchteren Tatsachenstil römischer Geschichtsschreiber erzählten die Grabinschriften das Leben der Verstorbenen. Wie es in einem Tuchladen aussah, wird uns zum Greifen nahe auf einem Grabstein klar. Ein anderer hält fest, wie der Bäcker knetet, formt, wiegt, nachprüft und rechnet. Die plastische Kraft der lateinischen Sprache, in Kürze großes und vieles zu fassen, kommt den Grabinschriften zugute. Noch heutigentags nutzt man diesen Vorteil aus. Man könnte eine lehrreiche und unterhaltende Kulturgeschichte aus solchen knappen Angaben zusammenstellen. Die großen Taten der Menschen, aber auch ihre privaten Züge tun sich dort der Nachwelt auf. Wie schlicht klingt der Nachruf: DOMUM SERVAVIT, LANAM FECIT (carm. epigraph. 52). Nichts mehr steht da außer dem Namen. Aber dieses *Sie hielt Haus und spann Wolle* umreißt doch das Reich und Wirken einer Hausfrau, ein tätiges Leben, das köstlich gewesen sein muß. Man sieht sie förmlich, diese Matrone, wie sie mit ihren ehrwürdigen Händen die weiße Wolle ordnet für Mann und Söhne. Solche Inschriften bringen uns die Menschen des Altertums näher als gelehrte Werke. So predigt noch aus dem Grabe ein Cissonius den frohen Weingenuß, dem er sein Leben verschrieben hatte: *Lebenslang trank ich so gern Wein; trinkt auch ihr, die ihr noch lebt!* DUM VIXI BIBI LIBENTER, BIBITE VOS, QUI VIVITIS (Dessau, Inscript. Lat. selectae 2238). Hier triumphiert Epikur, der niemals untergeht. Ergreifende Größe künden die Worte, die Marcia für ihren Grabstein sich wünschte. Die überwindende Liebe einer Gattin, deren Lebensinhalt die Zweieinsamkeit mit dem Mann ist, greift uns heute noch ans Herz. Der pflichtbesessene Cato Uticensis hatte seine Gattin Marcia geheißen, sich von ihm scheiden zu lassen, damit sie durch Hortensius der Republik Söhne gebäre. Marcia folgte, dem Willen, aber nicht dem Herzen nach. Das blieb bei Cato, weil nicht auszulöschen war, was sie mit ihm verband. Darum richtete sie nach dem Tode des Hortensius jene Bitte an Cato, die sie ebenso ehrt wie ihn *Gib des früheren Lagers unverletzten Bund, gib mindestens den Namen der Ehe mir zurück. Auf dem Grabe geschrieben doch lese man: Catos Marcia* DA FOEDERA PRISCI ILLIBATA TORI, DA TANTUM NOMEN INANE CONNUBII: LICEAT TUMULO SCRIPSISSE CATONIS MARCIA (Lucanus, Phars. 2, 341 ff.). Das Glückskind der Römer, der Mantuaner Vergil, soll seine Grabschrift kurz vor seinem Tode selbst verfaßt haben. Der hochgewachsene, kränkelnde Dichter verband mit dem Gesicht und dem Gehaben seiner bäuerlichen Vorfahren eine scheue, keusche Seele. In Neapel (Parthenope) nannte man ihn den ›Jungfräulichen‹. Noch die Grabschrift wahrt seine bedächtige, schlichte Art.

MANTUA ME GENUIT, CALABRI RAPUERE, TENET NUNC
PARTHENOPE; CECINI PASCUA, RURA, DUCES
Zu Mantua ward ich geboren, in Calabrien starb ich,
Nun besitzt mich Neapel. Besungen hab ich Wiesen,
                              Land und Helden.

Man hat bis jetzt nicht weniger als 5000 christliche Grabinschriften gesammelt, viele voll rührendem Glauben und ergreifender Farbigkeit, erfüllt mit der Buntheit des Lebens, mit den Lagen und Schicksalen jener ärmeren Klassen, aus denen sich die ersten christlichen Gemeinden hauptsächlich bildeten. Die Steine sind ein Lehrbuch der lateinischen Sprache geworden. Sie sprechen, wie das Volk sprach, zeigen, wie das Latein sich entwickelte und sich gewandelt hat. So berichtigen und ergänzen sie die Schriftsprache der Klassiker. Auch wie sich das Bild der Buchstaben im Laufe der Zeit umformte, sieht man an ihnen ab.

Aus mittelalterlichen Grabdenkmälern weht der eigentümlich gläubige, rauhe, freimütige Atem der Zeit. Die Stürme toben noch auf den Grabplatten, auch der Haß verewigt sich dort.

Zu den Gestalten, die der jungen Scholastik zu Ansehen verhalfen, zählt Petrus von Troyes, dem der Beiname ›der Esser‹ (Comestor) gegeben ward. Er hat eine Weltgeschichte verfaßt, die vom Anfang der Schöpfung bis zur Apostelgeschichte reicht, und er hat sie mit viel gelehrtem Zierat und allegorischen Erklärungen gespickt. Man bestaunte damals so viel Gelehrsamkeit und nannte Petrus Comestor in einem Atemzug mit dem vielbewunderten Petrus Lombardus. Aber es muß ihm bei allem Wissen auch das Irdische recht gut gemundet haben. Seine Grabinschrift entbehrt nicht ganz der Anzüglichkeit:

Petrus war ich, jetzt deckt mich der Stein.
Comestor wurde ich genannt,
Jetzt werde ich selbst gegessen.
Ich habe lebend gelehrt und höre als Toter nicht auf zu lehren,
Auf daß, wer mich begraben sieht, sagt:
Was wir sind, war er;
Wir werden einst sein, was dieser ist.
PETRUS ERAM, QUEM PETRA TEGIT DICTUSQUE COMESTOR
NUNC COMEDOR. VIVUS DOCUI NEC CESSI DOCERE
MORTUUS UT DICAT, QUI ME VIDIT INTUMULATUM:
QUOD SUMUS, ISTE FUIT; ERIMUS QUANDOQUE QUOD HIC EST.

Zehn Jahre nach dem Gelehrten starb in Sizilien der König Wilhelm, der den Dom von Monreale gebaut hat. Er hat dem byzantinischen und sarazenischen Stil, den er vorgefunden hatte, im Außenbau den wuchtigen Ernst der Normannen hinzugefügt und damit jenes Fremdartige geschaffen, das sich aus der Kraft des Nordlandes und den schwebenden orientalischen Formen herleitet. Als der König, welcher der Sohn Wilhelms des Bösen war, starb, da sang das Volk:
Der König ging bloß fort, er starb nicht REX GULIELMUS ABIIT, NON

OBIIT. Auf sein Grab wurden die großartigen Worte gesetzt: *Hier liegt der gute König Wilhelm* HIC SITUS EST BONUS REX GULIELMUS. Als Dante durch die Hölle sich durchquälte, sah er dort, wo bis zu den Brauen die Tyrannen versenkt sind, auch den ›schwarzen Ezzelino‹ (1, 12, 109). Dieser Schwiegersohn Friedrichs II. hatte, als er in der Schlacht von Cassano verwundet seinen Feinden in die Hand gefallen war, trotzig jede Reue verweigert: ›Ich habe keine andere Sünde begangen, als daß ich an meinen Feinden nicht genügend Rache nahm, das Heer schlecht anführte und mich täuschen ließ.‹ Der Dank, den er für seine Grausamkeit erntete, hieß Haß. Er brandet noch in seiner Grabschrift auf:

Hier in Suncini liegt im Grabe der Hund Ezzelino,
Geister zerfleischen ihn, höllische Hunde zugleich
HIC IACET SUNCINI TUMULUS CANIS ET EZZELINI,
QUEM LACERANT MANES TARTAREIQUE CANES.

In jenen wilden Zeiten, als Ezzelino seine Untertanen in Oberitalien quälte, gelang es der deutschen Kunst, das Erbe, das ihr im Blute saß, Unmaß und gärende irratio, im Zeitraum von etwa 50 gottbegnadeten Jahren zu überwinden. Ohne die Werke der Griechen zu kennen, fand sie den Anschluß an die Hochform griechischer Plastik. Aus der Überirdischkeit bisheriger Form wandten sich die deutschen Künstler nun der adeligen Daseinsfreude zu, gestalteten sie die irdische Würde des Menschen in unvergeßlichen Formen. Sie sind voll Form, idealisierter Schönheit, zarter Energie, Geistesschärfe und Maß. Um die gleiche Zeit löste sich aber auch in Italien die Kunst aus der Bevormundung. Cimabue sagte sich los von der üblichen byzantinischen Malerei, ihrer feierlichen Flächenhaftigkeit, und erfüllte seine Bilder mit eigener Kraft statt mit der erborgten denkmalhaften Steifheit. Dante hielt ihn für den größten Maler seiner Zeit.

Das Feld zu halten glaubte Cimabue
Als Maler, jetzt nennt alles Giottos Namen,
So daß den Ruhm des andern er verdunkelt.
      (2, 11, 94)

Im Blumendom zu Florenz befand sich eine Grabinschrift für den Maler, die stellenweise sich mit dem Gedanken Dantes deckt CREDIDIT UT CIMABOS PICTURAE CASTRA TENERE, SIC TENUIT VIVUS, NUNC TENET ASTRA POLI *Das Feld zu halten glaubte Cimabue als Maler. So hielt er es zu Lebzeiten, nun hält er die Sterne des Himmels.* Schöpfte Dante aus diesem steinernen Lob, oder entlehnte der Bildhauer das Wort vom Dichter?

Während der Erstmeister italienischer Malerei den Weg aus der

steifen Übersinnlichkeit von Byzanz zur schönen Menschlichkeit
ebnete, hielt ›die heilige Kirche in seinen Armen‹ jener Martin IV.,
der ›Bolsenaer Aale im Firnenwein gesotten‹ aß. Es ist wohl eine
Sage, daß der Papst sehr lüstern auf die schlüpfrigen Fische gewesen
sei, die er in Milch aufbewahren und in Wein ertränken ließ. Dante
spielt an einer Stelle (2, 24, 24) auf eine erdichtete Grabinschrift auf
den dahingegangenen Papst an, der am reichlichen Genuß von Aalen
gestorben sein soll.

Freude der Aale, weil nun der Mann zu Tode gekommen,
  Der wie Verbrecher sie stets schrecklich zu Tode gequält
GAUDENT ANGUILLAE, QUOD MORTUUS EST HOMO ILLE,
  QUI QUASI MORTE REAS EXCRUCIABAT EAS.

Der Freimut des Mittelalters spiegelt sich in diesen fünf kräftigen
Gedenkworten wider, die einem Gelehrten, einem König, einem
Herrscher, einem Künstler und einem Papste gelten.

Ein anderer Geist, Stolz nämlich, Selbstbewußtsein, atmet aus den
lateinischen Worten der Grabinschriften der Renaissance. Die große
neue Entdeckung der Persönlichkeit, des Ich, künden sie. Kriegerische Taten, umwälzende Entdeckungen, ja fast Nietzschesches ›Jenseits von Gut und Böse‹ bieten sich uns dar.

Im Jahre 1512 am St.-Lorenz-Tage kämpfte die französische
Flotte gegen eine doppelt so starke der Engländer. Dabei geriet die
Cordillière, das französische Admiralsschiff, das der Bretagner
Hervé befehligte, in Brand. Trotzig entschlossen enterte er das
Admiralsschiff der Engländer, die *Regentin von England*. Dabei
flogen beide Führerschiffe in die Luft. Germain de Brie besang die
Heldentat seines Landsmannes in 300 lateinischen Hexametern,
widmete das Gedicht der Königin von England und fügte zum
Schluß eine Grabinschrift für Hervé bei.

PRISCA DUOS AETAS DECIOS MIRATUR: AT UNUM
  QUEM CONFERRE QUEAT, NOSTRA DUOBUS HABET
Vormals bewunderte man zwei Decius. Wir aber haben
  Einen anstatt der zwei, beiden vergleichbar durchaus.

Den Humanisten und späteren Staatskanzler Thomas Morus ver-
droß solch kühner Vergleich. Flugs setzte er sich hin und erwiderte
im Vers, daß das großtönende Wort de Bries nicht zutreffe. *Aber
ein Unterschied ist: die beiden starben freiwillig. Er hingegen kam
um, weil er nicht fliehen gekonnt* SED TAMEN HOC DISTANT, ILLI
QUOD SPONTE PERIBANT. HIC PERIIT QUONIAM FUGERE NON POTUIT. Der
gekränkte Franzose hinwiederum rächte sich. Er zerpflückte die geistigen Kinder des Morus und trug in seinem ›Anti-Morus‹ alle Fehler zusammen, die dem Dichter jemals unterlaufen waren.

Die demütig fromme Inschrift, die Kopernikus' Epitaph ziert, wird an anderer Stelle behandelt. Erhaben wie die Welt, in der er lebte, und groß wie die Bahn der Planeten, die er entdeckte, lautet die Grabinschrift, die Kepler für sein Grab verfaßte. Sie bekennt sich zur Unabhängigkeit des Geistes von der materiellen Natur.

Himmel hab ich gemessen; jetzt meß' ich die Schatten der Erde.

Himmlischer Art mein Geist – Schatten mein Leib, der hier liegt

MENSUS ERAM COELOS, NUNC TERRAE METIOR UMBRAS;

MENS COELESTIS ERAT, CORPORIS UMBRA IACET.

Als der unruhige Kriegsmann Trivulzio sein Leben beschlossen hatte, faßte seine Grabinschrift sein Leben in die Worte zusammen: *Der nie Ruhe gehabt, hier ruht er. Stille!* QUI NUMQUAM QUIEVIT, QUIESCIT. TACE.

Als nach Turennes Tod acht Marschälle an seiner Stelle ernannt wurden, zeigte eine geistreiche Devise eine untergehende Sonne mit acht Sternen, darunter aber stand zu lesen: UNIUS OCCASU *Durch den Untergang eines Einzigen.* Das sterbende Tagesgestirn zeigt auch der Nachruf auf Kasimir von Polen. *Scheidend rötet sie* RUBET DUM DESERIT ORBEM, genau wie der Prinz, der auf dem Sterbebett den Purpur der Kardinäle erhielt. Fast wie ein kosmisches Gesetz aber klingt der klangmalende Gedenkspruch auf Margarethe von Österreich: DUM PARIO PEREO. Das Bild der Morgenröte versinnbildlicht die weihevolle Wehmut des Wortes: *Ich gebe Leben und sterbe dabei,* wie Margarethe, die im Wochenbette starb.

Der Umbrier Properz, der feurige Troubadour Cynthias und Lobredner der Liebe und Ehe, hatte der Nation einen Gedanken geschenkt, den ihre Dichter in allen möglichen Formen wiedergaben: *Bei großen Vorhaben ist schon das Wollen groß und lobenswert.* Ovids UT DESINT VIRES TAMEN EST LAUDANDA VOLUNTAS (ex Ponto 3, 4, 79) erklärte das Wort: *Mag auch die Kraft nicht auslangen, das Wollen bleibt immer anzuerkennen.* Als Schill in Stralsund begraben wurde, setzte man ihm zum Lob des Römers Vers auf den Grabstein. Und auch Vergil wurde bemüht; er hatte den Tod des Priamus mit den Worten beklagt: ›Nun liegt am Ufer sein Leichnam, riesig, das Haupt vom Rumpfe getrennt, ein Leib ohne Namen‹ (Aen. 2, 556). Wie der greise Trojanerkönig, so wurde auch der junge deutsche Freiheitsheld ohne Kopf bestattet. Aber sein Leib war nicht ohne Namen, besagt seine Grabinschrift:

– MAGNA VOLUISSE MAGNUM –

OCCUBUIT FATO

IACET INGENS LITORE TRUNCUS

AVOLSUMQUE CAPUT;

TAMEN HAUD SINE NOMINE CORPUS

– Großes wollen ist groß. –
Er unterlag dem Geschick.
Gewaltig liegt am Gestade sein Leichnam,
Abgeschlagen das Haupt;
Aber sein Leib war nicht ohne Namen.

Um manches Grab wittert die Größe gewaltiger Bescheidenheit. Zwei Worte nur fand die Grabschrift für Leibniz, den ›großen Kopf‹, den Günstling der Natur – wie Kant ihn nannte.

Wo, von den Seinigen verkannt,
Leibniz, wie Kästner rühmt, sein Brot in Ehren fand:
In jener weisen Stadt des feineren Cheruskers,
Ging einst ein Fremdling um, mit gläubigem Vertraun,
Leibnizens Denkmal wo zu schaun,
Dem, für die Nachwelt, Kunst des Griechen oder Tuskers
Den Dank der Mitwelt eingehaun.
Vergebens fragt' er die Minister,
Und alle Rät' und alle Priester;
Sie sahn ihn an und schwiegen düster.
Selbst das lebendige Register
Der Seltenheiten, selbst der Küster,
Sprach: Was weiß ich von dem ungläubigen Philister?
Zuletzt erscheint der Mann, der seines Lehrers Sarg
Einsam um Mitternacht begleitet,
(Ein alter Jude war's!) und leitet
Ihn zu der öden Gruft, die dich, o Leibniz, barg.

(Johann Heinrich Voss)

Nichts anderes aber steht dort zu lesen als: Des Leibniz Gebeine. Besagt nicht mehr als die kunstvollste Lobrede das knappe Wort, hart, unerbittlich, schmucklos, aber groß und unsterblich wie der Tod: *des Leibniz Gebeine?* OSSA LEIBNITII.

Wie wortreich preist daneben das 1731 errichtete Denkmal den großen Isaac Newton. Er überlebte Leibniz um elf Jahre. Philosoph und Mathematiker wie der große Deutsche, lehrte dieser Engländer eine mechanische, mathematische und kausale Natur-Erklärung. Berühmt ist sein Wort: *Ich bilde keine Hypothesen* HYPOTHESES NON FINGO. Was er gedacht, gefunden und vorgelebt, findet sich auf dem steinernen Lobpreis, der mit den stolzen Worten schließt: *Die Sterblichen mögen sich beglückwünschen, daß es gab eine solche und so große Zierde des Menschengeschlechtes* SIBI GRATULENTUR MORTALES, TALE TANTUMQUE EXTITISSE HUMANI GENERIS DECUS.

Der letzte Römer

Als Theoderich, König der Goten und Reichsverwalter des Kaisers,
über Italien gebot, blühte die römische Geistesbildung noch einmal
überraschend kräftig auf. In Symmachus, Boethius, Benedictus von
Nursia und Cassiodorus, den letzten Römern, vermählten sich
antikes Geisteserbe und christliche Gesinnung zu eigenartiger Gestalt.
Auf dem Lebenswerk dieses Geistesadels liegt der Abendglanz des
Römertums. Zwei Geistestaten jener Wendejahre der Geschichte
wirken bis in unsere Tage fort: ein Buch, ›Trost der Philosophie‹,
und eine Einrichtung, der Orden Benedikts von Nursia.

In den bitteren Stunden zwischen seinem Sturz und seiner Hin-
richtung, im Gefängnis des Theoderich, schrieb Anicius Boethius das
letzte klassische Buch des Altertums: *Trost der Philosophie* DE CON-
SOLATIONE PHILOSOPHIAE. Mit ihm entwickelte der unglückliche
Mann die lateinische Sprache zu neuer Vollkommenheit. Er gab ihr
die Geschmeidigkeit, auch letzte, feinste Gedanken der Philosophie
restlos auszudrücken. Das Wort ›Metaphysik‹ stammt von ihm, auch
die Ausdrücke ›Subjekt‹ und ›Prädikat‹, wie er die entsprechenden
aristotelischen Ausdrücke übersetzte, verdanken wir ihm. In den
fünf Büchern des Werkes tut er alles ab, was ihm und der Welt
wichtig erschien, er wird zum großen Entsagenden und kehrt heim
zu den wahren Gütern, zur Weisheit im Sinne Platons. Er kommt zur
Freiheit des Geistes. Nichts mehr hat der Weise zu fürchten, kein
wahres Gut zu verlieren. Juvenals Vers (sat. 10, 22) vom wandern-
den Habenichts fällt ihm ein. *Bettler pfeifen, wenn auch Räuber im
Walde streifen* CORAM LATRONE CANTARES (2, 4). Das gleiche Kapitel,
dem wir unsere Sentenz der Unbekümmertheit entnehmen, bringt
in einem Sprichwort den Überblick seines eigenen Lebens: PERMUL-
TIS EOS INDIGERE, QUI PERMULTA POSSIDEANT *Wer sehr viel besitzt,
entbehrt auch sehr viel.* An Ehren und Macht hatte es Boethius nicht
gefehlt. Er stammte aus dem Geschlecht der Anicier, das einen der
letzten Kaiser des Westens gestellt hatte. Er trug den seltenen Titel
eines Patricius, hatte 510 selbst das Konsulat bekleidet und erlebte
etwas, was in der römischen Geschichte unerhört war: 522 wurden
seine beiden Söhne Konsuln. Am Hofe Theoderichs hatte er das hohe

Amt eines magister officiorum (etwa Staatskanzler) erstiegen. Der letzte Römer übersetzte und erklärte die Schriften des Aristoteles so fruchtbringend, daß er zugleich der erste Scholastiker genannt werden darf. Nun saß er im Gefängnis. Die Lauterkeit seines Charakters hatte ihn von Theoderichs Argwohn nicht zu schützen vermocht. Der sonst so besonnene Herrscher, von Byzanz wie von Rom gleichermaßen bedrängt, argwöhnte, Boethius habe sich gegen ihn mit Byzanz eingelassen, und erzwang das Todesurteil. Nicht einmal gehört wurde der edle Mann. So schnell können Macht, Ehre und Reichtum zerfließen.

Boethius mußte sterben. Sein Tod ist ein Justizmord. Theoderich hat sein Unrecht zu spät eingesehen und dem Toten und seiner Familie nachträglich Ehre und Besitz wiedererstattet. Uns schenkte der schreckliche Irrtum des Herrschers die milde, schöne Weisheit seines Opfers. Sie ist unsterblich geworden.

Nicht oft gibt das Schicksal dem Menschen die Gnade, zu sagen, was er leidet. Selten auch in der Geschichte vermag ein Mann, durch Glück verwöhnt, durch Leid geläutert, mit Geist gesegnet und sub specie aeternitatis seine Welt überblickend wie Boethius, das wahre Glück so treffend zu bestimmen. Eine der unvergänglichen Aussagen darüber stammt aus der Gefängniszelle dieses Römers: *Glückseligkeit ist der durch Besitz alles Guten vollkommene Zustand* STATUS OMNIUM BONORUM CONGREGATIONE PERFECTUS (de cons. philos. 1, 3, pr. 2). Das herrliche Wort rückt ganz in die Nähe der großartigen Definition des hl. Augustinus, die sicher auch Boethius gekannt hat. *Glück ist die Fülle alles Begehrenswerten* PLENITUDO OMNIUM RERUM OPTANDARUM (de civitate Dei 5, Anfang). Klarer noch als bei Persius (3, 83) findet sich das berühmte Axiom NIHIL EX NIHILO *Aus Nichts wird Nichts* im ›Trost der Philosophie‹ (5, 1).

Auch eine durch den Gebrauch abgeplattete Redensart findet ihre kraftvolle Reinheit wieder, wenn man sie bei Boethius liest (de cons. philos. 2, 7 pr.): ›Als jemand einen Menschen scharf angegriffen hatte, der nicht zur Betätigung wahrer Tugend, sondern aus Eitelkeit sich anmaßend einen Philosophen genannt hatte und hinzufügte, er werde schon merken, ob jener wirklich ein Weiser sei, wenn er nämlich das ihm angetane Unrecht sanft und geduldig ertrüge, da heuchelte der Angegriffene eine Weile Duldsamkeit. Er steckte die Schmähungen ein und sagte triumphierend: ,Merkst du nun endlich, daß ich ein Philosoph bin?' Da erwiderte der andere beißend: ,Ich hätte es gemerkt, wenn du geschwiegen hättest.'‹ Man glaubt, daß aus dieser Stelle das Sprichwort rührt, das gewöhnlich so angeführt wird SI TACUISSES PHILOSOPHUS MANSISSES *Wenn du geschwiegen hättest, wärest du Philosoph geblieben.*

Weltentsagung

OPPIDA FRANCISCUS, MONTES BENEDICTUS AMABAT
BERNARDUS VALLES, CELEBRES IGNATIUS URBES
Die Städte liebte Franziskus, Benedictus die Berge,
Bernhard bevorzugte Täler, Ignatius wichtige Plätze

Fünf Jahre nach des Boethius Tod gründete an der alten via latina
Benedictus von Nursia, einer Stadt, die als besonders römisch galt,
ein Kloster und schuf darin den Benediktinerorden. Man kannte
auch im Abendland vor Benedikt bereits Mönchtum und Klöster.
Aber, was da auf dem Monte Cassino entstanden war, stellte eine
besonders zeitgemäße Form des Ordenslebens dar. In seiner Grund-
struktur war es nüchtern, römisch, maßvoll. Deshalb darf Benedikt
den Namen ›Vater des abendländischen Mönchtums‹ tragen.

Benedikt stammte aus sabinischem Landadel. Die Sabinerberge
erwiesen sich noch einmal als Pflanzgarten der alten römischen
virtus. Die Rauheit und Sittenstrenge der Sabiner hob sich von
altersher sprichwörtlich von der überfeinerten und sittenlosen
Lebenshaltung der Römer ab. TATIOS VETERES DUROSQUE SABINOS
Alte Tatier und rauhe Sabiner nennt sie Properz (2, 32, 47). Die
Sabiner hatten einst dem Römertum Cato Censorius geschenkt, nun
entsproßte ihnen – einer der letzten Römer. Benedikts Ernst schim-
merte voll Milde und Gelassenheit, und seine Unerbittlichkeit paarte
sich mit Klugheit. Mit männlicher Festigkeit gab er dem Mönchtum
eine geregelte Grundlage in einer Sprache, die viel römischer ist als
z. B. die des Augustinus. Der Benediktinerorden stellt im Grunde
genommen nichts anderes als eine große, römische Familie auf christ-
licher Basis dar, die patria potestas leitet alles. Schon der Name des
Klostervorstandes: abbas (pius pater, frommer Vater) umreißt den
konservativen, patriarchalischen Charakter der Mönchsgemeinde.
Wer in sie eintrat, wurde in eine christliche Gemeinschaft als Sohn
gebunden. OBSCULTA, O FILI, PRAECEPTA MAGISTRI ET INCLINA AUREM
CORDIS TUI ET ADMONITIONEM PII PATRIS LIBENTER EXCIPE *Lausche,*
mein Sohn, den Lehren des Meisters, neige das Ohr deines Herzens
und nimm willig hin die Mahnung deines liebreichen Vaters (Prolog
der Regel). Die väterliche Stellung des Abtes bestimmte seine Rechte
und Pflichten. Sie gingen in dienender Fürsorge auf. Der Vater *soll*
mehr nützen als herrschen MAGIS PRODESSE QUAM PRAEESSE. Benedikt
war Psychologe. Schon Augustinus bewies in seinen Confessiones

eine große Fähigkeit, seelische Beobachtungen anzustellen, wiederzugeben und innere Zustände zu zergliedern. Benedikt verlangt
seelisches Verständnis und individuelle Leitung für seine Mönche. Es
soll auf den einzelnen eingegangen, seine besonderen Anlagen sollen
berücksichtigt werden. So etwas kannte das frühere lateinische Altertum nicht. Der väterlichen Gewalt des Abtes entsprach auf der Seite
der Söhne strenger Gehorsam, eine Art militia. Kriegsdienst nannten
die späten Römer jeden der Obrigkeit geleisteten Gehorsam. Letztes
Ziel des Ordens war das gemeinsame *Gotteslob* LAUS DEO. Nicht das
private Anliegen des Menschen im Bittgebet, sondern die überper-
sönliche, gemeinschaftliche Huldigung an die Majestät Gottes, das
opus Dei, kennzeichnen das benediktinische Beten. Darum kann die
Gebetshaltung der Mönche gar nicht würdig genug sein. Die feierliche, gesungene Huldigung an Gott, der gepflegte, auch sinnenfällige
schöne Gottesdienst, ja selbst die äußere Haltung des Mönches
folgten zwangsläufig aus dem Lobe Gottes. In der Christenheit ist
dem opus Dei tausend Jahre lang wenig vorgezogen worden – eines
der stillen Verdienste Benedikts.

Gleichwohl sollte das Leben der Ordensmitglieder nicht in Beschauung dahingehen. Auch die Arbeit, und hier vor allem die körperliche, galt als Gottesdienst. Die meisten der Mönche traten ja
anfänglich nicht als Priester, sondern als dienende Brüder ein. Gegenüber dem formlosen Stil des seitherigen Mönchtums war mit diesem
ORA ET LABORA *Bete und arbeite* eine klare Form geschaffen. Gegen
das ruhelose Umherstreifen wandernder Mönche band Benedikt
seine Söhne an einen festen Ort. Wo der Mönch eintrat, mußte er
bleiben und sein Leben verbringen. Diese stabilitas loci fesselte den
einzelnen Mönch an die einmal erwählte Gemeinschaft und ihren
Ort: Benedikts Absage an die ›schweifenden‹ Mönche und die Unrast
der Völkerwanderung. ›Die benediktinische Existenz war das Ende
der Völkerwanderung‹ (W. Dirks). Diese *Beständigkeit des Ortes*
STABILITAS LOCI bedingte die Gestaltung der Niederlassungen. Sie
mußten dort errichtet werden, wo gewisse Annehmlichkeiten einen
lebenslangen Aufenthalt erleichtern halfen. Die sprichwörtliche
Schönheit der Lage der Benediktinerklöster rührt daher. MONTES
BENEDICTUS AMABAT (Memorialvers). Die Gemeinschaft sollte, um
Gottes Lob zu pflegen, möglichst von der Berührung mit der Welt
ferngehalten werden. Dieser Grundsatz zwang dazu, sich auch wirt-
schaftlich unabhängig zu machen und sich in Landwirtschaft und
Handwerk körperlich zu betätigen. Das Kloster wird autark. Es
sorgt in weitem Umfang für sich selbst. Die Weitläufigkeit der
Gebäude ergab sich folgerichtig. Das Handwerk blühte hinter den

Klostermauern. Die Landwirtschaft fand in den Mönchen kundige
Förderer. So kehrte das letzte Römertum wieder zu seinen gesunden
patriarchalischen und bäuerlichen Grundlagen zurück. Diese Autar-
kie aus genossenschaftlicher Landarbeit dachte nicht in den Begriffen
der zerfallenden römischen Latifundienwirtschaft. Und sie schenkte
in ihrem Gefolge der Welt Wohltätigkeit und Gastfreundschaft. Mit
ihnen öffnete sich das Kloster wieder der Welt. Als die Benediktiner
sich später als Missionare und Kolonisatoren betätigten, kam dies
ebenso ihrer Missionsarbeit zustatten wie den Gebieten, in denen sie
sich ansiedelten. Jenseits der Alpen wurden sie die ersten Schrittmacher des wirtschaftlichen Fortschrittes.

Das laborare umschloß auch die geistige Arbeit. Der Orden lebte
nicht nur den römischen Geist weiter, er vererbte auch das römische
Geistesgut. Dies gehörte zur antiken Haltung: bewahren, ehrfürchtig
erneuern und weitergeben. Daß dieses geschah, war hauptsächlich
das Verdienst Cassiodors. Der ehemalige Minister Theoderichs
führte bis zu seinem Tode im Benediktinerkloster Vivarese ein
Leben, das der Beschauung und dem Studium gewidmet war. Noch
ist das Handexemplar eines Buches erhalten, in das er eigenhändig
auf dem Rand Zusätze eintrug. Es zählt zu den ältesten erhaltenen
Büchern der Antike. Er nahm im sich entfaltenden Benediktinerorden die Pflege der Wissenschaften in seine Obhut. Er wurde der
Erziehungsminister der jungen Pflanzung. Cassiodors Schulpro-
gramm wurde durch die Jahrhunderte bleibend. Er teilte den Lehrstoff in die sieben freien Künste ein: Das Trivium lehrte Grammatik,
Dialektik und Rhetorik. Unser Ausdruck trivial leitet sich davon ab.
Die Oberstufe, das Quadrivium, umfaßte Musik, Arithmetik, Geometrie und Astronomie. Die Oblaten (Gott Dargebrachte) mußten
sich fleißig in diesen Wissenschaften umtun. Denn *was Hänschen
nicht lernt, lernt Hans nimmermehr* NAM QUOD IN IUVENTUTE NON
DISCITUR, IN MATURA AETATE NESCITUR (Cassiodor, Variae 1, 24).

Boethius hatte geplant, die ganze platonische und aristotelische
Philosophie in lateinischer Sprache darzustellen. Sein gewaltsamer Tod
hinderte ihn daran. Deshalb mußten sich die Philosophen sechs weitere
Jahrhunderte, ohne den ganzen Aristoteles zu kennen, forthelfen. Ja,
bis der ganze Platon überliefert war, vergingen noch tausend Jahre.

Einen teilweisen Ersatz lieferte Cassiodors weise Fürsorge. Er
sammelte Handschriften, regte die Mönche an, die bleibenden Denk-
mäler der nichtchristlichen Alten in Ehren zu halten, Vervielfälti-
gungen zusammenzutragen und Bücher abzuschreiben. So sorgte er
in fast providentieller Art, daß die dünne Kette der Überlieferung
nie abriß.

Bis zur Stunde lebt ein Wort weiter, das uns Cassiodor überliefert hat. Es steht in jener Sammlung Variae, in der er amtliche Schriftstücke und Urkunden all der Herrscher zusammengetragen hat, unter denen er wirkte (Cassiodori Senatoris Variae rec. Th. Mommsen Berol. 1894 Monumenta Germaniae historica. Auctorum antiquorum XII). Cassiodor teilt mit: Der große Ostgote Theoderich (454 bis 526) schrieb 507 an den Philosophen Boethius: ›Oft bringt nämlich, was Gewalt nicht zu erreichen vermag, angenehmer Zeitvertreib zustande.‹ Frequenter enim, quod arma explere nequeunt, oblectamenta suavitatis imponunt. Und er fuhr fort: ›Also dürfte es dem Vaterland frommen, auch wenn wir zu spielen scheinen.‹ Sit ergo pro re publica, et cum ludere videmur. In der abgewandelten Form: PRO PATRIA EST, DUM LUDERE VIDEMUR *Es ist für das Vaterland, wenn wir zu spielen scheinen* steht das Wort heute noch über den Eingängen zu manchem Sportplatz, der Jockey Club von London erwählte es zu seiner Devise, und immer wieder schmückt ein Lobredner des Sportes damit seine Rede.

Großenteils aus den Händen der Benediktiner empfingen die aufstrebenden Germanen die literarischen Schätze des Altertums. Mit dem Geistesadel der Symmachus, Boethius, Benedikt und Cassiodor endete das letzte Römertum. Es starb in Würde und Kraft und sorgte, daß sein Geist nicht unterging.

PATER PROFUNDUS
Der tiefe Vater

Auch die idealste Einrichtung, der Zeit überlassen und den Menschen anvertraut, verliert ihre ursprüngliche Frische und fällt ab vom ersten hohen Sinn. Den kargen Ernst und die fromme Arbeitsamkeit der christlich-römischen Familie Benedikts verwischten später Reichtum, Wohlleben, Zuchtlosigkeit. Immer wieder versuchten ernste Männer, dem Orden die alte Art zurückzugewinnen. Ein solcher Versuch war auch der, welcher vom französischen Kloster Citeaux ausging, dessen bedeutendster Sohn, Bernhard (franz. Bernard), gleicherweise in die Geschichte der Kirche wie der Politik eingegangen ist.

Als Goethe seinen Faust in den Himmel aufsteigen ließ, flog dessen Unsterbliches auch an den christlichen Anachoreten vorbei. Sie bedeuten, in der legendenberühmten Felslandschaft der Thebais stufenweise übereinander wohnend, die verschiedenen Grade der

Gottverbundenheit. Mit ihnen beabsichtigte der Dichter, seinen Ideen ›eine wohltätig beschränkende Form und Festigkeit zu geben‹. Man will im PATER PROFUNDUS den heiligen Bernard sehen. Aber der Ehrenname dieses Kirchenlehrers war DOCTOR MELLIFLUUS *der honigfließende Lehrer.* Süße der Diktion, Klarheit des Gedankens, die Merkmale des französischen Geistes, eigneten ihm in so hohem Maße, daß Luther sagte, er habe alle Kirchenlehrer ›hinter sich gelassen‹. Calvin rühmte ihm nach, die Wahrheit selbst spreche aus ihm. Mabillon aber wagte das stolze Wort: ULTIMUS INTER PATRES PRIMIS CERTE NON IMPAR *Der letzte der Väter ist ebenso groß als der größte unter ihnen.* Der Pater profundus Goethes dagegen ist dunkel und ringt noch um Erkenntnis, er ist kein Lehrer, sondern ein sich Mühender. So paßt weder Name noch Bild zur Gestalt des französischen Mystikers.

Geschichtstreuer verfuhr Dante. Der Gedanke, Bernard als Führer zur Königin des Himmels zu wählen, stammt von ihm. Der Dichter fand keinen Berechtigteren, der ihn zum Thron Mariens brächte, als den Künder ihrer Minne (Par. 31.–33. Gesang), ›den Augenstern unserer Herrin‹, wie ein mittelalterlicher Theologe den hl. Bernard nannte. Nicht die Schärfe des Geistes und der Problemstellung, nicht die Originalität seiner Theorien bedingen seine ehrende Stellung in der Theologie, wohl aber die Tiefe des Erlebens, die Glut der Konsequenz und die Klarheit der Gedanken. Er dachte mit dem Herzen. Er war kein Scholastiker. Seine wesentlichen Erkenntnisse waren mystischer Art. Er hat die Gottesminne dabei klar wie ein Scholastiker zu bestimmen vermocht: CAUSA DILIGENDI DEUM DEUS EST, MODUS SINE MODO DILIGERE (de diligendo Deo, cap. 1) *Der Grund, Gott zu lieben, ist Gott, das Maß, ohne Maß zu lieben,* ›ihr Lohn, was sie liebt und daß sie liebt‹. Diese mystische Minne ist kein Dauerzustand. Bernard kannte die ›Maße‹, er wahrte auch der fließenden Verzückung und der entrückenden Ekstase gegenüber die Klarheit der Besinnung und das Bewußtsein der Tatsachen. Das Gefühl, Gott zu spüren, ist nicht erzwingbar; es stammt aus dem gnadenvollen Augenblick. RARA HORA ET PARVA MORA *Selten die Stunde und kurz die Weile.* Bernards Mystik, seine klare Art, das Gepräge seiner Gedanken wirkten weithin. Das Sanfte, Starke und Fromme seiner Erkenntnisse hat tiefer auf die ›Imitatio Christi‹ des Thomas von Kempen eingewirkt, als die meisten ahnen. Das Motto dieses ›Handbüchleins der Mystik AMA NESCIRI *Liebe, unbekannt zu bleiben* stammt wörtlich von Bernardus. Dante folgte, als er Bernhard als Führer zur Himmelskönigin erkor, nur der Hochachtung seiner Zeitgenossen, die des Abts von Clairvaux Mariologie bewunderten. Schon damals, 150 Jahre nach seinem Tode, ermüdete die Legende nicht, die Marienminne des Zisterziensers mit erhabenen, aber auch gelegentlich mit geschmacklosen Zügen bildhaft zu machen. In die Reihe der anmutigen gehört auch die noch zu Goethes Zeit für geschichtlich gehaltene Episode über Bernards Besuch in Speyer. Als der große Prediger und Herzensumkehrer Weihnachten 1146 in den Dom zog, um den Kreuzzug zu predigen, habe er in Verzückung den erhabenen Marienhymnus SALVE REGINA weitergesungen und laut den noch heute gültigen Schluß zugedichtet: O CLEMENS, O PIA, O DULCIS VIRGO MARIA *O gnädige, fromme, süße Jungfrau Maria.*

Der Prediger Bernard ist einer der Kronzeugen für die Macht der Rede und der Massensuggestion. Obwohl er in seiner Muttersprache oder lateinisch predigte und ihn bei seiner Werbung für die Kreuzfahrt nur wenige verstanden, erschütterte er die Herzen und zwang er die Willen. Die Speyerer Episode hält übrigens in ihrem Kerne die überragende geschichtliche Stellung Bernards fest. In die große Politik, in die Regierung der Kirche griff er ebenso bestimmend ein wie in die geistesgeschichtlichen Kämpfe und Fragen seiner Zeit, die an Abälard, Arnold von Brescia und Hildegard von Bingen anknüpfen. Er hat das kritisch kühle Buch Abälards mit seinem unerhörten Titel SIC ET NON *Ja und Nein* ebenso zu verurteilen gehabt, wie er Hildegard, die Verfasserin des glühend-merkwürdigen Scivias, die ›Sibylle vom Rhein‹, zu begutachten hatte. Ja, im Kampf gegen Abälard ist er recht eigentlich zum Theologen emporgewachsen.

Bernardus gab der Benediktinerregel einen neuen Geist: eine strenge Abkehr von der Welt. Er wirkt auf den ersten Blick fast kulturfeindlich. In Mailand tadelte er die edelsteinbesetzte Mitra des heiligen Ambrosius. Selbst dem Hause Gottes schrieb er Nüchternheit im Stil vor, und er gestattete ihm keine Pracht. Nicht einmal einen Turm. Ihm genügte der Dachreiter. Gleichwohl, gerade die menschliche Gottesnähe Bernards, sein Satz: ›*Die Liebe nimmt die Furcht*‹ (AMOR TOLLIT TIMOREM), brachte den Wandel der Baukunst. Das tremendum mysterium, das Jüngste Gericht, das seither den romanischen Kirchenraum zu einer Gruft der Furcht und des Zitterns gemacht hat, weicht dem alles ergreifenden Lichterlebnis eines mit allen Sinnen erlebten Abbilds der himmlischen Freude. Die Erde betrachtete er als das Dornenfeld und den Distelwuchs des Paradiesesfluches. Wohl, *er liebte die Täler* BERNARDUS VALLES AMAT, aber nur, um sie zu bebauen, als Feld der Arbeit, daran menschliche Begierde zu ertöten und die lustdurstigen Kräfte des Körpers aufzureiben. Diese sinnerfüllte Arbeit hat aus einer Einöde das *berühmte Tal* gemacht CLARA VALLIS (Clairvaux). Der Mönch, der mehr im Himmel als in der Natur zu Hause war, hat gleichwohl sich um die Belange der Landwirtschaft gekümmert wie ein kleiner Gutspächter. Er schrieb Briefe über Pflanzung von Hecken und gestohlene Schweine. ›Die Reichtümer‹, schrieb er, ›werden mit Mühen und Sorgen bewacht, ihre Liebe befleckt uns, sie werden mit Schmerzen verloren‹ BONA QUAE POSSESSA ONERANT, AMATA INQUINANT, AMISSA CRUCIANT (ep. 103). Aus solcher Abkehr floß auch die tiefe Weisheit: ›Die vernünftige Seele kann von den Geschöpfen wohl beschäftigt, aber nicht gesättigt werden‹ ANIMA RATIONALIS CETERIS OMNIBUS OCCUPARI POTEST, REPLERI NON POTEST (Super Matth. 19, 27).

Im Geiste und in der Nachfolge Bernards sind die Zisterzienser mit Spaten und Kreuz die Pioniere des deutschen Ostens geworden. Der Memorialvers: Bernadus valles amat führt ebenso irre wie die naturnahen Worte des Goetheschen Pater profundus. Bernard hatte im Gegensatz zu Franziskus kein Auge für Gottes Schönheit in der Natur. In seinen Schriften finden sich keine Naturbeobachtungen, keine Farben und Bilder aus der Natur. Auch sein bekanntes Wort, er habe keine anderen Lehrer gehabt als die Eichen und Buchen NULLOS ALIQUANDO SE MAGISTROS HABUISSE NISI QUERCUS ET FAGOS (Bern. Vita 1, 4, 23), kommt nicht aus Naturschwärmerei, sondern entsprang der Angst vor eitlem Wissensdünkel. Auch hierin hat die Imitatio Christi fast wörtlich ihren großen ungenannten Meister ausgeschrieben.

Bernard hat einmal (cantic. serm. 36, 3) den Vers des Persius angeführt: SCIRE TUUM NIHIL EST NISI TE SCIRE HOC SCIAT ALTER (sat. 1, 27) Dein Wissen ist nichts anderes als: man soll wissen, du seiest gelehrt. Dabei war Bernardus ein wohlgebildeter Mann. Griechisch scheint er nicht studiert zu haben, aber er hat sich in den lateinischen Klassikern wacker umgesehen. Er las als Schüler Cicero, Boethius, Vergil, Horaz, Ovid, Lucanus und Statius. Er kannte sich gut in ihnen aus, sie wurden sein eigen, und er hat sie später selbst in seinen mystischen Schriften gerne verwandt. Ein Gegner warf ihm sogar einmal vor, als junger Mensch habe er die Nachahmung Ovids bis zur Unanständigkeit getrieben und nach dessen Vorbild liederliche Verse gemacht. Besonders Cassiodor hat er, ohne ihn zu nennen, stark benutzt, und manche Perle seiner Feder stammt nicht von ihm, sondern von dem letzten Römer.

Nur selten übt ein Mensch solche Gewalt über Menschen aus wie Bernard, ›das Orakel des Jahrhunderts‹. Als sich der Judenabkömmling Pier Leone als Anaklet II. und der Kardinaldiakon von St. Angelo als Innocenz II. acht Jahre in erbittertem Kampf und Waffengang um den Thron Petri stritten, legten Fürsten und

Bischöfe es in die Hände Bernards, autoritativ zu entscheiden, wer
der rechtmäßige Papst sei. Der kluge Abt von Clara vallis erklärte
sich für Innocenz II. und verhalf ihm zum Siege. War das Urteil,
lediglich auf die Moralität des Gewählten gegründet, rechtlich? Die
Frage ist oft verneint worden, und Bernard selbst wich der Antwort
aus. Aber sein Entscheid war einleuchtend und vermochte auch
formelle Rechtsbedenken niederzuhalten: ›Ein dreifaches Seil wird
nicht leicht zerrissen: *die Wahl durch den besseren Teil* (der Kardinäle), *die Zustimmung mehrerer und, was mehr gilt, der sittlich gute
Lebenswandel empfehlen Innocenz und bestätigen seine Wahl zum
Papste*‹ ELECTIO MELIORUM, APPROBATIO PLURIUM, ET QUOD HIS EFFI-
CACIUS EST, MORUM ATTESTATIO INNOCENTIUM APUD OMNES COMMEN-
DANT (ep. 124). Bernard erlebte die Genugtuung, daß 1145 die
Kardinäle einen Zisterzienser, seinen Schüler Bernard von Pisa, als
Eugen III. zum Oberhaupt der Kirche wählten. Die Entfernung
zwischen Rom und Clairvaux war damit überhaupt geschwunden.
Liebe, Sorge und der übliche Freimut der Zeit diktierten dem altern-
den Abte die Herbstfrucht seines Geistes: das Testament seiner Seele.
Er schrieb für Eugen III. ein Buch über die Pflichten des Papsttums.
Erwägung DE CONSIDERATIONE nannte er schlicht und ruhig diese
Gewissenserforschung des Papsttums. Es ist weitschichtig und aus-
ladend gehalten, aber dazwischen liegen Goldkörner und Edelsteine.
Die Klugheit des Mannes, der tatsächlich sein Jahrhundert mit-
bestimmte, machte aus der religiösen Schrift eine Regentenschule, der
fanatische Eifer des Mönches eine bittere Anklageschrift. Luther hat
nicht ärger die Kirche angegriffen als der Mystiker von Clairvaux.
Dies Handbuch für Päpste steht unter dem Leitmotiv, das für jede
Gewalt gilt und das jede Tyrannis immer wieder bestätigt hat bis
in unsere Tage. ›Es gibt kein Eisen und kein Gift, das ich so sehr
fürchte wie die Leidenschaft zu herrschen.‹ – *Stehe an der Spitze, um
zu dienen, nicht um zu herrschen* PRAESIS UT PROSIS NON UT IMPERES
(de consid. 2, 6), erschien ihm als das probateste Mittel gegen jede
Verlockung des Gebietens.

ME ESSE UNUM NOVELLUM PAZZUM
Narr und Tor soll ich sein

Die Gestalten, die Goethe zu Faustens Erlösungsfahrt lud, tragen außer den Namen keine greifbaren geschichtlichen Züge. Auch der Anachoret der mittleren Region steht im Zwielicht. War dieser Pater Seraphicus der heilige Franz von Assisi, wie man annimmt? Aber den Ehrennamen doctor seraphicus trug nicht er, sondern sein Ordensbruder Bonaventura, der Mystiker wie Bernard und Franz war und noch dazu ebenso groß in der Scholastik. Er liebte Wissenschaft und Bücher, aber er blieb auch dabei jenem Ideal treu, das der seraphische Vater Franz von Assisi als Protest gegen den beginnenden Kapitalismus des heraufkommenden bürgerlichen Zeitalters erwählt hatte: der Schwester Armut. Bernard hatte zwar verächtlich Silber und Gold ›eine weiße und rote Erdart‹ genannt, ›die allein kraft der Torheit der Menschen ihren Wert erhält‹. Aber weder er noch Benedictus verzichteten für ihre Abteien auf Grundbesitz. Franz jedoch wollte auch den Buchstaben des radikalen Evangeliums erfüllen (Matth. 10, 7–14).

›Indem ihr aber hingehet, prediget und sprechet: Das Himmelreich hat sich genaht.

Heilet die Kranken, erwecket die Toten, machet die Aussätzigen rein, treibet die Teufel aus; umsonst habt ihr es empfangen, umsonst gebet.

Besitzet weder Gold noch Silber noch [anderes] *Geld in euren Gürteln, auch keine Tasche auf dem Wege noch zwei Kleider, nicht Schuhe noch Stab, denn der Arbeiter ist seines Unterhaltes wert.*

NOLITE POSSIDERE AURUM, NEQUE ARGENTUM.

NEQUE PECUNIAM IN ZONIS VESTRIS.

NON PERAM IN VIA, NEQUE DUAS TUNICAS.

NEQUE CALCEAMENTA, NEQUE VIRGAM, DIGNUS ENIM EST OPERARIUS CIBO SUO.

In welche Stadt aber oder in welchen Flecken ihr immer kommen werdet, da fraget, wer darin würdig sei, und bleibet da, bis ihr fortgehet.

Indem ihr aber in ein Haus tretet, begrüßet es, und saget: Friede sei mit diesem Hause!

Wenn nun das Haus dessen würdig ist, so wird euer Friede über dasselbe kommen; ist es aber dessen nicht würdig, so wird euer Friede auf euch zurückkehren.

Und wer immer euch nicht aufnimmt und eure Reden nicht anhört, da gehet hinaus aus dessen Hause oder aus der Stadt und schüttelt den Staub von euren Füßen.‹

Der süße Spielmann Gottes wollte eigentlich gar keine Ordensregel aufstellen, er fand, die Lebensregel für die, die sich ihm an-
schließen wollten, sei in solchen Worten hinlänglich festgelegt. Weder
der einzelne Mönch noch das Kloster sollten Besitz haben. Die
Bedenken des Papstes und die Forderungen der Praxis und der Mit-
brüder trat er mit der fanatischen Liebe eines Besessenen nieder. Sein
Herz gehörte der Frau Armut und diente den Armen. Und so siedel-
ten sich auch gerne seine echten Brüder dort an, wo die aufgezwun-
gene Armut wohnte, in den Vororten, an den Rändern der Städte,
mitten unter den Opfern des neuen Kapitalismus, der den Kreuz-
zügen folgte, OPPIDA FRANCISCUS. Der franziskanische Geist liebte
die Städte; dort traf er jene Seelen, denen er gleichgeartet war und
für die Beispiel mehr war als Argument und Kanzel. Aber der kam,
den Proletariern das Wort der Frohbotschaft in ihre Gassen zu
tragen, ist nicht bloß der poverello gewesen, sondern der Sänger
Gottes geblieben. Zum erstenmal dehnte mit Franz ein Christ die
Bruderschaft auf Tier und Blume und Stein aus, die Geschwister des
Menschen in der Schöpfung (W. Dirks). Quelle und Wald, Sonne
und Wind, Feuer und Asche, Esel und Lamm, Sterne und Blume
galten ihm Bruder und Schwester, sein ›Sonnengesang‹ reihte den
Minderbruder in die knappe Schar der großen Hymniker der Welt.
Er hatte in der Jugend mit der frohen Unbekümmertheit des reichen
Kaufmannssohnes an die gaya scientia, an die lustige Wissenschaft
der Liebeshöfe, sein Geld, seine Zeit und unverbrauchte Liebe verschwendet. Er, den der Vater in einer ausgefallenen Laune Francesco
(›Französling‹) nannte, sprach leidlich französisch und kannte Latein.
Aber von der Wissenschaft hielt er später nicht viel. Das Wort
SCIENTIA INFLAT *Wissen bläht auf* war ihm in den Jahren seines
evangelischen Eifers kein bequemer Deckmantel für geistige Trägheit, sondern heilige Furcht. Er war kein Wissenschaftler. Zu zitieren
gibt es bei ihm nichts. Das Latein, das er schrieb, war einfältig, wie
das Leben, dem er nachstrebte. Und trotzdem, einmal gelang ihm
ein Satz, der eine tiefe Lebensschau fordert: *Der Mensch weiß nur,
was er verwirklicht* TANTUM HABET HOMO DE SCIENTIA, QUANTUM
OPERATUR. NON SIT AGGREGATOR LIBRORUM *Er häufe keine Bücher
auf,* forderte er vom Minderbruder (Spec. perf.). Und von sich
bekannte er: Der Herr sagte mir, er wolle, *daß ich ein Narr und Tor
sei* ME ESSE UNUM NOVELLUM PAZZUM (Spec. perf. cap. 48). Aber der
poverello und pazzo ward der einmalige Vertreter jenes evangelischen Christentums, das Spaltungen überbrückt und allen liebwert
ist. Franz schwebte eine andere Art von Ordensleben vor als Benedikt und Bernard. Diese banden eine Familie in die Festigkeit klar

umrissener Formen und in die Ordnung unabdinglicher Sitten, Franz wollte eine fließende Bewegung, genährt vom Geiste, ausgerichtet nach dem Bedürfnis, das sich auftat. Er verließ die Welt, um zu den Menschen zu gehen. Er verachtete die Dinge der Menschen, um die Geschöpfe Gottes in Ehrfurcht zu suchen: er schüttete Wein aus, aber er trat auf keinen Wassertropfen, weil er das reine Kind des Schöpfers sei. Was lebte und war, war für ihn ein unmittelbares Wort Gottes an ihn. Ihm war die Natur entsündigt. Solche Hochgemutheit war einmalig. Er wandte sich nicht in erster Linie an die Armen, um ihnen Zufriedenheit beizubringen. Er predigte den Reichen von der Armut im Geiste. Früher als bei anderen Orden verfestigte und verflüchtigte sich der Geist des Stifters. Auch der Franziskanerorden verschrieb sich der Ordnung, der Regel, dem gebundenen Leben, den Büchern, der Wissenschaft. Aber um Franz weht noch der Geist des Paradieses, der Freiheit, der Unbeschwertheit durch Zwecke, der Poesie. Daran denkt der Memorialvers nicht: Oppida Franciscus.

OMNIA AD MAIOREM DEI GLORIAM

Alles zur größeren Ehre Gottes

Der Ordensgedanke erreicht im Stifter des Jesuitenordens eine neue Stufe. Er tritt aus der Ordnung, der Bindung, aus der Selbstgenügsamkeit der Beschauung, aus dem individuellen Schwärmertum, aus den Idealen der evangelischen radikalen Armut in die Welt rationaler Bewußtheit, kämpferischer Zielstrebigkeit, kirchlicher Zwecke, militärischer Taktik, planmäßiger Askese und Seelsorge. Vielleicht drückt das AGERE CONTRA *dagegen handeln* am besten aus, was dem Ritter, Fanatiker und Asketen Iñigo Lopez de Recalde aus dem Hause Loyola vorschwebte, als er die compagnia di Gesu, das Fähnlein Jesu, schuf. Er lebte nicht in mystischer Weltflucht wie Bernard, er war kein Schwärmer wie Franz, die Theologie hat ihm nichts zu verdanken. Er lebte aus religiösen Regungen, übertrug die harte Forderung und die disziplinierte Haltung des Militärs ins Asketische und die soldatische Stoßkraft ins Seelsorgerliche. Damals war Spanien politisch gesehen die erste Militärmacht Europas. Die Welt zerfiel nach Ignatius in zwei Heerlager, das Christi bei Jerusalem und das Satans bei Babylon. Er konnte den Spanier in sich nicht verleugnen. Der neue Kosmopolitismus und die Ideen der Renaissance formten auch an ihm und seinem Werk. Was er religiös erlebte, überdachte er, er suchte die psychologischen Wege, es anderen nutz-

bar zu machen. Hier weht nicht der Geist, wohin er will. Der sittliche
Entschluß wird erzwungen, das religiöse Erleben wird *Nachdenken*
MEDITATIO. Er exerziert die Seelen mit Logik, Verstand und Bewußtheit EXERCITIA SPIRITUALIA. Wer ihm in diesen *geistlichen Übungen*
den ersten Satz zugab, war gezwungen, auch den letzten hinzuneh-
men. Er will aktivistische Seelsorge, Gewinn religiösen Neulandes,
Rückeroberung verlorener Seelen. DA MIHI ANIMAS, CETERA TOLLE
Gib mir Seelen, alles andere nimm, sagte einer der ersten Jesuiten.
Um des kämpferischen Einsatzes willen beseitigte Ignatius die
beengenden Bindungen des seitherigen Mönchlebens: die vorgeschrie-
bene, nicht mehr zu ändernde Tracht, die stabilitas loci, das gemeinsame Chorgebet. Die körperliche und geistige Freizügigkeit trat an
die Stelle der Seßhaftigkeit, der Beharrung. Am Anfang des abendländischen Klosterlebens stand der Gehorsam zum Bleiben. Nun, zu
Beginn der neuen Zeit, bringt Ignatius die Freiheit zu gehen, die
katholische Form der lutherischen ›Freiheit eines Christenmenschen‹.
Der Orden ist von vornherein wendig gedacht, er ist zu allen auf-
tauchenden Schwierigkeiten und Aufgaben mobil. Diese Freizügigkeit erlaubt, die Kräfte an die bedrohtesten Stellen zu dirigieren.
Der Fortschritt liegt dem Orden im Blute, die Schlagkraft ist wach.
Deswegen fügte Ignatius – etwas Neues in der Geschichte der
Kirche – zu den seither üblichen Gelübden der Armut, des Gehorsams gegen die Oberen und der Keuschheit noch ein viertes, neues
hinzu: der Jesuit verpflichtet sich von Gewissens wegen zum absoluten Gehorsam gegen den Papst. Nun, da alle übrigen Bindungen
gefallen waren, wird den Jesuiten im Gehorsam das Gegengewicht
der neuen Beweglichkeit auferlegt. Der Orden wurde das fliegende
Corps Roms. Ein sorgfältig erwählter, die besonderen Fähigkeiten
des einzelnen berücksichtigender Studiengang schulte sie zu der Mannigfaltigkeit der Anforderungen. Man fand z. B., daß man so oft
Mensch sei, als man Sprachen kenne.
Als Leistungsprinzip und innere Ausrichtung für den kämpferischen Einsatz und das persönliche, asketische Ringen wählte der
Orden die Devise: OMNIA AD MAIOREM DEI GLORIAM *Alles zur größeren Ehre Gottes.* Der Ton liegt auf dem maiorem. Von zwei Handlungen, von denen die eine die Ehre, die andere aber die größere
Ehre Gottes bewirkt, soll er die vorziehen, bei der die größere gloria
gefördert wird. Mit diesem Leitsatz und in dem klugen, psychologischen Einsatz der Persönlichkeit erzielte der Jesuitenorden eine
gewaltige Leistungssteigerung. Der revolutionäre Charakter der
Freizügigkeit ermöglichte die Wahl der größten Unmittelbarkeit
des Wirkens. Auch für die Gesamtwirksamkeit, bei der Zielsetzung

ins Große, blickte der Orden immer auf diese maior gloria. So schreibt die Ordensregel: ›Damit bei der Sendung an diesen oder jenen Ort richtiger verfahren wird, soll jene Gegend gewählt werden, die dessen mehr bedarf. Dann jene, in der eine reichlichere Frucht zu erwarten ist, wo also die Neigung größer ist und wo der Stand und die Qualität der Personen eine größere Frucht verbürgen. So ist die Hilfe für hochstehende Personen vorzuziehen, wie: Fürsten, Herren, Magistrate, Geistliche, Gelehrte, weil diese, wenn ihnen geholfen wird, wieder andere nach sich ziehen.‹ Was ist das anderes als das CELEBRES URBES unseres Memorialverses?

Der Orden ist weniger durch seinen Besitz zu Einfluß gekommen als durch den Geist, das Wissen, Können und Planen seiner Mitglieder. Dem Orden bedeutete Wissen, Macht, Beziehung und Persönlichkeit seiner Mitglieder alles. Die Gesellschaft Jesu knüpfte dabei ebenso an die Wirkung von oben herab, von den Fürstenhöfen und Universitäten, an, wie sie von unten her eine Elite schuf, in ihren eigenen Reihen und unter den von ihr Betreuten.

Leidenschaftlicher Widerspruch erhob sich im Laufe der Zeit gegen den Orden und seinen Geist. Auch der große Pascal haßte die Jesuiten erbarmungslos und prangerte sie in seinen ›Lettres Provinciales‹ an. Ein Spott unbekannter Herkunft spielte verächtlich mit ihrem Namen. *Wenn ihr mit den Jesuiten geht, geht ihr nicht mit Jesus* SI CUM IESUITIS, NON CUM IESU ITIS. Einige Vorwürfe wollen bis zur Stunde nicht verstummen. Sie kommen aus den Bezirken der Morallehre. Der Orden lehre, daß der gute Zweck auch das schlechte Mittel heilige. Der Satz ist bis zur Stunde noch nicht in einem jesuitischen Moralwerk nachgewiesen worden. Um den Vorwurf aufrechtzuerhalten, bedarf es schon auslegerischer Kunststücke. Zwar hat der Jesuit Busenbaum die These aufgestellt: CUM ENIM FINIS EST LICITUS, ETIAM MEDIA SUNT LICITA (medulla theol. mor. IV, 3, 7, 2). Aber im Zusammenhang besagt der Satz nur die Binsenwahrheit *Wo ein erlaubtes Ziel ist, muß es auch erlaubte Mittel dazu geben.* Man wirft den Jesuiten vor, sie höhlten mit ihrer einmütig vertretenen Lehre des Probabilismus jegliche Moral aus, sie lehrten die grundsätzliche Gewissenlosigkeit. Man erblickt diese Gefahr in dem Kernsatz des Systems: Wenn unmittelbar und ausschließlich die Erlaubtheit oder Unerlaubtheit einer Handlung in Frage steht, so darf man der milderen Ansicht folgen, solange sie *solid probabel* SOLIDE PROBABILIS ist, auch wenn die entgegengesetzte Ansicht unzweifelhaft die größere Wahrscheinlichkeit für sich hat. Was ist aber solid probabel? Die Ordenstheologie antwortet darauf: eine Begründung, die die Zustimmung eines ernsten Mannes verdient. Der Satz, der schon so viele Geister auf den Plan gerufen hat, wurde zuerst nicht von einem Jesuiten, sondern von einem Dominikaner vertreten. Bartholomäus Medina lehrte 1577: *Mir scheint, daß, wenn eine Meinung probabel ist, man ihr folgen darf, auch wenn die gegenteilige probabler ist* MIHI VIDETUR QUOD, SI EST OPINIO PROBABILIS, LICITUM EST EAM SEQUI LICET OPPOSITA PROBABILIOR SIT (In I. II. qu. 19. a. 6). Der Probabilismus überträgt entschlossen, um zu einem sicheren Gewissen zu kommen, einen anerkannten Grundsatz des römischen Rechts in die innere Welt des Gewissens: *Ein zweifelhaftes Gesetz bindet nicht* LEX DUBIA NON OBLIGAT. Francis Bacon, um nur einen der Nichttheologen zu nennen, stellte sinngemäß denselben Grundsatz auf: *Das Gesetz muß durchaus sicher sein, und ohne diese Sicherheit kann folglich es nicht gerecht sein. Wenn nämlich das Horn ein unsicheres Signal zum Kampfe gibt, wer wird sich zum Kampfe rüsten?* LEGIS TANTUM INTEREST, UT CERTA SIT, UT ABSQUE HOC NEC IUSTA ESSE POSSIT. SI ENIM INCERTAM VOCEM DAT TUBA, QUIS SE PARABIT AD BELLUM? (De augmento scientiarum I, 8, tit. 1, 1.)

Der Probabilismus darf nicht so verstanden werden, als ob der einzelne Theologe für sich Wege gesucht habe, ein freieres Leben sich zu erkämpfen. Dieses Moralsystem stammt aus einem typisch katholischen Anliegen, nämlich die Tradition (in unserem Falle die mittelalterliche gemeinschaftsgebundene Moral) mit den neuen Verhältnissen (in unserem Falle die Fragen und Nöte der freigesetzten Menschen der Renaissance und des Barocks) in Einklang zu bringen. Er suchte einen Weg zwischen den Rigoristen und den zeitgenössischen Laxisten. Er stammte aus demselben Geiste, den Goethe für eine spätere Zeit so empfand und wie folgt beschreibt: ›Wir müssen es einmal sagen, weil es uns schon lange auf dem Herzen liegt: Voltaire, Hume, Lamettrie, Helvetius, Rousseau und ihre ganze Schule haben der Moralität und der Religion lange nicht so geschadet als der strenge kranke Pascal und seine Schule.‹

Schließlich (1773) ist der Orden am Widerstand der gesamten romanischen Höfe gescheitert. Clemens XIV. beugte sich ihren Klagen und Forderungen und hob die Gesellschaft Jesu auf. Der letzte Jesuitengeneral, der Achtzehnte in der Reihe, Lorenzo Ricci, soll damals das unbeugsame Wort gesprochen haben, das seither auch Sprichwort geworden ist: *Sie sollen sein, wie sie sind, oder sie sollen nicht sein* AUT SINT UT SUNT AUT NON SINT. Der Wortlaut ist aber nirgends nachzuweisen. Dem Sinne nach kommt der Gedanke in einem Briefe vor, den der Vorgänger Clemens' XIV., der dreizehnte Clemens, an König Ludwig XV. von Frankreich am 28. Januar 1762 gerichtet hat. Auch daß der Papst, der den Orden aufhob, der ehemalige Minorit Ganganelli, von Gewissensbissen gefoltert, ruhelos in seinen Gemächern herumgeirrt sei und gerufen habe: COMPULSUS FECI, COMPULSUS FECI *Ich hab's unter Zwang getan,* gehört wohl ins Reich der Geschichtsfabeln.

Es ist ein Treppenwitz der Geschichte, daß nichtkatholische Mächte, Preußen und Rußland, den Orden am Leben hielten. Er ist nach den alten Regeln unverändert wieder erstanden (1814). Die neue Idee, die er im Ordensleben verkörperte, machte Schule. Die seit seiner Gründung neu erstandenen übrigen religiösen Gemeinschaften folgen großenteils seinen Prinzipien und seinen Methoden.

Kirche und Staat

DILEXI IUSTITIAM ET ODIVI INIQUITATEM,
PROPTEREA MORIOR IN EXILIO
*Ich habe die Gerechtigkeit geliebt und das Unrecht gehaßt,
deshalb sterbe ich in der Verbannung*

Diese Worte sind das Sterbegebet des Papstes Gregor VII. geworden. Sie waren der schmerzliche Abgesang eines Lebens voll Kampf, Sieg, Niederlage und Schmerz, das noch die folgenden Jahrhunderte beschäftigte. Bleibend hat der im Leben und nach seinem Tode heißumstrittene Mann sein Siegel der Kirche aufgeprägt. Daß das Zölibat der katholischen Priester, eine jahrhundertealte Forderung der Kirche und eine immer wieder durchbrochene Übung, unumstößlich durchgesetzt wurde, ist seine Tat. Er stritt gegen Bestechlichkeit, Simonie und verfallende Kirchenzucht und schärfte die Gewissen. Der toskanische Bauernsohn, harte Mönch und unbeugsame Papst, erfüllt von der Idee des Papsttums und seiner Vormachtstellung, gereizt durch die Eigenherrlichkeit seines Gegenspielers, Heinrichs IV., hat das deutsche Kaisertum in die Schranken gefordert und einen Machtkampf mit ihm durchgefochten. In der Frage, ob der deutsche Kaiser die Reichsbischöfe außer dem Szepter auch mit Ring und Stab belehnen dürfe (Investitur), bekam der Prinzipienstreit seinen zugespitzten Ausdruck. Er endete erst vierzig Jahre nach des Papstes Tod im Wormser Konkordat (1112) mit einem nachträglichen Sieg Gregors. Als der Papst seine Sterbegebete sprach, lag er, fern von Rom, in Salerno. Sein zäher Gegner, Heinrich IV., war in Rom. Er hatte einen neuen Papst eingesetzt. Neben den prinzipiellen Kämpfen traten vor das brechende Auge Gregors die drei gewaltigen Erlebnisse seines Pontifikates. Er hatte das Recht der Papstwahl dem römischen Adel entrissen und die Mitwirkung des Kaisers rechtlich unterbunden. Bis zum heutigen Tage blieb die Papstwahl Sache und Recht der Kardinäle, wie er es bestimmt hatte. Er hatte erstmalig in der Geschichte gewagt, einen deutschen Kaiser zu bannen. Er hatte 1077 im Apenninenschloß Canossa den Kaiser Heinrich drei Tage lang im Bußhemd auf die Lossprechung vom Banne warten lassen. Ihm erschien es als Sieg; er ahnte nicht, daß der Gegner durch seine persönliche Demütigung sich bewußt einen großen Sieg erstritten hatte: die kaiserfeindliche Front war gesprengt.

Vor dem dilexi seiner letzten Worte mag das Harte des kampf-
liebenden Papstes einen versöhnlicheren Schimmer bekommen. Vor
der Majestät des Todes schwinden Schein und Lüge. Der Mann, der
die damalige Erde mit Lärm, Kampf und Herzenskonflikten zwischen Kaisertreue und Bannfurcht erfüllt hat und den deutschen
Sondergeist der Fürsten mit seiner Politik geschickt verknüpft hat,
bezeugt mit seinem dem Psalm 44 nachgebildeten Sterbegebet die
Reinheit seiner Absicht. Er hat das Exil als bitteres Ende seines
Strebens in Kauf genommen.

Glauben und Wissen

CREDO UT INTELLEGAM *Ich glaube, damit ich erkenne* und das noch überspitztere CREDO QUIA ABSURDUM *Ich glaube, weil es wider die Einsicht ist* bergen in sich eine Weltanschauung und zugleich ein Stück Geistesgeschichte. Der Erzbischof Anselm von Canterbury, von dem der erste Satz wörtlich (Proslog. 1) stammt, traute der menschlichen Vernunft grundsätzlich zu, den persönlichen Gott auf dem Wege des schlußfolgernden Denkens beweisen zu können. Er hat den berühmten ontologischen Gottesbeweis erdacht, gegen den namentlich Kant sich wandte. Anselms Schrift ›Proslogium‹ schließt mit einem Hymnus auf die natürliche Gotteserkenntnis. Von Anselm ab ist das Dasein Gottes eine philosophisch begründete Tatsache.

Auf einer anderen Ebene als das Denken liegt und als absolut sicher erscheint ihm das Glaubensgut, der Inhalt der christlichen Dogmen. Sie sind die einzige feststehende Wahrheit. Der Glaube erhält keineswegs erst durch das intellegere die Form der Gewißheit. ›Es wäre lächerlich, wenn einer mit Seilen und Stangen käme, um den Olymp zu befestigen oder zu stützen, daß er nicht wanke oder einstürze‹ (de fide Trinit. 1). Für den, der die Offenbarung als gegeben annimmt, wird sie ein neuer Anfang seines Denkens. Der Gott, den es gibt, ist nicht bloß der, welchen das natürliche Denken oder religiöse Gefühl des Menschen findet, sondern in einer radikalen Umstellung des Denkens der, als den Gott sich selbst offenbart. Gott ist das, was er über sich selbst aussagt. Wahr ist für den Gläubigen nur das, was von der Offenbarung her wahr ist. Ich glaube, um zu wissen, sagt er. Credo ut intellegam. Denn ist der Glaube einmal angenommen, so bleibt er beim denkenden Menschen nicht mehr im Bereich übernatürlicher Offenbarung, er sucht den Verstand. FIDES QUAERIT INTELLECTUM *Der Glaube verlangt nach der Einsicht* (Anselm im prooem. zum Proslog.) und drängt dazu, in Begriffen formuliert zu werden. Der Glaube wird Gegenstand menschlicher Bemühung, er gebiert die Theologie. Vor Anselm erschöpfte sich die Gottesgelehrtheit darin, Autoritäten für die einzelnen Glaubenssätze zu sammeln. Nun übernimmt es die Vernunft, das Glaubensgut als dem menschlichen Denken angemessen darzustellen, die Glaubenslehren als in sich sinnvoll und unter sich logisch und in lichtvoller Einheit verbunden nachzuweisen. Anselmus' Wort ist die Geburtsstunde der scholastischen Theologie. Sie hat den Gegensatz zwischen geoffenbartem Glauben und menschlichem Wissen immer wieder betont, auf allen Stufen der Entwicklung, von der Erniedrigung der *Philosophie als Magd der Theologie* PHILOSOPHIA ANCILLA THEOLOGIAE bis zu einer gewissen Vormachtstellung des Wissens vor dem Glauben. Bei späteren Denkern hat unser Satz der scholastischen Philosophie viel Kredit genommen. Schon während des Mittelalters suchten führende Köpfe die Kluft zwischen Glauben und Wissen zu überbrücken und beider Verhältnis harmonisch zu gestalten. So erscheint z. B. bei Thomas von Aquin die Philosophie nicht bloß abhängig und empfangend, sondern auch als gebend.

In dem Satz CREDO QUIA ABSURDUM *Ich glaube, weil es wider die Einsicht ist* klingt etwas Radikales. Er betont bewußt stark den Glauben. Man spürt deutlich, daß im christlich-religiösen Erkennen sowohl philosophisches Denken wie mystische Schau auf den zweiten Platz verwiesen werden.

Diese geistige Haltung versetzt in die radikalen Zeiten urchristlichen Glaubensbewußtseins. In ihrer herausfordernden Art paßt die These ganz auf den kalten Fanatiker Tertullian, dem sie auch zugeschrieben wird, obwohl die Stelle in dieser Formulierung sich in seinen Werken nicht findet. Das zugespitzte Wort will sagen: Es ist ein Wahrzeichen (Kriterium) des christlichen Glaubens, daß er Inhalte hat, die nicht mit natürlichem Denken gefunden werden können, da sie teils die Denkkraft weit übersteigen, wie die Dreifaltigkeit Gottes, oder geheimnisvollen freien Entschlüssen Gottes entsprungen sind, wie die Erlösung. Gerade dieses Übersteigen jeden natürlichen Denkvermögens spricht für den Inhalt geoffenbarter Wahrheiten. Man glaubt unter einem SACRIFICIUM INTELLECTUS *Opfer der Einsicht*, eben weil ein Dogma nur geglaubt werden kann. Für den Verstand ist es ebenso unerreichbar wie das Lied für einen Tauben (absurdus heißt eigentlich übelklingend). Dabei wird das Denk-Gewissen keineswegs verletzt. Verletzt wäre es, ›wenn das Denken bejahen sollte, was es für Unwahrheit und Unsinn ansehen müßte‹ (Guardini). Aber gerade das ist für den Glaubenden nicht der Fall. Für ihn sind die Geheimnisse Gottes echte Wirklichkeit, und es ist die geoffenbarte Hoheit Gottes, vor der sich auch die Würde des Verstandes beugen muß. Geheimnis ist nicht Unsinn, Undurchdringlichkeit nicht Unwahrheit.

Revolutionär des Himmels
(Kopernikus)

NON PAREM PAULO GRATIAM REQUIRO,
VENIAM PETRI NEQUE POSCO, SED QUAM,
IN CRUCIS LIGNO DEDERAS LATRONI,
SEDULUS ORO
Nicht gleiche Gnade wie für Paulus,
Und auch nicht die Verzeihung für Petrus,
Nur wie du dem Schächer am Kreuz vergabst,
Erbitte ich unablässig.

Giordano Bruno hielt 1588 eine vielbeachtete Rede in der Wittenberger Universität. Er, der selbst an den Grundfesten des überkommenen Glaubens rüttelte, bezeichnete als die großen deutschen Revolutionäre des Geistes Kopernikus, Paracelsus und Luther.

Der Frauenburger Domherr Kopernikus brach einem umstürzenden Weltbild Bahn und schrieb das Neue Testament der Astronomie. Hundert Jahre vor Erfindung des Fernrohrs, mit selbstgebauten hölzernen Werkzeugen, verfolgte er sein halbes Leben lang eine Idee, die er im Vorbeigehen bei den Alten gelesen hatte, daß die Erde sich um ihre Achse drehe und in einem Kreis um das Feuer laufe. Die Vorstellung, daß die Erde stillstehe, war durch den Schein begünstigt und in den Sprachgebrauch aller Völker aufgenommen worden. So war sie auch in die Bibel gekommen, die mit sinnlichen Menschen sinnlich reden mußte. Dadurch bekam eine physikalische Sinnestäuschung fast das Gewicht eines Gottesurteils. Auch bei den Griechen geriet Aristarch in den Verdacht der Gottlosigkeit, als er im dritten Jahrhundert vor Christus das heliozentrische System lehrte. Der Stoiker Kleanthes hatte seine Bestrafung verlangt, ›weil Aristarch den Herd des Weltalls in Bewegung setze; denn er lehre, der Himmel stehe still, die Erde aber rolle in einer schiefen Kreisbahn dahin und drehe sich zugleich um ihre Achse‹. Es war angesichts der Inquisition eine halsbrecherische Idee, die Anschauung der Bibel umstürzen zu wollen. Aber Kopernikus wagte es. Er hob mit Beweisen das seit einem Jahrtausend gültige Weltbild aus den Angeln. 1530 legte er, was er beobachtet und errechnet hatte, in der Schrift ›Die Umdrehung der Himmelskörper‹ nieder: ›*In der Mitte von allen thront die Sonne. Wer aber vermöchte in diesem schönsten Tempel diese Leuchte an einen anderen, besseren Platz zu setzen als diesen, von dem aus sie alles zu durchleuchten vermag? So erhaben wahrlich ist diese Werkstatt des Besten und Größten, Gottes.‹* IN MEDIO VERO OMNIUM RESIDET SOL. QUIS ENIM IN HOC PULCHERRIMO TEMPLO LAMPADEM HANC IN ALIO VEL MELIORI LOCO PONERET, QUAM UNDE TOTUM SIMUL POSSIT ILLUMINARE? ... TANTA NIMIRUM EST DIVINA HAEC OPTIMI MAXIMI FABRICA (de revolutionibus orbium coelestium T. 10). Kopernikus fühlte die Tragweite seiner umstürzenden Entdeckung. Er fürchtete die Angriffe Unwissender und die Verfolgung durch sie. Zwölf Jahre hielt er die Veröffentlichung der Schrift zurück. Erst kurz vor seinem Tode erschien das knappe, weltumstürzende Dokument. Er hatte es in einer frommen, aufrichtigen Gesinnung, nicht aus taktischen Absichten der Klugheit, Papst Paul III., der für wissenschaftliche Fragen sehr aufgeschlossen war, gewidmet. Größer noch als die Furcht vor der Gewalt und den Folgen seiner Entdeckung war die Ehrfurcht des Entdeckers vor dem Schöpfer solcher Ordnung, ›dem göttlichen Werkmeister, in dem alle Seligkeit und Güte vollendet ist‹ (Widmungsschreiben an Paul III.).

Die Reformation hat Kopernikus abgelehnt; er ist der Kirche immer treu geblieben. Nie wurde er von der Kirche gemaßregelt. Drum galt es, sein Gedächtnis aus der Nähe der verurteilten Giordano Bruno und Galileo Galilei, die seine Gedanken weiterführten, zu halten. Vielleicht ist dies der letzte Grund, daß auf dem Thorner Epitaph das Porträtbild des Kopernikus mit der eingangs zitierten Strophe geziert ist. Mit Kreuz und Vers sollte die Rechtgläubigkeit des Kopernikus festgehalten werden. Der Vers, im Maß der sapphischen Ode, stammt von dem gelehrten Papst Pius II., der als Frauenburger Bischof einst zum gleichen Domkapitel gehört hatte wie später Kopernikus. Man weiß nicht genau, in welcher Beziehung der fromme Astronom zu dem kunstvollen Gedicht des Papstes gestanden hat. Die Strophe war auf die Wände des Zimmers in Allenstein geschrieben, das Kopernikus als bischöflicher Administrator bewohnt hat. Ob es richtig ist, daß Kopernikus die Worte selbst auf die Wände gesetzt hat, wie die Allensteiner Überlieferung will, ist fraglich. Sicher ist nur, daß sie sich vierzig Jahre nach seinem Tode auf jenem Porträtbilde befinden, das sein Epitaph in der Johanniskirche zu Thorn schmückt.

Revolutionär des Glaubens
(Martin Luther)

IUSTUS ENIM FIDE VIVIT
Der Gerechte lebt nämlich durch den Glauben

Als Kopernikus errechnet und entdeckt hatte, daß die Erde nicht stillstehe und auch nicht die Mitte der Welt sei, sondern als kleiner Ball um die Sonne sich drehe, da wetterte zu Wittenberg der Mann, der das seitherige Kirchengefüge umgestürzt hatte: ›Der Narr will die ganze Kunst Astronomia umkehren; aber die Heilige Schrift sagt uns, daß Josua die Sonne stillstehen ließ und nicht die Erde . . .‹

Ein merkwürdiges Urteil eines Mannes, der seinerseits selbst die ganze seitherige Kunst Theologia umgekehrt und das ›Ich‹ vor Gott so unscheinbar gemacht hatte wie Kopernikus die Erde vor dem tanzenden Umschwung der Welten. Dabei wäre es durchaus in der Logik seiner religiösen Ideen gelegen, die neugewonnene Freiheit eines Christenmenschen auch auf die lästige Fessel des kirchlichen Buchstabenglaubens auszudehnen. Denn das Ergebnis seiner eigenen Theologie lautete doch so selbstherrlich: ›Aber im Geist und im Gewissen sind wir die Allerfreiesten von aller Knechtschaft: da glauben wir niemand, da vertrauen wir niemand, ohne allein Christum.‹ Luther hat diesen letzten Schritt nicht getan. Er beugte sich vor dem Buchstaben der Schrift, aus dem ihm unantastbar Gottes persönliches, unfehlbares Wort sich offenbarte. ›Sie sollen's lassen stahn!‹ Erst die nach ihm kamen, dachten seine Grundgedanken zu Ende und vollendeten seine Revolution. Es geht uns hier nicht um die Theologie Luthers, nicht um das Gebäude seines Bekenntnisses. Auch den interessanten Nachweis übergehen wir, wie er seinen religiös-umstürzlerischen Ideen anfänglich nationale und politische Ziele verschwisterte, die eigene Seelenlage zur deutschen Angelegenheit machte und damit entscheidend auch das weltliche Denken des Mittelalters in andere, bleibende Bahnen lenkte. Luther errang dem Staate endgültig die Vormacht über die Kirche. Auch hierin hat er das Mittelalter gestürzt. Auch nicht der Sprachschöpfer Luther interessiert uns. Sprachlich ist seine Übersetzung der Bibel ein erhabenes Werk von urtümlicher Kraft. Was will es besagen, daß er bei dem mittelalterlichen Exegeten Nikolaus von Lyra (1291 bis 1340) gelegentlich Anleihen machte. *Hätte Lyra nicht auf der Leier*

gespielt, hätte Luther nicht getanzt SI LYRA NON LYRASSET, LUTHERUS
NON SALTASSET. Auch nicht der Kämpfer Luther soll hier gewürdigt
werden, obwohl er wie Paulus und Franz von Assisi und alle Männer
des Glaubens der Mann gewaltiger Taten war. Sein Charakterbild
schwankt übrigens nicht mehr in der Geschichte. Immer mehr rücken
die beiden Konfessionen das Zuviel oder Zuwenig ihrer Luther-
beurteilung ins richtige geschichtliche Maß. Nichts von alledem, nur
jener Seelengrund soll hier dargestellt werden, aus dem die schick-
salsträchtige Schau des jungen Augustinermönches aufquoll.

Der leidenschaftlichste und folgenschwerste Kampf gegen die alte
Kirche begann mit einem Paradox. Luther wurde Revolutionär – aus
Demut. Der Mann, der später selbstbewußt im Kampf nicht zimperlich die Worte wählte, deren frische, neue Kraft er vielfach selbst
geschaffen hatte, der kraftvoll die Ellenbogen gebrauchte, zürnen
konnte wie ein Unwetter und rund und fest auf der Erde und in
ihren Freuden stand, machte sich und den Menschen klein und zum
Nichts vor Gott. Aus seinem Gottesbegriff entsprang sein Auf-
begehren. Gott, so lehrte er, ist Alles in Allem. Er leitet nicht bloß
alle Dinge im Ganzen und im Einzelnen. Er führt nicht nur gütig und
weise die ganze Geschichte, das ganze Geschlecht und das einzelne
Individuum. Mehr. Alles in der Menschenwelt tut Gott selbsteigen.
Der Mensch ist nur Werkzeug in seinen Händen und seiner Vorsehung. *Was Gott in der Weltgeschichte unsichtbar vollzieht, das
führt der Mensch nur ins Sichtbare ein.* Luther hat dieses selbst als
ein Paradox erklärt. ALTERUM PARADOXON: QUIDQUID FIT A NOBIS,
NON LIBERO ARBITRIO, SED MERA NECESSITATE FIERI (de servo arbitrio
adv. Eras. Roterod. Opp. ed. lat. Jen. Tom. 3 f. 177). Ins Moderne
übersetzt, würde so etwas heißen: Wir sind in unserem Schicksal
gänzlich abhängig von der Erbmasse, beherrscht von der Konstella-
tion. Und sofern Gott nicht will, vermag nichts der eigene Wille.
Goethe trifft wieder den Nagel auf den Kopf, wenn er diese Auffassung so kennzeichnet: ›Aller Wille ist nur ein Wollen, weil wir
eben sollten, und vor dem Willen schweigt die Willkür stille . . .‹

Was Luther im Bereich der natürlichen Ordnung galt, übertrug er
radikal auf das Reich der Gnade. Wie Gott in der Welt Alles in
Allem ist und wirkt, so wirkt Christus Alles in Allem, was die Seligkeit anlangt. Wie der Mensch vor Gott verschwindet, so verschwindet der Christ vor Christus. Nur Christus und sein Geist wirken.
Ausschließlich Er bewirkt Glauben und Wiedergeburt.

So tief lebte sich Luther in dieses Allwirken des Erlösers ein, daß
er es ›als Markzeichen meiner Theologie‹ auf sein ›Petschaft wollte
fassen‹, ›damit ich mir selbst Erinnerung gebe, *daß nur der Glaube*

an den Gekreuzigten selig macht‹ IUSTUS ENIM FIDE VIVIT; SED FIDE CRUCIFIXI. Und alle Seligkeit, die er bei diesem Gedanken empfand, jubelte er in Bild und Farben des Petschaftes aus. Schwarz ragt ein schweres Kreuz in einem roten Herzen auf, ringsum aber blühen weiße Rosen auf blauem Feld, und alles umschlingt ein goldener Ring.

Wie bestand aber vor solcher Übermacht Christi im Heilsakt der menschliche Wille, die Freiheit des Menschen? Wieder einmal erhob sich die uralte Frage, und wieder einmal entschied sich an dieser Frage der Weg eines religiösen Denkers. Luther ergriff radikal die Partei Gottes. Er löste die geheimnisvolle, noch immer ungelöste Antinomie: Gottes Allursache und menschliche Freiheit zugunsten der allwirkenden Allmacht. Nur er ist frei. Gott und frei sein ist dasselbe. *Der freie Wille ist vollständig ein göttliches Prädikat, und er kann niemand anderem zukommen als allein der göttlichen Majestät. Denn in dieser Kraft macht er alles, was er will im Himmel und auf Erden. Wenn sie (die Freiheit)* dem Menschen *zugeschrieben wird, wird ihr nichts Wirklicheres zuerteilt, als wenn ihr auch die göttliche Natur zugelegt würde, ein Gottesraub, wie er größer nicht sein kann* SEQUITUR NUNC, LIBERUM ARBITRIUM ESSE PLANE DIVINUM NOMEN, NEC ULLI POSSE COMPETERE QUAM SOLI DIVINAE MAIESTATI; EA ENIM POTESTATE FACIT OMNIA, QUAE VULT IN COELO ET TERRA. QUOD SI HOMINIBUS TRIBUITUR, NIHIL RECTIUS TRIBUITUR QUAM SI DIVINITAS QUOQUE IPSA EIS TRIBUERETUR, QUO SACRILEGIO NULLUM ESSE MAIUS POSSIT (de servo arbitrio I. T. fol. 117 b).

Aus solchen Voraussetzungen, aus der Allursächlichkeit Christi und der Ohnmacht, ja Unmacht menschlichen Heilsmühens, aus der Demut also ergab sich folgerichtig der Umsturz der seitherigen Heilslehre, die das Heil das mittlere Ergebnis sein ließ aus Gottes an dingliche Zeichen geknüpfter Gnade und dem von göttlicher Hilfe unterstützten und unterbauten, aber frei wählenden menschlichen Wirken. Luther änderte grundlegend die seitherige dogmatische Lehre von Natur und Gnade, von Gesetz und Freiheit, von Sünde und Rechtfertigung, von Glaube und Sakrament. Dabei nahm er die Denkschwierigkeiten, die sich aufdrängten, in Kauf. Was geht denn restlos auf, wo es sich um Mensch und Gott, um Himmel und Erde dreht? Die Unfreiheit des Christen, christlich aus sich selbst zu handeln, gefährdete auch die natürliche Wahlfreiheit des Menschen. Da Luther dem Eigenwillen des Christen das Recht entzog, bedrohte er auch den natürlichen, freien Willen des Menschen. Da er das Selbstvermögen des Gläubigen bekämpfte, brachte er die Selbstheit und Selbständigkeit der menschlichen Natur in Gefahr.

Er nahm's in Kauf und blieb dabei: *Ich freilich bekenne von mir,
ich wollte, selbst wenn es geschehen könnte, gar nicht, daß mir ein
freier Wille gegeben würde oder daß mir etwas zu Händen wäre,
womit ich versuchen könnte, mein Heil zu erlangen ... Mein Gewis-
sen würde, selbst wenn ich ewig lebte und wirkte, doch nie gewiß
und sicher, wieviel es wirken müßte, wodurch Gott genug geschehe*
EGO SANE DE ME CONFITEOR, SI QUA FIERI POSSET, NOLLEM MIHI DARI
LIBERUM ARBITRIUM, AUT QUIPPIAM IN MANU MEA RELINQUI, QUO AD
SALUTEM CONARI POSSEM ... NEQUE ENIM CONSCIENTIA MEA, SI IN
AETERNUM VIVEREM ET OPERARER, UNQUAM CERTA ET SECURA FIERET,
QUANTUM DEBERET FACERE, QUO SATIS DEO FIERET (de servo arbitrio
I. T. fol. 236). Der Mensch hatte sich vertrauensvoll so Gott zurück-
zugeben, wie er von ihm erschaffen und im Laufe seines Lebens
geformt worden war. Und er konnte im Glauben und im Vertrauen
sicher sein, daß derselbe Gott ihn aus dem Wirrsal des Bösen heraus-
führen würde, das er doch selbst ihm zubereitet hatte.

Und so wagte Luther ein neues Paradox. ESTO PECCATOR ET PECCA
FORTITER, SED FORTIUS FIDE ET GAUDE IN CHRISTO (Epist. Luth. a
Joh. Aurifabro collectae I, Jen. 1556, 345). Als *sündige tapfer, aber
glaube tapferer* ist das Wort oft mißverstanden und im Streit der
Konfessionen als billiger Anwurf angezogen worden. Aber es lädt
nicht zur Sünde ein, sondern es überspitzt noch einmal die Grund-
idee, von der die Reformation ausging: vor Gott ist der Mensch ein
Nichts und Unwert, aber größer als menschliche Bosheit ist der
barmherzige, gnädige Gott.

Gleichwohl, so neu das alles klang, es tauchte nicht erstmalig auf,
als der junge Professor Luther zu Wittenberg den Römer- und
Galaterbrief untersuchte, um die Ruhe seines unruhig und grüblerisch
gewordenen Gewissens zu suchen. Eine innere Linie verbindet das
neue Denken mit den Lehren der urchristlichen Gnosis. Die Wissenden (Gnostiker) waren überzeugt, daß das Böse ein unablöslicher
Wesensteil des Menschen sei, daß die menschliche Natur unentrinn-
bar in der Sünde verankert sei und daß ein böser Gott, das Urböse,
sie geschaffen habe. Retten konnte nur das Wissen, jene gläubige
Annahme, daß wir Söhne eines guten Gottes seien und unserer Seligkeit nicht verlustig gehen könnten. Luthers Ordensvater, Sankt
Augustinus, hatte sein Leben lang sich damit abgequält, den Dualismus des Mani, dem er früher angehangen, abzustreifen und das
immer drohende Gespenst absoluter Verderbtheit aus seiner Seele
zu bannen. Und schon der frömmste und erfolgreichste der alten
Kirchengegner, der erste Protestant Marcion, lehnte den gewalt-
tätigen, furchtbaren und verzehrenden Gott des Alten Bundes ab,

verwarf die Weltangst und Erstarrtheit der mosaischen Religion und klammerte sich gläubig und inbrünstig an das Neue Testament, dessen Gott ein gnädiger, barmherziger und liebevoller Vater sei. Denn dieser Christus sei ein wesensanderer Gott als der Jahwe des Moses, der Propheten und Psalmen.

Luthers milderer Gnostizismus wirkte umstürzender als die radikalere alte Gnosis. Er lehrte keinen anderen Christus als die alte Kirche. Den Unterschied zwischen einem guten und einem bösen Gott vermochte er nicht zu vollziehen. Aber er entmachtete die herrschende Gewalt des alttestamentlichen Zornbegriffes und die Magik der kirchlichen Heilsmittel, indem er den Menschen entmachtete. Er löste den Christen aus dem Verband der sichtbaren Kirche und ihrer Hierarchie, entthronte ihre Heilsnotwendigkeit, schob ihr Mittleramt und die Dinglichkeit der Gnadenzeichen zur Seite, verwarf die ›Wirksamkeit der Sakramente aus sich selbst‹ OPUS OPERATUM und stellte den Menschen ganz auf sich. Nun waren durch Kopernikus die Himmel und durch Luther die Seelen revolutioniert. Wie die Erde als Stäubchen im All, so stand der Mensch allein vor seinem unendlichen Gott.

Revolutionär des Denkens
(Descartes)

COGITO, ERGO SUM
Ich denke, also bin ich

Das Barock brachte eine ungeheure Erweiterung des Weltbildes. Zwei Grundkräfte waren in ihm lebendig, das Gefühl für die Unendlichkeit und das Ideal einer krönenden Harmonie. Noch einmal wurde, wie im Mittelalter, eine Gesamtordnung und die Gesamtvorstellung der Welt versucht. Die Mathematik wurde dabei ›die magische Herzkammer des Zeitalters‹. Selbst sie entsprang schwungvollem Geistesflug. Leibniz und Newton rechneten mit irrationalen Zahlen, unendlichen Dezimalbrüchen, unsinnlichen Größen. Sie schwelgten in gedachten, mehrdimensionalen Räumen aus reinen Zahlenwerten. In den Barockbauten wurde die Kurve Stein, vermählte sich schwere Masse mit den irrationalen Kräften des Lichtes und der Bewegung. Die Musik weitete sich im Kontrapunkt und in den Fugen Bachs zum Tongerüst, zur Räumlichkeit des Ton-Reiches. Pfeilergleich baut sich Thema gegen Thema auf, strahlend stehen Wände aus Tönen, überwölbt vom Stimmgeflecht. *Die Musik ist eine Übung in der Arithmetik, ein Akt der Seele, die gar nicht merkt, daß sie in Zahlen denkt,* so großartig hatte Leibniz bereits gedacht. Eine Gesamtheit von Tönen erschien ihm sinnvoll und harmonisch, weil einfache mathematische Beziehungen in ihnen verwirklicht wurden, obgleich sie dem Hörenden nicht bewußt werden. Der große Denker hatte einen der mächtigsten Leitgedanken moderner Wissenschaften gefunden: die Ahnung von der gestaltenden Kraft mathematischer Ordnung. MUSICA EST EXERCITIUM ARITHMETICAE OCCULTUM NESCIENTIS SE NUMERARE ANIMI (Leibniz, 154. Brief). Die Philosophie des Barock suchte das Auseinanderstrebende der Welt zu einen, das Ganze aus einem Punkt zu erklären und zu einem großgeschwungenen Gedankenbau zu türmen. Die alte pythagoreische Vorstellung vom geheimnisvollen Zusammenhang zwischen Zahl und Sein taucht in den Gedanken barocker Philosophen wieder auf. Natur und Kosmos gründen und entstehen auf diesem geheimnisvollen, objektiven Tatbestand. Was aber in solcher Weise mathematisiert wurde, das ist auch mathematisierbar, d. h. also rechnerisch nachdenkbar.

René Descartes erscheint die Welt als eine unendliche\
materiellen Vorgängen, deren mechanisch meßbare Ge
aufzufinden ist und rein mathematisch verläuft. Ihr steht
selbständig und denkend gegenüber. Der durchaus mat
gerichtete Denker rang um eine allgemeingültige, unbezw
Tatsache, aus der er das Gesamte seines Denkens herleiten
Sie sollte der Grundstein für sein Denkgebäude werden. Das e   ,
was ihm unbezweifelbar erschien, war die innere Erfahrung: Ich
zweifle. I c h zweifle, dies ist sicher, also ist auch sicher: Ich denke.
Also ist auch sicher, daß › I c h ‹ *existiere* COGITO, ERGO SUM.

Die Form cogito, ergo sum findet sich übrigens nur einmal in dem
lateinisch geschriebenen Werke Descartes', und auch da nur als
Erklärung. . . . DUBITO, ERGO SUM VEL QUOD IDEM EST, COGITO, ERGO
SUM (Inquisitio veritatis per lumen naturale) *Ich zweifle, also bin
ich, oder was dasselbe ist, ich denke, also bin ich.* In den Princ. phil.
I, 7, I, 10 wird ein ego hinzugefügt: ego cogito, ergo sum. Descartes'
Hauptwerk ›Meditationes de prima philosophia‹ (1641) enthält den
Satz überhaupt nicht. Die französische Form im ›Discours de la
Méthode‹ (1635) heißt immer: je pense, donc je suis. Dieser Discours
ist zugleich das erste Hauptwerk der modernen französischen Prosa.

Vom cogito, ergo sum nahm das moderne rationalistische Denken,
das in Kant gipfelte, seinen Anfang. Die Tragfähigkeit der Descartes'schen These wird umstritten. Cogito, ergo sum wird viel
zitiert, aber nur wenige kennen die Begründung dieses fundamen-
talen Satzes in ihrer ganzen lichtvollen Klarheit. ›Aber woher weiß
ich denn, daß es nicht etwas von allem bereits Aufgezählten Ver-
schiedenes gibt, an dem zu zweifeln auch nicht der geringste Anlaß
vorliegt? Gibt es etwa einen Gott oder wie ich ihn sonst den nennen
mag, der mir diese Vorstellungen einflößt? Weshalb aber sollte i c h
das annehmen, da ich doch am Ende selbst ihr Urheber sein könnte?
Also wäre doch zum mindesten ich irgend etwas? Indessen, ich habe
bereits geleugnet, daß ich irgendeinen Sinn, irgendeinen Körper
habe. Doch hier stutze ich: was soll daraus folgen? Bin ich etwa so
an den Körper und die Sinne gefesselt, daß ich ohne sie nicht sein
kann? Indessen, ich habe mich überredet, daß es schlechterdings nichts
in der Welt gibt: keinen Himmel, keine Erde, keine Geister, keine
Körper, also doch wohl auch mich selbst nicht? Keineswegs; ich war
sicherlich, wenn ich mich dazu überredet habe. Aber es gibt einen, ich
weiß nicht welchen, höchstmächtigen und verschlagenen Betrüger,
der mich geflissentlich stets täuscht. Nun, wenn er m i c h täuscht, so
ist es also unzweifelhaft, daß i c h bin. Er täusche mich, soviel er
kann, *niemals wird er es doch fertigbringen, daß ich nichts bin, so-*

ange ich denke, daß ich etwas sei. Und so komme ich, nachdem ich derart alles mehr als zur Genüge hin und her erwogen habe, schließlich zu dem Beschluß, daß dieser Satz: ‚Ich bin, ich existiere‘, sooft ich ihn ausspreche oder in Gedanken fasse, notwendig wahr ist‹ (meditat. de prima philosophia. med. 2).

Aber: Das berühmte und gelästerte cogito, ergo sum, das berufen schien, eine neue Philosophie herbeizuführen, ist gar nicht so neu und original, wie es scheint. Hat Descartes gewußt, daß 1200 Jahre vor ihm Augustinus denselben Gedanken mit den gleichen Begründungen und fast sich deckenden Worten, nebenbei tiefer und ohne viel Aufhebens zu machen, niedergeschrieben hat? ›*Wir sind und wissen, daß wir sind, und lieben dies unser Sein und Erkennen* NAM ET SUMUS ET NOS ESSE NOVIMUS ET ID ESSE AC NOSSE DILIGIMUS. Hier bedrückt uns nicht die Annahme eines Irrtums..., denn es geht um Dinge der Außenwelt, an die wir mit irgendwelchen körperlichen Sinnen rühren... Hier dürfen wir von allen Trugbildern der Erscheinungen und Einbildungen absehen – für mich ist es sicher: *ich bin, ich weiß um mein Dasein, und ich liebe es* MIHI ESSE ME IDQUE NOSSE ET AMARE CERTISSIMUM EST. Angesichts solcher Wahrheiten (in his veris) fürchte ich nicht die Argumente der Akademiker, die da behaupten: ‚Wenn du dich aber nun täuschst?‘, denn täuscht mich dies alles, so ist es recht ein *Beweis für meine Existenz. Wer nicht existiert, kann sich auch nicht täuschen, und wenn ich mich getäuscht habe, so bin ich. Wenn ich es bin, der sich täuscht, wie kann ich mich darüber täuschen, daß ich bin, da es doch gewiß ist, daß ich bin, wenn ich mich täuschen kann?* SI ENIM FALLOR, SUM. NAM QUI NON EST, UTIQUE NEC FALLI POTEST: AC PER HOC SUM, SI FALLOR, QUIA ERGO SUM, SI FALLOR, QUOMODO ESSE ME FALLOR, QUANDO CERTUM EST ME ESSE SI FALLOR?‹ (Augustinus, de civitate Dei 11, 26)

Der große Pantheist
(Spinoza)

SED OMNIA PRAECLARA TAM DIFFICILIA QUAM RARA SUNT
Alles Erhabene aber ist ebenso schwierig wie selten

Wie im COGITO, ERGO SUM das Schlüsselwort für Descartes' Lehre liegt, so bilden die Begriffe AETERNITAS *Ewigkeit* und SUB SPECIE AETERNITATIS *unter dem Gesichtspunkt der Ewigkeit* den Zugang zum Denken Baruch de Spinozas.

Spinoza folgerte kühl und unerbittlich zu Ende, was Giordano Bruno grundgelegt und Descartes weitergeführt hatte. Gott ist die Ewigkeit, ist alles, neben ihm gibt es nichts. Alles ist er. Das Kieselrollen im Bach, der Sternengang am Himmel und mein letzter Gedanke, das ist die gleiche Gott-Natur in den beiden Erscheinungen: Ausdehnung und Denken. Diese Gott-Natur birgt die Fülle der Formen in sich. Aber weder ihre Fülle noch er können je ganz geschaut werden von irgendeinem Teil. Jeglicher Teil, Stein und Pflanze, Tier und Mensch, Gestirn und Licht und Urstoff, ist von der Gott-Natur durchdrungen, ist untrennbar mit ihr vereint, ist Gott, mit Gott, in Gott, und Gott lebt nur durch sie. So wenig wie der Mensch kann die Gott-Natur aus sich und über sich hinaus. Gott-Natur ist die aeternitas. Diese Ganzheit birgt in sich in unendlich mannigfachen Verkettungen die endlichen Dinge. Alles muß auf diese Ganzheit in Gott bezogen werden. Das heißt, die Dinge, den Geist und sich selbst sub specie aeternitatis betrachten. Spinoza nennt dieses Denken den AMOR INTELLECTUALIS DEI. Dadurch wird der denkende Geist weise und sittlich. Je mehr wir die Einzeldinge erkennen, desto mehr erkennen wir Gott. Je besser wir Gott erkennen, desto mehr lieben wir ihn. Diese *intellektuelle Liebe zu Gott* ist ein Teil der unendlichen Liebe, mit der Gott sich selbst liebt. Wer SO SUB SPECIE AETERNITATIS lebt, hat keinen Hochmut mehr und keine Demut. Was uns voneinander scheidet, ist nicht höheres oder geringeres Leben. Ich, du, alle und alles – es ist nur Entfaltung der allesseienden Gott-Natur. Nichts Wesentliches trennt uns voneinander, sondern nur die Form unserer höheren Gotterkenntnis und damit unseres Glückes. Zweckbegriffe und Freiheitsbegriffe gibt es in der allwirkenden Gott-Natur nicht. Wir alle sind bestimmt nach gleichen Gesetzen, die in Gott wirken. Wir sind eins mit ihm.

So unerbittlich schreitet diese Weltformel einher, daß es Spinoza selbst gelegentlich vor ihrer Logik graute. Er hat jahrelang um sein System gerungen, und es ist ihm sauer geworden. Unter bitterem Leid und mit persönlichem Einsatz hat er für seine Lehre gezeugt. Sein Vater war Katholik geworden, weil er die Inquisition seiner portugiesischen Heimat fürchtete. Aber als er sich in Holland niedergelassen hatte und die Schrecken der Glaubensverfolgung nicht mehr drohten, ließ er seinen Sohn Baruch im angestammten jüdischen Glauben erziehen. Der Zwiespalt dieses Maranentums lag als geistiges Erbe in der Seele des Sohnes. Er vergällte ihm das Leben. Die Juden betrachteten Baruch wegen seiner Lehre als abtrünnig, belegten ihn 1656 mit dem Großen Bann und stießen ihn unter dramatischen Umständen aus ihrer Gemeinschaft aus. Die Christen beargwöhnten ihn, weil er nie förmlich ihren Glauben bekannt hatte und weil er Gott geleugnet habe. Selbst vor seinem Grabe machte der Haß auf beiden Seiten nicht halt.

Spinoza ist in diesem aufreibenden Kampf menschenscheu geworden. Er floh zu sich selbst. *Ich habe mich emsig bemüht, das Tun der Menschen weder zu belachen noch zu beweinen, auch nicht es zu verabscheuen, sondern es zu begreifen* SEDULO CURAVI HUMANAS ACTIONES NON RIDERE, NON LUGERE NEQUE DETESTARI, SED INTELLEGERE (Tractatus polit. 1, 4). Er, der mit Meisterschaft optische Gläser schliff, um unabhängig von den Menschen sein Leben durchzubringen, hat nach Kräften versucht, sub specie aeternitatis zu leben.

Er stellt höchste Ansprüche an das Denken und den Geist derer, die ihn verstehen und ihm folgen wollen. Seine Lehre wird nie populär werden und ist bitter umstritten worden. Aber es geht um das Erhabene, und das ist immer des Schweißes der Edlen wert. Seine Gedanken werden bleiben, und in irgendeinem Sinne wird man sich mit ihm auseinandersetzen müssen. Lessing und Schleiermacher bemühten sich ernsthaft um ihn. Die herrliche Abhandlung ›Die Natur‹, die bislang Goethe zu Unrecht zugesprochen wurde, atmet den Geist Spinozas.

Hegel stellte seine abstrakte ›Phänomenologie des Geistes‹ in gefühlvoller, fast überschwenglicher Art dar. Spinoza dagegen ging an die fast mystische Intuition seiner geistigen Liebe Gottes mathematisch heran, er bewies sie *auf geometrische Weise* MORE GEOMETRICO, darin ganz Kind des barocken Denkens.

Als er kurz vor seinem Tod sein Hauptwerk, die fünf Bücher seiner ETHICA ORDINE GEOMETRICO DEMONSTRATA abschloß, da wußte er, wie Schweres er vorgetragen hatte und wie hart es war, seine Lehre praktisch durchzuführen. Darum schrieb er wie einen Trost für sich und seine Leser die letzten Worte seiner Ethik. Nach dem ehernen Gang der vorausgegangenen abstrakten Deduktionen klingt es plötzlich wie aus einer anderen Welt. Man spürt ein Herz. Spinozas letzter Satz in seinem Werke und auf Erden ist ein Magnificat auf das menschliche Streben. *Alles Erhabene ist ebenso schwierig wie selten.* Merkwürdigerweise schloß er, der so viel aus Eigenem schuf und im Gegensatz zu seinen Zeitgenossen sichtlich ungern die alten Klassiker heranzog, mit einem Zitat. Das Altertum kannte den Spruch: Was gut, ist selten; Platon, Seneca hießen ihn gut. Cicero (de amicitia 21, 79) überliefert ihn mit der knappen Form: ET QUIDEM OMNIA PRAECLARA RARA. Spinoza tat hinzu, wieviel Mühe alles Erhabene kostet, ihm und allen Wegbereitern des Geistes. ›Damit habe ich alles erledigt, was ich von der Macht des Geistes über die Affekte und von der Freiheit des Geistes dartun wollte. Es erhellt daraus, wie sehr der Weise dem Unwissenden überlegen ist und wieviel er an Macht voraus hat vor diesem, der nur von den Lüsten getrieben wird. Denn außerdem, daß der Unwissende von äußeren Ursachen auf vielfache Weise gehetzt wird und nicht im Besitze der wahren Befriedigung der Seele ist, lebt er überdies gleichsam ohne Bewußtsein seiner selbst, Gottes und der Dinge, und sobald er aufhört, zu leiden, hört er auf, zu sein. Der Weise dagegen, sofern er als solcher betrachtet wird, findet in der Seele kaum Unruhe, sondern, seiner selbst, Gottes und der Dinge mit einer gewissen ewigen Notwendigkeit bewußt, hört er niemals auf, zu sein, und ist immer im Besitze der wahren Befriedigung der Seele. Wenn nun auch der von mir gezeigte Weg, welcher dahin führt, sehr schwierig scheint, so kann er doch gefunden werden. Und allerdings muß eine Sache schwierig sein, die so selten angetroffen wird. Denn wenn das Heil so bequem wäre und ohne große Mühe gefunden werden könnte, wie wäre es dann möglich, daß es fast von jedermann vernachlässigt wird? Alles Erhabene aber ist ebenso schwierig wie selten.‹

Die beste Welt
(Leibniz)

ET SI FATA VOLUNT, BINA VENENA IUVANT
Wenn das Schicksal es will, bringt auch doppeltes Gift Nutzen

Daß Kopernikus den Himmel und Kolumbus die Welt ausweiteten, entsprach durchaus dem Grundstreben des großen, werdenden Zeitalters des Barocks. Man spürte aus innerem Drang dem unendlich Großen und unendlich Kleinen nach und kam zu neuen Begriffen von der Unendlichkeit.

Das große Anliegen war, wie sich die Menschen in diesen ungeahnten Größen behaupten und einordnen könnten. Descartes' cogito, ergo sum war als solch fester Standpunkt gedacht. Dieses ›Ich‹ suchte nun den entdeckten gewaltigen Raum zu meistern durch Reisen, Beobachtungen und Spekulationen. Bis in die Welt der Atome drang das unersättliche Forschen vor. Es bohrte nach einem Gemeinsamen für Gott und Welt. Der Sinn der bewegten Zeit verlangte, alles in Kraft und Bewegung aufzulösen, selbst die Materie.

Den entscheidenden Schritt dahin tat der Deutsche Gottfried Wilhelm Leibniz. Alles, was das Barock erstrebte, Einheit und Weite der Welt, großlinige, alles umfassende und durchgehende Harmonie des Seienden, hat sich in seinem Denken einmalig erfüllt und aufgegipfelt. Er war Geschichtsforscher und Mathematiker, führte elegant und gewandt politische Verhandlungen. Er löste diplomatische Aufgaben, er trieb philosophische Gedanken bis in die letzten Tiefen, er glaubte als frommer Christ und räumte als Kind der beginnenden Aufklärung auch der Vernunft ihre kritischen Rechte ein. Wie Bach die Musik des Barocks und Balthasar Neumann die Raumkunst zur letzten Konsequenz steigerten, so Leibniz das Denken. Bei so vielseitigen Interessen fand er noch Zeit, sich um die Wiedervereinigung der christlichen Konfessionen zu bemühen und daneben gelehrte Akademien zu gründen. Liebevoll spürte er der deutschen Muttersprache nach. Mitten in den gelehrten lateinischen Deduktionen seiner Theodizee (I, 16) findet sich das grobe deutsche Sprichwort:

Je krümmer Holz, je bessere Krücke,
Je ärger Schalk, je größer Glücke
APTIUS EST FULCRO LIGNUM QUOD CURVIUS EXIT,
NEQUIOR ET FRUITUR SORTE FAVENTE MAGIS.

Leibniz suchte die Einheit von Substanz und Kraft. Er fand als ihren Inbegriff die Idee der Monade. Aus ihr entwickelte er lückenlos die innere Einheit allen Seins. Mit seiner Monadologie kam er nicht bloß sehr nahe an unsere heutigen physikalischen Erkenntnisse. Er vollzog damit als letzter Aristoteliker auch den Anschluß an die Ideen des großen Griechen. Die Monade selbst ist der augenfälligste Ausdruck des Einheitsstrebens des Barocks. Mit ihr versuchte er, die Kluft zwischen Erkennen und Glauben, zwischen Gesetz und Freiheit zu überbrücken.

Die Monade, lehrte er, ist die letzte Einheit und Verschiedenheit von allem. Sie ist substantielle Kraft, sie ist Einheit, Einfachheit, ein Kraftpunkt; ihre Erscheinung ist die Ausdehnung. Sie hat die gleichen Funktionen wie der mathematische Punkt, der, obwohl ausdehnungslos, ›gerichtet ist je nach der Kurve, zu der er gehört‹, sie ist fähig, zu handeln. Sie empfängt nichts von außen, gibt nichts nach außen, ›hat keine Fenster‹, hat eine immanente Kausalität und unterliegt nur der Einwirkung Gottes. Als einfaches Wesen hat sie Kräfte ähnlich denen der Geister, also Vorstellungen. Diese Vorstellungen sind abgestuft. Sie reichen von den dumpfen Betäubungen der unbelebten Wesen bis zum Selbstbewußtsein des Menschen und dem Bewußtsein der Urmonade, Gott, welcher klare, deutliche adäquate Vorstellungen der Dinge hat, sie erschaffen hat und alle auf sich selbst bestimmt und abgestimmt hat. Alle folgenden Entwicklungszustände der Monade sind bereits von ihm in ihr grundgelegt. Jede hat den Grad von Seinsvollkommenheit, den ihr Platz im Weltganzen verlangt. So stehen alle in innerer, vorbedachter, prästabilierter Harmonie. Wirk- und Zweckursachen sind in ihr aufs Ganze des Universums geordnet. Leibnizens Monadologie ist eine Synthese des Denkens Platons, der Entelechie des Aristoteles, der scholastischen Formenlehre und Teleologie, christlicher Theodizee, mathematischen Denkens und des Mechanismus und Empirismus des Barocks.

Auch Goethe fand den Gedanken der Monade fruchtbar. ›Wirken wir fort, bis wir vom Weltgeist berufen in den Äther zurückkehren! Möge dann der ewig Lebendige uns neue Tätigkeiten, denen analog, in welchen wir uns schon erprobt, nicht versagen. Fügt er sodann Erinnerung und Nachgefühl des Rechten und Guten, was wir hier schon gewollt und geleistet, väterlich hinzu, so würden wir gewiß nur desto rascher in die Kämme des Weltgetriebes eingreifen. Die entelechische Monade muß sich nur in rastloser Tätigkeit erhalten; wird ihr diese zur andern Natur, so kann es ihr in Ewigkeit nicht an Beschäftigung fehlen.‹ Da Leibniz die Monade aus der Urmonade Gott ableitet, ergab sich für ihn seine kühnste Schlußfolgerung: *Die*

gegenwärtige Welt ist notwendigerweise die beste aller möglichen
NECESSE IGITUR EST OPTIMUM MUNDUM A DEO ELECTUM FUISSE (Theodizee I, 8). Selbst Sünde und Leid gehören in sie, sie sind ein wesent-
licher Bestandteil ihrer Güte. So ist auch die Erlösung notwendig und
war die Sünde Adams CERTE NECESSARIUM *unumgänglich notwendig.* Gerade hier setzen der theologische, philosophische und der aus
der Erfahrung abgezogene Widerspruch gegen das Denken Leibnizens ein. Kants System ist im Letzten die Überwindung der Lehre
des von ihm hochgeschätzten Denkers. Voltaire hat ehrfurchtslos in
seinem Schelmenroman ›Candide oder der Optimismus‹ mit beißen-
dem Spott die ›beste Welt‹ abzutun sich vermessen.

Der grandiose Versuch, die Welt zu einen, zu erklären und ihre
Übel mild verständlich zu machen, stempelt Leibniz zum ›Faust des
Barocks‹. Die wesentliche Stelle über die beste Welt (Theodizee I, 8,
9, 10) sei hier übersetzt wiedergegeben. Sie zeigt die Unerbittlichkeit
seines Denkens und die Kühnheit seiner Schlußfolgerungen.

›Diese höchste Weisheit nun verbunden mit der Güte, die nicht
minder unendlich ist, hat nur das Beste wählen können. Denn wie
das weniger Böse eine Art des Guten ist, so ist das weniger Gute eine
Abart SPECIES des Bösen, weil es dem größeren Guten *im Wege steht*
OBICEM PONAT. Es gäbe etwas am Handeln Gottes zu verbessern,
wenn er Gelegenheit hätte, etwas besser zu machen. Wie in der
Mathematik, wenn kein Größtes oder kein Kleinstes, ja überhaupt
nichts *Unterschiedenes sich vorfindet* DISTINCTUM ADEST, entweder
alles auf einerlei Weise oder, wo sich dies nicht verwirklichen läßt,
überhaupt gar nichts geschieht, so verhält es sich genau mit der höchsten Weisheit, die ebenso sicher verfährt wie die mathematischen
Disziplinen. Hier gilt: wenn nicht unter den möglichen Welten eine
die beste wäre, so hätte Gott keine hervorgebracht. Ich nenne Welt
aber die Gesamtfolge und den Gesamtumfang aller existierenden
Dinge, damit man nicht sagen kann, es könnten zu verschiedenen
Zeiten und an verschiedenen Orten mehrere Welten existieren. Denn
man müßte sie alle zusammen als eine einzige Welt rechnen, oder,
wenn man so will, als ein einziges Universum. Und wenn man auch
alle Zeiten und alle Orte ausfüllen würde, so bleibt es doch dabei:
sie alle hätten auf unendlich viele andere Arten ausgefüllt werden
können, es bleibt dabei, daß es eine Unendlichkeit von möglichen
Welten gibt. Gott muß notwendig die beste gewählt haben. Denn er
tut nichts, ohne daß er der höchsten Vernunft gemäß handelt. Ein
Gegner wird vielleicht einwenden, es wäre eine Welt ohne Sünde
und Leid möglich gewesen. Aber ich bestreite, daß sie dann besser
gewesen wäre. Denn man muß wissen, daß in jeder möglichen Welt

alles in Verknüpfung untereinander steht: jedes wie beschaffene Universum gleicht dem Ozean. Er hängt kontinuierlich zusammen. Die geringste Bewegung in ihm pflanzt sich fort auf jede Distanz, wenn auch jene Bewegung nach Maßstab der Entfernung kaum in Erscheinung tritt. So hat auch Gott bei der Erwählung der Welt alles zugleich und einmalig *voraus in Ordnung gebracht* PRAEORDINAVIT. Jegliches Ding hat schon vor seiner Existenz in der Idee zu dem Entschlusse beigetragen, der über die Existenz aller Dinge insgesamt gefaßt worden ist, dergestalt, daß am Universum nichts geändert werden kann, ohne sein Wesen oder seine numerische Individualität zu berühren. Wenn demnach das geringste Übel, das in der Welt geschieht, fehlte, dann wäre es nicht mehr diese Welt, die, alles ein- und abgerechnet, von dem Schöpfer, der sie gewählt hat, als die beste befunden worden ist. Allerdings kann man sich mögliche Welten ohne Sünde und Unglück vorstellen ... Aber diese selben Welten würden der unsrigen anderweitig sehr unterlegen an Güte sein.‹

In einer solchen Welt, in der alles, Gutes und Böses, aufeinander bezogen ist, kann selbst das Böse die Ursache von etwas Gutem sein, was ohne das Böse nie zustande gekommen wäre. Ja, *selbst doppeltes Gift hat schon ungeheuer Gutes hervorgebracht* ET SI FATA VOLUNT, BINA VENENA IUVANT (Leibniz, Tentamina Theodiceae T. 10).

Die Sünde in der Welt

O FELIX ADAE CULPA
O glückliche Schuld Adams

Wenn in der erlesenen katholischen Osternachtsfeier die Osterkerze dreimal in das Taufwasser getaucht wird, jubelt der Diakon das gesanglich und gedanklich gleich großartige Exultet, in dem die obige Stelle einen betonten Platz einnimmt. O CERTE NECESSARIUM ADAE PECCATUM, QUOD CHRISTI MORTE DELETUM EST. O FELIX CULPA, QUAE TALEM AC TANTUM MERUIT HABERE REDEMPTOREM *O wahrlich notwendige Sünde Adams, die durch Christi Tod getilgt worden ist. O glückliche Schuld, die verdiente, einen solchen und so großen Erlöser zu haben.*

Die kirchliche Lösung des Problems des Bösen findet hier ihre gedrängteste Fassung. Leid und Schuld kommen nicht von Gott, sie sind auch keine ihm gegenüberstehende Macht. Alle Sünde entspringt aus der Abirrung des menschlichen Willens. Sie ist Schuld, wie die Sünde, die der erste Mensch beging, als er sich gegen ein Verbot Gottes verging. Aber das Böse hat seinen vorausgesehenen Platz in der Welt, ist notwendig und in den Plan der göttlichen Weltharmonie eingerechnet. Denn am Ende lenkt Gott auch die Frucht des Bösen in die große Ordnung der Dinge und der Heilsökonomie ein. Ohne das Böse existierte das Gute nicht, ohne Laster nicht die Tugend, ohne Haß nicht die Liebe, ohne Makel nicht die Schönheit, ohne Schmerz kein Mitleid, ohne Gefahr kein Mut. Und so gehört selbst der Teufel ins christliche Weltbild, und jedesmal, wenn ein Laster auf Erden ausgerottet wird, stirbt eine Tugend mit ihm. So war auch die erste Sünde Adams, die Erbsünde, notwendig, weil sie die Erlösung verursachte. Die Schuld war so unerläßlich wie der Kuß des Verräters Judas Iskarioth, wie Lanze und Nägel am Kreuze. Sie wurde Glück, eine glückliche Schuld, weil sie unter den möglichen Arten der Erlösung die ungeahnteste und großartigste veranlaßte, die Menschwerdung und die stellvertretende Genugtuung Christi am Kreuz. Unser Satz von der glücklichen Schuld Adams könnte von Leibniz geschrieben sein. Aber er ist uralt.

Devisen und Mottos

POSCIMUR
Man verlangt uns

Als die Romantik des Mittelalters verronnen war, blühten ihre letzten Ausläufer in der Spruchpoesie auf. Hoffeste, Turniere, die neue Heraldik, Stammbücher schufen einen wachsenden Bedarf an knappen, sinnreichen Worten. Medaillen verlangten von selbst die schlagendsten Formen der Inschrift.

Solche Sinnsprüche verband der Brauch mit einem symbolischen Bild zu gedanklicher und tatsächlicher Einheit. Wort und Bild ergänzten und erläuterten sich gegenseitig, waren wie Leib und Seele aufeinander bezogen. Diese anmutigen Gebilde nennt man Devisen.

Ihre Zahl ist Legion. Sie haben ihre eigenen Formgesetze, in ihnen spiegeln sich Menschen und Zeitläufte. Einige seien hier ausgewählt, gültige Muster, die wesentliche Anforderungen an die Form aufzeigen sollen.

Die Blütezeit der Devise fällt in das 15.–17. Jahrhundert. Nicht als ob die Alten nicht auch die Sitte gekannt hätten, etwa Schilder zu beschriften oder ihren Schleuderbleien saftige Worte mit auf den Weg zu geben, wie FUGITIVI PERIISTIS *Fliehend seid ihr umgekommen.* Aber im ganzen stand der Antike das Dämmerlicht, das Fließende, das doch die Seele der Spruchpoesie ausmacht, nicht zu Gesicht. Die Römer schätzten mehr das Klare, das Eindeutige, das für sich selbst sprechende Wort. Immerhin ergaben sich aus der Arkandisziplin der Urchristen echte Devisen, wie etwa das Christogramm oder der im Bilde und den Buchstaben des griechischen Wortes ichthys (Fisch) versteckte Name des Erlösers. Einige Goldmünzen des Kaisers Augustus zeigen ein Krokodil, das an einen Palmbaum gefesselt ist. Man bezieht das dem Bilde beigegebene Wort NEMO ME COLLIGAVIT *Niemand hat mich gefesselt* darauf, daß der Kaiser Ägypten erobert hat. Dem ritterlichen und galanten Sinn der Renaissance entsprach es mehr, die Kürze und Treffsicherheit der lateinischen Sprache in den Dienst philologisch richtiger, aufmunternder, geistreicher Sprüche zu stellen. 1560 erhielt beim Turnier in Wien nicht nur der den Kranz, der in den Kampfspielen gesiegt hatte, man krönte auch den, welcher den schönsten Spruch gedichtet hatte. Wegen ihrer richtungweisenden, zielsetzenden Eigenart vermeidet es die Devise, Vergangenes auszudrücken. Sie schaut voraus, kündet Vorsätze, leiht großartigen Gefühlen das Wort, atmet edle Leidenschaft und verpflichtet noch die Nachfahren.

Scharfsinn, Schwung, Geist und Kürze machen solche Spruchpoesie zu einem Genuß. Maria von Medicis königliche Art, ihren vernichtenden Stolz offenbarte ihre Devise. Ein Blitze tragender Adler fährt über eine Brut von Schlangen hin. POSSUM, SED NOLO *Ich könnte, aber ich mag nicht* steht kraftvoll unter dem Bild.

Wie die Malerei eine Symbolik der Farben kennt, so legten die Formgesetze der Devise bestimmte Gestalten als bleibende, eindeutige Träger von Ideen fest. Der Adler schaut ungeblendet in die Sonne, das Pferd, glänzend, frei und schön, drückt herrscherliche Kraft aus. Drum erwählte der Bürgerstolz der Stadt Pisa zum Bilde eines wilden Pferdes das abwehrende Wort: DOMINUM GENEROSA RECUSAT *Stolz will ich keinen Herrn.* Der exotische Glanz des Paradiesvogels lockte, ihn im Bilde nachzuformen. Man erzählte sich von ihm, er lebe nur im Fluge. *Weil' ich, sterb' ich* SI MOROR, MORIOR, lautete eine schöne Devise. Eine andere beschriftet dasselbe Bild des von der Natur so reich bedachten Vogels mit dem ritterlichen Wort: NEGLEGIT IMA *Er verachtet Niedres.*

Aus dem Gefühl für Form, Schönheit, Wohlklang und Geist stellte man an Wort und Bild hohe Ansprüche. Anstößiges war untersagt, selbst dem Alltäglichen räumte die Devise keinen Platz ein. Bewegung und Leben sollten aus Bild und Wort zu verspüren sein, Unklarheit galt als Schönheitsfehler. Maria Stuart hatte nach dem Tode ihres Gemahls Franz das herrliche Wort DULCE MEUM TERRA TETIGIT *Alle meine Süßigkeit deckt die Erde* gebildet. Aber an der beigefügten Süßholzstaude nahm man Anstoß, weil sie unkenntlich und nicht edel genug war.

Da die Devise bekennt, darf sie keine allgemeine Wahrheit enthalten. Sie verlangt das persönliche Gesicht und paßt nur für und auf ihren Träger. So kennzeichnete Papst Urban VIII. nach seiner Thronbesteigung sich treffend als IDEM ALIUSQUE *derselbe und doch ein anderer;* eine Sonne, die sich soeben über dem Horizont erhob, erläuterte, was gemeint war.

Besonders gelungen galt die Devise, wenn sie Reim, Alliteration, Gleichklang, Gleichzahl der Worte und schlagenden Gegensatz aufwies. Mut und Trost, Würde im Unglück, alles schloß z. B. die Devise SI DEFERAR, EFFERAR in sich. Das Bild eines Springbrunnens erklärte den Sinn: *Wenn man mich drückt, steige ich.* Bismarck hätte für seine aufopfernde Hingabe kein schöneres Wort wählen können als sein ›Im Dienste des Vaterlandes verzehr' ich mich.‹ Aber sein

Leitsatz war nicht originell. Der eiserne Kanzler hat gerne lateinische Sprüche angeführt, seine Briefe verraten eine gute Belesenheit in den Klassikern. Selbst seinen Lebensgrundsatz entlieh er einer Devise, die vor ihm ein Lehrer erdacht hatte. Der hatte unter das Bild einer herabbrennenden Kerze das pflichterfüllte ALIIS INSERVIENDO CONSUMOR *Im Dienste anderer verzehr' ich mich* gesetzt.

Zu den Gesetzen der Devise gehörte es auch, daß sie die einem Gedichte entlehnten Worte in einem neuen Sinne erstehen ließ. Der Vers Vergils MOBILITATE VIGET VIRESQUE ACQUIRIT EUNDO (Aen. 4, 175) geißelt die unheimliche Eile, mit der Gerüchte sich vergrößern und verbreiten. Er hat den Stoff zu zwei Devisen geliefert. Seine erste Hälfte, mit dem Bilde einer Uhr verbunden, besagte das Neue: *Von der Bewegung lebt sie.* Der Rest des Verses, mit dem Bilde strömenden Wassers anschaulich gemacht, ermöglichte den vielen Lagen gerechten Gedanken: *Seine Kraft wächst im Laufe.* In einer Ode (1, 32) besang Horaz seine Laute:

Man verlangt uns POSCIMUR
Phoebus' Schmuck, o Laute, dem Mahle des Götter-
Fürsten Zeus willkommene, du der Schmerzen
Süßes Labsal, sei mir gegrüßt, sooft ich
Pflichtlich dich rufe.

Der Reichskanzler Bülow hatte das Wort an die Laute in das Gebiet der Ethik gewendet, als er es zu seinem Leitsatz erkor: POSCIMUR *Man verlangt uns.* Der Anruf der Freude war zu einer Stimme des Gewissens geworden. Der Anspruch an die echte Devise, auch die übernommene Form mit persönlichem Gehalte zu erfüllen und ihr einen neuen Sinn zu geben, war gelungen.

Das Bülowsche POSCIMUR fällt aber bereits aus dem Rahmen der Devise. Literarisch ist es dem Motto zuzurechnen. Auch das Motto verfolgte die Absicht, Richtung zu weisen, Gesinnung zu preisen, anzufeuern und zu verpflichten. Aber es war unbebildert und wirkte lediglich durch das Wort. Das mittelalterliche muttire (lautwerden), aus dem der Ausdruck gebildet ist, besagt, was erstrebt wird. Das Motto verkündet. Es steht näher beim Sprichwort als die Devise. So hat ihre Krisen, Kämpfe und Siege die Comédie Française in dem Motto zusammengefaßt: FLUCTUAT NEC MERGITUR *Von den Wogen hin und hergezerrt, aber nicht versenkt.* Manchmal wurde sogar ein Motto als Leitsatz gewählt. Aber auch dann verleugnete es nicht sein inneres Bestreben, das Persönliche, den Bezug auf den Träger. Josef von Radowitz, dessen Buch ›Die Devisen und Motto des späteren Mittelalters‹ wir hier als einem grundlegenden Werk gefolgt sind, zieht die Grenze zwischen Motto und Sprichwort wie folgt: ›Das Motto hat gewissermaßen einen Besitzer, die Sentenz wie das Sprichwort gehören jedermann.‹ Selbst eine Sache bekam gelegentlich ein Motto. Mittelalterliche Baumeister gruben gern in ihr wichtigstes Instrument, den Zirkel, der für sie ein richtiger Bauschlüssel war, das vielsagende Motto ein: DIRIGO ET DIRIGOR. *Ich lenke und werde gelenkt.*

Das Motto zielt auch insofern auf das Verpflichtende, als es häufig zu Wappensprüchen oder Haussprüchen gebildet wurde. Der Nachfahr sollte fortführen, was der Ahnherr sich vorgesetzt hatte. Englische Adelsfamilien liebten es, aus dem Namen ihres Geschlechtes die Idee für ihr Motto zu gewinnen. Auch in anderen Ländern kannte man diese Sitte. Dabei kamen oft verspielte Formen heraus, aber auch so geistreiche wie der Wappenspruch der Vernon. Sie schufen das gefällige Wortspiel: VER NON SEMPER VIRET *Der Frühling grünt nicht immer.* Lebensfreude und das Horazische carpe diem sprechen hier. Die Montalembert spielten in ihrem Wappenspruch gefährlich mit dem Worte Eisen. *Das Eisen trag ich, vom Eisen werd ich getragen* kündeten ihre Schilde. FERRUM FERO, FERRO FEROR. Aber es schien ihnen noch nicht genug des grausamen, schmetternden Drohens. Man preßte das Wort noch packender, wenn auch nicht schöner. *Ich trage Eisen, mit Eisen schlag ich* FERRUM FERO, FERRO FERIO.

Der Mensch zeigt sich in diesen knappen Bekenntnissen, die Taten der Geschlechter verdichten sich in gedrängte Aufrufe, nachzuahmen, zu bewahren, fortzufahren. Eine Ethik in Sprüchen, Lebensweisheit in Schlagzeilen, das alles enthält das Motto. Der große Linné war mit religiöser Ehrfurcht vor das Buch der Natur getreten. Das Axiom des Thomas von Aquin *Die Ordnung ist das Siegel des Geistes* OMNIS ORDINATIO EST RATIONIS leitete ihn bei seinen Naturbeobachtungen; wohin er blickte, sah er den Schatten einer höchsten Schönheit und eines waltenden Geistes. Dazu bekannte er sich in der Vorrede zu seiner klassischen Schrift ›System der Natur‹. Und so hebt das Werk feierlich an: *Wie aus einem Traume erwachend, sah ich den ewigen, unendlichen, allwissenden und allmächtigen Gott vorübergehen, aber gleichsam nur von hinten, und mir blieb das Staunen* DEUM SEMPITERNUM, IMMENSUM, OMNISCIUM, OMNIPOTENTEM, EXPERGEFACTUS A TERGO TRANSEUNTEM VIDI ET OBSTUPUI. Der fromme Mann stellte sein Leben und sein Werk unter diese übergewaltig redende Macht. VIVE INNOCUE, NUMEN ADEST *Lebe schuldlos, Gott ist nahe.* Das Motto, wonach er sich einrichtete, vererbte er weiter. Sein merkwürdiges Testament an den Sohn, die religiösmoralische Abhandlung NEMESIS DIVINA *Die Rache Gottes,* beginnt in feierlicher Weise mit den gleichen Worten.

Wahlsprüche der Kaiser

OPES REGUM CORDA SUBDITORUM
Die Schätze der Könige sind die Herzen der Untertanen

1838 regte das Städelsche Institut in Frankfurt am Main an, den Kaisersaal des Römers mit den Bildern aller deutschen Kaiser zu schmücken. Ein Dutzend Jahre lang arbeiteten 23 verschiedene Maler aus Deutschland und Österreich daran, die 52 Gemälde zu vollenden. Nazarener und Realisten, Rethel, Veit, Steinle, Waldmüller, Settegast trugen das Ihre bei, der Reihe Gesicht und Gewicht zu geben. Meist ohne das Werk der Mitbeauftragten gesehen zu haben, schufen die Meister ein einheitliches Werk aus der stilbildenden Kraft, die von der Romantik ausging. Den Bildnissen waren die Wahlsprüche zugefügt, welche die Kaiser entweder sich selbst vorsetzten oder die man ihnen zuschrieb. Die Sprüche ergaben eine wahre Regentenschule. Die deutsche Geschichte hätte anders und glücklicher verlaufen können, wenn viele der Wahlsprüche nicht bloß Gedanke und guter Wille geblieben wären, sondern ihre hohen Träger auch die Kraft besessen und das Glück gefunden hätten, sie in Taten umzusetzen.

Aus den Wahlsprüchen greifen wir die der Habsburger heraus, weil sie gesichert sind und einige von ihnen bemerkenswerte Abschnitte deutscher Geschichte festhalten. Schließlich um deswillen, weil auch heute noch besteht, was Goethe einmal schrieb: ›Von Karl dem Großen vernahmen wir manches Märchenhafte, aber das historisch Interessante fing für uns erst mit Rudolf von Habsburg an.‹

Zusammenfassend vor den Devisen stehe jener Spruch, der lange galt, die Welt staunen machte, aber im Laufe der Zeit fragwürdig wurde: Vom Glück des Hauses Österreich, wie sich die Habsburger nannten.

Als die Griechen vor Troja zogen, sprang als erster Protesilaos an das feindliche Gestade. Er wurde auch das erste Opfer des neunjährigen Krieges. Laodamia, seine Gattin, war untröstlich, die Götter aber erwiesen sich gnädig. Sie ließen den Gefallenen aus der Unterwelt zurückkehren an den heimischen Herd – aber nur für drei Stunden. Für Protesilaos war der Krieg aus, er genoß die kurze Frist zu einer letzten, hingebenden Liebe. BELLA GERANT ALII, PROTE-

SILAUS AMET, dichtete Ovid (Heroid. 13, 84) *Mögen andere Krieg führen, Protesilaos liebe.* Als die Glücksstunden und die Gnadenfrist verstrichen waren, brach das Herz Laodamias. Gemeinsam traten die Gatten den Weg in den Hades an, um für immer vereint zu bleiben. Im 14. Jahrhundert ist der Vers Ovids aus dem Bereich der Idylle herausgezogen und auf die große Politik bezogen worden. Der Ovidsche Hexameter wandelte sich um in das Distichon:

BELLA GERANT ALII, TU FELIX AUSTRIA NUBE,

NAM QUAE MARS ALIIS, DAT TIBI REGNA VENUS

Mögen andere Kriege führen, du, glückliches Österreich, freie,
Denn was den andern Mars, dir mehrt die Herrschaft Venus.

Lipperheide gibt an, der Spruch sei schon vor 1363 bekannt gewesen. Büchmann möchte als Urheber des Distichons den ungarischen König Matthias Corvinus annehmen.

Die Worte bekamen ihre augenfällige Treffsicherheit besonders seit Maximilian dem Ersten. Österreich verstand es meisterlich, die Liebe in den Dienst der Politik zu stellen und durch berechnete Heiraten und durch Erbverträge den Habsburgerbesitz schnell und großartig zu mehren. Solche unkriegerische Politik lag schon auf der Linie des ersten Habsburgers, der auf den deutschen Kaiserthron gelangte. Rudolf von Habsburg wird als Wahlspruch zugeschrieben: MELIUS BENE IMPERARE QUAM IMPERIUM AMPLIARE *Besser, das Reich gut regieren als es mehren.* Das treue, redliche Bemühen des Kaisers, Recht, Ordnung und Friede zu schaffen, fand seinen klaren Widerhall im Volk. ›Der hat Rudolfs Redlichkeit nicht!‹ sagte man noch lange von einem Wortbrüchigen. Der Kaiser hat Habsburg gemehrt. Die glückliche Hand seines Geschlechtes, Ehen zu stiften, bewies bereits er: seine sechs Töchter gab er den mächtigsten Fürsten zur Ehe. Etwa 20 Jahre nach Rudolfs Tod schrieb Dante das Lob des wiedererstandenen, übernationalen Weltenamtes, des Kaisertums: De monarchia. Aus jener Zeit der ersten Habsburger und aus diesem Buche stammt der gewaltige Satz, den der letzte Habsburger vergessen hat: ERGO SCINDERE IMPERIUM IMPERATORI NON LICET *Daher steht es dem Kaiser nicht zu, das Reich zu zerreißen (de monarchia III).*

Das sprichwörtliche Habsburgerglück beschäftigte die Phantasie und reizte, in der großartigen Kürze des Lateins die Macht Österreichs zu schildern. Vierhundert Jahre blieb die deutsche Kaiserkrone ununterbrochen beim Hause Habsburg. Als Albrecht II. zum römischen Kaiser erwählt war, las er als Gruß nur die Vokale AEIOU. Der Text: ALBERTUS ELECTUS IMPERATOR OPTIMUS VIVAT war zu unterlegen. *Albert, zum Kaiser erwählt, wünschen wir, lebe!*

So wendig war die klingende Reihe der Laute, daß immerfort versucht wurde, sie zu Gruß oder Tadel zu deuten. Man machte eine Art Denksport daraus; über dreihundert Versionen wurden ersonnen. Auf Albrechts Nachfolger, Friedrich III., wurden sie zu: ARCHIDUX ELECTUS IMPERATOR OPTIME VIVAT *Der zum Kaiser erwählte Erzherzog lebe bestens hoch!* umgedeutet. Bald bemächtigte sich die Anekdote des amüsanten Spiels. Ein Hämling hatte Friedrich III. zum Spott hinter die Vokale auf einen Schrank der Hofburg den Vers gesetzt: Aller Erst Ist Österreich Verdorben. Aber der Kaiser parierte den Hieb und machte aus den Worten des Niedergangs ein Programm der Kraft: EN! AMOR ELECTIS INIUSTIS ORDINAT ULTOR! SIC FRIDERICUS EGO REX MEA IURA REGO *Siehe, Liebe waltet über die Auserwählten, über die Ungerechten der Rächer. So führe ich, König Friedrich, meine Rechte.* Und schließlich – so will es eine spätere Auslegung – sei er wieder zu den einfachen Vokalen zurückgekehrt, und das AEIOU sei sein Wahlspruch und das bleibende Lob Österreichs geworden: AUSTRIAE EST IMPERARE ORBI UNIVERSO *Österreichs Sendung ist's, dem Erdkreis zu gebieten!* Der Mann, der so gewaltige Worte sich vorsetzte, zeigte sich in den 53 Jahren seiner Regierung schwach und untätig. Kein Kaiser hat länger, aber auch keiner lässiger die Geschicke des Reiches geführt.

Erfüllt wurde der weitgespannte Anspruch von der Sendung Österreichs nicht durch die Taten des Kaisers, sondern durch die Laune des Schicksals: durch die burgundische Heirat seines Sohnes Maximilian und vor allem durch die spanische Erbschaft Karls, der sein zweiter Nachfolger geworden ist. Unter ihm, der als letzter deutscher Kaiser von einem römischen Papst gekrönt worden ist, gebot Österreich dem Erdkreis, Habsburg wurde kosmopolitisches Fürstenhaus. Als der erste Habsburger sein Ende herannahen fühlte, ritt er gen Speyer, dort bestattet zu werden. Der Mächtigste seiner Nachfolger zog sich in ein Kloster zurück, um sein Ende abzuwarten. PLUS ULTRA *mehr, weiter*, hatte er sich einst als Aufgabe vorgesetzt. ›Zehnmal war ich in den Niederlanden, neunmal habe ich Deutschland besucht, siebenmal Italien, sechsmal Spanien, viermal bin ich nach Frankreich gekommen, zweimal nach England gefahren, zweimal in Afrika gewesen und elfmal habe ich eine Seereise gemacht.‹ So umriß er die Unrast seines Lebens, als er 1555 zu Brüssel feierlich abdankte. Die lombardische Königskrone, die römisch-deutsche Kaiserkrone hatte er getragen, Spanien beherrscht, Sizilien, Mailand, Florenz, Burgund, Lothringen, Elsaß, die Niederlande, Österreich, Ungarn, Böhmen, Kroatien, Mexiko, Peru.

Sein Wahlspruch war das erste Motto deutscher Kaiser, das keinen

Satz enthielt, sondern nur einen Gedanken anschlug. Er fand es auf dem Stadtwappen von Sevilla. Es zeigte die Säulen des Herkules, und seine Unterschrift NE PLUS ULTRA sollte bedeuten, daß dort bei Gibraltar Spanien aufhöre. Das Wort war nicht einmal eine eigene Erfindung Sevillas. Der Dulder Hiob hörte es aus Gottes Mund: ›Bis hierher darfst du kommen und nicht weiter dringen, und hier sollst du deine schäumenden Wogen brechen‹ (Hiob 38, 14). Aber Karl ließ das ›ne‹ (›nicht‹) weg und setzte sich das größere Ziel. Als er 1552 unverrichteter Sache von Metz abziehen mußte, spottete man seiner, daß das Schicksal sein ultra berichtigt habe. NON ULTRA METAS *Nicht über die Grenzen* sei er hinausgekommen, wobei aus ›metas‹ doppelsinnig der Name des vergebens belagerten Metz herauszuhören war. Fünf Jahre vorher hatte Karl die entscheidende Schlacht bei Mühlberg gewonnen. Damals hatte er Caesars selbstbewußtes Siegestelegramm in der ihm eigentümlichen Mischung von Stolz und Bigotterie in das eigenartig zwiespältige Wort umgeformt: VENI, VIDI, DEUS VICIT! *Ich kam, ich sah, Gott siegte.* Als Folge dieses Sieges fiel Wittenberg in die Hand des Kaisers. In der Schloßkirche ließ er sich Luthers Grab zeigen. Fanatiker rieten ihm, die Leiche des Mannes, der ihm so viel zu schaffen gemacht habe, zu schänden und verbrennen zu lassen. Damals sprach Karl das großherzige Wort: DORMI, LUTHERE! *›Schlaf, Luther,* ich führe Krieg mit den Lebenden, nicht mit den Toten.‹

Erzherzog Ferdinand von Steiermark hatte als Wahlspruch das kämpferische Wort aus dem 2. Timotheusbrief des Paulus (Vers 5) erkoren: *Für die, welche rechtlich streiten* LEGITIME CERTANTIBUS. Im Frankfurter Römer stand das Motto unter dem Bild des Kaisers Ferdinand II., das sein Nachfahr Kaiser Ferdinand I. von Österreich gestiftet hatte. Das Wort paßt zum streitbaren Sinne des Kaisers und zu den entscheidungsträchtigen Religionskämpfen des Dreißigjährigen Krieges. Man kannte Ferdinand als gelehrigsten Schüler der Jesuiten; er betrachtete sich als berufenen Vorkämpfer der katholischen Gegenreformation. In Böhmen hatte er fanatisch und gewaltsam das Volk zum katholischen Bekenntnis zurückzuführen gesucht. Der Fenstersturz zu Prag war die Antwort der Bedrängten. Er gab das Signal zu jenem Religionskrieg, der bleibend Deutschland spaltete, lähmte und den Grund legte zu den politischen Verwicklungen der kommenden Zeiten. Fast prophetisch schrieben bei Ferdinands Wahl die brandenburgischen Gesandten, obwohl sie selber für Ferdinand gestimmt hatten, man würde einst über die Wahl des Habsburgers weinen ›angesichts des Unheils, das über Deutschland kommen muß‹. Waren die Habsburger überhaupt ein

Segen für Deutschland? Die Frage wird von vielen leidenschaftlich verneint.

Aber es bleibt Habsburgs geschichtliches Verdienst, den Ansturm der Türken gebrochen zu haben. 1683 schien die Kaiserkrone vor dem Halbmonde niedersinken zu müssen. Kaiser Leopold I. und König Johannes Sobieski, Wiener Bürger, Rüdiger von Starhemberg und die dreiunddreißig Prinzen, die in den Reihen der Kaiserlichen fochten, Deutsche und Polen, sie alle entsetzten gemeinsam das eingeschlossene Wien. In selten gekannter Eintracht, in hoher Opferwilligkeit, stürmisch begeistert, hatte sich fast das gesamte christliche Abendland zusammengefunden und die weltgeschichtliche Wende erzwungen. Der gutmütige, schwache Kaiser Leopold hatte, fast spielerisch, aus den rechten Winkeln (Aequus) des Buchstabens L, mit dem sein Name anfing, ein Motto gebildet: AEQUIS AEQUUS *Den Rechten recht*. Nun, nach Wiens Befreiung, nahm er ein Wort als Wahlspruch hinzu, das dies große Ereignis festhielt und geschichtliche Weisheit weitergibt: COLLIGIT AUXILII RADIOS *Er sammelt zerstreute Hilfe*.

Die Wahlsprüche deutscher Kaiser sind hinfort immer einfacher geworden. Sie gehen kaum über knappe Richtlinien hinaus. So gedachte Josef I. *mit Liebe und Furcht* AMORE ET TIMORE zu regieren, Karl VI. mit *Standhaftigkeit und Tapferkeit* CONSTANTIA ET FORTITUDINE. Des siebenten Karl Wahlspruch kennt man nicht. Franz I. setzte sich ein LEGE VINDICE *unter dem Schutz des Gesetzes* vor. Der ›Bruder Sakristan‹, Josef II., Kind und Schrittmacher der Aufklärung, bezog seinen Wahlspruch ganz auf sich selbst: VIRTUTE EXEMPLO *mit der Tugend als Beispiel* wollte er seine Untertanen beglücken. Sein Bild im Römer stiftete bezeichnenderweise die Loge in Frankfurt. Der Mann, der ein sittliches Programm sich aufgab, hat als Politiker sein Ziel verfehlt. Es gelang ihm nicht, seinem Reich jene innere Einheit und Festigkeit zu geben, die er am großen Nebenbuhler, der aufsteigenden Großmacht Preußen, bewunderte und fürchtete. Noch einmal, im Umbruch einer Welt, unter dem suggestiven Eindruck französischer Freiheitsideen von Völkerbeglückung, taucht ein edles Wort auf: *Die Herzen der Untertanen sind die Schätze der Könige* OPES REGUM CORDA SUBDITORUM. Ein Dutzend Jahre nach Leopold II., der so hehre Erkenntnis als Regierungsleitsatz aufnahm, trugen die Habsburger das Heilige Römische Reich Deutscher Nation zu Grabe, nicht ohne sich den Titel ›Kaiser‹ für ihr Stammland gesichert zu haben. Nach Jahren der Schmach, des Verrats, der Mißgunst und des Mißtrauens unter den Fürsten, nach zwei Jahrzehnten Krieg, Leid und Untertanennot, durch die Mitschuld neuer deutscher Könige und Fürsten, die einem politischen Abenteuer Würde und Land verdankten, als Folge nicht mehr gutzumachender politischer Fehler, nach tausend Jahren Bestand starb 1806 das alte Reich. LEGE ET FIDE *Durch Gesetz und Treue* hieß der letzte Wahlspruch des letzten Kaisers Franz II. Es klingt ein wenig wie geschichtliche Ironie.

ALLTAG

Gezählt – gewogen

LUSTRUM
Das Lustrum

Schon bei den römischen Schriftstellern und Dichtern gehörte das
Wort lustrum in den Schatz der gehobenen, pathetischen Sprache.
Es bezeichnete einen Zeitraum von fünf Jahren. Klanglich besaß
es den Vorteil, handlich zu sein, sich auf andere Worte zu reimen.
Zudem paßte es in den gebräuchlichen daktylischen Vers besser als
die lateinischen Zahlwörter, die von 30 (triginta) ab zu langatmig
wurden. Decem lustra las sich flüssiger als etwa quinquaginta anni.
So wünschte Martial dem Domitian zu seinem 37. Geburtstag auf
dem Tarentos-Platz des Marsfeldes ein Riesenlustrum in dem Epi-
gramm, in welchem er Jupiter dem Kaiser nachsetzte. Hatte der
Caesar doch seine amtlichen Rundschreiben mit der Formel ein-
geleitet: DOMINUS ET DEUS NOSTER HOC FIERI IUBET *Unser Herr und
Gott befiehlt, daß folgendes geschieht* (Sueton, Domit. 13).
HIC COLAT INGENTI REDEUNTIA SAECULA LUSTRO
   ET QUAE ROMULEUS SACRA TARENTOS HABET.
MAGNA QUIDEM, SUPERI, PETIMUS, SED DEBITA TERRIS
   PRO TANTO QUAE SUNT IMPROBA VOTA DEO?
(Martial, epigr. 4, 1)

In der goldenen Krone möge, so bittet der Dichter,
Er durch ein Riesenlustrum mit Spiel Jahrhunderte feiern
Und mit Opfern, wie dar Roma's Tarentos sie bringt.
Großes erbitten wir zwar, doch ihr Himmlischen schuldet's der Erde:
Ist zu verwegen ein Wunsch für so erhabenen Gott?‹

Ein so flüssiges und bedeutendes Wort wie lustrum übernahm der
Humanismus gerne und schmückte damit Inschriften, Triumph-
pforten, Gedichte und Prosa. Auch heute noch gehört es als Fremdwort in den Bereich gehobener, gekünstelter Ausdrucksweise.

Ursprünglich aber meinte das poetische Wort eine durchaus reale Sache. Alle fünf Jahre wurden die römischen Bürger neu für die Steuer eingeschätzt und dabei ihr Lebenswandel geprüft. Der Censor, der vornehmste der römischen Beamten, konnte Ritter und Senatoren wegen unwürdiger Führung aus ihren Ständen stoßen. Waren diese Prüfungen beendet, so wurde ein lustrum dargebracht, ein Sühneopfer. Es galt als ein feierlicher Staatsakt und wurde auf dem Campus Martius gehalten. Die drei für die Ernährung unentbehrlichen Tiere, Schwein, Schaf und Stier, wurden dabei den Göttern geopfert. Von diesem lustrum, das alle fünf Jahre stattfand, bekam der ganze Zeitabschnitt seinen Namen.

Man nahm diese Opfer sehr ernst. Des Kaisers Augustus letztes lustrum, das uns Sueton anschaulich beschreibt, gestattet einen aufschlußreichen Einblick in römische Religiosität. Der Kaiser scheute sich, leichtfertig ein Gelübde zu tun und sich den Göttern zu verpflichten. Aber gleichzeitig bestimmten Vorzeichen seine Entschlüsse. ›Als Augustus auf dem Marsfelde vor vielem Volke das lustrum feierte, da umflog ihn mehrere Male ein Adler. Dann schwang sich der Vogel auf den nahen Tempel. Dort ließ er sich über dem dort angebrachten Namen, und zwar über dem ersten Buchstaben nieder. Sobald der Kaiser dies bemerkt hatte, beauftragte er seinen Kollegen Tiberius, die Gelübde, welche für das nächste lustrum üblich waren, zu verkünden. Denn obwohl sie fertig geschrieben vorlagen, wollte er, wie er sagte, kein Gelübde mehr aussprechen, das er nicht mehr erfüllen könne. Zur gleichen Zeit wurde durch einen Blitzstrahl aus der Inschrift seiner Statue der erste Buchstabe seines Namens weggeschmolzen. Die befragten Zeichendeuter gaben zur Antwort, der Kaiser werde nur noch 100 Tage leben, denn diese Zahl bedeutet der Buchstabe C, und er werde unter die Götter aufgenommen: Aesar nämlich, der Rest des Namens Caesar, heiße auf etruskisch soviel wie Gott‹ (Sueton, Aug. 97).

Das letzte lustrum in der herkömmlichen Form, Vermögen zu schätzen, Sitten zu richten und ein Staatsopfer darzubringen, hielt Kaiser Vespasian.

Das rechte Maß

EST MODUS IN REBUS, SUNT CERTI DENIQUE FINES
Maß ist allem bestimmt und eigene scharfe Begrenzung

In seinem schlichtesten Verstand hat das Wort vom ›Maß in allen
Dingen‹ seine literarische Prägung in der alten hausbackenen Wahr-
heit bekommen: EST MODUS MATULAE *Jeder Kessel hat sein Maß.*
Mehr kann er nicht fassen. Varro überschrieb mit dem Wort eine
seiner Satiren. Aber der Begriff des Maßes ging bald vom physischen
Fassungsvermögen zum Gradmesser menschlichen Verhaltens über.
Als Ikarus seinen zukunftsträchtigen Flug mit dem selbstgebauten
Gefieder antreten wollte, gab ihm der Vater Dädalus als praktischen
Fingerzeig den goldenen Rat: nicht zu hoch an die Sonne zu fliegen,
daß das Wachs der Flügel nicht schmelze, nicht zu nahe an die Erde,
daß sie nicht mit ihrem Wasserdunst ihn niederziehe. MEDIO TUTISSI-
MUS IBIS, riet der Vater. *In der Mitte wirst du am sichersten gehen.*
Dies von Ovid (met. 2, 137) stammende Wort ist mit der Geschichte
des ersten Menschenfluges untrennbar verbunden.

Daß zwischen zwei Extremen das Sichere des Lebens ruhe, ist alte
lateinische Weisheit. Die Extreme reiben sich, dazwischen aber sind
die Reibungspunkte am geringsten. Diese sichere Mitte galt nicht nur
für Fragen des praktischen Lebens, sondern auch für das bürgerliche
Wohlbefinden. Wer sich gleich weit vom Zuviel und Zuwenig hielt,
wandelte die *goldene Mittelstraße*, die in Zufriedenheit mündet. Horaz
schenkte der Welt das Wort von der AUREA MEDIOCRITAS als unsterblichen Besitz und immerfort bejahte Wahrheit (carm. 2, 10, 5).

Besser lebst du, wenn du, Licinius, weder
Hohe See stets hältst noch in banger Vorsicht
Vor dem Sturm zu nah an den trügerischen
Strand dich herandrängst.

Wer da wählt die goldene Mitte, sicher
Bleibt er fern vom Schmutze der morschen Hütte,
Bleibt genügsam fern von mißgönntem Prunke
Fürstlichen Schlosses.

Die AUREA MEDIOCRITAS machte auch Italiens Glück und Reichtum
aus. Vergil ist gerade in den Georgica diesem Gedanken liebevoll
nachgegangen. Der Osten ist überschwemmt von Reichtum und Kost-

barkeiten. Aber er erleidet auch Schrecknisse der Natur, von denen Italien nicht heimgesucht wird. Der Orient verführt die Menschen, das rechte Maß zu überschreiten und schrankenlos zu begehren. Die Götter haben Italien in die rechte Mitte gerückt. Seine Fluren schenken Getreide, Öl und Wein, was zum gesunden, bescheidenen Leben ausreicht, die Jahreszeiten fördern ausgeglichen und ohne schroffe Gegensätze den Menschen. Nirgends zu große Fülle, nirgends wuchert zu üppig der Ertrag, der das schöne Maß zerstört. Auch geistig, politisch und geographisch hält Italien die rechte Mitte. Von saturnischen Zeiten an leitet ihm das Bauerntum stets neue Kräfte zu. Mitten in der Welt gelegen, ist Italien auferlegt, die Idee der Mitte und des Maßes zu vertreten und als Vorposten der Gesittung sie gegen jedes Barbarentum zu verteidigen.

Maßhalten ist das ritterliche Ideal des Mittelalters geworden. Die ›Maße‹ wurde in den Bereichen der Sitte und der Sittlichkeit gefordert. Sie umschloß das schöne Benehmen und das gute Tun, ›aller werdekeit ein fügerinne‹ (Walther von der Vogelweide). Kühnheit und Maßlosigkeit – in ihnen liegt der Zauber und die Gefahr der deutschen Kunst. ›Gebt jedem Ding sein rechtes Maß‹ (Parzifal). Fromm und demütig tastet Hölderlin in der Hymne ›Der Einzige‹ danach: ›Nie treff ich, wie ich wünsche, das Maß.‹ Goethe nannte als Ideal ›das wahrhaft Passende in jedem Zustand‹.

Die Philosophie des Maßes als der Grundlage des sittlichen Verhaltens des Menschen und als des Wesens der Tugenden hat Aristoteles entwickelt. Platon hatte, um die Sittlichkeit zu begründen, immer nach oben geschaut. Aristoteles blickte, um ein Fundament für seine Tugendlehre zu finden, fest auf den Boden. Der Mensch muß sittlich streben, sich sittlich vollenden. Dadurch wird er innerlich glücklich. Was ist aber sittliches Streben? Nichts anderes als ein praktisches Verhalten, das in der Mitte zwischen zwei Extremen liegt und das vor den Forderungen der Vernunft bestehen kann. Ohne Einsicht gab es bei den Griechen ja keine Tugend. So liegt zwischen Habgier und Verschwendung in der Mitte die Tugend des ruhigen Besitzes des Nötigen; die Tapferkeit ist die einsichtsvolle Mitte zwischen Feigheit nach unten und Tollkühnheit nach oben. Mäßigkeit hält sich gleichweit entfernt von Enthaltsamkeit und Schlemmerei; wer Gleichgültigkeit so gut wie Fanatismus meidet, wird sachlich. Aristoteles war bei seiner Tugendlehre maßvoll genug zu betonen, daß man dabei nicht von allen Menschen das Gleiche fordern könne; die Eigenart jedes Menschen müsse berücksichtigt, ein gewisser Spielraum der jeweiligen Lage des Menschen eingeräumt werden (Eth. Nik. II, 5, 1106 a 30 ff.; 6, 1106 b 36, 1107 a 1 ff.).

Diese gewiß nicht tiefe Bestimmung der Tugend entsprach gleicherweise dem griechischen geläuterten Gefühl für das Maßvolle wie dem praktischen Sinne der Römer. Ihre Begründung aus der inneren Glückseligkeit war viel eingänglicher als etwa die eiskalte des Kantschen Imperativs aus der reinen Pflicht. Das aristotelische Maßhalten war eine nachgiebige Verhaltensweise, die sich nach der Denkfähigkeit des Einzelnen richtete. Horaz hat sie sich wegen ihrer gedanklichen Unbeschwertheit zu eigen gemacht. Durch ihn hat die Philosophie des Maßes ihren geflügelten Ausdruck erhalten im: EST MODUS IN REBUS. Dies steht in der Satire über die ›Unzufriedenheit der Menschen mit ihrem Lose‹ (sat. 1, 1, 106), wo Horaz den Mittelweg zwischen Geiz und Verschwendung sucht. Naevius und Nomentan waren stadtbekannte Verschwender. Tanais ein Eunuch, Visellius' Schwager hatte einen Hodenbruch. Es galt, zwischen solchen Extremen die Mitte zu halten.

Was denn gibst du für Rat? Wie ein Naevius etwa zu leben?
Oder wie Nomentan? Fort fährst du, das zu vergleichen,
Was mit befeindeter Stirne sich anrennt. – Nicht, wenn ein Geizhals
Dir ich verbiete zu sein, verlang ich den lockeren Wüstling.
Zwischen dem Tanais gibt's und Visellius' Schwager die Mitte.
Maß ist allem bestimmt und eigene scharfe Begrenzung,
Jenseits der so wenig wie diesseits Rechtes bestehn kann
EST MODUS IN REBUS, SUNT CERTI DENIQUE FINES
QUOS ULTRA CITRAQUE NEQUIT CONSISTERE RECTUM.

TENE MENSURAM ET RESPICE FINEM *Halte Maß und denk an das Ende* erkor Maximilian I. zu seinem Wahlspruch. Das Ende scheint er bedacht zu haben. In den letzten Jahren seines Lebens führte er, der auf den Höhen des Genusses und der Macht und alles Begehrenswerten gestanden war, stets einen Sarg mit sich, um der letzten Dinge nicht zu vergessen. Aber als der Papst Julius II. sich zum Sterben angeschickt hatte, erwog Maximilian allen Ernstes, ob er, da er Witwer geworden war, sich nicht könne um die Tiara bewerben. Der Kopf des letzten Ritters steckte eben immer voll abenteuerlicher Pläne, und er brachte weder sein Regieren noch sein Leben, weder Geist noch Willen, und vollends gar nicht die Phantasie ins Gleichgewicht und ins rechte Maß.

Dagegen verlor der Humanist Friedrich Taubmann, dessen Vater ein Schuster und dessen Stiefvater ein Schneider gewesen war, auch zu Wittenberg, als er ›Poeseos et Eloquentiae professor‹ geworden war, nichts von der Bescheidenheit und dem Mutterwitz des Elternhauses. Seine lustigen Einfälle hinterließ er der Welt als ›Taubmanniana‹. So ulkige, aber auch geschickte Verse sind dort zu lesen wie

die Variationen über das *Stehe, Fuß*, das er sich zuredete, als ihm ein
Zechgelage nur die Beine, nicht aber die Gedanken wankend machte.

STA MIHI, PES, STA, PES, STA, PES, NEC LABERE, MI PES!

NI MIHI STES, MI PES, LECTUS ERUNT LAPIDES!

Stehe, mein Fuß, steh, Fuß, steh, Fuß, nicht hingleite, mein Fuß!

Wenn du nicht stehst, mein Fuß, bettest du dich auf Stein!

Aber unter den ›scharfsinnigen Sprüchen‹ und ›scherzhaften Stu-
dentenreden‹ steht auch ›nachdenkliches Leben‹ und darin ein Satz,
dem Dichter und ›Philosophen, Geschichte und eigene Erfahrung
restlos zustimmen. Er ist geflügeltes Wort geworden und rettet das
moralische Gleichgewicht des Lebens: *Die Mitte wahren, das ist das
Glück* MEDIUM TENUERE BEATI.

Vom Hundertsten ins Tausendste

AB OVO – IN MEDIAS RES

Vom Ei – mitten in den Stoff

Man kann vom Hundertsten ins Tausendste kommen, wenn man erzählt, man kann bei Adam und Eva beginnen, wenn man einen geschichtlichen Ablauf schildern will. Horaz lobt Homer, ›weil er seine Ilias *nicht mit dem Doppelei der Leda angefangen hat*‹ NEC GEMINO BELLUM ORDITUR AB OVO (ars poetica 147). Die Versuchung dazu lag nahe, denn Helena, um derentwillen der Trojanische Krieg anhub, war diesem Doppelei entschlüpft. Über die eigenartige Frucht hätte der Dichter fürwahr sich phantasievoll verbreiten können, wie dem Maler es später so ergiebig beliebte. Entsproßte sie doch jenem ungewöhnlichen Vorgang, als der ehevergessene, erfinderische Göttervater sich als Schwan dem Mädchen Leda genähert hatte.

Auch wenn der Römer sein *vom Ei bis zu den Äpfeln* AB OVO AD MALA (Horaz, sat. 1, 3, 6) zitierte, meinte er eine besondere Art zu reden. Bei römischen Essen eröffnete das Ei die Reihe der hors d'oeuvres, Äpfel beschlossen die Speisenfolge wie noch heute frutta die italienische Mahlzeit. Wer etwas ab ovo ad mala durchnahm, konnte ein Schwätzer sein, der kein Ende findet, aber das Wort barg doch auch eine Anerkennung in sich. Wer eine Sache vom Ei bis zum Apfel durchnahm, wußte ihren Anfang und ihren Schluß und erörterte sie gründlich.

Das griechische Symposion, wie es Plato schildert, gab den Vorwand, in heiterer Gesellschaft letzte Dinge zu erörtern und geistige Entscheidungsschlachten zu schlagen. Römische *Gastmähler* pflegten vornehmlich das *Zusammenleben,* nannten sich deshalb CONVIVIUM und widmeten sich der URBANITAS. Diese bewußte Urbanität hielt die Mitte zwischen dem Gewöhnlichen und dem Geheimnis, zwischen seichtem Gespräch und Sich-Verlieren. Wohl, es gab auch den Stadtklatsch. Martial hat den Philomusus deswegen angeprangert (epigr. 9, 35).

Du, Philomusus, verdienst dein Mahl dir immer durch d i e Kunst,
    Daß du vieles ersinnst, aber als Wahres erzählst.
Was Pacorus beschließt am Arsacischen Hofe, du weißt es,
    Zählest die Truppen am Rhein und das sarmatische Heer,
Öffnest die Schreiben, worin der dacische Führer Befehl gibt,
    Siehest den Lorbeer schon, eh' er gemeldet, der Sieg.

Weißt, wie oft in Syene der Pharische Jupiter regnet,
Weißt, das wievielte Schiff Libyens Küste verläßt,
Wessen Haupte bestimmt wird sein der Julische Ölzweig,
Wem den Kranz Olymps Vater zu reichen gedenkt.
Lasse die Künste! Du sollst, Philomusus, heute mein Gast sein
Mit dem Beding, daß du nichts Neues erzählen mir willst.

Nicht solches Geschwätz war das Ideal der Tischgespräche. Beweglich und geschmeidig Gedanken und Wort zu finden, das galt Cicero als der ›Duft‹ solcher Mahle. Geformtes Lob, anmutiger Humor, innere Glut, beschwingter Witz würzten das Mahl, das Weltmännische siegte über das nur Gelehrte. Bei diesen heiteren, geistig bewegten Gastmählern galt es, leicht und artig zu erzählen. Der Plauderer, noch mehr der Dichter, muß frisch in die Dinge springen, *mitten hinein in den Stoff* führen MEDIAS IN RES. Schön oder gar künstlerisch darstellen heißt alles Überflüssige wegnehmen, knapp werden. An das Lob des Homer, daß er nicht beim Ei der Leda angefangen habe, knüpft Horaz darum den Wink, ohne Umschweife ins Leben zu greifen.

Stets dort eilt er zum Ziel und in die Mitte des Stoffes,
Reißt er den Hörer mit, als wär er bekannt mit dem Vorgang.
(ars poetica 148 f.)

Aber erst das Ende krönt das Werk EXITUS ACTA PROBAT (Ovid, Heroid. 2, 85). Denn: ›Gewöhnlich geht's am Ende scharf‹ (Goethe). Wie die Werke, die großen und die kleinen, auch verlaufen, das Ende erst macht sie gut. Das Mittelalter nannte den guten Abschluß einer Sache ihr TU AUTEM. Man findet es noch bei Rabelais, Cervantes und anderen Schriftstellern der Renaissance. Die Vorlage zu diesem Wort entstammt, bezeichnend für seine Herkunft, den Bezirken der Kirche. Das kirchliche Stundengebet (Horen), das man aus dem Brevier las, schloß mit den Worten: TU AUTEM, DOMINE, MISERERE NOBIS *Du aber, Herr, erbarme dich unser.*

Wer beim tu autem angekommen war, hatte sein Tagespensum erledigt. Er war an den wesentlichen Schlußpunkt gekommen. Darum nannte man den Kern einer Sache vortragen, ihr ›tu autem‹.

Der Volksmund

ATQUE IDEM IUNGAT VULPES ET MULGEAT HIRCOS
Mit Füchsen pflügen, Böcke melken

Die Sprache des Volkes ist bildhaft. Sie lebt vom knappen Ausdruck. Das Tuwort gibt ihr Mark. Sprichwörter, die vom Volk geprägt wurden, treffen den Nagel auf den Kopf. Luther hat deshalb gesagt, man müsse dem Volke aufs Maul sehen. Würze und Kraft fließen dem Wort von dorther zu. Besonders schöne Beispiele bietet die Art, wie der Volksmund praktische Erfahrungen ausmünzt und Weisheit vorträgt. Die Phantasie überschlägt sich förmlich, um in immer neuen und drastischen Bildern sinnloses Tun zu brandmarken. Man muß einmal in Sebastian Francks (1541) deutscher Sprichwörtersammlung nachlesen, was sich dort unter ABSURDA *Widersinniges,* PRAEPOSTERA *im Sinn Verkehrtes* und ›vergebene Arbeit‹ findet.

Auch das lateinische Sprichwort kannte diese treffsichere Art, unnützes Wirken zu geißeln. Man nannte so etwas *Mohren bleichen* AETHIOPEM LAVARE. Aesop erzählt die Fabel vom Kaufmann, der einen Neger mit allen möglichen Waschmitteln weiß waschen wollte und ihn dabei krank rieb. Vergebliche Mühe: AETHIOPS NON CANDESCIT *Ein Neger bleicht nicht.* Niemand kann aus seiner Haut. Was ihm angeboren ist, bleibt. Auch die Charakteranlage kann nicht geändert werden. Es ist so aussichtslos wie *mit Füchsen pflügen* und *Ziegenböcke melken* IUNGERE VULPES, MULGERE HIRCUM (Vergil, eclog. 3, 91).

Wohin treibst du, Oinone? Was streust du Samen in Sand hin? QUID FACIS, OENONE? QUID HARENAE SEMINA MANDAS? (Ovid, Heroid. 5, 115) Samen dem Sande anvertrauen war unnützes Tun und vergebliche Hoffnung, besonders, wenn es sich um Meeressand handelte. Rabelais, der in einem erstaunlichen Maße das Altertum kannte und seine Sprichwörter benutzte, hat aus solchen lateinischen Kraftwörtern mehrere Kapitel seines bizarren ›Gargantua und Pantagruel‹ zusammengestellt. Diese Menschen, die er verspottete, weil er sie liebte, trieben so Überflüssiges wie *Ziegeln die Röte abwaschen* LATERAM LAVARE (Terenz, Phorm. 186), *sie schoren Esel* ASINUM TONDERE (nach Aristophanes' ›Fröschen‹), *wuschen den Eseln die Köpfe mit Soda* ASINI CAPUT NE LAVES NITRO oder *schnitten das Feuer* IGNEM DISSECARE. Wer etwas von jemand erwartete, der selbst nichts hatte, glich dem Manne bei Plautus, der *Wasser aus dem Bimsstein zog* AQUAM A PUMICE POSTULAS (Pers. 41). Denn nichts ist trockener und selbst durstiger als der Bimsstein, wie Erasmus in seinen ›Adagia‹ das Sprichwort erklärt.

So handelt die ABDERITICA MENS *die Schildbürgergesinnung.* Man glaubte wirklich in Abdera zu sein, so verspottete Cicero einen Senatsbeschluß. HIC ABDERA (ad Att. 4, 16, 6). Wielands ›Abderiten‹ haben die Schildbürgerstreiche des Altertums im lebendigen Andenken festgehalten. Solche Toren wären imstande gewesen, *den Mond vor Wölfen zu hüten* LUNA TUTA A LUPIS oder *in der Luft fischen zu wollen* RETI VENTOS VENARI.

Das Kapitel von der menschlichen Torheit und Unbelehrbarkeit wird wohl nie zu Ende geschrieben. Cicero stellte bereits schmerzlich fest: *Die Welt steckt voll Torheit* STULTORUM PLENA SUNT OMNIA (ad famil. 9, 22).

Aus der Werkstatt des Malers

Kein Tag ohne Linie

Platon nannte im vierten Buch des ›Staates‹ die Augen das Schönste
am menschlichen Körper. Knapp und umfassend steckt hinter dem
Worte die griechische Urleidenschaft, zu schauen – und sichtbar zu
machen. Die Freude am Sehen und die Wachheit der Augen schufen
die unvergängliche Plastik der Griechen, aber auch ihre Malerei,
deren Großwerke verlorengegangen sind. Die in der Komposition
meisterlichen Vasenbilder, die römischen Pasticci, die Kopien griechischer Vorbilder in den pompejanischen Häusern, die Kraft und
Knappheit, der Aufruhr und das Ethos der als Mosaik überkommenen ›Alexanderschlacht‹, die Hochschätzung der Bilder lassen
schmerzlich ahnen, was verlorengegangen ist. Caesar kaufte zwei
Bilder des Malers Timomachos von Byzanz ›Medea‹ und ›Aias‹ für
eine Summe, die etwa 360 000 Mark entspricht. Anekdoten bewahren den Ruf eines Apelles, eines Polygnot, und einige Sprichwörter
lassen sie unsterblicher weiterleben als die meisterlichen Bilder, die
sie dem vergänglichen Holz anvertraut hatten. Anliegen der antiken
Kunst war und blieb der Mensch. Reine Landschaften zu malen,
kam dem Künstler nicht in den Sinn, Wald und Wiese reizten ihn
nur, wenn er sie mit Nymphen bevölkern konnte, das Meer bannte
er nur aufs Holz, um Hippokampen und Nereiden einen Tummel-
platz zu verschaffen.

Die römische Kunst schuf Abbilder, die griechische Wesensbilder.
Wenn der Athener den Panathenäenzug mitmachte, zog er unter
dem Parthenonfries vorbei, der die feierliche Würde der Prozession
in Stein wiedergab. Aber es war dort oben nicht Wirklichkeit
abgeschildert, sondern idealisierend wurden nur wesenhafte und
bleibende Züge des frommen Umzugs festgehalten. Und so malte
z. B. Apelles auch, wie es ihm die künstlerische Notwendigkeit gebot.
*Malern und Dichtern stand immer die gleiche Befugnis zu, das zu
wagen, was ihnen gefiel* PICTORIBUS ATQUE POETIS QUIDLIBET
AUDENDI SEMPER FUIT AEQUA POTESTAS (Horaz, ars poetica 9). Als
ein Schuster die Sandalen auf einem seiner Gemälde tadelte, soll
Apelles dem Einwand des Fachmannes stattgegeben und die fehlende Öse hinzugemalt haben. Wie nun aber der Schuhmacher sich

unterfing, an dem berichtigten Bild auch den Schenkel zu bemäkeln, fertigte ihn der Maler ab: NE SUTOR SUPRA CREPIDAM, wie Plinius überliefert (nat. hist. 35, 84). *Schuster, bleib bei deinem Leisten.* Blinde sollen eben nicht über Farben streiten, und Schmiede nicht mit Zitherspielern über Musik rechten. Benjamin Franklin, der mit der Elementargewalt des Blitzes rang, quälte sich ebenso unerbittlich damit ab, die Unordnungen der Seele niederzuringen. Er übte strenge Selbstkontrolle. In ein Heft notierte er Tag für Tag mit Strichen, ob er die Vorsätze für den Tag eingehalten habe. NULLA DIES SINE LINEA *Kein Tag ohne Linie* pflegte er zu sagen. Das Wort ist uralt. Dem Maler Apelles wird es von Plinius zugeschrieben (nat. hist. 35, 84). Die Form lautet im Wortlaut allerdings anders, ihr Sinn ist: wolle man Künstler bleiben, so müsse man sich täglich üben. So bewahrt die Redensart ein Zeugnis der Gewissenhaftigkeit des Apelles. Ganz Vollkommenes wird auch der Künstler nicht schaffen. Irgendwo spürt er seine Grenzen. Bei aller Sorgfalt – man muß auch den Mut haben, Schluß zu machen, *die Hand vom Bilde* zu nehmen, MANUM DE TABULA. Er wisse, wann es Zeit sei, aufzuhören, auch diese Weisheit stammt vom großen Maler Apelles (Plinius, nat. hist. 35, 80). Erasmus gibt eine andere Erklärung (aus Cicero, ad famil. 7, 25, 1). Danach hätten die Schüler, die allerhand Unfug auf der Tafel verübten, rasch die Hand weggenommen, wenn der Lehrer erschien. Aber diese Deutung wird bestritten. Sie verniedlicht das treffliche Werkgesetz des Apelles.

Wo der tüchtige Erasmus sich über unser Wort verbreitet und den Mut zum Schlußmachen empfiehlt, ist ihm selbst ein Gedanke eingeflossen, der verdiente, Sprichwort zu werden: MAXIME PECCANTES, QUIA NIHIL PECCARE CONANTUR *Wer nicht zu sündigen wagt, begeht die größte Sünde.* Der preußische König, der seine Soldaten zu sehr liebte, als daß er sie hätte den Gefahren des Krieges aussetzen wollen, der zähe, sparsame und als Despot verschriene Friedrich I., liebte heimlich die Malerei. Wenn er sechzehn Stunden gearbeitet hatte, fand er noch Liebe und Kraft, an seinen deftigen, dem süßlichen Geschmack der Zeit abholden Bildern zu arbeiten. Sie waren Kinder des Schmerzes. IN TORMENTIS PINXIT *er malte unter Schmerzen,* sagte der König von sich – und dachte dabei an seine Gicht.

Rettendes Leid

CUI DOLET, MEMINIT
Wer litt, vergißt nicht

Immer haben sich der einfache Verstand und das bohrende Nachdenken bemüht, das Leid in die Ordnung der Dinge einzufügen, ihm wenigstens einen befriedigenden Sinn abzugewinnen und Hilfen zu schaffen, um ihm tatkräftig zu begegnen und möglichst viel von seiner Bitterkeit zu nehmen.

Unversöhnlich haßte Juno die leidgeprüften Troer. Sie hetzte die brausenden Wetter des Aeolus auf sie. Seine Stürme zerschmetterten manches Schiff des Aeneas und lichteten die Reihen seiner Gefährten. Lebensmüde landeten die Übriggebliebenen an der Küste Libyens. Und doch vermochte der Führer die Gebrochenen aufzurichten mit dem einleuchtendsten Troste: es geht alles vorüber. Vielleicht seid ihr später einmal stolz auf das, was ihr an Schmerz durchgestanden habt, ja vielleicht werdet ihr sogar einmal darüber lächeln können. Ist das aber nicht schon der Sieg über das Leid?

O ihr Genossen, nicht fremd sind uns ja Leiden schon lange.
Schweres ertrugt ihr bereits, ein Gott wird auch dieses beenden.
Skyllas tobender Wut und den weithinhallenden Klippen
Seid ihr genaht und lerntet auch die kyklopischen Felsen
Kennen, ermannt euch wieder und bannt den verzagenden Kummer.
Künftig macht euch vielleicht auch die *Erinnerung Freude*
MEMINISSE IUVAT.

(Vergil, Aen. 1, 198 ff.)

Tiefer aber geht doch der Gedanke: das Leid bessert. Es ist ein Nagel unseres Gedächtnisses. CUI DOLET, MEMINIT (Cicero, pro Murena 20, 42). Wer litt, denkt daran. Man muß aus seinen Schmerzen lernen. Wer vergißt, was schlimm war, wird dumm. Leid bildet den Menschen um. ›Die Schmerzen sind's, die ich zu Hilfe rufe; denn es sind Freunde. Gutes raten sie‹ (Goethe, Iphigenie 4, 2).

Die Rache der Dinge

EQUUS SEIANUS
Sejanisches Pferd

Unausrottbar glaubte die Volksmeinung aller Zonen an die geheimnisvolle Rache der Dinge, an die schicksalhafte Beziehung zwischen Sachen und Menschen. Der Besitz des Ringes Andwaranaut bringt, der nordischen Sage gemäß Verderben, und wer Tut-ench-Amuns Grab betrete, sterbe; den Diamanten Koh-i-noor besitzen, heiße, daran umkommen.

Auch die Römer fürchteten solche verderbenbringende Sachen. Nicht bloß im Volke ging die Kunde davon um. Schriftsteller und Redner mehrten gerne das heimliche Gruseln.

Unrecht Gut gedeihet nicht. Wer das AURUM TOLOSANUM (Gellius 3, 9, 7) *Das Gold aus Toulouse* angegriffen hatte, verdarb daran. Der Konsul Caepio, der es aus einem Tempel geraubt hatte, ging mit seinem ganzen Heere zugrunde. *Er hat ein sejanisches Pferd* pflegte der Römer von einem Menschen zu sagen, der unter merkwürdigen Begleiterscheinungen an seinem Besitze scheiterte (Gellius 3, 9, lemm.), ILLE HOMO HABET EQUUM SEIANUM. Ja, Seianus besaß ein prachtvolles Pferd, das aus dem Gestüt des Diomedes abstammte, wie es hieß. Als er 44 v. Chr. durch Proskription eines unnatürlichen Todes gestorben war, gelangte das Tier nacheinander in die Hände des Corn. Dolabella, des Cassius und des Antonius. Auch diese wurden sämtlich umgebracht. Ihr Haus und ihre Familien gingen unter. Man brachte das auffallende Unglück mit dem Besitz des equus Seianus in ursächliche Verbindung.

Warnen wollte der Römer, wenn er das *trojanische Pferd* EQUUS TROIANUS beschwor. In arger List hatten die Griechen das hölzerne Pferd gebaut. Vorsichtig und klug warnte der weise Priester Laokoon, als er das Ungetüm vor den Mauern des unbezwungenen Troja erblickte. QUIDQUID ID EST, TIMEO DANAOS, ET DONA FERENTES (Vergil, Aen. 2, 49) *Was es auch ist, ich fürchte die Griechen, auch wenn sie Gaben bringen.* Neugier und Habgier des Volkes siegten über die Vorsicht und Weisheit des Priesters. Man brach eine Bresche in die standhaften Mauern und bahnte dem Verderben einen Weg. Nächtlich spie es seine verhängnisvolle Besatzung aus. Die Besten der Griechen überwältigten von innen die Stadt, die von außen nicht zu erstürmen war. So kam durch das Danaergeschenk das Unglück aus dem Schoße des Pferdes. Als die Feste in Flammen stand, sprach der Priester Panthus die Worte des Untergangs: FUIMUS TROES (Aen. 2, 325) *Wir sind Trojaner gewesen.* Aeneas war aus Troja geflohen und hatte dabei die Gattin Kreusa verloren. Er kehrte um, suchte sie, schrie laut ihren Namen. Da erschien ihm ihr Schatten. ›Betäubt stand ich, die Haare richteten sich mir empor‹, erzählte er später Dido, die ihn in Liebesbande schlagen wollte. VOX FAUCIBUS HAESIT (Aen. 2, 774) *Die Stimme stockte mir im Halse.* Der Untergang Trojas erschien dem Römer beispielhaft – für die Vogel-Strauß-Politik. War von einer nahen und großen Gefahr die Rede, so beschwor man das Gespenst des equus Troianus. INTUS, INTUS EST EQUUS TROIANUS (Cic. pro Mur. 37, 78) *Innen, innen ist das trojanische Pferd.*

Geistige Garköche

Aufgewärmter Kohl

Der crambe (Meerkohl) redete man eine fast sagenhafte Feindschaft
zu allem, was Wein heißt, nach. Der Weinstock vertrage nicht einmal ihren Geruch, sagte man. Die Skythen, Römer und Griechen
nahmen den Meerkohl, um sich vor Trunkenheit zu sichern. Aristoteles hat sich umständlich darüber ausgelassen, wie die crambe alle
Säfte des Magens aufruft, um dem Weine wirksam zu begegnen.
Junge crambe soll ein wohlschmeckendes Gemüse liefern. An wiederholt gekochter crambe aber ließen die Zungen kein gutes Haar:
Zweimal crambe und du bist tot CRAMBE BIS MORS EST. Juvenal war
es, der die Redensart aus dem Sprachgebrauch des Speisezettels in den
Bereich der geistigen Garköche rückte. Ihm war ›aufgewärmter Kohl‹,
was, immer wieder vorgetragen, dem geistigen Geschmack widerstand. Wahrheiten also, die nicht mehr salzten und schal geworden
waren, abgegriffene, lahme Gedanken, die nicht mehr zündeten.
Elend stirbt an dem Kohle, dem ewig erwärmten, der Lehrer OCCI-
DIT MISEROS CRAMBE REPETITA MAGISTROS (sat. 7, 154).
    Bei uns bekam der ›aufgewärmte Kohl‹ noch den Beigeschmack der
Unwahrheit. Zählebige Vorurteile, immer neu vorgesetzte, längst
abgetane Geschichtsfabeln, halbwahre Schlagworte, die das Denken
überrumpeln und nach dem Gesetz der geistigen Trägheit durch die
Massen und die Zeiten laufen, tragen, nur dem Wissenden sichtbar,
das Markenzeichen Juvenals an sich. Wird nicht selbst in wissenschaftlichen Büchern unbesehen und unüberprüft manches weitergegeben, bis endlich ein Juvenal auch hier die crambe repetita beseitigt? Ist nicht auch der Klatsch, den juckende Zungen und wirre
Köpfe immer wieder aufwärmen, crambe repetita? Er verzerrt,
vergröbert, vervielfältigt. Was einst Midas berührte, wurde zu Gold,
was der uomo finto, der Schwätzer, zwischen die Zähne bekommt,
zu lauterem Kohl.

Kaiserliche Worte

FESTINA LENTE
Eile mit Weile

In der Sprache des täglichen Verkehrs gebrauchte Kaiser Augustus, wie seine eigenhändigen Briefe bezeugen, bestimmte Ausdrücke sehr oft und andere auf eigene Weise. Dazu gehört die häufige Redensart: *Er wird ad Kalendas Graecas bezahlen* AD KAL. GRAECAS SOLUTUROS. Er wollte damit ausdrücken, daß einer nie zahlen werde. Die Mahnung, die wirkliche Sachlage zu nehmen, wie sie ist, kleidete er in die Worte: *Seien wir zufrieden mit dem Cato, den wir haben* CATONE HOC CONTENTI SUMUS. Wollte er ausdrücken, daß etwas schnell und eilig betrieben wurde, so pflegte er zu sagen: VELOCIUS QUAM ASPARAGI COQUUNTUR *Schneller als man Spargel kocht* (Sueton, Aug. 87).

Den Monatsersten nannte die lateinische Sprache calendae. Sie waren in Rom Zahltag. Die Griechen kannten keine Kalenden. Wer daher an den griechischen Kalenden Schulden abtrug, tat dies am St. Nimmerleinstag. Mit dem Cato aber, ›den wir haben‹, meinte Augustus sich selber. Cato Uticensis suchte mit allen Mitteln die Republik, die Wirklichkeit seiner Zeit, zu erhalten, aber er scheiterte. Auch Augustus wollte an der gegenwärtigen Staatsverfassung, dem Kaiserreich, nicht gerüttelt haben. Für seine Zeit war er der Cato. So enthielt das Wort eine Warnung vor Umsturz und eine Ehrenrettung für den edlen Selbstmörder von Utica. ›Wer den gegenwärtigen Staatszustand nicht geändert wissen will, der ist ein guter Bürger und Mann‹, sagte der Kaiser einmal zu dem Geographen Strabo.

Nach Ansicht des Augustus vertrug sich mit dem Wesen des vollkommenen Feldherrn nichts weniger als Überstürzung und Unbesonnenheit. Daher zitierte er mit Vorliebe auf griechisch: *Eile mit Weile* FESTINA LENTE. Vorsicht ziemt dem Heeresleiter mehr als toller Wagemut (Sueton, Aug. 25).

Man trägt nicht schwer an dem, was man gelernt hat. Selbst ein Nero rechnete mit diesem bürgerlichen Trost. Sterndeuter hatten ihm einst prophezeit, daß er abgesetzt werde. Als Antwort darauf tat er jene bekannte Äußerung: ›Uns nährt die Kunst.‹ Diese Worte sollten rechtfertigen, daß er die Kunst des Kitharoeden mit so außerordentlichem Eifer ausübte; denn als Kaiser diene sie ihm zum Vergnügen, wenn er aber einmal als Privatmann leben müsse, könne er mit ihr seinen Lebensunterhalt erwerben (Sueton, Nero 40). Als ARTEM QUAEVIS ALIT TERRA *Die Kunst findet überall ihr Brot* ist der kaiserliche Verlegenheits-Optimismus eine Art geflügeltes Wort geworden. Der Kabarettist Nero stellte die Zugkraft seines Namens, die Sensationslust seines Publikums, und was es liebte, richtig in Rechnung. Daß die Kunst nach Brot geht, daran brauchte er nicht zu denken. Das erleidet nur der große und echte Künstler.

Reifen lassen

NONUM PREMATUR IN ANNUM
Neun Jahre hält er es unsichtbar

Vierunddreißig Jahre trug Kopernikus seine umstürzende Ansicht über die Umdrehung der Himmelskörper mit sich herum. *Es war mir in den Sinn gekommen, gegen die allgemein anerkannte Meinung der Mathematiker und fast gegen den gesunden Menschenverstand die waghalsige Vorstellung einer Erdbewegung anzunehmen* UT CONTRA RECEPTAM OPINIONEM MATHEMATICORUM AC PROPEMODUM CONTRA COMMUNEM SENSUM AUSUS FUERIM IMAGINARI ALIQUEM TERRAE MOTUM. Der Frauenburger Domherr war überzeugt, daß die Welt ein Kosmos sei, ein geordnetes und harmonisch gebildetes Ganzes also. Da die Natur von Gott geschaffen sei, so gäbe es keine gewaltsamen, sondern nur gesetzmäßige und gleichmäßige Bewegungen. QUAE VERO A NATURA FIUNT, RECTA SE HABENT, ET CONSERVANTUR IN OPTIMA SUA COMPOSITIONE *Was aber von der Natur gemacht wird, verhält sich richtig und bleibt erhalten in seiner besten Verfassung.*

Sollte er nun seine gewaltige Entdeckung, die ihm ganz gesichert war, veröffentlichen? Oder war es nicht besser, ›dem Beispiele der Pythagoreer und einiger anderer zu folgen, welche die Geheimnisse der Philosophie nicht schriftlich, sondern nur von Mund zu Mund weiterzugeben pflegten, wie es z. B. der Brief des Lysis an Hipparchos bezeugt‹?

Der von Kopernikus herangezogene Brief des Lysis ist zwar nicht echt. Aber es ist bezeichnend für die reine Gesinnung und das Wahrheitsgewissen des Domherrn, daß er sich des Griechen Gedanken zu eigen macht. Man darf das Gut der Weisheit nicht denen gemein machen, die nichts für die Reinigung ihrer Seele getan haben, und man darf nicht jedem Dahergelaufenen ohne weiteres anbieten, was in schweren Kämpfen errungen ist. Kein Vernünftiger schüttet reines Wasser in einen schmutzigen Brunnen. Die lautere Liebe zur Weisheit geht über Erfolgshunger und Originalitätssucht.

Kopernikus hat die Pythagoreergesinnung und den Lysisbrief herangezogen, als er Papst Paul III. sein umwälzendes Werk mit einem ausführlichen Schreiben widmete. Wir haben ihm alle hier verwendeten Stellen entnommen. Er wisse, schreibt der Domherr, daß seine Entdeckung eine Gefahr sei, wenn sie schmutzigen Seelen mitgeteilt werde. ›Wer aber in echter Freiheit und rein von allem Eigennutz an die Himmelskunde herangeht, der kann nur dadurch in seiner sittlichen Gesinnung gefördert werden. Denn indem er erkennt, daß das Weltall durch Weisheit in schönster Ordnung aufgebaut ist, empfindet er nicht nur eine unbeschreibliche innere Freude, sondern er wird auch vom Laster abgezogen, immer mehr zum Bessern und Bessern hingelenkt und schließlich dem Allerbesten entgegengeführt, dem göttlichen Werkmeister, in dem alle Seligkeit und Güte vollendet ist.‹

Und so veröffentlichte er, nach vierunddreißig Jahren, die zurückgehaltene Lehre. Kardinal Nikolaus Schönberg und Bischof Tiedemann Giese bestimmten ihn dazu angesichts des großen ›gemeinsamen Nutzens‹.

Gut Ding will Weile haben. Und ›Still, allmählich reift das Köstliche‹ (Schiller). Schon für Gedichte hatte Horaz gefordert, daß man sie reifen und wachsen lasse (ars poetica 385). Der Dichter und im weiteren Sinne der schaffende Mensch müsse Selbsterkenntnis haben, seine Kräfte abstecken können und sich nichts zumuten, was über das Können geht, nicht sündigen *wider Minervas Geist* INVITA MINERVA. Fremde Urteile, sachliche Kritik fördern die Arbeit. Der Schaffende tut gut daran, äußerste Strenge und Auswahl gegen das eigene Werk walten zu lassen. Künstler sein heißt: wegnehmen und weglassen und reifen lassen und auswählen.

Der Dichter Helvius Cinna z. B. verwandte auf sein Gedicht ›Zmyrna‹, übrigens eine dunkle, unsittliche Sache, neun Jahre. Und als Pompeius sein Theater einweihen wollte, da beauftragte er den Kunstrichter P. Maecius Tarpa, sorgfältig nur das Beste auszuwählen, das aufführungswürdig war. An all dies erinnert Horaz. ›Du, Freund, wirst in Wort und Werk nicht sündigen wider Minervas Geist: dafür bürgt dein Geschmack, deine Einsicht. Hast du jedoch einmal etwas geschrieben, so mag Maecius der Kunstrichter sein, dem du es vorträgst, und dein Vater und ich; *neun Jahre halt es unsichtbar* NONUMQUE PREMATUR IN ANNUM und laß die Handschrift eingeschlossen liegen: noch kannst du tilgen, was du nicht herausgabst; *entfahrenes Wort kennt kein Zurück* NESCIT VOX MISSA REVERTI‹ (ep. 2, 3, 385 ff.).

Für die Freiheit

IN TYRANNOS
Gegen die Tyrannen

CRAMBE REPETITA *den aufgewärmten Kohl* hat Juvenal in einem
Zusammenhang gebracht, der kulturhistorisches Interesse beanspruchen darf. Römische Lehrer liebten es, mit ihren Schülern das Für
und Wider des Tyrannenmordes durchzusprechen und an diesem
eigenartig schimmernden, zwiegesichtigen Thema Geist, Stil und
Redegabe ihrer Klassen durchzuexerzieren.

> O Vettius' eiserner Busen,
> Wenn die besuchteste Klasse die wilden Tyrannen ermordet!
> Denn was jeder soeben im Sitzen gelesen, das kaut er
> Wieder im Stehen und leiert es ab in den selbigen Versen.
> *Elend stirbt an dem Kohle, dem ewig erwärmten, der Lehrer.*
>
> (Juvenal 7, 150 ff.)

Der große Satiriker liebte die Tyrannen nicht. Den Diktator-
Tyrannen weissagte er kein gutes Ende. Die spätere Geschichte hat
immer wieder bestätigt, was Juvenal bereits aus der Erfahrung
abgezogen hatte: sie sterben ›keines trockenen Todes‹. Er hat damit
ein moralisch gültiges Gesetz der Geschichte aufgestellt.

> *Wen'ge Tyrannen und Kön'ge, sie steigen hinab zu der Ceres*
> *Eidam trockenen Todes, von Mord und Wunden verschont*
> AD GENERUM CERERIS SINE CAEDE AC VULNERE PAUCI
> DESCENDUNT REGES ET SICCA MORTE TYRANNI.
>
> (Juvenal 10, 112 f.)

Es war übrigens nicht bloß geisttötend, den aufgewärmten Kohl
›Tyrannenmord‹ durchzukauen. Es konnte auch gefährlich werden.
Wir kennen Beispiele, daß sich die römische Staatspolizei für das
akademische Standardthema interessierte, wenn etwa ein Lehrer
allzu herzbetont das ›Für‹ darstellte. Unter Caligula kostete solcher
Gesinnungsunterricht dem Lehrer Secundus Carinas Amt, Kopf und
Kragen. Auch seinem Amtsbruder Thrasymachus bekam das gefähr-
liche Geistesgericht gar nicht gut. Juvenal hat auch daran in seinen
Satiren erinnert.

> Viele gereute des eitlen und nichts eintragenden Lehrstuhls,
> Wie's uns Thrasymachus und wie's des Secundus Carinas

Ende beweist: auch du hast ihn darbend gesehen, Athenae,
Welchem du nichts als eisigen Schierling wagtest zu reichen.

(7, 203 ff.)

Hier nun hatte wirklich aufgewärmter Kohl jemand getötet.

Als das erwachte Selbstgefühl des Individuums im Zeitalter des Humanismus und der Renaissance unter anderem auch gegen die Tyrannis anging, besannen sich die Schriftsteller wieder auf die Taten und den Ruhm der antiken Tyrannenmörder. Machiavelli hat mit grausamer Kälte das Soll und Haben ihrer Heldentaten gezogen. Seinen Florentiner Landsleuten galt es als heimliches Ideal, Tyrannen zu beseitigen. Der heillose Catilina und der geheimnisumwitterte Brutus geisterten in den Köpfen. Selbst ein Michelangelo konnte sich dem nicht entziehen. Die einzige Büste, die er in seinem Leben schuf, ist ein Brutus. Der Römer ist ihm ein Condottieretyp voll Willensstärke und Dämonie. Die Büste ist nicht ganz vollendet worden. Die Legende bemächtigte sich dieser Tatsache, und ein Bronzetäfelchen am Büstenfuß erzählt darüber die Anekdote:

Während der Meister die Züge des Brutus dem Marmor entlockte,
Dacht' er der Untat des Manns, stellte die Arbeit dran ein
DUM BRUTI EFFIGIEM SCULPTOR DE MARMORE DUCIT,
IN MENTEM SCELERIS VENIT ET ABSTINUIT.

Daß der große Künstler so schwachherzig gewesen sein sollte, wurmte einen freiheitsbesessenen Engländer, den Earl of Sandwich. Er änderte die obige Unterschrift, die im 18. Jahrhundert Bembo zugesprochen wurde, in ihr glattes Gegenteil um. Nicht moralische Bedenken, sondern das künstlerische Gewissen hätten den Brutus unvollendet gelassen.

Brutus' Büste hätte der Künstler vollendet, wenn nicht so
Groß dessen Tugend, darum stockt' er und wendet' sich ab
BRUTUM EFFECISSET SCULPTOR, SED MENTE RECURSAT
TANTA VIRI VIRTUS; SISTIT ET ABSTINUIT.

Es lag ja in der Art des Meisters, dort etwas Angefangenes liegen zu lassen, wo er die heißen Bilder seiner Seele irgendwie nicht verwirklichen konnte. An seinem Brutus hat er nur mit zwiespältigem Herzen geschaffen: mit der stillen, heißen Liebe des Florentiners zur Freiheit und unter dem vorsichtigen Bedacht des alten Mannes. Er scheute Radikalismus und persönlichen Einsatz für des Brutus Idee.

Nicht bloß römische Schulknaben und humanistische Literaten erörterten den Tyrannenmord. Auch die Theologen verspritzten viel Tinte über die Frage, ob er sittlich erlaubt sei. Aus Machiavellis Staatsabsolutismus hatten die Obrigkeiten glatterdings ein Recht auf den politischen Untertanenmord abgeleitet. Der Druck schuf auf der Gegenseite die Lehre, daß es auch dem Privatmanne zustehe, einen Tyrannen zu morden. Der religiöse Abkömmling der Renaissance, die Reformation, gab ein neues Problem auf. War es auch erlaubt, um der Gewissensbedrückung willen, die wurzelhaft im CUIUS REGIO, ILLIUS ET RELIGIO *wes das Land, des auch die Religion* beschlossen war, einen Tyrannenmord aus Gewissensnot zu begehen? Man bejahte gelegentlich auf der Seite der Katholiken und Protestanten die kitzlige Frage: der politische oder religiöse Gewaltherrscher könne unter gewissen Voraussetzungen auch von einer Privatperson beseitigt werden.

Der spanische Jesuit Mariana hat sozusagen die Summe aller solcher Theorien gezogen und ist als Verfechter des Tyrannenmordes zu einer Weltberühmtheit gekommen. Sein Buch ›de rege et regis institutione libri tres‹ wird mit Gruseln aufgeführt, und mit dem Namen seines Verfassers verbindet sich das Bild eines finsteren Revolutionärs mit dem Dolch unter der Kutte. Aber das verschriene Buch erschien unter den Augen der Inquisition, und es ist dem König Philipp III. von Spanien gewidmet. Das könnte immerhin der Gipfel von Radikalismus und Verschlagenheit sein. Anders sieht sich aber jeder vorgefaßte Verdacht an, wenn man die These des Buches, um derentwillen es die Welt bestürzte, ins Auge faßt. NEQUE PERICULUM EST, UT MULTI EO EXEMPLO IN PRINCIPUM VITAM SAEVIANT QUASI TYRANNI SINT. NEQUE ID IN CUIUSQUAM PRIVATI ARBITRIO PONIMUS, NON IN MULTORUM, NISI PUBLICA VOX POPULI ADSIT, VIRI ERUDITI ET GRAVES IN CONSILIUM ADHIBEANTUR (lib. I, cap. 6) *Es besteht auch keine Gefahr, daß nach diesem Beispiele sich viele auf das Leben der Fürsten stürzen, unter dem Vorwand, daß sie Tyrannen seien. Denn das legen wir nicht in das Gutdünken des Einzelnen, nicht einmal vieler, es sei denn, daß die öffentliche Stimme des Volkes im Bunde mit dem Rate gelehrter und gewissenhafter Männer vorhanden ist.* Man muß sich einmal diese ›Wenn‹ und ›Aber‹ praktisch vorstellen. Wann kann Marianas Theorie Tat werden? Seine Lösung klingt eher nach Volksgericht als nach Einzelverantwortlichkeit.

Revolutionäre sind Demagogen, sie fordern, ihre Rede ist Brand. Marianas Sprache klingt durchaus versöhnlich. In seinem Stil darf das Buch klassisch genannt werden. Ja, sein Autor wahrt Abstand von seiner Theorie. ›Dies ist meine Meinung. Sie entsprang der Liebe zur Wahrheit. Da ich aber als Mensch irren kann, so werde ich gerne dem Dank wissen, der etwas Besseres vorbringt‹ (lib. I, cap. 6). Unseres Wissens behandelte seit Mariana kein Schriftsteller mehr das Für und Wider des Tyrannenmordes.

Zweihundert Jahre nach dem spanischen Doktrinär schleuderte ein jugendlicher Feuerkopf einen ›Kampfruf gegen die Tyrannen‹. Schiller führte mit seinen ›Räubern‹ die deutsche Sturm- und Drangperiode auf den Gipfelpunkt. Die zweite Auflage des Dramas trägt auf dem Titelblatt die Adresse: IN TYRANNOS. Aber der letzte Sinn des Werkes ist gar nicht so revolutionär, wie er tut. Im Grunde rettet hier ein noch nicht von der Theologie losgekommener Idealist das Recht des Gewissens und die sittliche Ordnung der Welt. Nicht ›Die Räuber‹, sondern ›Kabale und Liebe‹ ist Schillers eigentliches ›In tyrannos‹.

Königliche Art

HIC SUNT LEONES
Hier gibt's Löwen

Geographen des Mittelalters schrieben in die unerforschten Grenz-
gebiete ihrer Europakarten den abschließenden Verzicht: HIC SUNT
LEONES *Hier gibt's Löwen*. Höher ging es nicht, das Unerforschte
und Gefährlich-Abenteuerliche in einen anschaulichen Begriff zu
kleiden. Schmunzelnd aber liest man, was Geographen gelegentlich
in die Wüste Sahara eintrugen: ARIDA NUTRIX LEONUM *die dürre,
ausgetrocknete Nährmutter der Löwen* (Horaz, carm. 1, 22, 16).
Ist's nicht, als ob ein wenig Mitleid mit dem Wüstenkönig hier
durchschimmerte, obwohl an dieser Stelle der Dichter den Löwen
ein ›Scheusal‹ nennt?

Bestimmt, fest geprägt, allem Ungewissen entzogen, fast dogma-
tisch und herrscherlich aber klingt, was man auf einer alten Karte
Schottlands als Motto findet: EST NOBILIS IRA LEONIS *Adelig ist des
Löwen Zorn*. Hier sind der Adel und die Kraft des gewaltigen Tieres
Inbegriff des Königseins und Symbol eines Reiches geworden.

Als zusammengeballte Kraft und geborene Würde sahen auch die
Römer den Löwen. Er lebte unter den Tieren die virtus vor wie die
Römer unter den Völkern.

Mit ergriffenem Herzen lasen wir einst als Knaben die treuherzige
Geschichte vom mitleidigen Hirten Androclus, der dem Löwen einen
Dorn aus der Pranke zog und dafür vom Wüstenkönig bedankt
wurde. Das herrscherliche Tier schenkte dem verachteten Sklaven
Liebe und Freundschaft und rettete ihm das Leben, als sie sich bei
den Tierkämpfen im Amphitheater gegenüberstanden. Wir wußten
damals noch nicht, daß bereits die Römerbuben sich an dieser
Geschichte die Herzen warm gelesen hatten und daß großherzige
Dankbarkeit als Kennzeichen dem starken Tier anhaften blieb. Erasmus noch lobte in seinen Adagia den Löwen als jenes Tier, das
empfangene Wohltaten königlich vergilt. Liegt nicht auch auf Dürers
Bild im Gehäuse des Hieronymus der Löwe friedlich neben dem
Hund, teilt die Einsamkeit des emsigen Gelehrten und sieht ganz
nach Frieden aus? Solche hochherzige Friedfertigkeit war ein Vor-
geschmack vom Goldenen Zeitalter, das vom lieblichen göttlichen
Knaben heraufgeführt werden sollte, wie es Vergil verhieß.

Selber kommen nach Hause mit schwerem Euter die Ziegen,
Nicht mehr fürchten der Rinder weidende Herden den Löwen.

(ecl. 4, 21 f.)

Auf dem Gymnasium lasen wir bei Phaedrus das Original jener
Geschichte, die Schuld daran trug, daß wir um den Löwen fromme
Scheu woben und ihn furchtsam liebten, anders als den leisen Pan-
ther und den tückischen Tiger. Etwas waren wir enttäuscht. Wir
spürten allerdings: diese Verse waren streng gebaut wie das Tier,
das sie rühmten, aber diese nüchterne Art, klar, einfach, lehrhaft und
zielstrebig, entbehrte der Einfalt, wie sie Aesop schenkte, und sie
reichte nicht heran an die phantastische Zutat unseres eigenen jungen
Herzens. Beim selben Phaedrus lasen wir auch, daß die königliche
Dankbarkeit mitnichten schwacher Gutmütigkeit entsprang. Die
Geschichte vom Löwen, der Kuh, der Ziege und dem Schaf zeigte
eine brutale Selbstherrlichkeit des sonst so gefeierten Löwen. Als die
Beute unter den vier Genossen verteilt werden sollte, gingen die
Schwächeren leer aus. Die königlichen Rechte, die der Löwe dabei
verkündigte, könnten von Machiavelli verfaßt worden sein und
würden jedes Handbuch des Absolutismus zieren. Sie enthalten das
antike l'état c'est moi, die Formel für das Recht des Stärkeren.

Ich nehm das beste Stück, weil ich der Löwe bin.
Das andere laßt ihr mir, weil ich voll Mutes bin.
Dann, weil ich der Stärkste bin, fällt mir das dritte zu.
Wer sich am vierten vergreift, dem soll es übel ergehn.

(Phaedr. 1, 5)

Der sprichwörtliche *Löwenanteil* PARS LEONIS ist eine Ausgeburt
des animalischen Faustrechtes. Wer so teilte, wie es der Löwe als sein
gutes Recht in Anspruch nahm, verfuhr nach der SOCIETAS LEONINA
Gesellschaftsform der Löwen. Aber was man den Tieren hingehen
ließ, das ächtete man bei den Menschen. Ausdrücklich brandmarkte
Ulpian im Corpus iuris solche leoninischen Geschäfte, ›bei denen
der eine nur den Nutzen, der andere nur den Schaden davontrug‹
Cassius leoninam societatem appellabat, IN QUA ALTER EX DUOBUS
LUCRUM TANTUM, ALTER DAMNUM SENTIRET (digesta 17, 2, 29).

Den Respekt vor der königlichen Art des Löwen wahrt auch eine
alte griechische Anekdote, die uns Plutarch überliefert hat. So folgerichtig durchgeformt, so ausgesprochen proportioniert wuchtet der
Leib des Tieres, daß ein großer Meister vermochte, nach einer bloßen
Pranke das ganze Tier zu erstellen und es wirklichkeitsgetreu zu
malen EX UNGUE LEONEM. Zwar rühmt die Anekdote zunächst nur
das anatomische Können des Künstlers. Aber die in das knappe
Kernwort zusammengedrängte Erzählung enthielt doch auch, was

die Philosophen PARS PRO TOTO nannten, daß man nämlich aus *einem Teil auf das Ganze* schließen könne. Man bezog es namentlich auf den Menschen. Aus einer Handschrift, aus einem Brief, aus seinem Zupacken, aus kleinen Anzeichen ließ sich seine Art, sein Charakter, sein Wesen erschließen. *Aus Wenigem Vieles, aus dem Kleinsten das Größte vermuten* EX PAUCIS MULTA, EX MINIMIS MAXIMA CONICERE (Erasmus, Adagia).

So zog einst auch der Fuchs aus den Spuren vor des Löwen Höhle seine Schlüsse, und er ließ sich durch nichts bewegen, sich ihr zu nähern.

Weil dort *mich schrecken die Spuren*
VESTIGIA TERRENT
Alle zu dir einwärts ja führen sie,
keine nach außen.

(Horaz, ep. 1, 1, 74)

In der Phantasie des geflügelten Wortes wandelten sich leicht die Spuren vor des Löwen Höhle in die Spuren des königlichen Tieres selbst. Die vestigia leonis, des Löwen Spuren, besagten Furcht und Schrecken. Als Heinrich der Löwe die Stadt Bardewieck zerstörte, schrieb er wie eine Visitenkarte dieses vestigia leonis an das Rathaus dortselbst.

Wie die Anekdote, so kündet auch das Sprichwort das hohe Lob des Löwen. Noch von den Zeiten her, als sie Bauern waren, hatten die Römer einen scharfen Blick für die Tiere. Fabeln verdichteten sie zu geflügelten Worten, aus Sprüchen leiteten sie Fabeln ab. Das Denken der Römer war viel stärker den Tieren als den Pflanzen zugewandt, auch Blitz und Erdbeben, Wind und Wetter, Stern und Stein, Feuer und Wasser beanspruchten mehr ihre Aufmerksamkeit als Gesträuch und Baum.

Wo im Sprichwort das königliche Tier erscheint, da flieht das Schwache und Feige. ›Wie das Lamm vor dem reißenden Wolf und die Ziege vor dem Löwen‹ (Horaz, epod. 12, 25). Merkwürdigerweise benutzte der sonst so gemäßigte Horaz das harmlose Bild in einem so zotigen Zusammenhang, daß der treuherzige Voß nicht wagte, die Ode, in der das Sprichwort angeführt wird, zu übersetzen.

Das Niedere, das Feige getraute sich nur an den toten Löwen. Phaedrus (1, 21) hat uns die Geschichte erzählt, wie der Esel dem sterbenden König der Tiere einen Fußtritt versetzte.

Daß Tapfere mich höhnten, schmerzte mich:
Da ich dich, Scheusal der Natur, gewähren lassen muß,
So scheint mir's, traun, als litt' ich doppelt meinen Tod.

Der Römer nahm aber nicht diesen Eselstritt ins Sprichwort auf, sondern die Vorstellung, *dem toten Löwen den Bart raufen* BARBAM VELLERE MORTUO LEONI. Auch dieses Bild mußte es leiden, daß ihm Martial einen schlüpfrigen Sinn aufdrängte, der wirklich an den Haaren herbeigezogen ist (epigr. 10, 90).

Wo der Löwe erscheint, versagt die Schlauheit, verzieht sich ausgeklügelte Berechnung. Fuchs und Löwe geben kein ansehnliches Paar, sie gehen nicht zusammen.

Was mischest du mit meinen Versen, Tor, deine
Und machst dich an ein Buch, das, Wicht, dich angreifet,
Wie willst du mit dem Löwen einen Fuchs paaren
QUID CONGREGARE CUM LEONIBUS VULPES
Und eine Eule ähnlich einem Aar machen?
(Martial, epigr. 10, 100)

Wo der Löwe erscheint, verkriecht sich der Unwert und enthüllt sich das echte Sein. ›Was nützt es, Aedil zu werden, was, in Lupin' und Kicher und Bohn' auszustreuen dein Erbgut und den billigen Dank des Pöbels zu ernten, was, daß du beklatscht wirst? Was, *wenn ein verschlagener Fuchs, du dem edelen Löwen es nachtust* ASTUTA INGENUUM VOLPES IMITATA LEONEM (Horaz, sat. 2, 3, 186). Hohles verweht doch, und wo die Löwenhaut nicht reicht, muß man den Fuchsbalg annähen.

Wo der Löwe sich zeigt, hat man sich zu rüsten. Unzulänglich gewappnet wage keiner den Kampf mit ihm. Er ist stark wie der Tod. ›Nur starken Waffen erliegt ein gewaltig Tier. Und gegen den Tod schleuderst du so winzige Geschosse. *Den Löwen willst du mit einer Pfrieme angreifen?*‹ SUBULA LEONEM EXCIPIS (Seneca, ep. 82, 24).

Wo der Löwe angreift, gibt es einen echten, ehrlichen Streit. *Pfeilen kann man nicht trauen,* sagt ein alter Wappenspruch, *wohl aber dem Löwen* LEONI, NON SAGITTIS FIDO. Um Kleines kümmert er sich nicht, Löwen fangen keine Mäuse – und ›keine Schmetterlinge‹. So verhöhnt Martial einen Dichterling. Nicht einmal das Brandmal einer absprechenden Kritik werde er an ihn verschwenden.

Daß ich Vers' und ein kurz und scharf Gedichtlein
Auf dich mache, das fürchtest du, Ligurra,
Und möchtst dieser Besorgnis würdig scheinen.
Doch du fürchtest umsonst und hoffst vergebens.
Löwen Libyas stürzen sich auf Stiere,
Nimmer sind sie dem Schmetterling gefährlich.
LEONES / NON PAPILIONIBUS MOLESTI
D i e Stirn rühme sich nimmer meines Brandmals.
(Martial 12, 61)

Selbst im Zorne ist der Löwe noch adelig, wo er hintritt, erzittert der Staub. Fest, herrscherlich, edel, voller Kraft, Urbild des Mutes steht er im Schrifttum und im Volksmund der Antike. Er entsprach ganz ihrem Ideal der Tugend, jenem Handeln aus männlicher, ungebrochener Kraft, und er verkörperte ihre Idee vom Adel. Juvenal verband Adel und Tugend in unlöslicher Gemeinschaft. *Den Adel gibt allein die Tugend* NOBILITAS SOLA EST ATQUE UNICA VIRTUS (sat. 8, 20).

Noch meinte der Mut, die virtus, mehr den körperlichen Einsatz, die Standfestigkeit und Standhaftigkeit, die Ausdauer und die Furchtlosigkeit. Virtus ist Unerschrockenheit der Nerven und Kühnheit des Handelns. Aber die Zeit vertiefte den Begriff des Mutes, wie sie auch eine verinnerlichte Auffassung der Ehre gewann. Die Völker der lateinischen Rasse haben später den Mut aus dem Herzen abgeleitet. Nicht mehr vir, sondern COR wird die Wurzel des veredelten Begriffs. *Herzensgröße,* coraggio, corage, courage ist mehr als Muskelstärke und Nervenhärte. Dieser Mut spürt selbst die Furcht, er verleugnet nicht das Zittern, aber er überwindet es im Entschluß des Herzens. Einem spanischen König wurde vorgeworfen, daß er feige vor der Schlacht bebe. Aber er sprach das große Wort, das den adeligen Mut weit weghält von der landläufigen Art, ihn als Unempfindlichkeit zu betrachten: ›Mein Körper zittert vor den Gefahren, denen mein Geist ihn aussetzen will.‹ Auch das ist königlich gedacht. Es ist der Mut des Geistes und des Herzens, des Menschen größter Adel.

Als einst die Füchsin die Löwin schmähte, weil sie nur ein Junges gebäre, da fertigte sie die Wüstenkönigin mit den erhabenen Worten ab: Ja, *eines, aber einen Löwen* UNUM, SED LEONEM. Stolzeres kann keine Mutter von ihrem Kinde sagen.

Gleißende Gefahr

AURI SACRA FAMES
Der verfluchte Hunger nach Gold

Sonst pries das römische Sprichwort die erziehende Kraft des Hungers. *Er sei die Würze der Speise* CIBI CONDIMENTUM ESSE FAMEM. Cicero (de fin. 2, 28, 90) legt diese Allerweltsweisheit dem Sokrates in den Mund. *Neue Künste lehre der Hunger* NOVA ARTIFICIA DOCUIT FAMES, zitiert Seneca (ep. 15, 7). Die AURI SACRA FAMES *der verfluchte Hunger nach Gold* aber war eine Anklage!

Das Wort ist ein Beispiel für die gedrängte Fülle lateinischer Gedanken. Wie soll man sacra übersetzen? Es heißt ebenso gut heilig wie verflucht. Der heilige, verfluchte Hunger nach Gold. Das aller Zustimmung sichere Wort Vergils (Aen. 3, 56 f.) ist zwei Hexametern entnommen, deren erster mit auri schließt, während der zweite mit sacra beginnt. Er geißelt das Goldfieber, das zu jeder Zeit eine Plage der Menschheit gewesen ist. Polydorus, ein Sohn des trojanischen Königs Priamus, war mit einer großen Summe Goldes zum König von Thrakien gesandt worden. Von der gleißenden Versuchung geblendet, erschlug der Herrscher den Jüngling und raubte den Schatz. QUID NON MORTALIA PECTORA COGIS AURI SACRA FAMES? *Wozu treibst du nicht das sterbliche Herz, verfluchter Hunger nach Gold?*

Der Vers ist bereits den Römern als geflügeltes Wort geläufig gewesen. Das Gold hetzte die Menschen durch die Geschichte. Von dem dummen Goldhunger des Midas zum modernen Hexentaumel des Run-of-mine, bis zu den Kriegen um das schwarze, weiße oder flüssige Gold! AURUM SITISTI, AURUM BIBE *Dich dürstet nach Gold, nun trinke Gold,* sprachen die Parther, als sie des erschlagenen Crassus Haupt in geschmolzenes Gold tauchten. ›Sag an, du weißt's, wie der Geschmack des Goldes?‹ fragt Dante den Ermordeten (Purg. 20, 117). Nirgends aber wird das Gold, ›der rote Sklave‹, leidenschaftlicher und großartiger verflucht als in Shakespeares ›Timon von Athen‹, in den wilden Monologen, die dieses bewundernswerte Stück enthält. Hatte nicht auch Gretchen die erste große Versuchung seines bescheidenen Lebens vor der willenbrechenden Macht des Goldes zu bestehen? ›Nach Golde drängt, am Golde hängt doch alles. Ach wir Armen!‹

Lachen, Lächeln

RISUM TENEATIS, AMICI?
Würdet ihr nicht lachen, Freunde?

Der Menschenverächter Friedrich der Große machte sich mit beson-
derem geistigem Ingrimme die Wesensbestimmung zu eigen, welche
Platon in nicht gerade ermunternder Weise vom Menschen gegeben
hat: ANIMAL BIPES INPLUME *das zweibeinige, federnlose Lebewesen.*
Auch das aristotelische ANIMAL SOCIALE *das Gesellschaftslebewesen*
ist noch nicht der Weisheit letzter Schluß über die Krone der Schöpfung. Keiner der Alten fand z. B. die bittere Wahrheit, im Menschen
jenes Wesen zu sehen, das sich langweilt. Mittelalterliche Denker
bekundeten eine überlegene Schau, als sie den Menschen das ANIMAL
RISIBILE nannten, *das lachfähige Wesen.* Dante rechnete in der vita
nuova dies zum Vorrechte des Menschen, daß er lachen könne. Selbst
der menschenscheue Spinoza, dem das Leben nicht viel Grund zum
Lachen bot, machte sich in seiner Ethik diesen freundlichen Begriff
zu eigen. Man glaubt fast ein wenig wehmutsvollen Neid aus seinen
Worten zu spüren.

Nur weil der Geist geheimnisvoll auf dem Instrument des Leibes
spielt wie der Geiger auf der Violine, widerstrahlt seelisches Gefallen im Auge und spiegelt sich das Vergnügen um den Mund, öffnet
er sich zum Lachen. Beglückend ist darum das erste Lächeln des
Kindes, weil dabei sein Geist aufleuchtet und die Gesundheit der
Seele kündet. Wie ein gnadenvolles Geschenk kosten wir das Lächeln
der Geliebten. *Lache, bist du gescheit, o Mädchen, lache!* RIDE, SI
SAPIS, O PUELLA, RIDE (Martial, epigr. 2, 41). Dante lebte nur vom
Kopfnicken und Lächeln seiner Beatrice. Dieser ›disiato riso‹, dieses
›ersehnte Lächeln‹ bezaubert in den steinernen Madonnen des Mittelalters. Es bannt uns in Lionardos ›Mona Lisa‹. Hier beschwor mit
Linie, Farbe, Licht und unaussprechlichem Geheimnis der Maler auf
ein Bild, was sonst nur dem Geist im lebenden Stoff des Körpers
gelingt. Lacht die Gioconda mit uns, lacht sie über uns? Wer weiß
es? So weit geht die Geistigkeit des Lachens, daß Kierkegaard die
Probe auf unsere seelische Kraft in die Frage drängen konnte: Lachst
du wirklich, wenn du allein bist?

Die Weisheit der Völker regelte Gebrauch und Maß des Lachens,
auf daß der Mensch nicht die herrliche Gabe vergeude. Römer und

Griechen bildeten eine ganze Wertleiter des Gelächters und schlossen aus dem Lachen auf die Art des geistigen Wuchses. Weiches, wollüstiges Gelächter schien ihnen aus der Heimat des Entnervenden, aus Jonien, zu kommen. *Du lachst jonisch, du lachst wie auf Chios* RISUS IONICUS, RISUS CHIUS. Wer aber zur Unzeit lachte, wer über die Stränge schlug, der lachte *megarisch* RISUS MEGARICUS. Ja, das war *schlimm, fehl am Platze zu lachen* NON IN LOCO RIDERE PERGRAVE EST MALUM. Das galt z. B. für einen Greis, der seine Grenzen nicht kannte, Späße machte und sich benahm wie ein unausgegorener Junge, auch für einen, der um jeden Preis scherzen wollte, und es betraf den, *der lieber einen Freund als einen Witz verlieren wollte* POTIUS AMICUM QUAM DICTUM PERDIDI (Quintilian 6, 3, 28).

Wenn nur in Gelächter sich ausschütten er kann,
So verschont der selber den Freund nicht.

(Horaz, sat. 1, 4, 34 f.)

Jenes Lachen aber, das eine Lüge war wie der falsche Kuß, wenn die Zähne fletschten, aber um die Stirn Gewölk stand, wenn der Geist sich zur Fratze des Ungeistes verzog und das Lachen nur das kommende Zubeißen verdecken sollte, das nannte man das *Pferdelachen*, den RISUS EQUINUS.

Durch alle Jahrhunderte aber erscholl ›das unaufhörliche Gelächter der seligen Götter‹. Es lacht aus der Kraft des Lebens und der Freude an Gelegenheit und Augenblick. Es wurzelt in dem Abstand zwischen dem, was zu sein vorgibt, und dem, was wirklich herauskommt, der lauteren Komik also.

Wenn zum menschlichen Haupte den Hals eines Rosses der Maler
Fügen wollt' und die rings zusammengetragenen Glieder
Bunt mit verschiedenen Federn umzieh'n, daß garstig geschwänzet
Auslief' *unten zum Fische das Weib, liebreizend von oben*
DESINAT IN PISCEM MULIER FORMOSA SUPERNE
Könntet bei solchem Gebild,
Ihr Freunde, das Lachen verbergen?
RISUM TENEATIS, AMICI?

(Horaz, ars poetica 4 f.)

Als das homerische Gelächter der Götter zum erstenmal die Himmel durchschallte, wurde die Komödie von den Himmlischen geschaffen. Bejahend lachte später auch der Mensch über sich selbst und schüttelte sich damit befreiend die Qual und den Widersinn des Lebens ab.

Und so *lachten* auch die Römer gelegentlich *bis zum Zerbersten* RISU EMORIRI (Terenz, Eun. 432), und sie lachten so, daß man auch bei ihnen ›am Lachen den Narren erkannte‹. RISU INEPTO RES INEP-

TIOR NULLA EST (Catull 39, 16) *Nichts ist unschicklicher als läppisches Lachen,* aber sie lachten auch – in einem merkwürdigen Mißverständnis ›mit fremden Backen‹. Die Freier Penelopes schwelgten beim Frühmahl, um sich für die endgültige Hochzeit zu rüsten. Bald sollte sich die edle Dulderin und ewig Getreue entscheiden, wen sie heiraten wollte. Da zwang Pallas Athene ihnen, zum Hohne und zur Strafe, ein unauslöschliches Gelächter auf. Traun, es kam nicht von Herzen. Sie lachten ›mit fremden Backen‹ (Od. 20, 347).

Horaz hörte, als er die Stelle las, nicht das Grollen des Himmels, die schicksalhafte Verdammnis der Freier, den grausig-erzwungenen Klang, er spürte nur das Unbändige dieses Gelächters. So übernahm er das *mit fremden Backen* MALIS RIDENTEM ALIENIS als Ausdruck für freches, unbeherrschtes Lachen, für höhnisches Gelächter. Wer so lachte, tat, als ob er die Kinnbacken und Lachmuskeln anderer, nicht die eigenen strapazierte. So wurde aus einem Versehen ein geflügeltes Wort bei den Römern.

Zehnmal sei er verschrieben dem Nerius, hundertmal jenem
    Knotenstricker Cicuta, ja tausend Verkettungen schmied ihm;
Dennoch entschlüpft der Verruchte den sämtlichen Banden, ein
                                     Proteus,
Wenn du ihn schleppst vor Gericht, *wie mit grinsenden Backen er*
                                           lächelt
MALIS RIDENTEM ALIENIS.

                                       (Horaz, sat. 2, 3, 72)

Die Vollendung

Man kann sich kaum einen schmerzlicheren Gegensatz ausmalen als den zwischen dem widerwillig erlittenen Tod und dem gleichzeitigen Lächeln des Glückes auf den Lippen.

Es soll in Sardinien eine Pflanze gegeben haben, eine Ranunkel übrigens, die den Menschen durch ihren Duft zum Kosten verleitete, aber heimtückisch den Tod brachte, nicht ohne seine Lachmuskeln auf eine unbegreifliche Art gereizt und ihm, dem Sterbenden, ein Lächeln abgezwungen zu haben. Schon Homer erwähnt das sagenhafte Kraut (Odyssee 20, 301). Bitterer schien auf Erden nichts zu wachsen als die sardonische Pflanze. IMMO EGO SARDONIIS VIDEOR TIBI AMARIOR HERBIS (Vergil, ecl. 7, 41) *Wahrlich, ich erscheine dir bitterer als sardonisches Kraut.*

Als die Größe des Römischen Reiches sichtbar sich auflöste und seine Agonie nicht mehr zu übersehen war, da erinnerte sich Salvianus, ein gallischer Presbyter, wieder der alten Kunde. ›Du könntest fast meinen‹, so stellt er fest wie ein Arzt, die Hand am Pulse der Zeit, ›*das ganze römische Volk habe sich irgendwie an dem sardonischen Kraut sattgegessen, es stirbt und lacht dabei*‹ SARDONICIS QUODAMMODO HERBIS OMNEM ROMANORUM POPULUM PUTES SATURATUM: MORITUR ET RIDET (gub. dei 7, 1, 6).

Gleichwohl, dieses sardonische Lächeln beansprucht nicht mehr Aufmerksamkeit als jede andere Merkwürdigkeit der *Natur* und *ihr mannigfaches Spiel* LUDUS NATURAE. Aber die alten Schriftsteller kennen noch eine andere Art, im Tode zu lächeln, die Sage vom RISUS SARDONICUS *vom sardonischen Lachen.* Es war dieselbe Idee, die Jahrhunderte später der Inconnue de la Seine eine sentimentale Berühmtheit eintrug, nämlich dem bittersten und letzten Leid ein überlegenes Lächeln entgegenzusetzen und die Prüfung des Todes zu bestehen, als ob sie ein Scherz wäre. Höher konnte das ›gute Miene zum bösen Spiele machen‹ nicht getrieben werden. Viele Arten, den Ursprung des sardonischen Lächelns aufzuklären, liefen durch die Spalten der Bücher, aber im Kerne bleibt als gemeinsamer Rest: In Sardo, einer Stadt der Phönizier, pflegten die Kinder ihre altgewordenen Eltern in den Tod zu schicken, wie vor hundert Jahren noch die Eskimos taten. Es gehörte zum Unfaßlichen dieser Sitte, daß die so unmenschlich Sterbenden würdig und lachend diesen Tod erlitten. Erzählt doch auch die Bibel, daß dasselbe Volk der Phönizier dem Ungeheuer Moloch die eigenen Kinder in die glühenden, erzenen Arme warf, um ihn zu versöhnen.

Wer immer bei den Alten und noch bei uns mit wehem Herzen zu lachen sich aufrafft, der lacht sardonisch. Das gehört zur Größe des Menschen, daß er selbst seinen Erbfeind, den Tod, überlegen bestehen kann.

Innere Ehre

CUI HONOREM, HONOREM
Ehre, wem Ehre gebührt

Unser selbstsicheres Beteuern ›bei meiner Ehre‹ hätte ein Römer nicht bilden können. Wenn er eine Macht anrief, die verpflichtend seine Aussage bekräftigen oder strafend allenfalls eine Unwahrheit rächen sollte, so schwur er bei Jupiter und Bacchus, bei Cato, bei den heimischen Penaten und bei dem ausländischen Charon. Wollte er dem Eid einen besonders heiligen Glanz geben, so hielt er in der rechten Hand einen Jupiter-Stein. Der Göttervater solle ihn erschlagen, wenn er falsch schwöre. Die Formel: IOVEM LAPIDEM IURARE (Cicero, ep. 7, 12, 2) *beim steinernen Jupiter schwören,* erinnert an diesen Brauch, der aus alter Zeit übernommen war.

Nie aber schwur der Römer bei seiner Ehre. Noch fand er keinen Zugang zum tiefsten Sinn des adeligen Wortes HONOS *Ehre.* Noch deckte es sich im wesentlichen mit dem Begriffe FAMA *der Ruf* und besagte, was der Mensch in den Augen der Welt galt. Dem Handelsvolk der Griechen kam die Welt wie eine große Abschätzungskommission vor, die Ehre des Menschen war sein ›Preis‹. Noch in des Aristoteles bekannter Wesensbestimmung der Ehre klingt dies nach. Ihm ist sie ›der Preis der Tugend‹. Wessen Leistung geachtet, wem tadelloses Leben nachgesagt wurde, wer sich verdient gemacht hatte, der hatte und erhielt Ehre, mit Konsulaten, mit Kränzen, Ehrentafeln, Triumphen; schließlich erhob man den Menschen sogar zur göttlichen Ehre der Himmlischen. Bürgerliche, häusliche und himmlische Ehren wußte der Römer zu vergeben. Bei sich sie zu finden, vermochte er noch nicht.

Cicero, immer gern zusammenfassend, was vor und um ihn gedacht wurde, hat keinen Zweifel darüber gelassen, wie äußerlich im Grunde der römische Ehrbegriff war. CUM HONOR SIT PRAEMIUM VIRTUTIS IUDICIO STUDIOQUE CIVIUM DELATUM AD ALIQUEM, QUI EUM SENTENTIIS, QUI SUFFRAGIIS ADEPTUS EST, IS MIHI ET HONESTUS ET HONORATUS VIDETUR (Brut. 81, 281) *Da Ehre der Preis der Tugend ist, der nach Urteil und Gunst der Mitbürger dem zukommt, der Ehre nach ihrer Meinung und ihrem Beifall erlangt hat, so scheint dieser mir ehrbar und geehrt.* Einem Bruder Ciceros, dem Quintus, wird ein Werk zugeschrieben, das andere ihm abstreiten. Einerlei:

aber in diesem Kommentar, Amtsstellen zu erlangen, fällt ein Satz
auf, dem jeder, der sich im Leben umgetan hat, beipflichten wird.
Köche und Dienstmädchen machen den guten Ruf OMNIS FAMA A
DOMESTICIS EMANAT (de petit. consul. 5, 17). Nicht einmal die Bibel,
die sittliche Begriffe am weitesten geläutert und vorangetrieben hat,
nennt eine andere Ehre als die bürgerliche. Das berühmte paulinische
Ehre, wem Ehre gebührt CUI HONOREM, HONOREM (Röm. 13, 7)
fordert nur die äußere Ehre als Schuld an die Obrigkeit. In geradezu
klassisch schönen Worten hat das Ius Romanum die Ehre im Gesetzbuch verankert. *Die Ehre ist der Zustand unverletzter Würde, den
Gesetz und Sitten billigen und der auf Grund gesetzlicher Vor-
schrift durch unser schuldiges Handeln entweder gemindert oder
gar beseitigt wird* EXISTIMATIO · EST DIGNITATIS INLAESAE STATUS,
LEGIBUS AC MORIBUS COMPROBATUS, QUI EX DELICTO NOSTRO AUC-
TORITATE LEGUM AUT MINUITUR AUT CONSUMITUR (digesta 50, 13,
5, 1).

Wie uns galt auch dem Römer die Ehre als eines der unentbehrlichen Güter des Lebens. Der Ehr-Geiz spannt sich gerne und
bewußt vor sie. Augustinus wollte unter gewissen Gesichtspunkten
dieses bewußte Streben nach Ehre als eine Art Tugend der Römer
gelten lassen, da solches Bemühen oft größere Laster hintanhalte
(de civ. 5, 13). Er gründete diese weitherzige Ansicht auf ein Wort
Ciceros, das im Ehrgeiz die Triebfeder menschlichen Fortschrittes
sah. ›*Ehre fördert die Künste* HONOS ALIT ARTES und alle lassen sich
durch Ruhm zum Streben anfeuern. Was allgemein mißbilligt wird,
liegt gänzlich darnieder‹ (Tusc. 1, 2, 4). Dies Wort vom Beifall, dem
geheimnisreichen, unberechenbaren Lebenselement der Künstler, ist
älter als Cicero.

Es entging den Römern keineswegs, wie zufällig der Ruhm war,
sein Werden und Vergehen. Ihren Anhängern hierfür recht die
Augen zu öffnen, war Anliegen der Stoiker. Die Nachdenklicheren
unter ihnen näherten sich stark einem geläuterten Begriff von der
Ehre. Der Ehrenhafte bedarf der Menge nicht, er strahlt in sich
selber; *ging er von hinnen, so lebt er in der Liebe der Menschen
weiter* EXTINCTUS AMABITUR IDEM (Horaz, ep. 2, 1, 14).

Die ganze Werttheorie des Ruhmes warf unbewußt Vergil über
den Haufen. Hochherzig, ruhmbegierig erboten sich die teukrischen
Jünglinge Nisus und Euryalus, ihr Leben zu wagen und ihren Führer
Aeneas in der feindlichen Stadt Pallanteum aufzusuchen. Angesichts
solch herrlichen Mutes und wie in Ahnung ihres tapferen Sterbens
rief damals Aletes, reif an Jahren und Einsicht:

Welcher Lohn, ihr Männer, vermöchte für solche Verdienste
Würdig genug mir scheinen; den köstlichsten werden die Götter
Und euer eignes Bewußtsein euch spenden.

(Aen. 9, 252 ff.)

Deutlich hebt sich hier das Wissen um den eigenen Wert, das
Sich-selbst-Genügen ab vom Beifall der Menge. Noch einen Schritt
weiter und Horaz schuf wie einen Edelstein eines der hehrsten
Worte, welche die antike Ethik zu bilden vermochte. Er rückt entschlossen den Witz der Großen, das verbildete Gefühl der Allzu-
vielen zur Seite und wendet sich an das unverdorbene Denken und
das angeborene Wertgefühl der Kinder. Sie, die noch klar sehen und
vom rechten Blickpunkt aus, sollen richten über Wert und Unwert
des Menschen. Ein Kinderlied sprach die Krone dem zu, der das
Bessere macht. Bereits die Camiller und die männlichen Curier
sangen es.

Doch Knaben im Spiel: ›Auf, König soll werden‹,
Schrei'n sie, ›wer besser es macht!‹ – Das sei dir die eherne Mauer:
Nichts sich bewußt zu sein, vor keinerlei Schuld zu erblassen
NIL CONSCIRE SIBI, NULLA PALLESCERE CULPA.

(ep. 1, 1, 61)

Die Renaissance dachte zu Ende, was hier keimhaft Horaz geahnt
hatte. Allerdings, sie holte auch die antike Ruhmbegierde wieder
hervor. In einer uns fast belustigenden Weise ordnet Francis Bacon
die höchsten Ruhmestaten der Welt. So sieht in seinen Essays der
irdische Himmel der Ehren aus: CONDITORES IMPERIORUM *Reichs-
gründer*, LEGISLATORES *Gesetzgeber*, die auch *dauernde Herrscher*
PERPETUI PRINCIPES genannt werden, LIBERATORES *Befreier*, PROPA-
GATORES IMPERII *Mehrer des Reichs*, PATRES PATRIAE *Väter des
Vaterlandes*. Die Ehrengrade der Untertanen aber sind: PARTICIPES
CURARUM *Mitsorger*, DUCES BELLI *Kriegsführer*, GRATIOSI *Günstlinge*
und schließlich NEGOTIIS PARES *geschickte Staatsmänner*, die
hohe Ämter unter den Fürsten verwalten. Doch fand die Renaissance neben solchen ausschließenden, nur den Spitzen der Menschheit vorbehaltenen Ehren auch den neuen Ehrbegriff, der so weit
reicht wie die menschliche Natur. Das Böse, alles Auflösende nahm
frech und bewußt überhand. Wo gab es einen Punkt, von dem aus,
wenn man sich nicht gerade christlichen Ideen verschreiben wollte,
man sich der öffentlichen Unmoral entgegenstemmen konnte? Die
historische Größe, das Zeitideal, reichte offensichtlich nicht. Da
tauchte der neue Ehrbegriff auf. Mußte nicht jeder das Beste, was er
war, in sich selber tragen? Das neue, frohe, sittliche Gefühl war ein
seltsames Gemisch aus Gewissen und Selbstsucht. Es vertrug sich

sogar mit Lastern. Aber es förderte auch Tugenden, es trieb hinfort die Menschen an. Keine Statistik vermag aufzuzeigen, was an großen Taten und kleinen Entschließungen diesem honos zu danken ist. Die Ehre wurde eine kulturelle Macht.

Als Rabelais für die Herren und Damen vom ›Orden des freien Willens‹ ein alles tragendes Prinzip für ihr Leben und sittliches Verhalten suchte, fand er nichts Schöneres als die neue Ehre. Er nannte sie un instinct et aguillon qui toujours les poulse a faictz vertueux et retire de vice: Lequel ils nommoyent honneur, einen Antrieb und einen Stachel, der sie immer zu tugendhaften Taten antreibt und sie vom Laster zurückhält; das nennen sie Ehre. Jenseits des Kanals aber schrieb Shakespeare die neue Achtung vor dem Nebenmenschen. Behandelt die Menschen, rät er, nicht so sehr nach dem, was sie sind, als vielmehr nach dem, was ihr selber seid. ›Behandelt sie nach eurer Ehre‹ (treat them according to your honour).

Nun hatte auch der einfache Mensch ›Ehre im Leib‹, nun konnte er mit den Worten ›Bei meiner Ehre‹ sich selbst verpfänden, wo der große Sokrates noch bei Hund und Gans beteuern mußte.

Beißende Lehre

DIFFICILE EST SATIRAM NON SCRIBERE
Es ist schwierig, da nicht Satiriker zu werden

Die Satire ist ohne den Stolz und das Gefühl, überlegen zu sein, ohne Persönlichkeit nicht denkbar. Zwar: die Römer wußten noch nicht begrifflich zwischen Person und Persönlichkeit zu unterscheiden. Wollten sie einen Menschen aus der Menge herausheben, so nannten sie ihn PERSONA DIGNA, GRAVIS *würdige, gewichtige Person.* Erst seit dem 18. Jahrhundert unterschied man deutlicher. Person ist der Mensch als vernunftbegabtes, für sich selbst seiendes und durch sich selbst handelndes Wesen; Persönlichkeit aber ist jener Ausnahmemensch, der nach Leistung, Stand, Kraft, schöpferischer Tat und Sittlichkeit den Durchschnitt überragt.

Kannten die Römer auch nicht den Begriff der Persönlichkeit, so pflegten sie doch den Kult des überragenden Mannes. Sie beugten sich vor Menschen, die etwas leisteten, schöpferisch tätig waren und andere durch ihre Sitten und Moral überragten, kurzum durch ihre Einmaligkeit auf andere wirkten. Die Satire z. B. setzt den Dichter voraus, der sich Sitten und Menschen überlegen fühlt. Und da sie in ihrem wahren Verstand sich gerade an die Lebenden richtet, fordert sie auch Freimut und einen Geist, der *mächtig des Stoffes* INGENIUM PAR MATERIAE (Juvenal 1, 151) deutlich über den Durchschnitt ragt. Selbst dem festgelegten Begriffsinhalt ›Satire‹ haftet noch eine gewisse Überheblichkeit an. Die Römer schrieben sich kurzerhand diese Gattung der Poesie als ureigenstes geistiges Kind zu. *Sie ist ganz unser eigen* SATURA QUIDEM TOTA NOSTRA EST (Quintilian 10, 1, 93). Die Sache lag aber nicht so eindeutig. Den Freimut, Zustände und Personen literarisch zu geißeln, besaßen bereits die Griechen, und sie bedienten sich seiner mit ›entbranntem Gemüte‹. Die Römer erfanden aber den Namen für die Sache: satura. Ursprünglich besagte er nichts anderes als die mit allerlei Früchten gefüllte Schüssel, manchmal auch die aus verschiedenem Obst bereitete Speise, schließlich ein Potpourri mannigfachster Gegenstände und Versmaße. Erst Lucilius schuf den bis heute eindeutigen Begriff, Horaz aber und der wuchtige Juvenal erläuterten die Theorie der Satire.

Eigene und fremde Individualität, Leben, Geist und Sitten der

Umgebung boten ihr den Stoff, der Zufall oder die Laune griffen ihn auf, Witz und Spott formten ihn; die Absicht zu wirken, verlangte zu schreiben *nahe dem Ton des Gespräches* SERMONI PROPIORA (Horaz, sat. 1, 4, 42).

Man brauche nur einmal die Augen aufzumachen und durch Rom zu gehen, überall drängten sich die Lächerlichkeiten und Gebrechen der Zeit auf. So bekunden Horaz und Juvenal. Man vermeint einen Zeitungsreporter zu hören, wenn Juvenal schreibt, der Stoff liege auf der Straße: ›Möchte man nicht schon schreiben an kreuzenden Straßen die ganzen Täfelchen voll?‹ (1, 63) Da heiratet ein Verschnittener, ein Weib jagt mit Speer und Keule den Eber, da ›fordert an Schätzen heraus die Patrizier alle der Eine, der mich, den Jüngling, schor, dem klang mein mächtiges Barthaar‹, ein ägyptischer Sklavensohn spielt den Stutzer: *da nicht Satiriker zu sein, fällt schwer* DIFFICILE EST SATIRAM NON SCRIBERE (Juvenal 1, 30).

Die kleinen oder großen Geistreichigkeiten der Satire konnten aber auch aus boshafter Schadenfreude fließen oder aus hämischer Sucht zu übertreiben. Verse und Dichter machten sich dann verhaßt. Man ging ihnen aus dem Wege. *Lauft, Heu hat er am Horne!* wie ein stößiger Ochse es trug, um die Leute zu warnen, FOENUM HABET IN CORNU (Horaz, sat. 1, 4, 34). In der Satire hatten der Takt und die Wahrheitsliebe die Probe zu bestehen und eine gefährliche Klippe zu meiden.

Wer Falsches redet vom Freunde,
Wer ihn nicht redlich vertritt, wenn ein anderer wagt, ihn zu lästern,
Wer aufbrausendes Lachen sich hascht und die Ehre des Witzlings,
Wer Ungesehenes greift aus der Luft und vertrautes Geheimnis
Ausstreut, *der ist schwarz, den halte dir, Römer, vom Leibe*
HIC NIGER EST, HUNC TU, ROMANE, CAVETO.
(Horaz, sat. 1, 4, 85)

Künstlerisch darf man die Satire nicht leicht nehmen. Horaz tadelt ausdrücklich den Altmeister dieser Kunstgattung, Lucilius, um deswillen, weil er die Verse sozusagen aus dem Ärmel schüttelte. STANS UNO PEDE (sat. 1, 4, 10) *auf einem Bein stehend,* ohne jede Anstrengung also.

Satiriker können deswegen nicht schweigen, weil der Schulmeister in ihnen sie treibt. Im verstecktesten Winkel ihres Herzens blüht ihnen die Hoffnung, schüchtern allerdings und verleugnet durch den bissigen Unfug der Verse. Sie möchten zu gerne wahrhaben, daß die Welt ein wenig, für eine kurz Zeit wenigstens gebessert werde, wenn man sie recht beutelt, schmerzlich beschämt und überlegen auslacht.

Die feinste Satire gelingt, die Höhe der Kunst ist erklommen, wenn sie den Spott mit so wenig Bosheit und so viel Überzeugung verbindet, daß ihr Witz selbst die lächeln macht und beizustimmen zwingt, die er straft.

Drum hat, *wer schuldlos und mit lauteren Händen lebt*, nichts von ihr zu fürchten AT BENE SI QUIS ET VIVAT PURIS MANIBUS (Horaz, sat. 1, 4, 68). Man hat bemerkt, daß Juvenal kein Wort des Tadels oder Spottes für die Christen fand, obgleich doch um 130 n. Chr. die immer wachsenden Christengemeinden in den Griechenquartieren Roms nicht mehr übersehen werden konnten.

Als Hilfserzieher ruft die Satire den gesunden Menschenverstand, die anständigen Gefühle der Mitwelt an. Sie lebt aus der Öffentlichkeit und für sie. Die zarten, die innigen, die stillen und die privaten Töne passen nicht zu ihr. Sie legt es darauf ab, in aller Mund zu kommen.

Wie freut's ihn,
Bis er gehört, wer vom Bäcker zurückkommt und auch vom Brunnen,
Burschen und Mütterchen alle.
(Horaz, sat. 1, 4, 37 f.)

Diese Publizität war der keimfähige Same der Satire. Aus ihm stammt vorzüglich unsere Kenntnis römischer Bräuche, Sitten und Unsitten, hier wie nirgends schauen wir Land und Leute ungeschminkt. Die Satire erzieht, aber sie selbst klatscht, sie ersetzt oft die chronique scandaleuse, sie ist eine Art Lokalzeitung.

Wegen dieses Bezuges und Zusammenhangs mit der Öffentlichkeit ist die Satire nie in Italien ausgestorben. Selbst die Kirchenväter bedienten sich ihrer gern, den Götterglauben lächerlich zu machen, allen voran der messerscharfe Tertullian. Als Humanismus und Renaissance den alten Geist und das Schrifttum Roms wiedererweckten, erstand auch als geliebtes und gepflegtes Kind die Satire. Sie ist in jenen Zeiten, in denen sich manche bereits jenseits von Gut und Böse fühlten, ein gefährliches Kampfmittel geworden. Sie biß nicht mehr, um zu bessern, nun verleumdete sie, um zu schaden. Man verfuhr nach der giftigen Methode der Sykophanten: *Verleumde kühn, etwas bleibt immer hängen* AUDACTER CALUMNIARE, SEMPER ALIQUID HAERET (Baco von Verulam, de dignitate et augmentis scientiarum 8, 2, nach Plutarch). Italien hat das gehässige Mittel weidlich ausprobiert und ist in jenen Zeiten die große Lästerschule Europas geworden. Aretino machte aus der verleumderischen Satire ein Geschäft. Er war wohl der erste, der periodisch und planmäßig Zeit und Menschen an den Pranger stellte, um sie zu erpressen. Die Idee seiner Arbeit bereitete die kommende Journalistik vor. Wie er sie aber verwirklichte, das bahnte der Journaille den Weg.

So führt von Lucilius über Aretino bis heute eine innere Linie.

Ein Begriff wandelt sich

ET IN ARCADIA EGO
Auch ich war in Arkadien

Für das Sprichwort ›Auch ich war in Arkadien‹ hätten weder Griechen noch Römer Verständnis aufgebracht. Sie konnten mit den ein wenig verschrienen Bewohnern des peloponnesischen Berglandes keine idyllischen Bilder und Vorstellungen verbinden. Das an das Hirtenland angrenzende Sparta kam besser weg. Es schien nach dem Glanz seiner Geschichte und Leistung zu verpflichten; in Sparta geboren zu sein, forderte auch, sich dessen würdig zu erweisen. SPARTAM NATUS ES, SPARTAM EXORNA! (gebildet nach Cicero, ad Att. 1, 20, 3) *In Sparta bist du geboren, sei eine Zierde von Sparta!* So hat auch Paulus einmal gesagt, er sei ›von keiner geringen Stadt‹ (Apostelgesch. 21, 39).

Die Hirten Arkadiens genossen den Ruf, Tölpel und Einfaltspinsel zu sein. Ihre Eselzucht war angesehener als sie selber. IUVENIS ARCADICUS *arkadischer Jüngling* war eine Art Tadel. Das Feuer der Begeisterung brannte nicht in ihnen. In ihnen gründeten keine Ideen. ›Gibt man dem Lehrer / Doch nur einzig die Schuld, wenn unserm arkadischen Jüngling / Links an der Brust nichts hüpfend sich regt‹ (Juvenal 7, 158 ff.). Den Arkadiern sagte man nach, sie holten für andere die Kastanien aus dem Feuer wie etwa das abgeschiedene Volk der Schweizer im Mittelalter, dessen Reisläufer man Kuhmäuler nannte. Wer im Altertum für andere umsonst oder für fremde Interessen arbeitete, *ahmte die Arkadier nach* ARCADAS IMITANS.

Um das von Bergen geschützte Land tobten lange und schwere Kämpfe. Ein letzter Nachklang davon wechselte aus dem Sprichwort der Hellenen ins geflügelte Wort der Römer. Als die Lakedämonier einst einen Feldzug gegen Arkadien beabsichtigten, riet das delphische Orakel ab. *Du willst Arkadien. Großes forderst du. Ich werde dies nicht gewähren* ARCADIAM PETIS, IMMENSUM PETIS, HAUD TRIBUAM ISTUD (Carmen de fig. 6). Forderte irgendwer Großes und Ungereimtes, so erinnerte man ihn an diesen Orakelspruch.

Die Arkadier galten als wild wie der erymanthische Eber, der in ihren Bergen hauste. Als Terenz der Welt den Rücken kehrte, wußte er keinen anderen Ort, sich zu vergraben, als Arkadien, ›das äußerste Ende der Welt‹. So wenigstens erzählt eine römische Tradition.

Es war nicht gut, in Arkadien zu sein . . ., bis einige Jahrhunderte
später dem ein Maler ein Ende machte. Eigentlich hätten die Architekten Ursache gehabt, Arkadien Ehre widerfahren zu lassen. Sie
hätten wissen müssen, daß in den verlassenen Winkeln des abge-
schlossenen Landes eine der herrlichsten Schöpfungen griechischer
Architektur sich erhob. In der Sonnenseligkeit des Landes reckte sich
im Gelb des Ginsters einer wilden Bergöde das Gegenstück zum
Parthenon in Athen – der Tempel zu Phigalia. Iktinos, einer der
Männer, die den Parthenon erbaut hatten, errichtete ihn auf Wunsch
und Kosten der Arkadier. Noch heute künden die Reste des Säulen-
umgangs von der Größe und Weitläufigkeit des architektonisch seltsamen Baus. Haben einheimische Künstler die wild bewegten Figuren
geschaffen, die im Fries, abweichend vom herkömmlichen Gebrauche,
innen die Cellawände umliefen?

Aber, wie gesagt, nicht die Architekten, sondern die Maler entdeckten Arkadien.

In aller Mund brachte das vernachlässigte Land ein Zufall. Die
Renaissance lehrte die Menschen, nicht bloß forschend und aus Wis-
sensdurst der Natur ihre Geheimnisse abzufordern. Sie brachte auch
ihr Fühlen der Natur nahe und öffnete die Augen dafür, daß die
Gestalt der Landschaft etwas für sich Bestehendes und an sich
Schönes sei. Bald machten die Maler die Landschaft nicht mehr bloß
zur Staffage für Figuren, sondern in freier und natürlicher Aus-
sprache zu einer selbständigen Kunstgattung. Auch der große Nicolas
Poussin ging diesen Weg. Anfänglich mußten noch seine heroisch
gedachten Figuren ausdrücken, wie er die Landschaft aufgefaßt wissen wollte. Aber schließlich vermochte in seinen Bildern die Natur
für sich allein in großen Ordnungen und Linien über die Menschen
und ihr Schicksal zu siegen und sich selbst heroisch zu offenbaren.
Ein Bild Poussins auf dem Wege zu dieser letzten Höhe erlangte
besonderen Einfluß. Vor einem Grabdenkmal in einer einfachen,
großartigen Landschaft kniet ein Schäfer und entziffert seinen beiden
jüngeren Gefährten und einer edlen, vergeistigten Hirtin die halberloschene Inschrift: ET IN ARCADIA EGO *Auch ich war in Arkadien.*
Der Ernst, die Wehmut und Größe der Landschaft, die seelische
Stimmung der Hirten zwischen Heute und Vergangen fand sich in
Bild und Wort zu einem mächtigen Einklang zusammen. Poussin
hat das Wort nicht als erster geschaffen. Bartolomeo Schidone hatte
es bereits auf einem seiner Bilder angebracht. Aber zum geflügelten
Wort ist es durch Poussin geworden. Das Ansehen des Meisters, der
Ruf und die Schönheit des Bildes verschafften auch der Inschrift
Ansehen und rasche Zustimmung.

Arkadien war von Stund an hoffähig. Das Wort zündete und ist sozusagen das Stichwort für das heraufkommende Zeitalter der Empfindsamkeit geworden. Die Phantasie schuf für die konventionelle Ländlichkeit des Rokoko das Traumland und Wunschbild. Arkadien wurde die große Mode. Bis in die Theaterspiele der Kinder rann der Preis des nun auf einmal so zu Ehren gekommenen Hirtenlandes. Wieland nahm die Vorstellung auch in die ernste Dichtung auf, Goethe setzte das Wort *Auch ich in Arkadien* als Motto vor seine ›Italienische Reise‹. Schließlich genügte es dem Überschwang nicht mehr, nur in Arkadien gewesen zu sein. ›Auch ich war in Arkadien geboren‹, dichtete Schiller.

So kann durch einen Zufall ein Wort sich wenden, aus einem Schimpf eine Ehre, ja sogar das Stigma einer ganzen Epoche werden.

Heilige und Dichter

NON COERCERI MAXIMO, CONTINERI TAMEN
A MINIMO DIVINUM EST
Nicht begrenzt werden vom Größten und dennoch
einbeschlossen sein vom Geringsten, das ist göttlich

Manches Gedicht´Hölderlins ist unenträtselbar. Der Dichter liebte es, seine Werke mit hintergründigen Worten zu versiegeln. Sie sollten zum Nachdenken anreizen, verhüllen und andeuten zugleich. So hatte er auch die endgültige Fassung seines ›Hyperion‹ geistig verschlossen. Er leitet das Werk mit einer Sentenz ein, die bis vor kurzem sehr schwer zu übersetzen und noch schwerer zu verstehen und von der nicht nachzuweisen war, woher sie eigentlich stammt. Dunkel erscheint der Vers: NON COERCERI MAXIMO, CONTINERI TAMEN A MINIMO DIVINUM EST. Hyperion ist Hölderlin selbst. Er ist aber auch der Idealdeutsche, der sein darniederliegendes Vaterland, seine Begrenzung und damalige Verkommenheit sprengen will. Er will die Einfalt seiner Seele in ein Idealland, das schöne Griechenland, versetzen. Dieses Griechenland war für Hölderlin nichts anderes als eine Art Paradies, die wiedergefundene Einheit zwischen ›Einfalt und Bildung‹, die erstrebte Harmonie zwischen Gott und Natur.

Woher das Wort wohl ist? Der Hinweis, den Hölderlin selbst gab, blieb unverstanden. Im Fragment des Hyperion, das er in Schillers ›Thalia‹ veröffentlicht hatte, nannte er als Fundstelle ›das Grabmal des Loyola‹. ›Der Mensch möchte gerne in allem und über allem sein‹, und die Sentenz in der Grabschrift des Loyola ›non coerceri maximo, contineri tamen a minimo‹ kann ebenso die alles begehrende, alles unterjochende gefährliche Seite des Menschen wie den höchsten und schönsten ihm erreichbaren Zustand bezeichnen. In welchem Sinne sie für jeden gelten soll, muß sein freier Wille entscheiden. Mit dieser knappen Angabe hatte sich die Hölderlin-Forschung seither begnügen müssen. Aber am Grabmal des Heiligen in Al Gesu zu Rom mit seiner Pracht aus vergoldeter Bronze und Lapislazuli steht die Inschrift nicht. Wo stand die Grabschrift des Loyola? War sie eine Erfindung Hölderlins?

Den Kennern war schon früher aufgefallen, daß sich der Theologe Hölderlin im Tübinger Stift stark mit den Jesuiten und ihrer Kontrovers-Theologie beschäftigt hatte. Er kannte den großen Glau-

bensstreiter, Kardinal Bellarmin (1542–1621), der die Heiligsprechung des Ignatius betrieben und seine letzte Ruhestätte nicht
weit vom Grabmal des Ignatius gefunden hatte. Nicht von ungefähr
gab Hölderlin dem Gegenspieler des Hyperion den Namen – Bellarmin. Aber auch in den Lobpreisungen des Kardinals findet sich von
Hölderlins Sentenz keine Spur.

Schließlich ist es einem Jesuiten in der Schweiz, Hugo Rahner,
gelungen, den Fundort authentisch festzustellen. Damit ist aber
auch die Möglichkeit gegeben, das Wort eindeutig zu übersetzen, zu
erhellen und zu erkennen, was Hölderlin für sich und sein Werk mit
dem Lobpreis auf Ignatius gemeint hat. Die Sentenz entstammt nicht
einem ›Grabmal‹, sondern einem barocken Lobgedicht auf Ignatius,
dem ›Elogium sepulcrale Sancti Ignatii‹. Es steht in einem Pracht-
werk, das flandrische Jesuiten bei Plantinus in Antwerpen 1640
herausgaben und dem sie den stolzen Titel auf den Weg gaben:
›Imago primi saeculi Societatis Jesu a Provincia Flandro-Belgica
eiusdem Societatis repraesentata, Antverpia ex Officina Plantiniana
Balthasaris Moreti anno saeculari Societatis 1640.‹ Unter den fünf-
undneunzig Gedichtzeilen von barockem Latein, manchmal uner-
träglichem Schwulst und gelegentlich geistvoller Dialektik finden
sich auch unsere Verse:

Sein Geist / konnte nicht begrenzt werden vom Umfang des Erd-
kreises. / Sein Leib / liegt beschlossen in dieser demütig engen Gruft. /
Wähnst du, Pompeius sei groß oder Caesar und Alexander, / Tu auf
Deine Augen der Wahrheit: größer als diese alle war / Ignatius.

*Nicht begrenzt werden vom Größten und dennoch einbeschlossen
sein vom Geringsten, das ist göttlich* NON COERCERI MAXIMO, CONTI-
NERI TAMEN A MINIMO DIVINUM EST.

Nimmt man die Verse im Zusammenhang, so wird klar, weshalb
Hölderlin sich von ihnen angesprochen fühlte. Was der flandrische
Jesuit von seinem Ordensstifter hier aussprach, war genau das, was
der Dichter Hölderlin im Geistigen erstrebte und was der heilige
Ignatius im Sittlichen gelebt und bereits verwirklicht hatte. Offenbar
ist dies der Sinn des Wortes: Der Mensch muß immer höher streben.
Glaubt er das Größte erreicht zu haben, so liegt doch noch ein Größeres, zu Erreichendes vor ihm. Größer aber als die größte Sehnsucht
ist Gott, weil er der immer Größere ist. So war auch ›geistig sein‹
im Hölderlinschen Sinne ein nie einzuengendes Streben. ›Der Mensch
möchte gerne über allem seyn.‹ Das ist sein herrlichster, sein göttlich-
ster, aber auch ein gefährlicher Drang. Aber diese unstillbare Sehnsucht würde noch nicht den Menschen in seiner Harmonie darstellen.

Erst wenn er vom Geringsten auch gefesselt wird, wird er gerundet.
Er soll demnach den Blick auf die Erde nicht vergessen, sich um das
Leben, das Irdische und seine Belange auf der Welt mit ganzer Hingabe kümmern. Erst wenn er größer ist als die Welt und doch
Mensch bleibt, ist er harmonisch. Das ist das, was Hölderlin einmal
schrieb: ›Oft ist uns, als wäre die Welt alles und wir nichts, oft auch,
als wären wir alles und die Welt nichts.‹ Das Größte und das Kleinste
aber zu verbinden ist ein christliches Ideal, aber auch das Streben des
Dichters. ›Der Mensch möchte gerne in allem seyn.‹ Erst im Lichte
des Ignatius-Wortes wird ein anderes Wort Hölderlins verständlich:
›Die Dichter müssen, auch die geistigen, weltlich sein.‹ Eigenartig,
wie sich in dieser Auffassung das Idealbild eines Heiligen und das
Ideal eines Dichters begegnen. Einer unserer Großen hat diesen
Gedanken einmal in das unerschöpfliche Wort verborgen: ›Gott
strahlt vor Weltlichkeit!‹ Hölderlin hat deswegen ernsthaft daran
gedacht, eine christliche Fortsetzung des Hyperion zu schreiben.

SUNT LACRIMAE RERUM
Die Welt steckt voller Tränen

Aeneas, der Fromme (pius), der seinen Vater und die Penaten aus
dem brennenden Troja herausgetragen und gerettet hatte und in der
gleichen Pietät gegen die Götter seine Mission erfüllte, um die er
wußte – dieser Aeneas war weich und scheu wie Vergil. Aber nirgends erscheint der trojanische Held und Gründer Roms als senti-
mental oder tränenselig. Und doch, als er bei Dido das Wandbild
vom brennenden Troja sah, stürzte eine Tränenflut schimmernd ihm
aus den Augen (natantia lumina) und in jener Stunde fiel eines der
gewaltigsten Worte der Antike und der Menschheit überhaupt: SUNT
LACRIMAE RERUM *Die Dinge haben ihre Tränen* (Aen. 1, 462).
Später sang in einem ihrer erhabensten Hymnen die mittelalterliche Kirche IN HAC LACRIMARUM VALLE. Des Aeneas Wort und der
Kirche Vers *In diesem Tal der Tränen* meinen nicht bloß die Erfahrungstatsache, daß viel Leid auf Erden waltet und zwischen Mensch
und Schicksal ein Meer von Tränen liegt. Sie dringen tiefer. Sie
besagen, daß den Dingen wesentlich das Leid zugehört, weil sie
begrenzt sind und weil sie vielfach mit keiner anderen Antwort
zufrieden sind als mit den Tränen. Und sie meinen auch, daß es
Dinge gibt, die durch nichts wirklich erkannt werden und durch
nichts anderes ausgeglichen werden können als durch Tränen. Tränen,
das ist die Art, wie die Dinge im Dasein sind. Selbst den Göttern zu

Wenn ihr mit den Jesuiten geht 266
Wenn man mich drückt, steige ich
    292
Wenn's Mäzene nur gibt, dann gibt's
    auch Vergile 191
Wenn zwei dasselbe tun, ist es nicht
    dasselbe 50
Wer an Cicero Gefallen findet 65
Wer andere unterweist, lernt selbst
    219
Wer gab Liebenden ein Gesetz?
    Höheres Recht ist die Liebe sich
    selbst 125
Wer Gold hat, findet auch Freunde
    145
Wer in Unschuld lebt und rein von
    Lastern 186
Wer ist wie Gott 114
Wer litt, vergißt nicht 313
Wer Meere durcheilt, kann wohl
    den Himmelsstrich wechseln, doch
    nicht die Stimmung der Seele 100
Wer nicht existiert, kann sich auch
    nicht täuschen 282
Wer nicht zu sündigen wagt, begeht
    die größte Sünde 312
Wer sehr viel besitzt, entbehrt auch
    sehr viel 252
Wer sein Recht anwendet, tut nie-
    mand Unrecht 48
Wer sich entschuldigt, klagt sich an
    58
Wer sich seiner Ansprüche freiwil-
    lig begibt, erleidet kein Unrecht
    48
Wer Sorgen hat, wird nicht geheilt
    239
Wer schuldlos und mit lauteren
    Händen lebt 342
Wer schweigt, scheint zuzustimmen
    56
Wer wagt gegen die Götter die
    Waffen zu tragen 196
Wer würde Hektor kennen, wenn
    Troja glücklich geblieben wäre
    172

375

Wer zuviel beweisen will, beweist
    nichts 200
Werkstätten der Humanität 225
Wes das Land, des die Religion 323
Wider Minervas Geist 320
Widersteh' am Beginn 231
Wie auch immer die Könige rasen,
    die Griechen müssen es büßen
    84
Wie groß ist nicht der Unterschied
    zwischen mir selbst und mir selbst
    151
Wie lieb dem Homer der Wein war
    188
Wie willst du mit dem Löwen einen
    Fuchs paaren 328
Willst du Frieden, pflege die Ge-
    rechtigkeit 176
Willst du Frieden, rüste zum Kriege
    176
Willst du geliebt werden, liebe 132
Wir haben einen Papst 20
Wir haben nur Schatten und Ab-
    bilder 60
Wir können nicht 226
Wir lernen nicht für die Schule 209
Wir sind Trojaner gewesen 315
Wir verlängern das Leben, das so
    kurz ist 239
Wir wissen es nicht und werden es
    nicht wissen 203
Wissen bläht auf 263
Wissen ist Macht 207
Wo das meiste Geld, da ist das
    Recht 147
Wo es dir gut geht, da ist dein Va-
    terland 223
Wo es ein erlaubtes Ziel gibt, gibt
    es auch erlaubte Mittel 266
Wo es Großes gilt, ist schon das
    Wollen von Wert 190
Wo keine Eifersucht, da ist auch
    keine Liebe 133
Wo kein Gesetz, ist auch keine
    Strafe 52

dienen, ist voller Tränen. Und über allem auf Erden, auch auf der Liebe, liegt ein tragischer Schatten. Hat nicht Paulus, der Völkerapostel, auch gespürt, daß die unerlöste Natur in unaussprechlichen Seufzern liegt? ›Denn wir wissen, daß die ganze Schöpfung seufzt und in Wehen liegt bis jetzt‹ (Röm. 8, 22).

Nachtrag zu S. 127f

Prof. Dr. Jörg Splett korrigierte den grassierenden Mißbrauch des AMA ET FAC QUOD VIS: Augustinus hat in seiner Erläuterung des 1. Johannesbriefes geschrieben: »Dilige et quod vis fac.« Das Gegenteil von amare ist odisse (= begehren – hassen). Das Gegenteil von diligere ist neglegere (= hochschätzen – verachten). Sei von Liebe und Achtung erfüllt – und was du dann tun willst, das tu!

PERSONENVERZEICHNIS
MIT LEBENSDATEN

Abälard, Peter, 1079–1142
Adolf v. Nassau, König 1292–1298
Aischylos, um 525–456 v. Chr.
Ambrosius, etwa 337–397 n. Chr.
Ammianus Marcellinus, 332 n. Chr.
–um 400
Anselm v. Canterbury, 1033–1105
Apelles, 4. Jahrh. v. Chr.
Archipoeta, gest. um 1162
Arezzo, Guido v., etwa 980–1050
Aristophanes, um 445–388 v. Chr.
Aristoteles, 384–322 v. Chr.
Augustinus, Aurelius, 354–430
Augustus, 63 v. Chr.–14 n. Chr.
Benedikt v. Nursia, gestorben 543
n. Chr.
Bernhard v. Clairvaux, 1091–1153
Bias, 6. Jahr. v. Chr.
Bion, 4. Jahrh. v. Chr.
Boethius, Anicius, 480–524
Caesar, C. Julius, 100–44 v. Chr.
Caracalla, Marcus Aurelius, Kaiser
211–217 n. Chr.
Cassiodorus, Magnus Aurelius, um
490–um 583 n. Chr.
Cato Censorius, Marcus Portius,
234–149 v. Chr.
Cato Uticensis, gestorben 46 v. Chr.
Catullus, C. Valerius, 87 – etwa 54
v. Chr.
Celano, Thomas von, gestorben um
1255 n. Chr.
Cheilon, um 560 v. Chr.
Cicero, Marcus Tullius, 106–43 v.
Chr.
Claudianus, Claudius, gestorben 404
n. Chr.
Comenius, Amos, 1592–1670
Dante, gestorben 1321
Demosthenes, 384–322 v. Chr.
Descartes, 1596–1650

Empedokles, um 490–430 v. Chr.
Ennius, Q., 239–169 v. Chr.
Epicharmos, 6. Jahrh. v. Chr.
Epikur, 341–270 v. Chr.
Erasmus von Rotterdam, 1465–1536
Euripides, um 485–406 v. Chr.
Eusebios v. Caesarea, etwa 260 –
etwa 340 n. Chr.
Fabius Maximus Cunctator, Quin-
tus, gestorben 203 v. Chr.
Franck, Sebastian, 1499–1543
Franklin, Benjamin, 1706–1790
Franz v. Assisi, 1181(?)–1226
Gaius, geb. spätestens unter Ha-
drian, 2. Jahrh. n. Chr.
Galenos, 129–199 n. Chr.
Gracchus, C. Sempronius, gestorben
121 v. Chr.
Hadrianus, Publius Aelius, 76–138
n. Chr.
Hannibal, gestorben 183 v. Chr.
Harvey, William, 1578–1658
Heraklit, um 500 v. Chr.
Herodot, etwa 490–425 v. Chr.
Hesiodos, ca. 700 v. Chr.
Hieronymus, um 340–420
Hippokrates, 460–377 v. Chr.
Horatius, Q. Flaccus 65 v. – 8 v.
Chr.
Ignatius v. Loyola, 1491–1556
Iulianus Apostata, gestorben 363 n.
Chr.
Iustinianus I. Flaccus, Anicius, 482–
565
Iuvenalis, Decimus Iunius, 58–138
Kleanthes, um 331–um 232 v. Chr.
Konstantin d. Gr., um 280–337
Kopernikus, 1473–1543
Leibniz, Gottfried Wilhelm, 1646–
1716
Leopold II., Kaiser 1790–1792

Livius, Titus, 59 v.–17. n. Chr.

Lucanus, M. Annaeus, 39–65 n. Chr.

Maecenas, C. Cilnius, gestorben 8 v. Chr.

Marcion, gestorben um 170 n. Chr.

Marcus Aurelius Verus, 121–180

Marius, Gaius, 156–86 v. Chr.

Martialis, M. Valerius, 40–102 n. Chr.

Musonius, um 65 n. Chr.

Nepos, Cornelius, 100–25 v. Chr.

Nero Claudius Drusus Germanicus Caesar, 37–68 n. Chr.

Orbilius, L. Pupillus, um 63 v. Chr.

Ovidius Naso, Publius, 43 v. Chr.– etwa 18 n. Chr.

Papinianus, Aemilius, gestorben 212 n. Chr.

Pascal, Blaise, 1623–1662

Persius Flaccus, 34–62 n. Chr.

Petronius Arbiter, gestorben 66 n. Chr.

Pittakos von Mytilene, Zeitgenosse des Solon

Platon, 427–347 v. Chr.

Plautus, T. Maccius, 254–184 v. Chr.

Plinius, C. Secundus, 23–79 n. Chr.

Plutarchos, um 46 – um 120 n. Chr.

Polybios, etwa 201–120 v. Chr.

Pompeius, Cn., 104–48 n. Chr.

Poseidonios, geb. etwa 135 v. Chr.

Praetextatus, Vettius Agorius, ge- storben um 385 n. Chr.

Prodikos v. Keos, lebte vor Sokra- tes

Propertius, Sextus, um 49–16 v. Chr.

Protagoras, um 485–416 v. Chr.

Prudentius Clemens, Aurelius, ge- storben um 405 n. Chr.

Ptolemäer, 323–30 v. Chr.

Publilius Syrus, 1. Jahrh. v. Chr.

Pythagoras, 6. Jahrh. v. Chr.

Quintilianus, M. Fabius, etwa 35–95 n. Chr.

Rabelais, 1495–1553

Sallustius Crispus, C., 86–um 35 v. Chr.

Salvianus, um die Mitte des 5. Jahrh. n. Chr.

Seneca, Lucius Annaeus, etwa 4 v. Chr.– 65 n. Chr.

Sokrates, 470–399 v. Chr.

Solon, um 600 v. Chr.

Sophokles, 497–406 v. Chr.

Spinoza, Benediktus de (Baruch Despinoza), 1632–1677

Stilicho, Flavius, etwa 360–408 n. Chr.

Suetonius Tranquillus, C., etwa 75– 150 n. Chr.

Sulla, Lucius Cornelius, 138–78 v. Chr.

Symmachus, Quintus Aurelius, etwa 340 – um 402 n. Chr.

Tacitus, Cornelius, um 55 – um 117 n. Chr.

Terentius Afer, Publius, etwa 190– 159 v. Chr.

Tertullianus, Q. Septimius Florens, um 160 n. Chr.

Thales, 6. Jahrh. v. Chr.

Theoderich der Große, 454–526

Thomas v. Aquino, 1225–1274

Thukydides, etwa 455–400 v. Chr.

Tiberius Julius Caesar, 42 v. – 37 n. Chr.

Tibullus, Albius, um 60 v.–19 n. Chr.

Titus Flavius Vespasianus, 39–81 n. Chr.

Trivulzio, Gian Jacopo, um 1440– 1518

Turenne, 1611–1673

Ulpianus, Domitius, gestorben 228 n. Chr.

Urban VIII., Papst, 1623–1644

Varro, M. Terentius, 116–27 v. Chr.

Vegetius Renatus, Flavius, um 383– 450 n. Chr.

Vergilius Maro, Publius, 70–19 v. Chr.

Vespasianus, Titus Flavius, 9–79 n. Chr.

Wilhelm der Gute, 1166 – um 1189

Xenophanes, etwa 580–485 v. Chr.

ALPHABETISCHES VERZEICHNIS
der lateinischen Sentenzen
(Bei größeren Zitaten sind nur die Anfänge angegeben)

Ab ovo ad mala 307
ab urbe condita 164
accessorium sequitur principale 54
accidit in puncto 111
accipe, sume, cape 33
ac sibi haberent 77
actum ne agas 53
adagia ad agendum 13
ad generum Cereris sine caede 321
ad hastam 54
adhuc sub iudice lis est 200
adiuvant urbanitatem 17
ad kalendas Graecas 317
ad praesens ova 33
aegroto dum anima est 230
aequam memento rebus in arduis 87
aequis aequus 299
aetas prima crepantibus flevit 216
Aethiopem lavare 309
Aethiops non candescit 309
agere contra 264
agere sequitur esse 103
aliis inserviendo consumor 293
altera manu fert lapidem 122
alterum paradoxon 276
ama et fac quod vis 127, 128
ama nesciri 258
amantis ius iurandum 133
amantium irae 134
amare et sapere 132
amens amansque 133
amici mores noveris 139
amicitia plurium 140
amicitia stabilium 13 ;
amico amicus 140
amicus certus 139
amicus cognoscitur amore 140
amicus optima vitae possessio 140
amicus Plato 197
amore et timore 299
amor intellectualis Dei 283

amoris vulnus idem sanat 134
amor tollit timorem 259
amor ut lacrima 131
Angli sunt, angeli fiant 226
anima naturaliter christiana 94
anima rationalis 260
antiquus amor cancer est 126
apes debemus imitari 92
aptius est fulcro 286
aqua haeret 110
aquam a pumice postulas 310
Arcadas imitans 343
Arcadiam petis, immensum petis 343
arduum res gestas scribere 177, 178, 181
arida nutrix leonum 325
Aristoteles ait 237
arma pacis fulcra 176
arma virumque cano 15
armorum legumque parens 26
artem quaevis alit terra 318
asini caput ne laves nitro 309
asinum tondere 309
astuta ingenuum volpes imitata leonem 328
at bene si quis 342
at Cytherea novas artes 130
at liberum arbitrium 153
atque idem iungat vulpes 309
at tuba terribili 96
audacter calumniare 342
audiatur et altera pars 58
aurea mediocritas 303
auri sacra fames 330
auro soleant adamantinae etiam 145
aurum sitisti 330
aurum Tolosanum 314
aut Caesar aut nihil 72
aut fortiter mori aut 172

aut prodesse volunt aut   184
aut regem aut fatuum   83
aut sint ut sunt   267

Barbam vellere mortuo leoni   328
barbara celarent primae   221
barbarus hic ego sum   52
beati certe esse volumus   196
beatius est magis dare quam accipere   137 f.
beatus ille qui procul   191
bella gerant alii   295 f.
bellum omnium in omnes   169
bellum pater omnium   170
bene docet, qui bene distinguit   199
Bernardus valles amat   259
bis dat, qui cito dat   16
blanditia non imperio fit   132
bona quae possessa onerant   260
bonum commune   63
bonum est diffusivum sui   129
bonus tempore tantum   118
Brutum effecisset sculptor   322

Caelum non animum   100
Caesar ad Rubiconem   73
Caesarem appellasti   53
Caesar non supra grammaticos   214
cantilenam eandem cantare   215
carpe diem   201
carpit enim vires paulatim   159
Catone hoc contenti sumus   317
causa diligendi Deum Deus   258
causa finita est   29
causa latet   126
cedant arma togae   171
certe necessarium   288
cessante causa   99
cestum habet Veneris   130
ceterum censeo Carthaginem   142
cibi condimentum famem   330
circulus vitiosus   176
cito, tuto, iucunde   236
civis Romanus sum   41
cogitationis poenam   43
cogito ergo sum   280, 281

colligit auxilii radios   299
communia esse amicorum   137
compulsus feci   268
constantia et fortitudine   299
consuetudo quasi altera natura   71
contra principia negantem   199
contra quis ferat arma deos   196
contraria contrariis   239
contra vim mortis   240
contumax vapor   238
coram latrone cantares   252
corripe sapientem   140
corruptio optimi pessima   22
crambe bis mors est   316
crambe repitita   316
cras amet, qui numquam amavit
   134
credat Judaeus Apella   86
credidit ut Cimabos   248
credo quia absurdum   271, 272
credo ut intellegam   271
crimen laesae majestatis   41
crines pectes, dentes frices   240
cui bono   67
cui dolet, meminit   313
cui honorem, honorem   336, 337
cuius regio, illius et religio   323
cuiusvis hominis est errare   116
cultaque Judaeo   160
cum Deus calculat   98
cum enim finis est licitus   266
cum essem parvulus   211, 212
cum grano salis   161
cum honor sit praemium virtutis
   336
cum mortuis non nisi   49
cum sale panis   120
curvo dignoscere rectum   180

Da foedera prisci   246
da mihi animas   265
dant crustula blandi   213
de Demosthene ac Cicerone   66
de internis non iudicat   43
de mortuis nil nisi   49
desinat in piscem   332

Deum sempiternum 294
Deus autem tuus 118
Deus ille maximus 117
Deus ubique trinus 33
de vivo resecandum 232, 235
dicique beatus ante obitum 194
diem perdidi 202
dies irae, dies illa 165
difficile est satiram non · 340, 341
dilexi iustitiam et odivi 269
dimidium facti qui coepit 195
di nos quasi pilas homines 181
dirigo et dirigor 294
discede, adulter Jupiter 30
discipulus est prioris 112
dis iratis natus 84
dives aut iniquus 144
divide et impera 37
divinae consortes naturae 151
docendo discimus 219
doctrina sed vim promovet 204
do, dico, addico 44
Domine quo vadis 39
dominum generosa recusat 292
Dominus et Deus noster 301
domum servavit, lanam fecit 246
donec eris felix 138
dormi, Luthere 298
do ut des 55
dubito, ergo sum 281
dulce est desipere 202
dulce et decorum est pro patria
    mori 174
dulce meum terra tetigit 292
dulce ridentem Lalagen 159
dum Bruti effigiem sculptor 322
dum excusare credis 58
dum pario, pereo 250
dum spiro, spero 230
dum vixi, bibi libenter 246
duo cum faciunt idem 50

Ecce homo 83
ecce mater tua 166
ego sane de me confiteor 278
ego sum via 165

ego versus faciens 189
electa gentium caput 30
electio meliorum 261
Epicuri de grege 202
epistula enim non erubescit 71
equus Seianus 314
ergo scindere imperium 296
eripuit coelo fulmen 114
eritis sicut Deus 114, 117
errare humanum est 116
errare, mehercule 197
est actio quasi corporis 65
est Deus in nobis 114, 118
est modus in rebus 303, 305
est modus matulae 303
est nobilis ira leonis 325
esto peccator et pecca 278
et in Arcadia ego 343, 344
et in toto plurimus orbe 190
et quidem omnia praeclara rara
    285
et quod temptabam scribere 182
etsi enim suus cuique 62
et si fata volunt 286
et tamen tantum interest 151
et te quoque dignum 118
et tu Brute 76
et verbum caro 164
eundem calceum inducere 236
exegi monumentum 244
existimatio est dignitatis 337
exit in immensum fecunda 187
exitus acta probat 308
ex oriente lux 155
ex paucis multa 327
extimuitque magistrum 215
extinctus amabitur idem 337
exulabis. Non patria interdicitur
    52
ex ungue leonem 326

Faciunt favos et vespae 92
favos post fella gustavit 92
felix qui potuit rerum 192
feminarum curam gerere 162
ferrum fero, ferro feror (ferio) 294

ferte fortiter   115
festina lente   317
fiat iustitia, pereat mundus   63
fides quaerit intellectum   271
fluctuat nec mergitur   293
foenum habet in cornu   341
fortes fortuna adiuvat   74
fortiter in re, suaviter in modo   200
fortunae filius   74
fugitivi periistis   291
fuimus Troes   315
fuisse illi te   139

Gaudent anguillae, quod   249
gaudeo discere ut doceam   219
generatio aequivoca   238
genus irritabile vatum   183
genus mutabile mulierum   155
Graecia capta ferum   175
gramm loquitur   220
gratia supponit naturam   105
gutta cavat lapidem   96, 97

Habeat sibi   77
habemus Papam   20
habent sua fata libelli   17
habet haec res panem   119
Hannibal ad portas   67
Hectora quis nosset   172
hic Abdera   310
hic iacet Suncini tumulus   248
hic niger est   341
hic sunt leones   325
his ego nec metas rerum   25
hoc animam egerere   231
hoc volo sic iubeo   160
homines, dum docent, discunt   219
homines sumus, non dei   115
homo homini lupus   169
homo novus   65
homo proponit, sed Deus   116
homo sum   115
honos alit artes   337
hypotheses non fingo   251

Iacta est alea   72, 73

iam nova progenies caelo   164
ibi fas, ubi proxima merces   147
idem aliusque   292
idem velle atque idem nolle   135, 137
idque apud imperitos humanitas   172
ignem dissecare   309
ignoramus et ignorabimus   203
ille homo habet equum Seianum   314
ille nefastus erit   45
ille se profecisse sciat   65
ille terrarum mihi praeter omnis angulus ridet   101
ille vir, iste Deus   34
imis ceris eraseris   216
immo ego Sardoniis   334
impavidi progrediamur   203
imperat aut servit   143
imperet tibi Deus   114
improbe amor, quid non mortalia   125
impune quaelibet facere   83
incipe, parve puer, risu   167
in contumaciam   51
in dubio melior est   51
in dubio mitius   51
in dubio pro reo   51
in dubio standum est   51
ingenium par materiae   340
ingens orbis in urbe fuit   20
ingenuit sine doctrina   70
in hac lacrimarum valle   348
in hoc signo vinces   28
in ipso enim vivimus   118
iniqua numquam regna perpetuo   60
in magnis et voluisse sat est   190
in manu illius plumbum   146
in medio vero omnium   274
in necessariis unitas   200
innumerabiles morbos miraris?   241
in principio erat verbum   164
inquietum cor nostrum   70

in re dubia benigniorem 51
inspice, cautus eris 193
integer vitae scelerisque 186
integritati et merito 62
in tormentis pinxit 312
intus, intus est equus Troianus 315
in tyrannos 321
invenias etiam disiecti 186
invictis victi victuri 175
in vino feritas 188
in vino veritas 188
invita Minerva 320
ipsius enim et genus 151
iubet nos Pythius Apollo 193
iungere vulpes 309
iurare in verba magistri 165
ius naturae est quod 57
ius summum saepe summa est 61
ius suum cuique tribuit 62
iustam ludus 228
iustitia est constans 42
iustitia est fundamentum regnorum 60
iustitia exiguis examinat 62
iustum et tenacem propositi 91
iustus enim fide vivit 275, 277
ius Verrinum 144
iuvenis Arcadicus 343

Jovem lapidem 336
Julio et Caesare consulibus 78

Lapidem e sepulcro 245
laterem lavare 309
laus Deo 255
lege et fide 300
legem enim brevem esse 42
legere enim et non intellegere 204, 206
lege vindice 299
legibus idcirco omnes servimus 69
legi, intellexi, condemnavi 29
legis tantum interest 267
legitime certantibus 298
leones non papilionibus 328
leoni, non sagittis fido 328

lex dubia non obligat 267
lex non promulgata 52
limina Apostolorum 22
litore quot conchae 133
littera poscetur 161
litterarum radices amaras 207
longum iter est per praecepta 205
ludit in humanis 116
ludus ad iudices 212
luna tuta a lupis 310
lux aeterna 107

Magis prodesse quam praeesse 254
magna parens frugum 175
magna voluisse magnum 250 f.
magnum vectigal est parsimonia 144
male habet medicus 240
malis ridentem alienis 333
Mantua me genuit 246
manum de tabula 312
manum ferulae subduximus 215
manus manum lavat 55
massa damnata 105
maxima debetur puero reverentia 204
maxime peccantes 312
medias in res 308
medice, cura te ipsum 240
medicina soror philosophiae 229
medico tantum hominem occidisse 241
medicus curat, natura sanat 229, 230
medicus nihil aliud 230
medio tutissimus ibis 303
meditationem mortis 231
medium tenuere beati 306
me esse unum novellum pazzum 262, 263
mel et fel 92
melius bene imperare quam 296
melius est enim fidelis ignorantia 106
memento te hominem esse 116
meminisse iuvat 313

mens sana in corpore sano 231
mensus eram coelos 250
meo me ludo me lamberas 211
mihi esse me idque nosse 282
mihi videtur quod, si est opinio
  probabilis 267
militem aut monachum facit 83
mimus vitae 85
minima non curat praetor 43
mirari, quod non rideret haruspex
  80
mobilitate viget 293
montes Benedictus amabat 255
morbus sacer 232
moritur et ridet 334
mors certa, hora incerta 110
mors et fugacem persequitur virum
  174
mors ipsa refugit 74
mors ultima linea 201
mos maiorum 43
mulier recte olet 161
mulier taceat in ecclesia 163, 167
mulierum genus avarum 160
multa fero ut placem 187
multos modios salis 140
multum, non multa 89
mundus vult decipi 237 f.
musica est exercitium arithmeticae
  280

Nabis sine cortice 207
nam Caesari multos Marios inesse
  72, 77
nam castum esse decet 186
nam et sumus et nos esse novimus
  282
nam quis nescit primam esse 178
nam quod in iuventute non discitur
  256
nam si violandum est ius 79
nam vitiis nemo sine nascitur 150
natura in minimis maxima 99
naturalia non sunt turpia 101
naturam expellas furca 100

natura naturans, natura naturata
  104
natura non facit saltum 98
naviget Anticyram 237
ne bis in idem 53
nec cor nec caput habet 84
necesse igitur est optimum mundum
  288
nec fidum femina nomen 159
nec gemino bellum orditur ab ovo
  307
nec mulieri nec gremio credi 159
nec mutam repertam ullam 159
nec natura sine deo 104
nec puero gladium 213
nec scire fas est omnia 208
nec tecum possum vivere 158, 163
nec terminus unquam 26
ne discere cessa 207
negligit ima 292
nemo ante mortem beatus 193
nemo contra Deum 196
nemo enim potest personam 101
nemo in amore videt 133
nemo me colligavit 291
nemo praesumitur malus 49
nemo tam Divos habuit faventes
  116
neque periculum est, ut multi
  323
nervus rerum 141
nescire quid ante quam natus sis
  71
nescit vox missa reverti 320
ne sutor supra crepidam 312
ne ventis 17
nihil ex nihilo 97, 252, 253
nihil interit 109
nihil tam difficile est 203
nil conscire sibi 338
nil non permittit mulier 161
nobilitas sola est 329
noli me tangere 166
nolite possidere 262
noli turbare circulos meos 214
nomen nescio 47

non aqua, non igni 137
non Bibulo quicquam nuper 78
non coerceri maximo 346, 347
non cuivis homini contingit 207
non curatur qui curat 239
non dolet, Paete 87
nondum lingua sua 68
non enim quod volo bonum 150
non faciunt bonos mores 105
non in loco ridere 332
non intellecti nulla est 229
non in verbis 194
non liquet 52
non mortem timemus 201
non olet 147
non omnis moriar 242, 244
non parem Paulo gratiam 273
non possumus 226
non scholae sed vitae discimus 209
non sit aggregator librorum 263
non templa illi congestis 81
non ultra metas 298
nonum prematur in annum 319, 320
non vitae sed scholae discimus 209
non vivere sed valere vita 237, 240
nosce te ipsum 193
nova artificia docuit 330
nuda veritas 198
nulla dies sine linea 311, 312
nulla fere causa est 160
nulla placere diu 188
nulla salus bello 169
nullos aliquando se magistros habuisse 260
nullus est liber tam malus 90
nunc est bibendum 132, 186

Obsculta, o fili 254
obsequium amicos, veritas odium parit 198
occidit miseros crambe repetita 316
o clemens, o pia, o dulcis virgo Maria 259

o dulce nomen libertatis 68
o felix Adae culpa 290
omnes populi qui legibus et moribus reguntur 46
omnes vulnerant, ultima necat 110
omne vivum ex ovo 238
omnia ad maiorem Dei gloriam 264, 265
omnia, Lucili, aliena sunt 111
omnia mecum porto mea 194
omnia omnino animalia 99
omnia opera infidelium sunt peccata 106
omnia praeclara rara sunt 71
omnia suffert, omnia credit 128
omnia vincit amor 124
omnis cellula 238
omnis fama a domesticis 337
omnis ordinatio est rationis 294
omnium consensu capax imperii 85
omnium rerum homo mensura est 50
omnium rerum principia parva sunt 95, 97
onus est honos 78
opes regum corda subditorum 295, 299
oppida Franciscus 254, 263
opus operatum 279
ora et labora 255
orandum est ut sit mens sana 231
ordo et connexio rerum 104
oscula qui sumpsit 126
os homini sublime dedit 96
ostendite modo bellum 176
o tempora, o mores 67
o Tite tute Tati 210
otium cum dignitate 71

Panem et circenses 121, 147
panem frangere 122
panem nostrum quotidianum 119, 122
panis et vinum 121
parcere subiectis 37

Parenti, Patriae 72
parsimonia et duritia 141
pars pro toto 327
parturiunt montes 189
patrem tuum mercedes perdidisse 216
patria est, ubicumque bene 223
pauce sed matura 17
pauperis est numerare pecus 111
pax Cererem nutrit 175
pax est tranquillitas ordinis 169
pax tamen interdum est 176
peccata ad mortem 51
pectus est enim quod facit disertos 64, 69
pedibus compensari pecuniam 141
periculum in mora 55
periissem, nisi periissem 116
permultis eos indigere 252
per omnia saecula saeculorum 107
pessimum magistrum 17
Petrus eram, quem petra tegit 247
Philippis iterum me videbis 78
philosophantem rhetorem 216
philosophia ancilla theologiae 272
pictoribus atque poetis 311
pingue pecus domino facias 199
plenitudo omnium rerum optandarum 253
plus docet quam scit 220
plus potest qui plus valet 145
plus ultra 297
poculis accenditur animi 188
poena est noxae vindicta 43
poena non irrogatur 52
poetis mentiri licet 187
porro subesse Romano pontifici 57
poscimur 291, 293
possum multa tibi 13
possum, sed nolo 292
post hoc-propter hoc 99
postquam discordia taetra belli 186
potius amicum quam dictum 332
praesis ut prosis 261

praestat vir sine pecunia 148
principia sunt 102
principiis obsta 231
prisca duos aetas Decios 249
processus in infinitum 98
pro domo 44
profecto enim vita vigilia est 89
prolongamus vitam brevem 239
pro patria est, dum ludere videmur 257
prope est a te 118
provehimur portu terraeque 97
prudenter dubitare 199
pueri et mulieres 157
punctum saliens 232

Quae non frustra dicta est 102
quae vero a natura fiunt 319
qua lege quid iniquius dici possit 167
quadrupedante putrem 96
qualis artifex pereo 85
qualis autem homo ipse esset 69
quamvis sint sub aqua 96
quando conveniunt Margreta 56
quantum oculis animus 131
qui amant sibi somnia fingunt 131
quia vigilavit Iustitiae oculus 44
quicquid aetatis retro est 107
quid congregare cum leonibus 328
quid est autem quare existimem 208
quid est veritas 196, 197
quid facis, Oenone 309
quid mihi et tibi est mulier 166
quid non mortalia pectora 330
quid portendat prodigium 80
quidquid delirant reges 84
quidquid id est, timeo 314
quid sit futurum cras 87
quin habeat auro soccis suppactum solum 146
qui nimium probat 200
qui non habet in nummis 146
qui non zelat non amat 133

qui numquam quievit, quiescit. Tace
  250
quis deus incertum est   117
quis legem dat amantibus   125
quis, quid, ubi   50, 222
qui statuit aliquid parte inaudita
  altera   58
qui suo iure utitur   48
quis ut Deus   114
qui tacet, consentire videtur   56
quod antea fuit impetus   131
quod enim ab omnibus   70
quod medicamenta non sanant   235
quod non est in actis   51
quod non fecerunt barbari   22
quondam etiam victis redit   174
quorum postea paenitet   153
quotidiana vilescunt   102
quousque tandem 67

Rapiamus, amici, occasionem de die
  111
rara hora et parva mora   258
Regna nisi magna latrocinia   60
relata refero   177
remittuntur ei peccata multa   166
rem tene, verba sequentur   217
repetitio est mater studiorum   215
rerum humanarum et divinarum
  consensio   135
res amicos invenit   145
res clamat ad dominum   54, 147
res in tantum intelligitur   125
res severa verum gaudium   111
reti ventos venari   310
rex Gulielmus abiit, non obiit   247
rex stetit ante fores   58
ridentem dicere verum   198
ride, si sapis, o puella   331
risu emoriri   332
risu inepto res ineptior nulla est
  332 f.
risum teneatis amici   331, 332
risus equinus   332
risus ionicus, risus chius   332
rivalem possem non ego ferre   133

Roma locuta, causa finita   29
Romam cuncta undique atrocia   27
Romanus vincit sedendo   173
rubet dum deserit orbem   250
rudes indigestaque moles   147
ruinis imminentibus musculi
  permigrant   89

Sacrificium intellectus   272
saepe caput scaberet   189
saepe enim audivi poetam neminem
  183
salem cum pane   119
salus publica suprema lex   48, 51
salutat vos ecclesia   27
sancte Petre et Paule intercedite
  40
sanguis martyrum semen
  christianorum   94
sapere aude   223, 224
sapientia felicitas   225, 228
sapientia prima   195
sapienti sat   195
sapientum octavus   192
sardonicis quodammodo herbis
  334
satura quidem tota nostra est   340
scholae sunt humanitatis officinae
  225
scientia et potentia in idem
  coincidunt   207
scientia inflat   263
scio enim quia non habitat   150
scire tuum nihil est   260
scribendi recte sapere est
  principium   217
secundum naturam vivere   101
sed inmedicabile vulnus   235
sed omnia praeclara   283, 285
sed quia mortui adhuc re vera   54
sed tamen hoc distant   249
sedulo curavi humanas actiones
  284
se in armis ius ferre   171
sepulcra legens memoriam perdam
  245

sequitur nunc 277
sermoni propiora 341
sero te amavi 134
servantissimus aequi 62
Sextus Tarquinius, sextus Nero 34
sibi gratulentur mortales 251
sic transit gloria mundi 19
si cum Jesuitis 266
si deferar, efferar 292
si enim fallor, sum ' 282
si fractus illabatur orbis 91
silent leges inter arma 67
si Lyra non lyrasset 276
similia similibus 238, 239
si moror, morior 292
simplex veri sigillum 198
si natura negat 189
sine Cerere et Libero 130
sine ira et studio 180
sine lege nulla poena 52
sine nobilitate 227
si non vis intellegi 190
sint Maecenates non deerunt 191
si possem, sanior essem 149
si sit iuvenis 235
si tacuisses 253
si vis amari, ama 131
si vis pacem, cole iustitiam 176
si vis pacem, para bellum 176
societas leonina 326
solide probabilis 266
soli hoc sapienti contingit 195
solus imperantium Vespasianus 85
sonent voces 228
Spartam nactus es 343
speremus pariter 125
splendor veritatis 127
stabat mater dolorosa 166
sta mihi, pes 306
stans uno pede 341
status omnium bonorum 253
stilum vertas 215, 216
stultorum incurata pudor 239
stultorum plena sunt omnia 310
sub specie aeternitatis 283
subula leonem excipis 328

summum ius, summa crux 61
summum ius, summa iniuria 60
sunt aries, taurus 221
sunt enim ingeniis nostris 70
sunt lacrimae rerum 348
sunt pueri pueri 212
suo anno 66
sursum corda 110
suum cuique tribuit 42, 62

Tabula rasa 216
tace lingua, dabo panem 120
talis hominibus fuit oratio 14
tandem vicisti, Galilaee 29
tantae molis erat 35
tantillus puer 212
tantum habet homo 263
tantum religio potuit 186
Tatios veteres 254
tempora mutantur 109
tempori parce 113
tempori serviendum est 113
tempus edax rerum 107
tene mensuram 305
terraque securae sit super ossa levis 242
timeo lectorem unius libri 209, 210
tolle lege 209
tot tibi namque dabit 162
tres faciunt collegium 56
tua, Maecenas, haud mollia iussa 185
tuas res tibi habeto 158
tu autem Domine 308
tu es Petrus 34
tu modo nascenti puero 164
turpis est omnis pars 176
tutela matris 157

Ubi bene ibi patria 223
ubi tu Gaius 157
ultima ratio regis 169
ultima Thyle 226
ultimus inter patres 258
ultra posse nemo tenetur 48
umbra et imaginibus utimur 60

una hora doctior   219
una salus victis   174
unius occasu   250
unum, sed leonem   329
unus Deus et plures amici   140
unus dies par omni   112
unus homo nobis cunctando   173
unus pro multis   174
urbi et orbi   20
ut contra receptam opinionem   319
ut desint vires   250
utere tempore   113
ut Phrygius amat Pieriam   127
ut potiar, patior   126
ut puto Deus fio   85
ut queant laxis   222
ut sciant gentes   106

Vacat legere   209
vae victis   174
vale! cura ut valeas   231
varium et mutabile   158
velocius quam asparagi   317
venio Romam iterum crucifigi   39
veni, vidi, Deus vicit   298
veni, vidi, vici   76
verae amicititae sempiternae sunt
   135
verba docent   205
veritatem dies aperit   112
veritatis simplex oratio   198

ver non semper viret   294
verum haec tantum alias inter   24
verum mihi videtur   198
vestigia terrent   327
vestimentum non facit   101
vestis virum reddit   83
vetus autem illud Catonis   81
victi vincimus   174
victrix causa diis placuit   75
videant consules   55
video meliora proboque   149
vincere scis, Hannibal   173
vindicta bonum, vita iucundius
   169
vini vinosus Homerus   188
virtus post nummos   146
virtute exemplo   299
virtutem doctrina paret   204
virtutes paganorum   106
vis consili expers   195
vis haec quidem Hercle est   75
vita brevis, ars longa   230
vita liquisti membra   189
vitam impendere vero   197
vive innocue, numen adest   294
vivere naturae convenienter   101
volat avis sine meta   182
volenti non fit iniuria   48
vomunt ut edant   119
vos autem genus electum   27
vox faucibus haesit   315

Abgetanes betreibe nicht wieder   53

Abschaum, Auswurf des Volkes
147

Ad Kalendas Graecas bezahlen   317

Adel gibt allein die Tugend   329

Adelig ist des Löwen Zorn   325

All meine Süßigkeit deckt die Erde
292

Alle verwunden, die letzte tötet
110

Aller Weisheit Beginn ist es, der
Torheit ledig zu sein   195

Alles Erhabene ist ebenso schwierig
wie selten   285

Alles ist fremd, nur die Zeit ist uns
ureigen   111

Alles Leben kommt vom Ei   99, 238

Alles Meine trage ich mit mir   194

Alles Vortreffliche ist selten   71

Alles zernagt die wesensgefräßige
Zeit   108

Alles zur größeren Ehre Gottes   265

Als ich ein Kind war   212

Alte Liebe ist wie ein Krebs (Alte
Liebe rostet nicht)   126

Am Stirnhaar laßt den Augenblick
uns fassen   111

An der Rede erkennt man den Mann
69

Anfang und Quelle des Schreibens
ist, klar zu denken   217

Arzt heile dich selbst   241

Auch der andere werde gehört   58

Auch die Wespen machen Waben
92

Auch du, Brutus   76

Auch ich bin einmal durch die
Schule gelaufen   215

Auch ich war in Arkadien   344

Auf den Kaiser hast du dich berufen   53

Auf die Worte des
ren   165

Auf einem Beine ste

Aufgewärmter Kohl

Auf, holdseliger Knabe, erkenn am
Lächeln die Mutter   167

Aus dem Auge, aus dem Sinn   131

Aus dem Osten kommt das Licht
155

Aus dem Teil aufs Ganze schließen
327

Aus der Pranke den Löwen erkennen   326

Aus Nichts wird nichts   97, 253

Aus Wenigem Vieles, aus dem Kleinsten das Größte vermuten   327

Beherrsche die Sache, die Worte
werden folgen   217

Bei den Bechern wird mein Geist
strahlend hell erleuchtet   188

Bei großen Vorhaben ist schon das
Wollen groß   250

Beim Doppel-Ei der Leda anfangen
307

Bei Philippi sehen wir uns wieder
78

Beim steinernen Jupiter schwören
336

Besiegt siegen wir   174

Besser das Reich gut regieren als es
mehren   296

Besser gläubiges Nichtwissen als
vermessenes Wissen   106

Besungen hab' ich Wiesen, Land
und Helden   246

Bete und arbeite   255

Bettler pfeifen, wenn auch Räuber
im Walde streifen   252

Bewahret euch vor Weibertücken
159

auf den tiefsten Buchstaben aus-
radieren 216
Bis aufs Lebendige schneiden 235
Brot brechen 122
Brot und Spiele 121, 147
Brot und Wein 121

Caesar am Rubikon 73
Cytherea erwägt von neuem List
und neue Pläne im Herzen 130

Dagegen handeln 264
Darüber sind sich die Gelehrten
nicht einig 200
Das Alltägliche verliert an Wert
102
Das Alltägliche widersteht 102
Das Auge des Gesetzes wacht 44
Das Blut der Märtyrer ward der
Same für neue Christen 94
Das Eisen trag' ich, vom Eisen
werde ich getragen 294
Das Ende krönt das Werk 308
Das ewige Einerlei 112
Das glaube, wer will 86
Das heiße ich König sein, straflos
zu tun, was beliebt 83
Das Herz macht beredt und die
Kraft des Geistes 69
Das höchste Recht ist das größte
Kreuz 61
Das höchste Recht ist oft die höchste
Bosheit 61
Das ist Gewalt 75
Das Leben ist ein ständiges Posten-
stehen 89
Das Leben ist kurz, die Kunst ist
lang 230
Das letzte Wort des Königs 169
Das Lustrum 301
Das öffentliche Wohl ist das oberste
Gesetz 51
Das reizbare Geschlecht der Dichter
183
Das sagenhafte Thule 226
Das Tun folgt dem Sein 103

Das Weib schweige in der Kirche
167
Das will ich, so befehle ich, hier gilt
statt der Vernunft der Wille 160
Das Wissen hat bittere Wurzeln,
aber seine Früchte sind um so
süßer 207
Dasselbe wollen, dasselbe nicht
wollen 135, 137
Dauerhafter als Erz schuf ich ein
Ehrenmal 244
Dein Gott aber, meine Seele, ist das
Leben deines Lebens 118
Dein schwerer Auftrag, Mäcenas
185
Dein Wissen ist nichts anderes als:
man soll wissen, du seiest gelehrt
260
Dem Kaiser steht es nicht zu, das
Reich zu zerreißen 296
Dem Tapferen hilft das Glück 74
Dem toten Löwen den Bart raufen
328
Den Augenblick kosten 201
Den Freund erkenne an Liebe, Ge-
haben, Wort und Tat 140
Den Gesetzen dienen wir, damit wir
frei sein können 69
Den Löwen willst du mit einer
Pfrieme angreifen 328
Den Mantel nach dem Wind hängen
113
Den Mond vor Wölfen schützen
310
Den Rechten recht 299
Denn die ganze Welt lag in dieser
Stadt 20
Denn die Sprache der Menschen ist
ihrem Leben gleich 14
Denn er, der große, allmächtige
Gott, trägt selbst das All 117
Denn immer schwankend und wech-
selnd ist ja das Weib 159
Denn immer wachte das ewige Auge
der Gerechtigkeit 44

Denn in Ihm leben wir und bewegen wir uns und sind wir 118

Denn schändlich ist es jederzeit für jeden einzelnen, sich in Widerspruch zu setzen zu seinem Ganzen 176

Der achte Weise 192

Der Arzt hilft, die Natur heilt 230

Der Arzt ist nichts anderes als der Tröster der Seele 230

Der folgende Tag ist immer der Schüler des vorhergehenden (Ein Tag lehrt den anderen) 112

Der freie Wille ist vollständig ein göttliches Prädikat 277

Der Frühling grünt nicht immer 294

Der Gerechte nämlich lebt durch den Glauben 275

Der Glaube verlangt nach der Einsicht 271

Der goldene Mittelweg 303

Der Grund, Gott zu lieben – das Maß ohne Maß zu lieben 258

Der Gute steht nur an Zeit Gott nach 118

Der Herr gebiete dir 114

Der ist schwarz, den halte dir, Römer, vom Leibe 341

Der Kaiser hat den Grammatikern nicht zu gebieten 214

Der Krieg ist der Vater aller Dinge 170

Der letzte unter den Vätern 258

Der Liebende ist verrückt 133

Der Liebe Wunden kann nur heilen, der sie schlug 134

Der Mensch, das Maß aller Dinge 50

Der Mensch denkt und Gott lenkt 116

Der Mensch weiß nur, was er verwirklicht 263

Der nie Ruhe gehabt, hier ruht er. Stille! 250

Der Reiche ist entweder ein Böse-

wicht oder ein 144

Der Römer siegt i

Der Spatz in der als die Taube au

Der springende Pun

Der Streit der Lie neue Liebe 134

Der Tod ist uns gewi aber ungewiß 110

Der Tod selbst fürchtete oftmals diesen Mann 74

Der Ursprung aller Dinge ist klein 95

Der Venusgürtel 130

Der verfluchte Hunger nach Gold 330

Der Vortrag ist die Beredsamkeit des Körpers (Der Vortrag macht des Redners Glück) 65

Derselbe und doch ein anderer 292

Dichten ist ein Übermut 183

Die Ärzte allein dürfen einen Menschen ungestraft umbringen 241

Die alte Leier 215

Die Auguren lächeln 82

Die Bienen müssen wir nachahmen 92

Die Büchlein haben ihre Schicksale 17

Die Dichter wollen nützen oder erfreuen 184

Die Dinge haben ihre Tränen 348

Die dürre Nährmutter des Löwen 325

Die Frau riecht am besten, die nach nichts riecht 161

Die Furcht regierte die junge Schar 215

Die gegenwärtige Welt ist notwendigerweise die beste 288

Die Gewohnheit wird zur zweiten Natur 71

Die Gewohnheit nennt er seine Amme 71

Die Gnade setzt die Natur voraus 105

Götter haben ihn im Zorn ge-
schaffen 84
Die Götter haben uns in der Hand
wie die Menschen die Bälle 181
Die Hand des Todes fasset den
Flüchtigen auch 174
Die Hand vom Bilde nehmen 312
Die Kirche hat einen guten Magen
33
Die Konsuln mögen zusehen 55
Die Kunst findet überall ihr Brot
318
Die Kutte macht nicht den Mönch
101
Die Liebe erträgt alles, sie glaubt
alles 128
Die Liebe ist der Liebe Preis 131
Die Liebe nimmt die Furcht 259
Die Liebe überwindet alles, und wir
beugen uns ihrer Macht 124
Die Medizin, die Schwester der Phi-
losophie 229
Die Mitte wahren, das ist Glück
305
Die Musik ist eine Übung in der
Arithmetik 280
Die nackte Wahrheit 198
Die Natur macht keinen Sprung
98
Die Natur mit der Heugabel aus-
treiben 100
Die Ordnung ist das Siegel des Gei-
stes 294
Die Philosophie lehrt tun, nicht reden
194
Die Ratten verlassen das Schiff 89
Die Reichtümer werden mit Mühe
bewacht 260
Die Sache nährt ihren Mann 119
Die Sache schreit nach ihrem Herrn
54, 147
Die Schätze der Könige sind die
Herzen der Untertanen 299
Die Seele ist von Hause aus christ-
lich 94

Die Städte liebte Franziskus, Bene-
dictus die Berge 254, 263
Die Stimme stockte mir im Halse
315
Die Strafe ist die Vergeltung der
Verbrechen 43
Die Taler gehn der Tugend vor 146
Die Tugenden der Heiden sind
glänzende Laster 106
Die vernünftige Seele kann von den
Geschöpfen beschäftigt, aber nicht
erfüllt werden 260
Die Waffen und den Helden besing
ich 15
Die Waffen sind die Stützen des
Friedens 176
Die Wahl durch die besseren 261
Die Wahrheit kommt an den Tag
112
Die Weisheit beruht nicht in der
Fachliteratur 208
Die Welt steckt voller Torheit 310
Die Welt will getäuscht sein, also
werde sie getäuscht 236
Die Würfel sind gefallen 72, 73
Die zahllosen Krankheiten wundern
dich, zähle die Ärzte 241
Die Zeit ist aus den Fugen 67
Die Zeiten ändern sich und wir mit
ihnen 109
Dies heißt mit dem Tode kämpfen
231
Dir will ich die Schlüssel des Him-
mels geben 34
Doch der den Augenblick ergreift,
das ist der rechte Mann 111
Doch ist Fried auch zuweilen, Ver-
trauen ist nimmer zum Frieden
176
Doch ist unheilbar die Wunde, muß
sie der Stahl ausschneiden 235
Doch nur die Bildung fördert den
edlen Keim 204
Doppelt gibt, wer schnell gibt 16
Drei machen ein Kollegium 56

Du aber Herr, erbarme Dich unser
308
Du bist Petrus, und auf diesen Felsen will ich meine Kirche bauen
34
Du darfst die Fehler des Freundes
sehn, hassen darfst du sie nicht
139
Du heißest mich, Königin, den unsäglichen Schmerz erneuern 15
Du willst Arkadien, Großes forderst du 343
Durch den Untergang eines Einzigen
250
Durch Gesetz und Treue 300

Ehe die Zung' ihr Werk, hat es die
Rechte getan 68
Ehre fördert die Künste 337
Ehre ist der Preis der Tugend 336
Ehre ist der Zustand unverletzter
Würde 337
Ehre, wem Ehre gebührt 337
Eifersucht ist eine Leidenschaft, die
mit Eifer sucht, was Leiden
schafft 133
Eile mit Weile 317
Ein Brief errötet nicht 71
Ein einz'ger Augenblick kann alles
umgestalten 111
Ein froher Bund vereine Minerva
und Mars 228
Ein gesunder Esel ist besser als ein
kranker Gaul 216
Ein gesunder Geist in einem gesun-
den Körper 231
Ein richtiges Schweinchen aus der
Herde des Epikur 202
Ein so kleiner Knabe noch und ein
so großer Sünder 212
Ein Tag ist dem anderen gleich 112
Ein zweifelhaftes Gesetz bindet
nicht 267
Eine Hand wäscht die andere
55
Eine rohe, ungeordnete Masse 147

Eine Sache wird nur insoweit er-
kannt, als sie geliebt wird 125
Einer allein hat uns den Staat durch
Zaudern gerettet 173
Einer dem anderen ein Wolf 169
Einer für viele 174
Eines genügt manchmal 195
Einfach ist die Rede der Wahrheit
198
Einfalt ist das Siegel der Wahrheit
198
Einziges Heil der Besiegten, auf
keinerlei Hilfe zu hoffen 174
Empor die Herzen 110
Endlich hast du gesiegt, Galiläer
29
Engländer sind's, Engel sollen sie
werden 226
Entfahrenes Wort kommt nie zurück
320
Entweder Caesar oder nichts 72
Entweder frei leben oder tapfer zu-
grunde gehen 172
Er hat ein sejanisches Pferd 314
Er hat es gesagt 165
Er häufe keine Bücher auf 263
Er ist bei Dir, ist mit Dir, ist in Dir
118
Er malte unter Schmerzen 312
Er sammelt zerstreute Hilfe 299
Er soll nach Anticyra fahren 237
Er verachtet Niederes 292
Erhalte sorgsam dein Herz in
Gleichmut 87
Erkenne dich selbst 193
Erst das Ende krönt das Werk
308
Ertragt mit Stärke 115
Es bleibt immer etwas hängen 342
Es ist den Dichtern gestattet, zu
lügen 187
Es ist ein Gott in uns, auf seine An-
regung erglühen wir 114, 118
Es ist jedem Menschen gesetzt zu
irren 116
Es ist nicht klar 52

Es ist nicht möglich, alles zu wissen 208

Es ist schwierig, da nicht ein Satiriker zu werden 341

Es ist verwunderlich, daß ein Haruspex nicht lacht, wenn er einen Haruspex sieht 81

Es sei verliebt, wer nicht geliebt hat; wer geliebt hat, sei verliebt 134

Es tut wohl, einmal über die Stränge zu schlagen 202

Es verzehrt allmählich des Weibes entflammender Anblick jegliche Kraft 159

Falschheit, dein Name ist Weib 159

Fällt die Ursache weg, so entfällt auch die Wirkung 99

Federkauende Dichter 189

Fett mach' mir das Vieh – nur nicht den Geist 199

Feuer schneiden 309

Fliehend seid ihr umgekommen 291

Freunde in der Not gehen tausend auf ein Lot 139

Freunde tun mehr not denn Feuer, Wasser und Brot 137

Friede ist die Ruhe der Ordnung 175

Frisch gewagt, ist halb gewonnen 195

Für die, die rechtlich streiten 298

Für's Vaterland ist es, während wir zu spielen scheinen 257

Ganz der Minerva zugehörig 197

Geben ist seliger als Nehmen 137

Gebirge wollen gebären und nur ein winziges Mäuslein wird zur Welt gebracht 189

Gedenke, daß Du ein Mensch bist 116

Gegen den Tod ist kein Kraut gewachsen 240

Gegen die Tyrannen 321, 324

Geld stinkt nicht 147

Gemeinwohl ist besser als das Wohl des Einzelnen 63

Gescheit zweifeln 199

Gezwungen hab' ich's getan 268

Gib, daß ich nicht in den Wind spreche 17

Gib mir Seelen, alles andere nimm 265

Gift wider Gift 238

Ging er von hinnen, so lebt er in der Liebe der Menschen weiter 337

Gleiches durch Gleiches heilen 238, 239

Glück ist die Fülle alles Begehrenswerten 253

Glücklich, wer fern von Geschäften 191

Glücklich wollen wir doch alle ohne Zweifel sein 196

Glückseligkeit ist der vollkommene Zustand 253

Gold aus Toulouse 314

Gold geht durch alle Türen 145

Grausame Liebe, wozu treibst du die Herzen 125

Gut lehrt, wer gut unterscheidet 199

Hab' mich nie mit Kleinigkeiten abgegeben 43

Halte Maß und denk' an das Ende 305

Hannibal vor den Toren 67

Hannibal, zu siegen verstehst du, den Sieg ausnutzen kannst du nicht 173

Hände weg vom Schreiben 17

Hätte Lyra nicht auf der Leier gespielt, hätte Luther nicht getanzt 275

Heil liegt nicht im Kriege 169

Hellas, eben bezwungen, bezwang die trotzigen Sieger 175

Herr oder Sklav' ist das erworb'ne Geld für den Erwerber 143

Herr, wohin gehst Du? 39
Hier gibt's Löwen 325
Himmel hab' ich gemessen, jetzt
mess' ich die Schatten der Erde
250
Hoffen und fürchten zugleich muß
jeder, der liebt 125
Honig und Galle 92
Höre nicht auf zu lernen 207
Hunger ist der beste Koch 330
Hunger lehrt neue Künste 330

Ich berichte Berichtetes 177
Ich bilde keine Hypothesen 251
Ich bin der Weg, die Wahrheit und
das Leben 165
Ich bin ein Mensch und schwach 115
Ich bin ein römischer Bürger 41
Ich bin mein eigener, wenn auch ein
sehr schlechter Meister 17
Ich denke, also bin ich 281
Ich freue mich, etwas zu lernen 219
Ich fürchte den Leser eines Buches
210
Ich gebe, daß du gibst 55
Ich gebe Leben und sterbe dabei
250
Ich glaube, damit ich erkenne 271
Ich glaube, weil es wider die Ein-
sicht ist 271, 272
Ich habe die Gerechtigkeit geliebt
und das Unrecht gehaßt, deshalb
sterbe ich in der Verbannung 269
Ich habe einen Tag verloren 202
Ich habe keine anderen Lehrer ge-
habt als Eichen und Buchen 260
Ich habe mich emsig bemüht, das
Tun der Menschen weder zu be-
lachen noch zu beweinen 284
Ich kam, ich sah, Gott siegte 298
Ich kam und sah und siegte 76
Ich komme nach Rom, um mich
zum zweiten Mal kreuzigen zu
lassen 39
Ich könnte, aber ich mag nicht 292
Ich las, begriff, verdammte 29

Ich leide, um zu siegen 126
Ich lenke und werde gelenkt 294
Ich sehe das Bessre, erkenne es, hänge
dem Schlechteren an 149
Ich trag' das Eisen, mit Eisen schlag'
ich 294
Ich wäre untergegangen, wenn ich
nicht zugrunde gegangen wäre
116
Ich werde nicht ganz sterben 244
Ich zweifle, also bin ich 281
Ihre Herrschaft begrenze ich weder
räumlich noch zeitlich 25
Ihr werdet sein wie Gott und wis-
sen, was gut und bös ist 117
Ihr wird viel vergeben, weil sie
viel geliebt hat 166
Im Anfang war das Wort 164
Im Dienste anderer verzehr ich mich
293
Im Kleinsten zeigt sich die Natur
am größten 99
Im Krieg schweigen die Gesetze
67, 171
Im Menschlichen spielt die göttliche
Allmacht 116
Im Notwendigen Einheit, im Zwei-
fel Freiheit 200
Im übrigen meine ich, Karthago
müßte zerstört werden 142
Im Wein ist Leidenschaft 188
Im Wein ist Wahrheit 188
Im Zweifelsfalle muß zugunsten des
Angeklagten entschieden werden
51
Im Zweifel verdient der Besitzer
den Vorzug 51
In Caesar steckt mehr als ein Ma-
rius 77
In der Liebe muß man Beteuerun-
gen nicht so ernst nehmen 133
In der Luft fischen 310
In der Mitte wirst du am sichersten
gehen 303
In der Mitte von allem thront die
Sonne 273

In diesem Zeichen wirst du siegen 28

In einer zweifelhaften Sache der gütigeren Ausdeutung folgen, ist so gerecht wie sicher 51

In jedem Tugendhaften wohnt ein Gott, doch welcher, ist ungewiß 118

Innen, innen ist das trojanische Pferd 315

In Rom fließen alle Sünden und Laster zusammen, um verherrlicht zu werden 27

In Sparta bist du geboren, sei eine Zierde von Sparta 343

Ins Unermeßliche schweift die fruchtbare Freiheit der Dichter 187

Irren ist menschlich 116

Ja, könnt' ich es, ich wäre weiser 149

Je ärger Schalk, je größer Glück 286

Je krummer Holz, je bessere Krücke 286

Jede Zelle kommt aus einer anderen 238

Jedem das Seine 42, 62

Jeder dem anderen Freund 140

Jeder Kessel hat sein Maß 303

Jetzt steigt nieder ein neues Geschlecht aus himmlischen Höhen 164

Kein Buch ist so schlecht, daß es nicht irgendwie nützen kann 90

Keinen Tempel soll man der Gottheit auftürmen, sondern jeder weihe ihr sein Herz zum Heiligtum 81

Kein Mensch muß das Unmögliche erzwingen wollen 48

Kein Mensch wird ja ohne Fehler geboren 150

Kein Tag ohne Linie 312

Keusch und fromm muß der Dichter sein 186

Kleider machen Leute 83

Knaben sind Knaben, Knaben treiben Knabenhaftes 212

Knapp soll das Gesetz sein 42

Köche und Dienstmädchen machen den guten Ruf 337

König oder Narr ist man von Geburt 83

Kraft ohne Weisheit stürzt durch die eigene Wucht 195

Krieg aller gegen alle 169

Lache, bist du gescheit, o Mädchen, lache 331

Lachen mit fremden Backen 333

Lachen bis zum Zerbersten 332

Lachen, jonisch 332

Lachen megarisch 332

Lachen wie auf Chios 332

Lachen wie ein Pferd 332

Lachen zur Unzeit 332

Lachend die Wahrheit sagen 198

Lachend sterben 334

Lacht mir doch kein Fleckchen Erde wie dieses 101

Landwirtschaft, Viehzucht 206

Lang ist der Weg durch Lehren, kurz und wirksam durch Beispiele 205

Läppisch lachen 333

Laß der Gerechtigkeit ihren Lauf und sollte die Welt darüber zugrunde gehen 63

Laß dir dein Schulgeld wiedergeben 216

Lauft, Heu hat er am Horn 341

Lebe schuldlos, Gott ist nahe 294

Lernen, um zu lehren 219

Lernen während man lehrt 219

Lesen und nicht verstehen ist halbes Müßiggehen 206

Lieb, unbekannt zu bleiben 258

Liebe lebt vom Traum 131

Liebe macht blind 133

Liebe und tu, was du willst 128

Liebe und Zähren entspringen dem

Auge und überfallen das Herz 131
Liebe will erschmeichelt, nicht befohlen sein 132
Lieben und vernünftig sein ist kaum einem Gott möglich 132 X
Lieber einen Freund als einen Witz verlieren 332
Lieber mit Platon irren als mit jenen recht haben 197
Löwenanteil 326

Mag auch die Kraft nicht auslangen, das Wollen bleibt immer anzuerkennen 250
Malern und Dichtern – zu wagen, was ihnen gefiel 311
Mancherlei Weisheit der Alten 13
Man kostet Waben nach der Bitternis 92
Man muß entweder ein König oder ein Narr von Geburt sein 83
Man schuldet dem Knaben die größte Ehrfurcht 205
Man verlangt uns 293
Maß ist allem bestimmt und eigene scharfe Begrenzung 305
Mehr lehren als man weiß 220
Mehr nützen als herrschen 254
Mehr vermag, wer mehr besitzt 145
Mehr, weiter 297
Melancholiker waren alle bedeutenden Männer 237
Menschen sind wir, keine Götter 115
Mich schrecken die Spuren 327
Mit dem kann niemand streiten, der die Grundbegriffe nicht annimmt 199
Mit der Tugend als Beispiel 299
Mit einem Schuß Salz 161
Mit Füchsen pflügen, Böcke melken 309
Mit gleicher Münze heimzahlen 211
Mit Liebe und Furcht 299
Mit Standhaftigkeit und Tapferkeit 299

Mit Verstorbenen streiten nur Fratzen 49
Mit Waffen Recht bringen und alles in den Händen tapferer Männer beschließen 171
Mit Zuckerbrot locken 213
Mitten hinein in den Stoff 308
Mohren bleichen 309
Möge der Krieg nachstehen dem Frieden, der Lorbeer dem Lobe (der Rede) 170
Möge dir die Erde leicht sein 242
Mögen andere Krieg führen, du glückliches Österreich freie! 296
Mönch oder Soldat wird man aus Verzweiflung 83
Muße mit Würde 71
Muß Unrecht sein, so sei's um eine Krone, in allem anderen sei man tugendhaft 79
Mühselig ist's, Geschichte zu schreiben 178, 181

Nach der Natur leben 101
Nach Geld stinken 147
Nach Gold dürstet dich, nun, trinke Gold 330
Nachgiebigkeit macht Freunde, Wahrheit gebiert Haß 198
Nachweisbar sind dir auch noch die getrennten Glieder des Dichters 186
Natürliches ist nicht schimpflich 101
Naturrecht ist das, was die Natur Mensch und Tier lehrte 57
Neuer Mut erwacht zuweilen auch in den Besiegten. Und es fallen dann auch die besiegten Danaer 174
Neun Jahre halt es unsichtbar 320
Nicht begrenzt werden vom Größten und dennoch einbeschlossen sein vom Geringsten, das ist göttlich 347
Nicht den Tod fürchten wir, son-

372

dern die Vorstellung des Todes 201
Nicht immer denselben Schuh verpassen 236
Nicht jedem glückte es, nach Korinth zu kommen 207
Nicht kann ich mit dir, nicht kann ich ohne dich leben 163
Nicht leben, gesund sein ist das Leben 240
Nicht über die Grenzen 298
Nichts geht zu Grunde 109
Nichts ist so schwierig, daß es nicht erforscht werden könnte 203
Nichts sich bewußt zu sein, vor keinerlei Schuld zu erblassen 338
Nicht zu wissen, was vor deiner Geburt geschehen ist, heißt immer ein Kind bleiben 71
Niemand darf vor Heimgang und Bestattung glücklich genannt werden 194
Niemand hat mich gefesselt 291
Niemand ist verpflichtet, mehr zu leisten, als er kann 48
Niemand ist vor dem Tode glücklich zu preisen 193
Niemand kann auf die Dauer eine Maske tragen 101
Niemand kommt gegen Gott auf, denn Gott allein 196
Niemand wird als Übeltäter vermutet, es sei denn, es wird bewiesen 49
Nimmer sind Löwen dem Schmetterling gefährlich 328
Nimm und lies 209
Noch herrscht darüber gelehrter Streit 200
Nun laßt uns trinken 132, 186
Nur dem Weisen gelingt es, daß er nichts wider Willen tut 195
Nur der Dürftige zählt sein Vieh 111
Nur einen, aber einen Löwen 329

Nur gute Beweggründe machen gute Sitten 105
Nur um eine Stunde gescheiter 219
Nutze den Tag 201
Nutze die Zeit 113

O glückliche Schuld Adams 290
Ohne Adel 227
Ohne Ceres und Bacchus bleibt Venus kalt 130
Ohne Haß und Gunst 180
Ohne Kork schwimmen 207
O süßer Name Freiheit 68
O Zeiten, o Sitten! 68

Pfeilen kann man nicht trauen, wohl aber dem Löwen 328
Platon ist mir lieb, aber noch lieber ist mir die Wahrheit 197

Rache ist süß 169
Räuber und Gendarm spielen 212
Reiche der Ungerechtigkeit währen nicht ewig 60
Reif fürs Irrenhaus 237
Repetieren ist die Mutter des Studierens 215
Rom hat gesprochen, die Sache ist beendet 29
Rom ist nicht an einem Tag erbaut worden 35
Rom, Mutter der Waffen und Gesetze 26
Röte, Hitze, Geschwulst und Schmerz 236
Rühr mich nicht an 166

Sachlich fest, in der Form verbindlich 200
Salz und Brot macht Wangen rot 119
Samen in den Sand streuen 309
Sardonisches Lachen 334
Seien wir zufrieden mit dem Cato, den wir haben 317

Sein Leben der Wahrheit weihen 197
Seine (ihre) Kraft wächst im Laufe 293
Selig, wem es gelang, die Gesetze der Welt zu erkennen 192
Selten die Stunde und kurz die Weile 258
Sie, die unter den Städten so hoch ihr Haupt hat erhoben 24
Sie helfen der Wohlgebildetheit 17
Sie hielt Haus und spann Wolle 246
Sie sollen ihren Willen haben 77
Sie sollen sein, wie sie sind, oder sie sollen nicht sein 267
Siehe deine Mutter 166
Solange ich lebe (atme), hoffe ich 230
So vergeht der Glanz der Welt 19
Sorge für deine Gesundheit 231
Soviel Muscheln der Strand, soviel Schmerzen die Liebe 133
Soviel Übel vermochte die Religion zu raten 186
Sparen ist eine gute Einnahme 144
Spät hab ich dich geliebt, uralte und doch so neue Schönheit 134
Sündige tapfer, aber glaube fester 278
Süß und ehrenvoll ist's, sterben fürs Vaterland 174
Schau herein und du wirst vorsichtig sein 193
Scheidend rötet sie 250
Schildbürgerstreiche 310
Schlaf, Luther 298
Schnell, sicher, angenehm 236
Schneller als man Spargel kocht 317
Schone die Zeit 113
Schuster bleib bei deinem Leisten 312
Schwerter sind kein Spielzeug für Kinder 213
Stehe an der Spitze, um zu dienen, nicht um zu herrschen 261
Stehe, mein Fuß, stehe 306
Steige vom Himmel 183
Sterben ist das Letzte 201
Stolz will ich keinen Herrn 292
Störe meine Zirkel nicht 214
Strafe den Weisen und er wird dich lieben 140
Teile und herrsche 37
Treib die Natur mit Stangen hinaus, stets kehrt sie wieder 100
Triebkraft der Dinge 141
Trinkt auch ihr, die ihr noch lebt 246
Trockenen Todes starben nicht die Tyrannen 321
Trojanisches Pferd 314
Tropfen höhlen den Stein, und der Ring zerreibt sich durch Tragen 97
Tyrannen morden 321
Um Kleinigkeiten kümmert sich der Praetor nicht 43
Und das Wort ist Fleisch geworden 164
Und der Mensch versuche die Götter nicht 116
Und es wird nie Grenze und Ende der römischen Macht sein 26
Unruhig ist unser Herz, bis es ruht in dir 70
Unser täglich Brot gib uns heute 122
Unserm Innern ist der Same der Tugenden eingeboren 70
Unter dem Schutze des Gesetzes 299
Unter Freunden soll alles gemeinsam sein 137
Unter Tränen und Ruten 216
Unterworfne zu schonen, Aufsässige aber zu beugen 37
Unverzagt schreiten wir vorwärts 202
Übel geht's dem Arzt, wenn's niemand übel geht 240

Überall ist Gott dreifaltig, hier aber vierfaltig 33
Über das Innere urteilt der Praetor nicht 43
Über die Toten nur gut reden 49

Verborgene Ursache 126
Verheimlichte Krankheiten lassen sich nicht heilen 229
Verleumde kühn, etwas bleibt immer hängen 342
Viehzucht vor Landwirtschaft 206
Vieles ertrag' ich dem reizbaren Volke der Dichter zuliebe 187
Vieles, nicht vielerlei 90
Vom Ei bis zu den Äpfeln 307
Von den Wogen hin und her gezerrt, aber nicht versenkt 293
Von der Bewegung lebt sie 293

Wag' es, weise zu sein 224
Wahr scheint mir das zu sein, was ist 198
Wahre Freude ist eine ernste Sache 111
Wahre Freundschaft währt ewig 135
Was alle gemeinsam aussprechen, kann unmöglich falsch sein 70
Was Arzneien nicht heilen, heilt das Eisen 235
Was die Barbaren nicht getan haben, taten die Barberini 22
Was es auch ist, ich fürchte die Griechen, auch wenn sie Geschenke bringen 314
Was Gott in der Weltgeschichte unsichtbar vollzieht, das führt der Mensch nur ins Sichtbare ein 276
Was Hänschen nicht lernt, lernt Hans nimmermehr 256
Was ich zu schreiben begann, Verse wurden es stets 182
Was ist das – die Wahrheit? 196, 197

Was morgen sein wird, meide vorzuspähen 87
Was nicht in den Akten steht, ist nicht auf der Welt 51
Was von unserem Leben hinter uns liegt, hat der Tod 107
Was vorher Trieb war, ist jetzt Methode 131
Was wir sind, war er: wir werden einst sein, was dieser ist 247
Wasser aus dem Bimsstein ziehen 310
Wassertrinkende Dichter 188
Während Gott rechnet, entsteht die Welt 98
Wegen bloßer Gedanken wird niemand bestraft (Gedanken sind zollfrei) 43
Weh den Besiegten 174
Weib, was ist mir und dir 166
Weich, Ehebrecher Jupiter, verlaß das freie Rom, flieh das Volk nun Christi 30
Weil' ich, sterb' ich 292
Weisheit ist Glück 228
Welch ein Künstler geht mit mir dahin 85
Welch ein Mensch 116
Wende den Griffel 216
Weniger wäre mehr (Weniges, aber Reifes) 17
Wenn das Schicksal es will, bringt auch doppeltes Gift nutzen 286
Wenn das Talent es versagt, so macht Entrüstung die Verse 189
Wenn du geschwiegen hättest, wärest du Philosoph geblieben 253
Wenn du nicht verstanden werden willst, brauchst du auch nicht gelesen zu werden 190
Wenn eine Meinung probabel ist 267
Wenn ein verschlagener Fuchs »Löwe« spielt 328
Wenn ich dichte, trinke ich nur vom guten Wein 189

376

Worte belehren, Beispiele reißen
mit 205
Wörter, geeignet zum Handeln 13
Würden sind Bürden 78
Würdet ihr nicht lachen, Freunde
332
Würdig der Gottheit bilde auch dich
118

Zeiget den Krieg 176
Zeit zum Lesen 209
Ziegeln die Röte abwaschen 309
Zögling des Friedens gedeihet Ceres
im Frieden allein 175
Zu Mantua ward ich geboren 246
Zwischen Krumm und Gerade 180